复旦大学“985工程”“中国管理模式研究——东方管理的创新与发展”资助研究成果

苏宗伟　赵渤／著

东方管理商业模式理论与应用

Theory and Application of the Business Model of Oriental Management

图书在版编目（CIP）数据

东方管理商业模式理论与应用/苏宗伟，赵渤著．—北京：经济管理出版社，2015.1

ISBN 978-7-5096-3412-7

Ⅰ.①东… Ⅱ.①苏… ②赵… Ⅲ.①企业管理—商业模式—研究 Ⅳ.①F270

中国版本图书馆 CIP 数据核字（2014）第 229247 号

组稿编辑：贾晓建
责任编辑：贾晓建
责任印制：黄章平

出版发行：经济管理出版社
（北京市海淀区北蜂窝 8 号中雅大厦 A 座 11 层　100038）
网　　址：www. E-mp. com. cn
电　　话：（010）51915602
印　　刷：北京京华虎彩印刷有限公司
经　　销：新华书店
开　　本：787mm×1092mm/16
印　　张：21.25
字　　数：488 千字
版　　次：2015 年 1 月第 1 版　2015 年 1 月第 1 次印刷
书　　号：ISBN 978-7-5096-3412-7
定　　价：48.00 元

序　言
——走向世界的东方管理

苏东水

以五千年的中华文明为核心的东方管理文化，从远古到今天，总是和周边文化处于川流不息的交汇之中，并远播世界。东方管理走向世界，不仅是历史的必然和时代的要求，更是因其深刻的历史文化积淀对华夏文明崛起提出的现实要求！

一、东方管理学发展历程

东方管理学的探索最初源于对西方管理话语霸权的反思，是对当代中国经济管理实践的呼应。我在探讨过程中，感到建立东方管理学，一是有利于国际交往；二是有利于发展具有中国特色的管理新学科；三是有利于纠正我们管理学严重西化的倾向，走东西融合的道路；四是有利于提高企业管理水平；五是有利于弘扬中华优秀文化，总结东方管理在中国改革开放三十多年来的成功事例，为治国、治生、治家和治身提供东方管理智慧。我研究的目的是：融东西管理智慧于一体，讲东方管理“三为”艺术之真谛，贯通治国、治生、治家、治身，铸造现代管理之雄才大略。东方管理学从教学、原创和实践，历经三十多年的探索，走向世界，经历了以下三个阶段：

（一）古为今用，洋为中用，融合提炼（1976~1986 年）

这个阶段体现为归纳、提炼中国古代、近代的管理精髓，汲取西方管理精华，并在现代经济管理情景下进行创造性转换和应用，逐步形成了以人为中心的管理理念，提出了“以人为本，人为为人”的观点。这个阶段主要是学习深研马克思主义经济管理原理，从管理学、人为学、心理学三个角度，重点从《资本论》、《红楼梦》、《孙子兵法》三部书中的管理思想来阐述东方管理思想的精华之处，发表了《〈红楼梦〉经济管理思想研究》、《中国古代经营管理思想——孙子经营和领导思想方法》、《中国古代行为学说研究》、《试论管理科学的对象和性质》等文章。《国民经济管理学》一书获得教育部一等奖，发行量逾 300 万册；出版中国第一本行为科学著作——《中国社会主义行为科学研究》；出版以“人为为人”思想为基础的《管理心理学》和《中国企业管理现代化研究》，分别获得上海社会科学一等奖、特等奖。改革开放之初，在中国率先举办企业管理、国民经济管理、经济管理、管理心理学的电视讲座，赢得社会广泛赞誉。

（二）理论创新，独成一家，走向世界（1987~1997年）

这个阶段体现为融合东西方管理精华，基于中国经济管理理论与实践，逐步提出具有中国特色、全球视野的东方管理理论。于1987年7月1日在《文汇报》发表了《现代管理学古为今用》的文章，同时首次提出了“以人为本，以德为先，人为为人”的东方管理理论的精髓和理念。初步形成东方管理学派，集众多智慧，经过三年的写作，出版了《中国管理通鉴》，得到上海哲学社会优秀著作一等奖。在1997年承接国家自然基金“东方管理学思想研究”的课题，出版《东方管理》一书，系统阐述了“以人为本、以德为先、人为为人”的原理和实践。在此期间，世界管理论坛暨东方管理论坛1992年在日本东京举办、1994年在美国达拉斯举办和1996年在法国巴黎举办的世界管理协会联盟（IFSAM）第一届、第二届和第三届世界管理大会，分别提交了《弘扬中华优秀文化，建立中国特色的管理学体系》、《东方管理文化的探索》等具有开创性和国际影响的学术报告。1997年世界管理协会联盟理事会决定在中国设立IFSAM中国委员会，推选我为中国委员会主席，并首设世界管理论坛暨东方管理论坛。1997年在中国主持召开了IFSAM国际大会，我作了《面向21世纪东西方管理文化》的主题报告，传播东方管理文化。国内外50多家重要媒介报道，“东方管理文化在世界叫响”，它将为世界管理学科发展做出贡献。此外，开创了应用经济学、国家重点学科——产业经济学中的东方管理新学科方向。

（三）发展学派，创新体系，扩大影响（1998年至今）

这个阶段体现为创立东方管理学派，创新东方管理学理论体系，组织参加国际会议，主办世界管理大会，将举办法国巴黎东方管理论坛。其一，不断发展，首创学派。1999年，世界华商管理大会召开，同时举行东方管理学派创立大会，历经12届世界管理论坛暨东方管理论坛，参会人数总计5000多人，共出版会议论文集12部，收录论文1500多篇，国内从事东方管理学研究的学术队伍已达到200多人，国内目前已有20多个东方管理研究学院、研究院、研究中心、教学研究实践基地，纵观古今，横跨中外，融合精髓，独树一帜，东方管理学派已经成为国际管理丛林的一个重要的新学派。其二，创新理论体系。作为东方管理学派的创始人，恰逢2005年复旦大学百年校庆之际我出版了《东方管理学》一书，创建现代东方管理学的“五字”理论体系：“学”、“为”、“治”、“行”、“和”。《东方管理学》是东方管理学派研究成果的代表作。东方管理学派著系经过两年多的讨论已经形成，包括：“三学”：东方管理学、中国管理学、华商管理学已正式出版；“四治”：治国学、治生学、治家学、治身学正在组织出版；“八论”：人本论、人德论、人为论、人道论、人心论、人缘论、人谋论、人才论正在编写中。其三，组织参加国际会议。组织参加1998~2006年的西班牙、加拿大、澳大利亚、瑞典、德国的五届世界管理大会，提出复兴东方管理文化的重要性，强调建立“以人为本”的和谐社会的观点，发表《伟大时代的新学说——东方管理学思想的兴起》、《东方管理文化的复兴》、《论东方管理教育》、《论东方管理哲学》、《试论中国管理模式》等国际上独具东方管理特色的学术论文。在全国率先设立东方管理学博士点与硕士点，开创当代管理模式之先河，为中国管理科学走向世界做出重要贡献。其四，主办世界管理大会。2008 年 IFSAM 第九届世界管理大会是中国管理学界规模最大的一次会议，由复旦大学承办的 2008 年 IFSAM 第九届世界管理大会是东方管理学走向世界的重要标志。我有幸作为 2008 年 IFSAM 第九届世界管理大会主席并提交论文《当代中国的管理科学——东西方管理融合与发展》，并筹建复旦大学东方管理研究院，提交论文《中国“东学”三十年的探索》，大会的主题为“东西方管理融合发展”，来自 20 多个国家的管理学家、学者、企业家和政府官员代表近 500 人出席此次会议，收到参会论文近 500 篇，录用英文论文 160 多篇，中文论文 110 多篇。第九届世界管理大会对弘扬中华优秀文化，对东方管理学的国际传播和创建中国特色的管理学科都起到重大推动作用。其五，将举办法国巴黎东方管理论坛。由于在上海成功举办此次世界管理大会，IFSAM 决定从 2010 年在法国巴黎举办的世界管理大会起，将设东方管理论坛专题研讨会，这是国际管理学界对东方管理学的肯定和重视。

二、东方管理走向世界是 21 世纪管理的必然要求

（一）世界经济格局变动要求东方管理学崛起

首先，世界经济发展的中心可能移向亚洲。在过去，世界经济发展中心由欧洲移向美国，而到今天，世界政治经济结构有了大的变化，世界经济发展的中心可能移向亚洲，中国作为发展中的大国正经历着从传统封闭的农业社会向现代化的工业社会转型，从计划经济向市场经济过渡。中国 60 年重返世界舞台中央，今日中国经济发展面临的问题非常复杂，管理实践的内容非常丰富。从历史的经验看，管理学最有希望、最有创造性的地方正是这些经济迅速起飞的国家和地区。可见，以中华优秀文化为核心和中国三十多年经济发展为背景的东方管理学的崛起是符合世界经济格局变动潮流的。

（二）科技革命推动东方管理创新

21 世纪，原本以钢铁工业为基础的传统产业，将会被以微电子制造为基础的信息产业和以基因生物工程为基础的生物产业所取代。微电子技术和基因生物技术将为国民经济的增长做出重要的贡献。在信息产业加速了人们之间的沟通和联系，极大地提高了人类各项工作效率的同时，基因生物技术正通过改变人的自身和周围各种生物，改变着人类生存的整个世界。这些技术不仅有助于从根本上防治目前尚“谈虎色变”的人类自身的某些顽疾，而且可以帮助人们“随心所欲”地打造自身和其他生命体。人们将可能不再需要依赖农民和土地就能够衣食无忧；“度身定做”的药物和基因治疗，也将会使人们更健康、更长寿。转基因物种、试管婴儿、人体器官克隆等技术的发展，在带给人们惊喜的同时，也使人们遇到了前所未有的难题。人类生命的意义将会被重新改写。

显然，我们正处于一个巨大变革的时代。我们不仅面临着许多科学技术的重大发明和发现，而且还必须考虑如何明智和人道地利用新知识，来造福子孙后代。新的科学技术革命势必带来一些我们无法想象的问题：人类将来一旦被自己制造的电脑所控制怎么办？新的电子信息技术一旦被“希特勒之流”所掌握，是否会带来毁灭性的后果？人工克隆、转基因动植物的出现，是否意味着大自然的结束？这一切问题的背后，都与人的价值判断和人性自身的要求有关。所以，现代科技文明发展的同时，人要求自身的发展与解放的呼声也日益高涨起来，成为与生物信息技术发展同时脉动的时代强音。伴随着“科技以人为本”的号召，与工业社会（后工业社会）相适应的管理理论和手段，也将会随之发生根本性的变革。人在管理中的地位日渐重要，而团体的合作也越发显示出了生命力。无论以家庭为本“家国一体”的东方管理文化，还是以个人为本、融集团生活为一体的西方管理文化，都同时开始了重视个人、家庭的作用。一些欧美学者也不得不承认，西方社会在经历了权威主义和个人主义的失落后，现在到了用“第三种价值观”——东方管理的儒家学说，来拯救衰退中的欧美文化的时候了。

新经济时代的到来，也提高了作为知识载体的人在管理中的地位和重要性。站在以信息技术为支撑的平台上来看，新经济时代的人本管理，将是一种集东西方人本思想精华，更加尊重个人的自由、弘扬人的创造性、崇尚人的自身价值、实现人的知识潜能和注重兼顾公平和效率的管理。从广义来说，科技属于文化经济的范畴，是一种在历史上起推动作用的最高意义上的革命力量。如何提高人们的科学文化素养，提高人的创造能力，弘扬科学的文化精神和人文功能，加快探索新型管理文化，已越来越受到业内人士的关注。这就要求我们在全新的视野下，运用东方管理观念尤其是“以人为本，以德为先，人为为人”的“三为”思想重新思考现代管理人行为的本质，管理的内容，管理行为的规范化、最优化和数量化的适用范围与合理性。

（三）可持续发展观呼唤东方管理

以要求可持续发展为中心的新发展观正成为全世界的共识。可持续发展是一个全新的概念，它要求对环境、资源等加以有限制的、高效的利用，同时对之合理重建。可持续发展对经济管理、社会管理、人类的自我意识、自我调整和自觉发展提出了更高的要求，而它同时也创造了新的管理发展的契机。东方管理首提：和贵、和合、和谐的“三和思想”。主张人与自然、与社会的“和合统一”，反对人类中心主义，尤其反对为了满足人类无限膨胀的私欲，置周围的生物和环境发展于不顾，巧取豪夺，破坏生态。本人将这种思想发展成为一种积极的“人为”学，其中涵盖了十个方面的内容，即：关于人的行为规律的研究、关于人的欲望和需要的研究、关于奖励和惩罚的研究、关于“人和”的研究、关于群体行为和组织行为的研究、关于用人的研究、关于领导行为的研究、关于权力运用的研究、关于发挥人的主观能动性的研究以及关于人的本性的研究。

东方管理理论认为，无论是一个社会，还是一个组织，都存在一个可持续发展的问题。西方管理强调和突出人的个性的自由和张扬，认为人们的一切思想和感情，都取决于人的肉体感受性，趋乐避苦、追求个人的物质利益是人的本性。其结果，必然是某人个性的充分张扬，可能会以损害他人和社会的利益为代价。

东方管理则从研究人的欲望和需要出发，提出“执中求和”的主张，以使社会上每个人都能按照群体的利益，来适当地节制自己的欲望和要求，分工协作，和谐进步。荀子认为，“人之生，不能无群，群而无分则争，争则乱，乱则穷”，说的就是这个道理。所以，一个组织要持续发展，关键还是在“人和”，在于组织内人与人之间关系的协调发展；而一个社会的可持续发展，关键也就在于人能否协调好与自然的和谐统一关系。

（四）中西文明交融，推动人德管理的回归

20 世纪七八十年代，西方企业中曾出现过“工人自治”、“自我管理”、“工作小组”等实践活动，许多企业还开始实施工作轮换制度、弹性工作制，实行民主管理、参与管理、建立企业恳谈会制度等，民主化的浪潮一时间甚嚣尘上。似乎管理者与被管理者的界限被打破了，工人与老板之间不再以高低贵贱相区别了。然而仔细研究一下就会发现，授予员工一定的自主权和活动空间，只不过是西方管理者应对日益高涨的人性解放呼声的一种妥协方式而已。从本质上看，管理者的统治地位依然是不可动摇的。东方管理提出“三为”的“主体人”思想，主张人德管理，它不但重视人在社会中的主体地位，还重视纪律与法规，更强调以道德软约束的方式，来规范员工及管理者的行为。管理者和被管理者之间，只是社会分工不同，并没有高低贵贱之分。

管理者必须通过“修己”，做出道德示范，在无形中影响被管理者的行为，从而达到“安人”的目的。组织员工在自我认同的企业目标指导下，自觉、主动、创造性地开展独立或协作工作，自我控制、自我激励，并从工作中找到自己在社会中的归属。当今世界的发展，已经将人的自由与解放摆在了社会政治经济和科技进步的首要目标的位置。人与人之间、人与社会之间关系的和谐统一，已经成了 21 世纪人们不懈追求的崇高境界。反对战争、维护和平、抵制霸权，是世界上所有具有“仁德”思想的人们的共同呼声。可以预计，21 世纪的管理必将在东方人德管理，以德为先的大旗下，实现新的复归，重新将人们生活的地球变成充满仁爱、宽容、信义、和谐的乐土。

三、东方管理走向世界的客观基础和重大意义

（一）东方管理走向世界的客观基础

管理的人性化从某种程度上体现了东方管理以人为本的精髓之一。进入全球化时代以来，知识管理、网络管理、创新管理等一系列新的理论，都充分注意到人的因素，这与我国古代儒家“天人合一”的理念下对“人”的理解是一致的。中国的富强和东亚的繁荣是复兴东方管理的物质基础和实验场所。中国改革开放 30 多年来，GDP 一直保持高速、持续、稳定增长。第二次世界大战以来，日本和东亚的“四小龙”靠儒家资

本主义的理念实现了现代化。这为东方管理的复兴和现代化提供了物质基础及实验场所。

文化传播手段的现代化推动东方管理的传播。现代传播手段使企业管理全面实现计算机化和企业进行信息化，从而极大地推动了东方管理的传播。两种文明的交汇整合推动东西方管理文化融为一体。这必将促进新世纪管理学科有一个新的发展。

（二）东方管理走向世界的重大意义

东方管理复兴正在对整个世界的发展做出贡献。第二次世界大战以来西方管理界正加紧吸收东方的管理智慧。生态管理、绿色管理、可持续发展管理是现代人对古老东方“天人合一”思想的回应。创新管理、集成管理、知识管理、柔性管理、网络管理、合作竞争管理、后发展管理、跨文化管理，其实质就是“以人为本，以德为先，人为为人”的网络生态管理。

东方管理可以提升产业竞争力，增强综合国力。日本、韩国、中国台湾、中国香港现代化成功的经验表明，东方管理提升了它们的产业国际竞争力。东方管理也是我国改革开放、进行现代化建设的有力手段之一。

东方管理代表了企业管理人性化的发展方向。东方管理强化了企业管理的人性、整体、共生、人为为人的管理价值，企业管理正进一步走向整合化、柔性化和人性化。东方管理还是企业无形资产管理的精髓。无形资产管理在对“人”的管理上，与东方管理的人为为人学说殊途同归。

东方管理为现代家庭注入新的活力。无论过去、现在和将来，家庭都是未来社会培育新型管理主体的前提。东方管理为现代家庭教育、家庭理财和家庭和谐提供了要旨。东方管理文化的复兴将避免个人主义、人类中心主义的失误，发展中国家的发展之道必经人身、体制和心理等三次解放，而东方管理文化可能在第三次解放中发挥重大作用。东方管理文化倡导人生健康、成功、自在，实现身与心、人与人、人与组织、人与环境的一体，是对东方管理文化整合的促进。

（三）东方管理“三为原理”对世界思想贡献的意义

东方管理思想及开设的世界管理论坛与东方管理论坛已有 13 届，参与世界管理大会 10 届，参与者近万人，著文 15 部，已为世人普认，有益于世界文明的发展，已有相当的思想贡献。世界金融危机开始显现的三大后果：一是地缘政治的大变局，二是世界经济格局的变化，三是经济发展基本观念发生了根本变化。人们痛定思痛，开始重视“伦理道德”这个关键问题，所以，中国人创造的东方管理学说，强调的“以人为本”的发展观、“以德为先”的经营观和“人为为人”的人生观，已被外部世界所重视，在治国、治生、治家和治身各个层面所运用，具有重大的现实意义和深远的历史意义。

四、东方管理学对世界管理学的贡献

东方管理学派经过近五十年的艰苦探索，融合东西方管理学的最新发展趋势，形成了一些最新的研究成果：

（一）构建了新世纪的管理学科体系

东方管理学是在融合“三学”（东方管理学、西方管理学和华商管理学）基础之上形成的，包含“三为”（以人为本、以德为先、人为为人）、“四治”（治国学、治生学、治家学、治身学）、“五行”（人道行为、人心行为、人缘行为、人谋行为、人才行为）、“三和”（和贵、和合、和谐）的完整理论体系。因此，可以说东方管理学作为新世纪的管理科学体系，融合了东西方管理文化精华，适应了新经济时代对新管理理论的需求。可以说，东方管理学是伟大时代的新学说，是现代管理科学的发展。

（二）创新了管理成功要素学说

东方管理学派认为新管理学中管理成功的要素包括管理主体、管理权力、管理组织、管理文化和管理心理五个方面。管理主体是管理的出发点和归宿。管理主体通常在组织内扮演人际沟通、信息传播以及决策制定等多方面的角色；管理权力就是管理主体在组织范围内为实施组织目标，对人们施加影响力的艺术或过程之凭借，管理权力包含职位权力和非职位权力；管理组织是管理主体有意识地加以协调两个或两个以上的人的活动或力量的协作系统，管理组织有正式组织和非正式组织之分；管理文化是一个组织体内管理主体的管理心态、管理意识、管理制度和行为方式的总和；管理心理主要是指管理主体的心理行为过程。这五个方面构成了管理成功的要素。

（三）探讨了管理学前瞻性论题

东方管理学派认为，管理发展的新趋势体现在产业管理、知识管理、管理反馈、流程再造、组织修炼、组织学习、网络化组织、未来管理等方面，但依据东西方管理文化融合的原理，这些新管理模式、方式、方法都可归入人为管理的理论体系。

我们在东方管理学发展的基础上，创建国际性“人为科学”，其体系结构：一是十五要素的哲学基础，二是“三为”本质思想，三是“九论”的内容：人本论，人德论，人为论，人道论，人心论，人缘论，人谋论，人才论，人和论，它对国际管理同仁是一个新贡献。

（四）提出了“人为为人”这一东西方管理的本质命题

其实，东西方管理文化之所以融合在“人为为人”这一东方管理文化的精髓之中是有其道理的。这既是当代管理行为的新思路，更是古老的东方管理思维在网络时代的完美展现。“人为为人”是人生之命题，是管理的本质，是以人为本、以德为先的思想基础，也是企业经营成功之道。

五、东方管理学走向世界之路径

目前，东方管理学科的教学、科研各项事业蒸蒸日上、蓬勃发展，历史表明最有希望、最有创造性的管理理论往往产生于经济迅速起飞的国家和地区。中国的经济社会发展正在为东方管理思想体系发展与学科建设创造着前所未有的机遇，在社会各界同仁的支持下，东方管理思想研究一定能够在世界管理理论丛林中一木参天，枝繁叶茂！

复旦大学首席教授
原国务院学科评议组成员
世界管理协会中国委员会主席
中国国民经济管理学会会长
苏东水

2014 年 10 月 1 日

前　言

商业模式的研究源于20世纪90年代互联网热潮所引发的商业创业活动时期，商业模式的理论研究和实践探索开始突飞猛进。进入21世纪以来，随着市场环境的瞬息万变，商业模式的构建已经成为一个企业发展成败的关键因素。正如管理学大师彼得·德鲁克所言："21世纪企业的竞争，不再是产品与服务之间的竞争，而是商业模式之间的竞争。"任何一个可行（Viable）的企业背后都有一个独特的、可持续的商业模式，商业模式创新已成为企业获得或维持竞争优势的重要手段。

《东方管理商业模式理论与应用》以东方管理思想理论为基础，对阿里巴巴、百度、戴尔、ZARA等中外成功企业商业模式进行深入剖析，归纳总结其商业模式的要素，提出了东方管理商业模式是由"东方管理战略模式运行体系、东方管理商业模式运行体系、东方管理创新模式运行体系"三部分构成的"三位一体"的运行体系，通过相互支持与有机作用，来执行企业战略部署。它的客观效果是实现企业的战略部署，由文化引导创新，从而创造需求与供给，最终达到价值共享和利益共享的创新模式。其是通过由企业、大学、科研组织机构、风险投资机构及政府等组织，通过产业链、价值链和知识链形成的战略联盟和各种竞争与合作机制，创造利益共同体，实现基于"人为为人"价值链的互动共赢目标的可持续发展的创新模式。

东方管理强化了信息时代管理主体的人性、整体、共生的管理价值，企业管理正进一步走向整合化、柔性化和人性化。东方管理创新模式是激发"人为"与"为人"的活动，从而驱动价值创造及其循环，它整合了社会各方面资源的价值，合理整合了无形资产的价值，东方管理与知识经济的发展趋势殊途同归。

在信息网络经济下，企业主体市场战略定位受到人文社会文化布局的影响，从其文化理念、文化体系、制度体系、创新体系到价值链与价值网络的构建都受到社会文化体系与文化群体及其布局的影响，其生存与发展必须以满足社会不断增长的物质文化需求为原则。这一趋势决定了企业管理人性化的发展方向，符合信息经济时代东方网络社会的管理特点。

运用东方管理原创性思想研究中外成功企业，具有重要的理论意义和实践意义。从理论意义上，是进一步完善中国管理学理论体系，加强东西方管理理论的融合与发展；为创建中国特色的适合“中国情境”的管理理论，创造融合古今中外管理精华的新的现代管理新学科。从实践意义上，世界经济格局变化、中国的崛起要求深入研究中外成功企业模式，有利于我们总结成功经验，以提升我国企业国际市场竞争力，促进我国企业商业模式的不断创新。

目 录

第二篇　东方管理商业模式规划与设计方法
——基于社会文化布局“人为”干预模式分析

第三篇 国内外成功品牌治理商业模式案例解析
——基于东方管理视角的创新商业模式变革趋势分析

第四篇 东方管理商业模式未来发展
——大数据时代的社会关系、市场主客体及创新特征

导论：东方管理创新集群商业模式结构、布局及发展趋势

一、东方管理创新集群商业模式的结构布局——“三位一体”的结构设置

东方管理思想是以“三学”、“三为”、“四治”、“五行”、“三和”为主线，基于我国经济管理实践经验，凝练古今中外管理思想精华而形成的具有中国特色、全球视野的现代管理模式。

创新集群是1990年经济合作与发展组织（OECD）出版的《集群——促进创新之动力》一书中提出的。综合各类机构和学者的研究，创新集群是由政府、企业、大学、科研机构、风险投资机构和中介机构等组织构成，通过产业链、价值链和知识链形成的战略联盟和各种合作，具有集聚经济和大量知识溢出特征的技术—经济网络。企业是创新的主体，主导和支配了集群的创新活动，构成了集群的核心部分。其具有区域性、行业性和集群合作性特征。

东方管理创新集群商业模式是以东方管理思想为基础，由企业、大学、科研组织机构、风险投资机构及政府等组织，通过产业链、价值链和知识链形成的战略联盟和各种竞争与合作机制，创造利益共同体，实现创新共赢目标的可持续发展的创新商业模式。这种商业模式是由“群体创造”所体现出的企业文化、产品定位、关键资源、业务系统、盈利模式、组织结构、网络渠道及企业商业价值等要素组成。

（一）东方管理商业模式构建思维：基于“道”的人文哲学认识论

1. 管理学应用体系面临的“困境”：方法论体系脱离“道”遵循

中国人文哲学的“道”，中国古语有云：不可须臾离之，可离非道也。从东方管理战略视角分析，东方管理商业模式的应用研究与西方很不相同。东方管理分析任何问题，都是从“道”开始，即，从探索“规律”，依循“规律”开始。而西方管理思维，不管是西方的经济学研究还是管理学研究，往往把“道”，即“规律”的研究交与理论研究学者去做，这样就逐渐形成了理论研究体系与应用研究体系的差异，而且，随着经济的发展，两个体系间的鸿沟越来越大，两个学科体系就从一脉相承的“嫡系”变成了交叉甚少的“远亲”。在这种因素影响下，管理应用研究虽然表面体现出注重实际的特征，但是，由于其方法论体系摆脱了“规律”的遵循，从而越来越显现出某种“功

利化”、“工具化”、“短期精算化”的特征，从而与“道”背道而驰。这样，管理学在随着经济发展与科技变革的应用中所面临的“尴尬”与“困境”越来越多。

2. 中国人文哲学的“道”：东方管理商业模式设计的“循道”的前提

中国最古老的人文哲学《周易》有言，“一阴一阳之谓道”，“太极生阴阳、阴阳相生，一生二，二生三，三生万物”。在这种内在的“道”的推动下，事物生生不息，这就是万物运行之道。中国的《老子》认为“人法地，地法天，天法道，道法自然”，这个过程就是遵循、效法自然的客观规律。“道法自然”是东方文明的大智慧。

《易传·系辞上》指出，“富有之谓大业，日新之谓盛德”，“圣人所以崇德而广业也”。所谓“盛德”，是指日日更新、不断创新变化，这是一种德行，而且要不断反复地进行，这才能成为“盛德”。“盛德”带来“广业”、“大业”，这也进一步表述和说明了“一阴一阳之谓道”、“厚德载物”的“生”的精神。

实际上，现代西方管理所出现的很多危机在东方管理哲学中都可以找到答案。东方管理哲学认识任何事物都是倚“道”而行，注重“天人合一”、“道法自然”的发展规律。在此前提下探索问题的解决方案与办法。在企业商业模式的规划及其模式设计上也是一样，东方管理亦是在循“道”的前提下，依托事物运行的内在“机理”解决所面临的具体问题。

3. 东方管理商业模式设计的方法论指导：“未雨绸缪”

早在先秦的思想家就充分认识到管理的“筹”、“谋”与“计”等（属于东方管理十五要素）的方法的考量。比如，兵家的“知己知彼”才能合理制定方针策略，灵活处理诸侯国间的关系。

战国时期著名的思想家、谋略家鬼谷子在《揣篇》中指出，“古之善用天下者，必量天下之权，而揣诸侯之情。量权不审，不知强弱轻重之称；揣情不审，不知隐匿变化之动静”。他还认为“反以知彼，覆以知己”，即只有审时度势地揣测各诸侯的实情，了解人口、地理、天时等因素的隐蔽及其变化，才能合理制定策略方针。而在分析客观形势时，因为外交对象“变化无穷，各有所归”，这就需要具体分析，区别对待，即“化转环属，各有形势，反覆相求，因事为制”。①

（二）东方管理创新集群商业模式“三位一体”结构设置的环境分析：性质、内涵、结构与挑战

儒家思想的宗旨在《大学》中有所体现，曰：“格物、致知、诚意、正心、修身、齐家、治国、平天下。”这充分体现了儒家的管理思想、方法及其流程。《大学》一书，既是论学之事，又谈治国管理的方法。

孔子的儒家思想学派关注对人的教化与管理。既是社会文化的宝贵遗产，也是对人类社会关于人的本性、多元化属性及其社会群体价值行为模式的探索，同时也是对社会体系文化布局及其差序化结构的客观认识。具有很多真理性的内容。

---

① 王家瑞：《汲取先秦文化精髓　坚持和平外交政策》，《2013 年世界管理论坛暨东方管理论坛论文集》。

当前，文化的影响力不仅决定着一个国家的软实力，也影响社会创新体系及科技发展中的文化价值判断。同时，对于组织管理及国际经贸关系往来都起到了不可替代的作用。

1. 东方管理战略模式的现实机遇与挑战：中国大国崛起机遇与挑战

（1）中国在大国崛起阶段的战略重点：打造东方管理核心治理模式的必要性。东西方国家社会人文布局不同，管理模式功能性适应环境不同。历史上，伴随西方工业文明取得的巨大成就，其文化输出海外，以强势文化影响世界不同区域文化群体，世界不同文化圈层为其技术与商品创造了市场。

中国在文化大国崛起阶段，建立中国特色的东方管理的创新集群商业模式具有紧迫性。

（2）中国因素对世界新秩序的影响越来越重要：东方管理核心治理模式研究具有紧迫性。中国因素在世界经济的恢复与增长中贡献作用越来越大。但是，不能忽视我们以“制造生产中心”输出低附加值商品的地位。文化引领创新并创造了需求。东方管理建立何种“商业模式”与“创新模式”，产生什么样的效果，不仅影响到中国文化能否引领科技创新方向并以“设计师”的身份出现，也影响到文化元素介入新群体及新市场的开拓。

（3）西方移植的商业经营模式不适应中国社会文化秩序布局问题显得愈加严峻。中国市场经济改革与开放三十多年中所移植的西方管理文化，不断改变与占领着民族文化精神。我们优秀而先进的传统文化正在遗失与消亡，将决定着我们在经济与科技上运筹的资格永远被开除，成为一种次文化附庸。在文化大国崛起的新阶段需要进行战略性研究并做出转换。

2. 东方管理创新集群商业模式的结构布局：“三位一体”结构设置

（1）东方管理创新集群商业模式的内涵：“三位一体”的内在有机结合。东方管理创新集群商业模式的核心是以文化战略为引导，通过企业商业模式的运行驱动企业与社会群体文化价值模式（以世界三大主流文化圈层为基础）之间的良性互动，使企业执行其社会价值体系中某项功能，成为社会价值体系的有机构成。其价值交换的核心体现为，企业通过创新模式获取社会群体文化价值模式的文化元素，用于创新从而驱动其服务于社会，创造需求与供给。东方管理文化创新行为带动的需求将进一步刺激相关文化群体的创新行为及新产品创造与供给，从而形成创新行为向区域空间与群体空间的集群，带动投资并衍生创新集群产业的发展。

（2）“三位一体”结构设置。东方管理创新集群商业模式本质上是由“三位一体”的运行体系构成，通过相互支持与有机作用，来执行企业战略部署。

这三部分运行体系为：东方管理战略模式运行体系、东方管理商业模式运行体系、东方管理创新模式运行体系。三个运行体系构成并支撑了企业所定位的东方管理创新集群商业模式的运行。它的客观效果是实现企业的战略部署，即文化引导创新，创造需求与供给，最终，刺激创新活动向企业周边的区域空间或群体空间形成集聚，并形成与企业的价值网络关联。（如图 1 所示）东方管理创新集群商业模式居于顶端，它的运行由三个各自独立又内在相关、互相支持的子体系构成，即东方管理战略模式运行体系、东方管理商业模式运行体系、东方管理创新模式运行体系。其运行效果是形成与企业价值网络关联的东方管理创新集群，并衍生出创新产业集群。

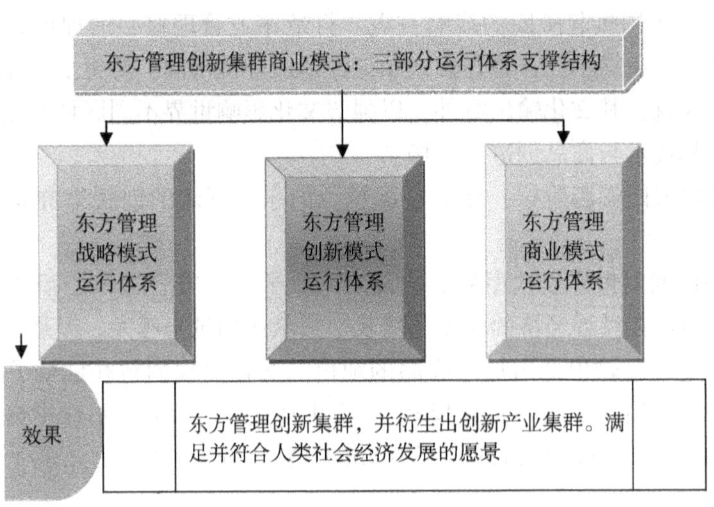

图 1

3. 文化引领的创新理念：东方管理创新集群商业模式构建的本质

从中国经济发展的愿景来说，或者从我国企业经济发展的远景规划上看，一个核心战略问题需要我们关注，即中国或中国企业该如何打好“人文经济”牌！它不仅体现在从文化为源头的角度来创造世界不同文化圈层的市场需求上，同时，它通过适应世界不同文化圈层需求的文化引领的技术创新，创造新的供给也具有战略作用①。

历史上，“巴黎”的时尚创新产业形成了世界识别的人文品牌形象，百年来形成了引领世界时尚的创新产业群，从“巴黎”走出去的产品，走到世界任何地方，都会因人文理念元素的引领，卷起世界时尚之风。这种融合百年文化因素的创新产业，是我们所说的精神核心引领的创新，即文化理念融合于产业与产品创新，并形成了产业，进而形成产业集群②。

它对于未来经济繁荣，更具体点说，它以文化引领技术创新塑造产业发展与繁荣，极具战略意义。

（三）东方管理商业模式创新与发展：未来的指导思想体系

当前，以儒家为代表的百家文化经过几千年的积淀与发展，逐渐随着国际往来的发

① 赵渤：《从“北京奥运”看中国大国崛起的文化识别战略》，《经济管理》（增刊），世界管理大会专集（2011）。

② 苏东水：《东方管理》，山西经济出版社 2003 年版。

展在东南亚地区形成儒家及后儒家文化圈，同时，随着国际往来与海外华商更迭与集聚，逐渐于全球众多主要区域形成后儒家文化圈层。

以儒家为代表的百家人文管理哲学，无论在社会治理、国家治理，还是围观的企业治理都逐渐体现出其长盛不衰的生命力，越来越为世界管理学界所认识、尊重与研究。

东方管理思想体系在指导管理学未来的发展、更新管理学研究方法、指导思想体系的变革中，必然发挥其不可替代的战略价值。

二、东方管理创新集群商业模式“三位一体”结构的辨析——内涵、特征及作用方式

（一）东方管理创新集群商业模式“三位一体”均衡机制：体系的制约关系为设计的基础

1. 中国古代人文哲学思想的价值导向：事物有序发展的目标与愿景

孔子说：“礼之用，和为贵”，“不知礼，无以立”；又说：“克己复礼为仁。”为了社会的整体和谐，孔子倡导“有国有家者，不患寡而患不均，不患贫而患不安。盖均无贫，和无寡，安无倾”。在这里，孔子讲的是社会利益的分配，要坚持公正、公平。儒家文化强调“仁”、“礼”，充分表达了其追求人与人、人与社会和谐统一、社会整体有序发展的价值目标和美好愿望。

当前，随着社会经济的发展，社会各阶层日趋分化，经济利益多元化已成为活生生的现实，产生了社会经济发展的不平衡，分配中的不公平、不合理。由于贫富差距的存在本身是由于市场经济的制度体系造成，受到客观经济发展阶段的限制。任何社会在不同的发展阶段中都存在法制、制度及政策所不能解决的难题。那么，如何协调这些问题？合理处理不同阶层的矛盾？文化在任何社会中既起到不同社会问题群体行为的协调与干预的作用，同时，也在其完善中更新法制，并推动制度化治理结构的完善与发展。

2. 东方管理的“和合”与均衡思想的系统观：“天人合一”的系统有机性

东方管理认为任何事物都是有机联系的整体，所以，讲究“和合”、“太和”、“保和”的均衡思想观念。其本质含义具有整体性、系统性的思维方法在其中。

事实上，均衡性与系统有机性的原则是东方管理思想的核心内容之一。道家爱的“天人合一”就代表了这种系统的有机性，体现在“人与人，人与社会，人与自然的关系”中。

在中国儒家管理思想方法上，有“仁义礼智信”的“五常”教化，它表现为一种调节社会关系均衡的文化机制。孔子在《中庸》中深人探索了这种深含人性“修炼”与“克己复礼”的对社会群体治理的文化调节与干预思想。

在儒家的社会治理思想中，体系的有机性均衡性特征是非常显著的。主要有联系的均衡性、中庸的结构性、体系的有机性等几种形式。联系的均衡性是儒家看待问题与解决问题的一种整体观念，它体现了人需要关注万事万物中的整体结构及形式。中庸的结

构性思维方法是对人、社会、自然界整体运行中的前进方向的把握。“中庸”有“中正”的认识，不偏不倚，沿着“大道”而行。事实上，在孔子关于“中庸”的本意中，并无“巧言令色”、“八面玲珑”的含义。

而体系的有机性的本质特征体现为事物都是有机联系的整体。只有以整体的视野解决问题，那么，才可以在复杂的环境中寻求事物解决的根本之道。而不是“头痛医头，脚痛医脚”，做表面文章。

中国古代人文哲学普遍的思维特点具有“循道而行”的本质。虽然，不同流派的研究视角与认识或许是有差异的，或许也存在截然不同或根本对立的情况。但是，其对人、社会、自然等问题解决的根本途径确实具有一致性的特点，那就是如上三点，即联系的均衡性、中庸的结构性、体系的有机性。

3. 东方管理创新商业模式规划与设计需要注意的问题：系统性、战略性与有机性原则

东方管理创新商业模式的规划与设计需要把握系统性、战略性与有机性的原则。系统性的思维方法是东方管理的显著特征之一。系统性原则要求管理过程中注重管理的整体性，把握整体系统及其动态平衡，其根本目的是维持整体的平衡性、稳定性和完整性。

而战略性则要求在管理体系的实施环境、目标及条件与方法等方面做到策略性的选择与整合，从而使资源在最佳条件与方法上获得利用，产生目标价值最大化的效果。

东方管理商业模式的规划与设计要把握有机性原则。实际上，这是对设计系统的整体均衡与稳定性，以及互相之间的有机联系的把握。最终需要达到管理系统各个组成系统在合理的机制调整下运行，与外部环境、管理组织内各种组织部分形成最佳的协同，使各自功能的发挥建立在一种稳定的状态下运行，管理的各个要素和功能组成一个统一的有序稳定结构。

（二）东方管理创新集群商业模式“三位一体”结构的辨析——内涵、本质、特征及作用方式

1. 东方管理战略模式运行体系：强势文化的包容与创新

（1）东方管理战略模式：内涵、本质与特征。

第一，内涵。东方管理战略模式的核心是文化战略，即以东方管理文化理念为核心，通过文化的打造、输出、融合与包容方式，来对接世界不同文化圈层群体的文化价值模式，进而通过文化元素的提炼与应用进行创新或将文化元素融合到商品中，在不同文化圈层的群体为我们的技术与商品创造供给与需求的战略治理与运营过程。

第二，本质。东方管理战略模式的本质是文化战略，其战略先导为文化识别体系，其核心理念是“以人为本，以德为先，人为为人”① 十二字方针。之所以文化识别体系为其先导，是因为文化是具有传统、信仰、宗教等差异的文化价值观认知的内容，文化战略的成功在于接受、融入生活，成功认同与识别这种文化的价值。

---

① 苏东水：《东方管理》，山西经济出版社 2003 年版。

第三，特征。东方管理战略模式的特征表现在三个方面：首先，以人为本，以文化为激励手段；其次，以文化为战略影响、包容及干预群体行为模式的手段；最后，文化引领创新，文化创造供给与需求，并代表人们愿景中技术与经济发展的未来方向。

（2）东方管理建立一种什么样的战略模式：围绕文化牌打造国际文化品牌！我们谈到了“巴黎”创新、产业与商品获得识别中与人文因素有关，但是如何创造出这种效果，运营它的商业模式是怎样的？又如何能够走到世界哪里都能引领世界人文时尚理念。事实上，我们的东方管理战略模式探讨的就是使这种商业模式成为使中国企业能够引领世界技术与产品创新，并创造供给与需求的人文跳板。

文化识别中的认同能使一个国家形成具有人文影响力的政治、经济甚至国际关系往来中具有文化内在包容与同化力量的人文牌！

2. 东方管理商业模式运行体系：构建核心——以“心”造“体”

（1）“体”：企业文化价值模式：东方管理商业模式。“体”，即企业文化价值模式，也是我们要构建的东方管理商业模式，为什么这么说呢？

因为，我们所提到的以“心”造“体”，正是我们东方管理文化的核心所在。“心”为社会不同文化群体的文化价值模式，“体”为企业吻合社会群体文化价值模式所构建的商业模式，但出于对应群体文化价值模式的需要，我们也称呼为企业文化价值模式。企业文化价值模式从社会群体文化价值模式中来①，这种以文化为核心，挖掘文化在主客体之间运行机理并加以应用的商业治理与运行模式，即称为东方管理商业模式。

（2）什么是企业的文化价值模式，即东方管理商业模式。

第一，内涵：企业文化价值模式。企业文化价值模式是指企业赖以存在及获得其作为人文社会具有价值意义的存在与发展的内在运行机制与表现形式，表现在：企业的理念、文化、创新、业务结构、组织及生产、商业经营与管理模式各个方面。这种管理模式表现为企业的“体”。企业构成人文社会有意义的客观存在的形态就是“体”的实质内涵。

第二，本质：创造企业有机的存在。企业有机的存在是指企业只有作为人文社会中的有机构成，才能够获得生存与发展的空间。企业能否成为人文社会的有机构成，体现在企业的价值模式能否创造并体现出某种人文社会的特质，具体地说就是某种为社会行为人所接受的人文价值意义。它是企业通过“体”即价值行为管理模式创造企业有机存在的前提。

第三，功能：形成有机性互动。人文社会中有的企业能够生存与发展，但有的却不能生存与发展。为什么会造成这种局面呢？对于任何企业来说，它所以能够存在的基础在于企业人为价值模式的有机性。这种价值模式体现在企业的理念、文化及生产、经营与管理模式是否与人文社会价值体系的需要相吻合，是否具有存在的合理性。企业人为价值模式是在符合人文社会发展的要求基础上建立的，所以，企业就会与人文社会发生价值交换，形成良性循环过程，形成企业在人文社会中有机的存在，从而获得生存与发

① 赵渤：《人为价值论纲：价值运行原理与企业价值增长机制》，辽宁人民出版社 2005 年版。

展的空间。

(3) 企业商业模式在社会体系运行的终极目标：人文社会文化价值体系中的有机构成。

1) 企业塑造文化模式：构建与人文价值体系协同的文化关系纽带。什么是注意力效应中的外部资源？注意力的外部资源是人文社会广大的行为群体的一种文化价值观的认知态度，这种态度是通过人文价值意识①的定向集中于企业身上形成的。如果存在这种文化价值观的认知，在有支付能力的条件下，就形成文化价值引导的现实支付能力。

我们认为企业如果能够塑造文化模式，并且这种文化模式能与人文社会环境相互协调与吻合的话，那么，这无疑提高了企业的注意力效应，其本质是文化纽带内化了外部的社会资源。体现了外部资源内部化的特征。我们从人文世界中现实的文化大众角度看，具有文化模式的成功企业往往获得诸多社会群体的注意力，同时获得企业整体价值在社会上的认知度。

2) 企业：人文社会文化价值体系中的有机构成。企业存在的目的存在于人类世界之中。非常清楚，我们说的不是物理世界，也不是生物世界，而是人文社会。正因为企业是人文社会的一部分，企业的目的只有一个，提供符合这个人文社会需要的价值。企业是为了企业以外的那些需要它的产品和服务的社会行为的人群而产生、存在和发展的。所以企业的存在是环境的有机构成，而企业最终的目的是服务于民的，所以企业是人文社会中的有机构成。

3. 东方管理创新模式的运行体系：文化创新元素获取方式

(1) 东方管理创新模式：内涵、本质及特征。

1) 内涵：东方管理创新模式是指，企业根据以“心”造“体”的东方管理商业模式规则，通过社会文化群体人文价值模式的文化元素的挖掘与提炼，将文化元素应用于技术创新中来。包括两方面内容：一是在技术创新中融入文化元素，使其更具文化内涵，这样，技术创新会更符合社会群体人文价值模式的需要；二是在产品与服务中融入文化元素，使产品与服务更符合社会群体的人文价值模式的需要。如上两方面内容是通过东方管理创新模式通过有序地组织活动完成的。企业从文化元素的提炼到引导技术创新的输出的完成，这一过程是东方管理创新模式组织完成的。体现为以“心”造“体”。

2) 本质：东方管理创新模式的本质是文化引领的创新活动。文化引领的创新活动必然使文化元素的提炼有其客观来源与现实的依托，来源于群体文化价值模式，而所提炼的文化元素启发创新内容的行为具有目标性，丰富与融合于产品与服务的行为具有吻合群体价值模式需求的特征。

所以，东方管理创新模式代表了符合社会发展中科技与经济发展的方向。

3) 分类与特征：东方管理创新模式的创新分为两类：一类为适应性创新活动，另一类为逻辑性创新活动。

---

① 人文价值意识定向指文化模式所带来的整体的价值与意义已固化下来形成的价值取向；罗丝·本尼迪克特：《文化模式》，华夏出版社 1998 年版。

①适应性创新。适应性创新活动的本质特征是，通过复制社会群体文化价值模式中的文化元素来创新产品，或丰富产品与服务的文化内涵。

②逻辑性创新。逻辑性创新活动的本质特征是，通过社会群体文化价值模式文化元素的提炼、整合与创新，创造出符合群体需求愿景的新的技术、新的产品与服务，创造不同于现有需求的新需求。

（2）人类文化思维内容：编码与创新的前景。

第一，可被编码的人类文化思维内容。当代可以以信息数据编码语言对人类的思维智慧进行描述、复制、模拟及逻辑创造的占人类总数的90%。在信息经济为先导阶段的智力经济阶段尤其如此。

第二，文化元素编码对创新的启示。人文世界具有文化元素并可以体现文化价值意义的内容，而对这些内容进行提炼，通过复制与创新进行技术变革和新商品创造及包装，同时，也可以将文化元素融合到企业的服务流程中。我们表达一种文化的共鸣，却能打动一个人的心灵。

（3）文化是需求的一面镜子：文化创新创造社会供给与需求。建立于社会行为人的文化价值观基础分析群体需求，分析社会不同文化特征群体的文化价值模式所具有价值信息及构成因素，是新的经济阶段挖掘潜在社会需求与创造供给的基础，文化因素（文化元素的挖掘）具有重要的作用。将文化应用于社会行为特征群体的文化价值模式的定向分析，文化价值模式具有一定的稳定性，其文化模式定向中的主要文化因素信息的提取与分析的过程是关键。

所以，理解不同社会行为群体的价值模式定向至关重要。因为对不同人文价值模式的人群，价值观念与生活方式都是不同的，个性也有区别。对于企业来说，提取文化价值模式定向的信息是介入世界不同文化圈层社会行为群体的社会价值体系的战略内容。

（三）东方管理创新模式“三位一体”战略思想评价：德载为体，社稷得治

社会问题存在于人类生存与发展环境的体系中，主要表现为人文布局。这种人文布局是一种客观的存在，也是发展的过程。与西方人文社会环境相比，东方世界虽然具有很多不同的特点、特征及具体内容，但是，人文社会发展演变过程中所遵循的本质、规律及其基本规范原则与内容是完全一致的。

儒家文化圈具有一种“关系型”的文化布局，称为东方网络经济。东方网络经济关系的核心特征为“五缘”，即：亲缘、地缘、文缘、商缘、神缘。我们形容它就像一张网，拉出一个绳索整个网就会散落。

东方管理确定“以德为先”的战略先导地位，具有不可回避的客观基础。因为社会行为主体（包括政府、企业、组织、团体等）在进行社会活动中，不可避免与社会客体（群体、社会行为人）发生互动。而这些社会客体是以非制度化形态分布于社会中的。

即：社会行为人并非接受其制度化内部的管理与调配，其行为具有自主性，行为价值模式具有独立性，属于企业制度不可安排的资源。所以，社会行为主体如果想与社会

行为客体、社会行为群体形成互动，那么，“以德为先”的德治战略将是必然的选择了。

三、东方管理创新集群商业模式运行效果及发展趋势——文化引领不同群体及区域的崛起

（一）东方管理创新集群的形成与效果分析：文化衍生效果及边际收益递增

1. 东方管理创新集群的内涵与本质属性

（1）东方管理创新集群内涵。是指随着人文社会的发展，社会的物质文化生活进一步丰富，社会群体对于社会与自然的整体美好愿景及生活工作中文化内涵分享的要求越来越高。文化不仅引领了技术创新，文化元素介入到科学技术、产品与人们生活及远景中，同时文化引领了创新型组织（创新型企业、各种知识中心和相关机构）在地理空间上集中或在技术经济空间中集聚并且与外界形成有效互动结构的产业组织形态。

（2）本质属性——文化引领驱动经济的自然过程。这一过程是自然发展的过程，不仅体现从供给经济到需求经济的转换，也体现为需求经济的进一步升华，即文化引领创新满足社会群体文化价值模式需要的过程。随着信息经济、网络经济、速度经济表征的知识经济的进一步发展，人本经济特征越来越明显地深入人心。这种将文化深刻嵌入于技术创新并形成集群组织形态的模式对未来社会的发展将起到巨大的推动作用，代表着未来经济管理发展的方向。

2. 东方管理的创新集群形成的效果

从文化知识外溢到集聚性与集中化效果。集聚性是指具有互补竞争优势的主体，在产品链与价值链的作用下被相互连接、整合成为系统。这就类似产业链的上下游及侧向等的关联形成的产业链一样，一旦这些主体集中于一个地理区域，就形成互相带动的整体优势群体。它们之间多处于各自独立的松散的关系联系，以文化内涵与技术经济关系为之间关联的纽带。

而文化知识溢出及集中化效果是指创新集群的构成主体由于文化理念相同或类似，对愿景的期望以及对社会群体文化生活的追求看法类似，所以，能够共同参与到改进共性技术的活动中，他们的研发目标同一并且创新资源投入集中，使得知识溢出随之也呈现集中态势，它极大地推动了创新集群的产生。

（二）东方管理创新集群的传导：科技与经济一体化中的产业扩散效果

（1）创新集聚性扩散特征：体现科技与经济在产业层次中高度融合。创新集群不仅整合一个文化城市的资源，同时使文化创新效果不断扩展。技术与经济的密切联系使知识生产受经济集聚的影响，即集聚不仅产生经济上的效应，它同时也影响知识生产。由于文化知识等外溢所形成的创新、创造与生产向吻合于这种需求的社会文化布局中人文群体集聚，产业关系由此形成，文化与知识并沿着产业关联路径外溢，经济集聚区往

往能成为技术创新活动频发的焦点地区。随着经济全球化大潮与知识经济时代的到来，生产要素在全球范围内直接流动，技术成为重要的生产要素，是经济发展的关键内生因素。

（2）文化知识外溢与集中化特征：体现吻合文化布局的创新产业集聚效果。市场需求是影响技术演变的重要因素之一，而社会群体文化价值模式是决定技术创新方向与产品创新内容的终极动因。

社会文化布局与社会群体价值模式对于这种创新集聚具有战略作用。所以，可以解释为何众多符合现代市场需求并在国际打出品牌的文化时尚之都都是一些历史悠久的文化名城。

（三）信息网络化经济环境下的东方管理创新集群商业模式：应用前景及发展趋势

1. 信息化经济阶段的“人本经济”本质

信息网络化经济本质属性是人本经济本质。这种人本经济的信息网络终端的主客体更为直接地体现为人性化的特征。文化因素在决定创新内容及创新趋势中具有核心地位。而东方管理文化有机结合这一点，符合经济阶段发展与人类远景发展的大趋势①。

信息网络经济环境下，企业主体市场战略定位受到人文社会文化布局的影响，从其文化理念、文化体系、制度体系、创新体系到价值链与价值网络的构建都受到社会文化体系与文化群体及其布局的影响，其生存与发展必须以满足社会不断增长的物质文化需求为原则。这一趋势决定了企业管理人性化的发展方向，符合信息经济时代东方网络社会的管理特点②。

2. 新形势下东方管理的机遇与挑战：“人为”与“为人”循环的价值意义

东方管理强化了信息时代管理主体的人性、整体、共生、人为为人的管理价值，企业管理正进一步走向整合化、柔性化和人性化。东方管理创新集群模式是激发“人为”与“为人”的活动，从而驱动价值创造及其循环，它整合了社会各方面资源的价值，合理整合了无形资产的价值，东方管理与知识经济的发展趋势殊途同归。

①② 苏宗伟、赵渤：《网络商务空间中东方管理组织协同形态应用趋势探讨》，《上海管理科学》，2009年第2期。

第一篇　东方管理商业模式构建理论

——历史、视角与规范

中国的《易经》（又名《周易》）是我国最古老的认识自然宇宙规律的辩证哲学著作。《易经》辩证体现在：以象征阳“—”（又称“阳爻”）和象征阴“--”（又称“阴爻”）为基本符号。一生二，二生三，三生万物，进而阴阳交叠而成的六十四卦象（每一卦由六爻组成）为基本图形。它阐述的是宇宙万物运行的本质及现象的生成、变化与法则。

中国古代先贤注重探究事物的本质与规律。从道家、儒家、佛家到中国的诸子百家，众多思想受到这种辩证哲学的影响，使中国人文哲学思维更多集中在探求“道”（规律）的内涵上展开其研究。中国历史管理思想中亦具有丰富的“道”的内涵！

第一章　东方管理战略思想体系概述
——渊源、理论规范及构建思维

“从时间跨度来看，中国管理的历史远比西方长得多。在西方，把管理作为一门学科进行系统研究，只不过是最近一百多年的事情；而在中国，有史料可查的管理典籍可以上溯到距今2000多年前的《尚书》、《周礼》，虽然当时并没有形成一个符合现代西方标准的、能够体现各行各业各种管理工作共同特点的管理学，但史料已记载许多有关中国管理的组织设计、典章制度构建、信息沟通、物流管理及工程建设等方面的经典论著。”①

第一节　东方管理战略起源与发展：从《周易》到百家思想

我国古代，最为著名的兵书《孙子兵法》谈到“上兵伐谋”，谋就是谋划，就是制定发展战略。战略设计，应当遵循“三为”原则，即“以人为本、以德为先、人为为人”原则。要把人本身的发展和人性全面价值需求满足作为战略的出发点和立足点。

但是，这个谋的规划与设计却是有成功的，也有失败的。那么，一个成功的谋的依据是什么？实际上，它的依据就是“道”，这个“道”就是规律。

一、中国管理战略思想的人文起源：中国古代人文哲学对于“道”的认识

（一）中国人文哲学的“道”：不可须臾离之，可离非道也

1. “道”的起源：东方战略管理循“道”前提

从东方管理战略视角分析企业战略规划及其模式设计，体现为“道”的内涵。东方管理中涉及的人文思想哲学中的管理战略思想是极其丰富的，比如，中国最早的认识宇宙、自然及社会规律的哲学《周易》，以及中国历史上的百家思想，都是基于“道”的思想基础上丰富与发展起来的。

实际上，现代西方管理所出现的很多危机在东方管理哲学中都可以找到答案。东方管理哲学注重“道”，所谓“道”，就是“规律”，“天人合一”、“道法自然”的发展

---

① 苏东水：《东方管理》，山西经济出版社2003年版。

规律。

2. 儒道释的“道”：规律也

儒家讲的“中庸”、佛家讲的“一切随缘”，讲的都是要把握规律，顺应规律，在认识和把握规律的过程中遵循规律、运用规律，但不能改变规律。“道法自然”体现了中华文化的博大精深和智慧精华，它是东方文明的基石，是东方智慧独有的文化价值，是中华民族富有生命力和创造力的真正源泉，它对东方管理和企业与社会经济的发展，有着深刻和深远的指导意义，它们的智慧精华，对企业管理、社会管理、国家管理的方方面面，都可以举一反三、灵活运用、得益无穷。

所以，我们可以认为，东方管理思想根植于中华优秀传统文化，以儒家、道家、法家、兵家、墨家等古典管理哲学为渊源，以“以人为本、以德为先、人为为人”为本质特征，形成了国家管理、军事管理、家族管理和管理者自身修养为核心的东方管理思想体系。

（二）“道”的内涵：阴阳相生、生生不息

1. 阴阳相生：辩证认识论

第一，阴阳相依相生：辩证发展顺序。从《周易》“一阴一阳之谓道”的规律表述来看，阴阳相生。“道生一，一生二，二生三，三生万物”也是依顺次序，循序渐进地发展，事物运行的这个过程必须遵循这个规律。

第二，“道法自然”演变顺序：顺应与利用。必须遵循“道法自然”。《老子》讲“人法地，地法天，天法道，道法自然”，这个过程就是遵循、效法自然的客观规律。

“道法自然”是东方文明的大智慧，它是中华文化追求人在天地之间趋吉避凶、顺应自然，获得顺畅的、美好的、发展的智慧感悟和实践运用。它成为人在宇宙世界中生存发展的准则，是不可抗拒的规律。漠视它、违背它，就要受惩罚；顺应它、把握它、运用它，就通达，就受益，就发展。

第三，应用价值。在企业生存与发展中，企业战略面临着万变的社会经济及自然环境的变化。但是任何事物的运行与发展都有其内在规律性，有其内在属性，是辩证与统一的。那么，企业的战略规划如何把握环境运行的内在本质，依托对事物正反因素辩证运行的统一哲理做出战略设计与规划，就会符合这种“道”的规律性运行了。

2. 生生不息：富之大道，崇德广业

第一，玄德：有德乃生。《周易》认为“生而不有，为而不恃，长而不宰。是谓玄德”。“德”与“生”（生机）二者有着互为条件的两个前提。

一个“生”字有着丰富的内涵，它是“正德厚生”，有德才能生。这个“德”，必须是“大德”、“正德”，还要“崇德”、“厚德”，更要“盛德”。

“道”是万物的本源、根本，它的灵魂是要“生”。没有“道”，一切有形之物无所从出。此即“道生之”。

第二，生生不息：顺“道”而盛“德”则成。《周易》的“生”的思想，已成为中华文化的灵魂，中华民族生生不息的根源就在于“生”的根本精神。可以说，一个

"生"字，概括了天地万物最根本的规律，天地运行最根本的法则和功能。

因此，在具备了"玄德"与"大道"两个条件下，"德"与"道"互为条件，互为依托，生生不息。老子揭示"道"的本质和它的发展规律是"道生一，一生二，二生三，三生万物"。"生"了便是"得"，要"得"必须"生"。因为"道"能"生"，故"道"才能得万物。

第三，崇德广业：富之大道。《易传·系辞上》指出，"富有之谓大业，日新之谓盛德"，"圣人所以崇德而广业也"。所谓"盛德"，是指日日更新、不断创新变化，这是一种德行，而且要不断反复地进行，这才能成为"盛德"，它是"阴"的力量；而"富有"不是指个人或集团、团体的富有，它是指包罗万象的"有"，是指拥有天下包括人类在内的万事万物，这才能称为"大业"，大业是"阳"的表现，如此便能"崇德而广业"，由"崇德"、"盛德"带来"广业"、"大业"，这也进一步表述和说明了"一阴一阳之谓道"、"厚德载物"的"生"的精神。

3. "德"为载体：德蓄之，万物盛矣

第一，"厚德载物"：以"德"为"体"。周易之道是万物之道。"一阴一阳之谓道"的运行，又要体现为"厚德载物"。中华传统文化重德，纯洁高尚的品德就像那洁白的雪，一片雪是单薄的，它必须积累、加厚，这就是"厚德"。德是阴，物是阳，"厚德载物"，正是"一阴一阳之谓道"的运用与展现。

"厚德载物"是一个不断进行的过程，也就是要不断地阴阳相生的过程。只有万物相生才能生生不息，繁荣昌盛。

第二，"德蓄之"、"势成之"："道"与"德"互依互生，万物盛矣。"道"生万物之后，又存在于万物自身之中，成为万物各自的属性，即"德"。万物依靠其自身的属性（即"德"）来维持其存在的样态，此即"德蓄之"。万物凭借各自的属性而发展成独特个性的具有形体的物种，此即"物形之"。物种还要凭借环境而生长成熟，此即"势成之"。在这全过程中，"道"能生成万物，"德"能蓄养万物，万物各成不同的形态，都是顺应自然而展开。正因"道"和"德"皆能顺任自然，因此才能被尊崇、被珍贵。生长万物却不据为己有，兴作万物却不自恃己能，长养万物却不居心主宰，而是顺任各物自我化育、自然生长，这就是最深远的"德"。在这"道法自然"的过程中，它强调的是"无为"，也正是这种"无为"，却自然地生长了万物、繁衍了万物，这正是老子讲的"道常无为而无不为"。这里的"无为"不是没有为、不要为，是指不妄为。

而道家德核心思想的"无"，不是指没有，它是能"无中生有"。老子的《道德经》，强调"道"必须有"德"，有"德"才是正道；而"德"的古意与"得"通解，这个"道"还必须能"得"。

第三，"道"生万物，"德"载万物：得万物之道。"道"与"德"都能"生生不息"，"道"生长万物，"德"繁殖万物。能生长万物而不据为己有，帮助万物而不自恃有功，这种"德"是大德，是幽深玄远的德，不彰显的德，故又叫玄德。有德而不张扬，是真正的"德"。心存大德、道法自然一定能"生"，一定能"得"，以此来指导一切，便一定得道，得天地之道，得人之道，得万物之道。

（三）东方管理战略思想前提总结与评价：循“道”而行，载德为体

目前，华夏大地掀起一股尊崇国学的热潮。智慧的西方学者亦从中国历史人文思想中发现了真理，发现了希望。20世纪，许多日本人及欧美人，热衷于推崇《孙子兵法》，它曾指导了类似松下等国际大型企业在第二次世界大战后迅速成长。

1. 循“道”而行：谋略先行

第一，循“天道、地道及人道”：上兵伐谋也。中国古代的《孙子兵法》，是最早把“天时、地利、人和”这种“规律”性列入兵法权谋之中的战略思想著作，其核心就是循“道”这个规律而行的，所以，可以做到百战不殆。孙子主张“天时不如地利，地利不如人和”，他在《谋攻篇》中讲：“上兵伐谋，其次伐交，其次伐兵，其下攻城。”不管是天时、地利、人和，还是伐谋、伐交、伐兵、攻城，实际上正反映出兵家的战略方略的选择是依循事物演变运行规律进行的，根据这种规律划分其战略地位，从而获得战略决策的几个层次。

第二，战略经营之道：万物有成理。事实上，这种循“道”而行的战略思想观念在我国百家学术哲学研究的历史上是具有普遍性的，《庄子·知北游》中有一段话：“天地有大美，四时蕴明法，万物有成理。”其中蕴含的深意就是告诫管理者如抓住事物的客观规律，经营管理事务，循道而行，则会如庖丁解牛般得心应手，应对自如。

2. 事物运行与繁荣：德载为体，社稷得治

在社会、社稷、国家及其社会各类组织的治理中，中国百家特别注重人的地位，讲究道德的重要性。

第一，厚德载物：君子行健的品质。《周易》第二卦坤卦象辞曰“厚德载物”。其承载衔接第一卦乾卦而来，第一卦即“天行健，君子以自强不息”，接着坤卦“地势坤，君子以厚德载物”。

第二，《周易》阴阳性：自为与德载。《周易》的阴阳学说并非孤立存在的，《周易》把万事万物的演变规律作为一个阴阳互动的连续统一体。它说明在一切事物的发展中，任何事物的开拓与创造中，“厚德”占据首要战略地位。象辞解曰：天（即自然）的运动刚强劲健，相应于此，君子处世，应像天一样，自我力求进步，刚毅坚卓，发愤图强，永不停息；大地的气势厚实和顺，君子应增厚美德，容载万物。这种天地，由于阴阳交感，互为作用，促进了事物的变化与发展。

第三，君子承大任：“德”先行之，辩证循律处之。君子把握此才可承大任。由此可以说，《周易》思想基础是“德”，其灵魂为“易”，“易”就是“变”，是变得生生繁荣，还是走向灭亡？首先要做到君子的风范，是否做到“厚德载物”。《易传·系辞下》说“天地之大德曰生”也。而中国著名大学清华大学校训即为“自强不息，厚德载物”，乃是引用此处。

3. 东方管理战略思想的战略主体评价：“三为”思想，德治先行

第一，儒家仁政：以人为本。以人为本是中国历史管理哲学的核心。儒家是中国历

史百家哲学的代表，《礼记·中庸》曰：“仁者人也。”《孟子·离娄下》曰：“仁者爱人。”

第二，儒家仁政：以德为先。儒家讲仁政，孟子更提出了具体的管理目标：“明君制民之产，必使仰足以事父母，俯足以畜妻子，乐岁终身饱，凶岁免于死亡。然后驱而之善，故民之从之也轻。”这些都能反映出儒家所提倡的“以人为本、以德为先”社稷及社会治理的战略核心理念。

第三，应用价值。儒家认为“水能载舟，亦能覆舟”，德治位首，是管理者战略的文化思想核心。

二、东方管理“人为为人”思想核心：凸显以德为先的战略理念

东方管理的“三为”价值观，见图1-1。

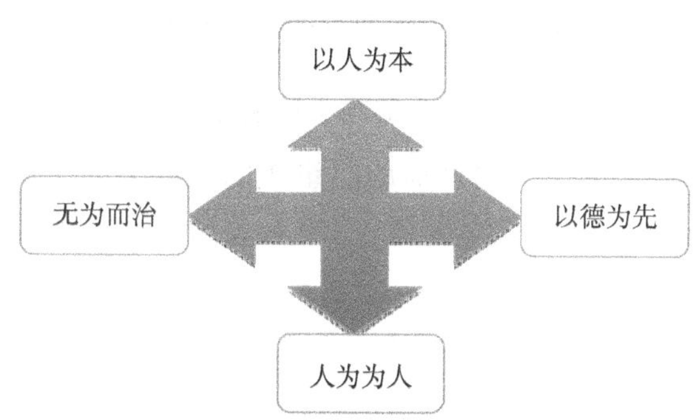

图1-1　东方管理的“三为”价值观

（一）东方管理“人为为人”思想核心：内涵及其作用

1. “以人为本”

第一，“人”的界定。这里所谓的“人”就是处于管理系统中的人，即中国古代所谓的“民”。中国古代传统哲学是以“人”为核心的。在东方管理文化中我们定义“以人为本”，即一切以人为核心，实现人的全面、自由、普遍发展。①

第二，“人”的地位与关系体系。东方传统文化自始至终都以人的管理为中心，强调人的中心作用。而这种现代社会独有的资源共享，网络依存与创新发展的特征，也正是东方网络社会存在的前提条件。孔子说：“天时不如地利，地利不如人和。”实际在人的管理中要强调一种相互协调、相互合作、相互促进、和睦相处的人际关系，在这种关系下，激发人的主动性、积极性和创造性。通过给人们提供充分施展才华的空间，不断地通过挑战锻炼人的智力、体力乃至意志品质，努力实现摆脱自然的束缚的自由发

① 苏东水：《东方管理》，山西经济出版社2003年版。

展，从而提高人的生命存在的质量。

2. “以德为先”

第一，“以德为先”达成的目的。即强调道德伦理的作用。管理者先“修己”，做出道德示范，在无形中影响被管理者的行为，从而达到“安人”，实现共同发展的目的。

第二，“以德为先”涵盖的关系范畴。这个命题包含两方面的内容：①人与人的关系；②人与自然的关系。人与自然的关系的主题是“天人合一”，是人与自然界的和睦与关系的协调，这在东方古老哲学中就有史料记载。当前经济发展的绿色革命、生态经济、可持续发展等主题，是东方管理文化中“天人合一”的具体写照。

第三，“以德为先”战略评价。“以德为先”不仅体现在社会中人与人的关系上，而且体现在社会中人与自然的共生、共栖的关系上。中国的“德”的概念反映的内涵极为广泛，它将会是世界经济继续发展中应该首要考虑的重要问题之一。

3. “人为为人”

它揭示了东方管理战略流程中具有本质性的行为过程，以及主客体关系之间的核心问题。

第一，“人为为人”的内涵。[①]“人为为人”揭示了东方管理具有本质性的核心问题。它是由“人为”与“为人”两个命题所组成的两部分相关的、不可分割的部分，即管理者必须首先修炼自己的行为和修养，“正人必先正己”，然后从为人的角度出发，来从事、控制和调整自己的行为，创造一种良好的人际关系和激发环境，使人们能够持久地处于激发状态下工作，使人的能动性、积极性得到充分的发挥，从而为人类社会更好地服务。

第二，“人为”到“为人”两部分不可分割[②]。它是由“人为”与“为人”两个命题所组成的两部分相关的、不可分割的部分。

“人为”所表达的是人自身的修炼与努力，同时还要兼顾到客体的内容。所要达到的是在一定的客观环境要求下，管理的主体不断调整自己，使之与管理主体、管理客体、管理环境处于最佳的融合状态。“为人”的目的就是在最佳的激发状态下，达到服务他人、服务社会的目的。“人为为人”之所以成为一个极为重要的管理学命题，其原因主要有两点：一是顺应了人的行为规律；二是顺应了时代的发展规律。

第三，“人为为人”战略行为流程与效果。管理者必须首先修炼自己的行为和修养，“正人必先正己”，然后从为人的角度出发，来从事、控制和调整自己的行为，创造一种良好的人际关系和激发环境，使人们能够持久地处于激发状态下工作，使人的能动性、积极性得到充分的发挥，从而为人类社会更好地服务。

（二）东方管理“人为为人”思想核心：凸显“以德为先”的战略理念

在东方管理战略中，战略核心首先体现在“人为为人”的核心中，但是，不可否

① 苏宗伟：《东方管理学教程》，上海财经出版社 2009 年版。

② 苏东水：《东方管理》，山西经济出版社 2003 年版。

认，这个战略核心的精神支柱体现为“德治”，或以德为先的战略先导上。

1.“德治”的战略先导性

东方管理“三为”原理中，“德”占据了先导性价值。而东方管理战略具有先导性地位。所以，在东方管理“人为为人”的运行循环体系中，对于“德治”的战略先导性就给予了不可替代的地位，显示出相当重要的价值。

2.“以德为先”具有文化先行干预非制度化社会群体的作用

儒家主张“德本财末”道德观和以“诚、信、义、仁”伦理思想为哲学核心。这种文化对于社会文化自觉性与有序的文化秩序的形成具有战略意义。

以“德”战略占据战略性地位是有其不可回避的客观基础的。它首先体现的是社会行为主体，政府、组织、企业、团体等在进行社会价值活动中，其一切行为所作用的客体，即：社会行为人并非接受其制度化内部的管理与调配，其行为具有自主性，行为价值模式具有独立性，属于企业制度不可安排的资源。所以，社会行为主体与社会行为客体、社会行为群体形成互动，那么，“以德为先”的德治战略将是必然的选择了。

3.“德治”战略在经济管理中的应用价值

无视社会思想道德对管理的积极作用，最终导致了秦王朝的迅速土崩瓦解，正所谓：“灭秦者，秦也，非六国也。”正所谓：“德者，才之帅也；才者，德之资也。”（《论语·颜渊》）“为政以德，譬如北辰居其所而众星共之。”（《论语·为政》）对于经济活动而言，为保证经济活动的有序运行，任何市场参与者的经济行为必须符合一定的道德规范。对于企业管理而言，除加强内功修炼，形成良好的企业文化和商业信誉外，还得在质量道德、竞争道德与经营管理道德方面加强引导和教育。在国家治理方面，改革开放给中国带来了深刻而复杂的社会变革，传统的社会道德观念已发生重大变化，建立新的思想指导与行为准则已成为一个重要的社会问题。

东方管理主张官德、商德、民德，“新三德”建设，处理好富民与富国、经济利己与道德利他、竞争与合作等之间的相互关系，以形成一种自觉性的社会文化意识及良性的社会人文布局与秩序。

（三）无为而治：“人为”到“为人”的价值循环的自觉性

1.“人为”到“为人”的价值循环的自觉性

“人为为人”的行为作用过程所影响的价值循环，从本质上贯穿的是“德”的战略内涵，如一个生物有机体一样，当它的能量循环具有了有机性关系时，就往往具有了良性循环的自我运行条件。人类社会也是如此，当人们依照内在价值观驱动来指导自己的行为活动，就具有了行为活动的自觉性特征。社会群体的文化价值模式就具有稳定性。根据文化人类学的观点，人们已经形成了文化价值定向，并受到文化价值意义的驱动影响群体行为与社会文化布局。

2.无为而治的三点内容

东方管理“无为而治”的本质是为了建立和谐、协调、激励的管理者与社会、群体与个人的共生关系，最终实现一种规范性与规则性的社会，从而使群体、个人的意识形态与其他经济与社会要素之间产生互动双赢规律性的效果。

3.《道德经》的说明

《道德经》曰："道常无为而无不为，侯王若能守之……天下将自定。"无为而治的意思就是说当人与人、人与自然的行为规律化以后，社会与自然的行为规律就自觉地在高度激发状态下辩证化发展，也就是孔子所说的"从心所欲而不逾矩"，从而达到从"无为"到"本治"的过程。

三、东方管理战略"谋而后动"：倚"道"的谋划及实施过程

东方管理战略正是以"十五要素"① 中的筹、谋、术为核心展开的。"筹"是指运筹帷幄，制定全面性的战略；"谋"就是计划、规划，做任何事都要有预见；"术"则要求管理者正确地运用方式、方法和策略，因势利导，化不利为有利，克敌制胜。②

（一）倚"道"：必须挖掘"规律"

中国兵家有云："天时地利人和"、"知己知彼"、"谋而后动"等，蕴含着两个内容，首先是"道"，即"规律"，其次是环境布局，社会问题存在于人类生存与发展环境的体系中，主要表现为人文布局。这种人文布局是一种客观的存在，也是发展的过程。与西方人文社会环境相比，东方世界虽然具有很多不同的特点、特征及具体内容，但是，人文社会发展演变过程中所遵循的本质、规律及其基本规范原则与内容是完全一致的。

（二）倚"道"后而谋：谋划、方法及实施特征

1. 谋者："计"也

谋者，"计也议也图也谟也"。"计，筹策也；议，谋也；图，谋划也；谟，议谋也。"（《说文大字典》）可见，计、议、图、谟与谋在古代意义相通。《书洪范》也讲道："明作哲，聪作谋。"另《诗集传》也说："咨事之难易为谋。"可见，在东方管理中，人谋概念其实就是人聪明才智的代名词，是智慧的象征。它其实是管理者或者智囊团对战略目标进行预测和形势分析，并运用权谋和策略等智慧性技巧来达到预期目标的行为。用现代的语言讲，人谋包括计划、决策以及战略管理。③

我国古代人谋思想主要体现在治国、治军中，用在企业管理中极少，这主要是中国对企业管理不够重视以及传统的商品经济不发达造成的。但人谋在国家、军事管理中的一些重要思想同样可以拓展到企业管理中。

2. "兵者，诡道也"

"兵者，诡道也。"这深刻地指出了计谋诡异、新奇的重要性。所谓计谋，就是要

① 苏宗伟：《东方管理学教程》，上海财经出版社 2009 年版。

②③ 苏东水：《东方管理》，山西经济出版社 2003 年版。

确定创造性地解决问题的方案。从这意义上讲，谋本质上就是创新。创新思维在计谋活动中具有举足轻重的作用。“凡战者，以正合，以奇胜。故善出奇者，无穷如天地，不竭如江河。”（《孙子·势篇》）可见，因变而立事，事或能成。兵无常势，水无常形，既要顺道而行，又要不拘一格，在事物矛盾面的相易相生之中做到游刃有余，才能成事。①

“道”的遵循，并非呆板而千篇一律的，其方法与手段是众多的。创新思维的基本特征就是新颖性，它要求打破惯常的解决问题的方式，以一种新的方式来处理事情。这就要求决策者能洞察事物之间的新的关系。创新思维的第二个特征就是创造性想象的参与。创新能力就是想象、预见和提出见解的能力。创造性想象参与后，能结合以往的知识经验，在头脑中形成新的假设、新的形象，这是创新活动顺利进行的必要条件。创新思维需要多种心理活动过程作支撑：逻辑思维与非逻辑思维的互补与运动；发散思维与辐合思维的互补与运动；柔性思维与刚性思维的互补运动；垂直思维与侧向思维的互补与运动。②

3. “谋略”的竞争在于“道”与方法的运用

这种竞争不仅表现为肉体、武器上的对抗，更表现为双方心理上的较量。我国古代兵家思想就特别强调心理战。所谓“不战而屈人之兵”，即运用非武力的心理手段，使对方产生错觉、态度改变、意志涣散、士气崩溃，从而获取最后的胜利。历史上有名的“楚歌一首三百唱，八千子弟归江东”事例，就是心理战的成功典范。“三军可夺气，将军可夺心”（《孙子·军争篇》），作为领导人绝不可在心理上输给对方。

计谋心理战主要从三个方面来展开设计：一是利用人的心理需要；二是利用人性弱点；三是利用人的认知错觉。人性弱点包括贪婪、懒惰等，人的心理需要包括求生本能、安全需要、爱与归属的需要、自我实现的需要等，而人的认知错觉包括心理定式、心理疲劳、视觉错觉、听觉掩蔽、暗示等。“能而示之不能，用而示之不用，近而示之远，远而示之近；利而诱之，乱而取之，实而备之，强而避之，怒而挠之，卑而骄之，佚而劳之，亲而远之。”（《孙子·计篇》）这著名的诡道十二法其实就是从心理战的角度提出的。

（三）东方管理战略的终极目标：明道、稽政、志在天下

中国儒家提倡“明道、稽政、志在天下”的经世之学，儒家思想具有强烈的经世济民的社会责任感和参与意识。孟子曾说，“如欲平治天下，当今之世，舍我其谁也?”“民富则安乡重家，安乡重家则敬上畏罪。敬上畏罪，则易治也。”“故治国常富”，“必先富民”。

中国历史蕴含着丰富的哲学思想。经济发展及治理上有：“厚其生”、“输之以财”、“遗之以利”、“宽其政”、“匡其急”、“拚（赈）其穷”。经济管理上体现“三事”之辩证之法，即：“正德、利用、厚生，谓之三事。”

①② 苏东水：《东方管理》，山西经济出版社2003年版。

任何社会的经济建设中，建设一国社会经济秩序具有战略意义。中国古人有言，曰："守国之度，在饬四维。""凡牧民者，欲民之有礼也。欲民之有礼，则小礼不可不谨也。""仓廪实则知礼节，衣食足则知荣辱"之理也。

第二节　东方管理战略现实应用环境可行性分析：中国传统文化布局及覆盖范围

一、儒家文化圈的社会关系布局：东方管理的"五缘"网络

（一）东西方社会价值观比较①：东西方价值取向的区别

1. 东西方价值取向的区别：关系型与契约型

东方社会的经济活动的价值取向与西方国家社会经济活动的价值取向的内涵有着"质"的不同②，如表1-1所示。

表1-1　东西方价值取向的区别

区别＼类型	东方价值取向	西方价值取向
定位	是一种"关系型"的，称为东方网络经济	属于"契约型"的，是一种法制经济
核心	东方网络经济关系的核心特征为"五缘"，即：亲缘、地缘、文缘、商缘、神缘。我们形容它就像一张网，拉出一个绳索整个网就会散落	封闭的、排他性的文化特征

2. 网络经济发展阶段与社会关系：社会经济活动体现网络化合作关系

随着经济阶段向知识网络经济的演进，现实社会中，整个网络经济提供给各个经济主体的是资源契合关系、产业契合关系、企业契合关系、资本契合关系、服务契合关系，并配合于情感的支持、伙伴关系的支持、信息关系的支持。这种东方国家特有的经济所体现的文化底蕴在市场经济大潮中，提高了经济效益、减少了交易成本，某种程度上已经是一种完整而系统的社会经济主体相互依存、产业相互契合、资源利用互补的经济网络相互促进发展的社会形态。③

东方管理文化就其本身来说是一个开放型的、非排他性的东方管理体系。在亚太地区生根发芽以后，必将走向世界，影响世界经济的发展。

①②③　王力、赵渤：《管理学流派思想评注图鉴：历史、方法、趋势》，中国社会科学文献出版社2011年版。

（二）东方社会“五缘”网络经济组织形态

儒家文化圈具有一种“关系型”的文化布局，称为东方网络经济。东方网络经济关系的核心特征为“五缘”，即：亲缘、地缘、商缘、文缘、神缘。

1. “亲缘”相融的儒家文化关系型社会

儒家文化是以宗亲关系为核心在社会形成“亲缘”网络为归属的社会关系。儒家文化讲究“认祖归宗”，这个社会关系首先以家庭为基础，上至宗亲，下至子孙，不仅纳及嫡系，还涉及旁亲、姻亲及妯娌，扩及姓氏及族谱乃至家族。

2. “地缘”相近的海外华商的文化关系结构

儒家文化还注重乡情的“地缘”关系。往往一个乡里皆为亲戚，一个乡里或通过宗亲关系、姻亲关系，以及旁系等形成一个或几个大族群。客居他乡往往会以同乡关系加以聚集。这个在我国的海外华商的发展中体现得最为明显。

海外华人迁徙到他国的异族，与当地民族之间的风俗习惯有所不同，难免有所摩擦。为了抵抗各种迫害，他们团结起来，建立乡帮组织，保护自己的生活地位。这一时期华侨华人的经济活动具有明显的地缘特征，华商资本与地方性帮派紧密结合，在新马地区，福建帮、广东帮、客家帮、潮州帮、海南帮五大帮派各自在不同行业中占据主导地位。福建帮大都来自沿海地区，善于交易，多从事贸易，也插手与这个行业关系密切的金融机构。①

3. “商缘”相通的华商合作关系及组织形态

华商经济网络及其在全世界的扩展，主要以族群联系和人际关系为基础，通过对经济、政治和文化等各种资源整合而形成。作为华商网络形态之一的华商社团，日益呈现国际化。除世界性华侨华人同乡、宗亲社团日益活跃外，“世界华商大会”、“客家恳亲大会”等以经济、科技合作交流为主要内容的世界性、区域性华侨华人组织和活动越来越多，规模越来越大。随着经济全球化的发展，海外华侨华人社团要求加强跨地域、跨国家的联系与合作，促进优势互补、共同发展的愿望更加迫切。②

其中，较具影响力的“世界华商大会”从1991年开始，每两年一届，先后在新加坡、中国香港、曼谷、温哥华、墨尔本、南京和吉隆坡召开，已日趋成熟并具有了较大的国际影响。“世界华商大会”的召开标志着“华商经济网络已逐步改变过去封闭、简单的网络结构，并逐步形成一种以世界华商为主枝，居住国原住民、外国各族商人为侧枝的联系紧密、互相补充开放的树枝状网络结构”③。

4. “文缘”相连与“神缘”相循的文化的层级递进扩展

事实上，东方管理有关社会关系的形态上也是有层次结构的，同时，这个层次结构也是递进扩展的。

东方管理网络关系还讲究文缘、神缘等关系，是建立在社会经济合作中基于文化认

①② 林善浪、张禹东、伍华佳：《华商管理学》，复旦大学出版社2006年版。

③ 林珊：《知识经济时代华人经济的展望》，《亚太经济》，2000年第3期。

同所形成的商业或交易往来关系，以及基于文化认同、价值观认同、文化群体关系参与以及出于某种宗教信仰上的追随等形成的一种文化关系。

（三）儒家文化圈的社会治理文化：文化布局的松散性——“道之以德，齐之以礼”

1. 儒家社稷治理文化

历史上中国儒家治国战略思想提出“道之以政，齐之以刑，民免而无耻；道之以德，齐之以礼，有耻且格”；孔子所处的春秋末期，诸侯争霸，战争频繁，社会秩序动乱不安，在当时存在着两种对立的治国主张，其一“为政以德”，其二“为政以刑”。而孔子游走于争霸诸国，希望通过其政治主张建立起稳定的社会秩序，他比较了两种治国方略的治理效果。

2. 文化关系处理方略：道之以德，齐之以礼

第一，道之以德，齐之以礼。社会文化布局在任何时代与经济发展阶段都非企业内部可以通过制度化来安排、调节与调配的资源，其具有松散性的特点。对于面向社会松散型人文布局的企业，通过制度化安排与组织肯定难以起到政策所预期的目的。所以，文化的输出、文化模式的研究、文化元素的提取就开始起到不可替代的作用。儒家的“道之以德，齐之以礼”治理方略是具有“大文化”视野的战略模式。

历史上，为了促使统治者更好地管理国家社稷，儒家提出了“为政以德”的管理战略思想。孔子主张“为政以德”，其提出的管理方针是“道之以德，齐之以礼”（《论语·为政》），即用道德教化来引导百姓，用礼制来统一百姓的行为。可以使百姓服从管理，自觉遵守法律和规章制度；可以使百姓有羞耻心，自觉从善，走上正道，因而达到国泰民安的目的。而“为政以刑”的治国主张，只能使百姓为了免于犯罪而不去做坏事，却没有羞耻之心。孔子正是从这一认识出发，提出以“仁”为核心的德治思想。

第二，历史评价。当然，《论语》中也有一些思想是与历史潮流相背离的，如他政治上的复古倾向，他对等级、秩序的过分强调，他的内敛的人格价值取向等，这一切都不可否认地给中国社会的发展带来了负面影响，需要我们用现代意识对之加以修正。

二、以儒家为核心的文化圈影响范围：东方管理战略适用环境可行性分析

“华人移民的分布很广泛，具有‘有阳光的地方就有华人’的说法。分布在不同地区的华人，受居留地文化的影响是不同的。由于世界各地华人群体规模实力、内聚力、社会地位各不相同，其外部发展条件也大相径庭，华人文化的成长、变异程度也不一致。”①

（一）我国海外通商及中国文化的影响范围及其扩展：中国文化世界范围的传播

1. 两汉时期陆上商贸形成丝绸之路：中国文化初期的传播

中国是一个历史悠久的国家，两汉时期就形成了陆海走向的丝绸之路。在西汉

① 林善浪、张禹东、伍华佳：《华商管理学》，复旦大学出版社2006年版。

（公元前202年至公元8年）时，由张骞出使西域开辟的以长安（今西安）为起点，经甘肃、新疆，到中亚、西亚，并联结地中海各国的陆上通道（这条道路也被称为“西北丝绸之路”以区别日后另外两条冠以“丝绸之路”名称的交通路线）。因为由这条路西运的货物中以丝绸制品的影响最大，故得此名。

2. 中国海上丝绸之路的海上延伸范围：中国文化世界性传播进一步扩展

中国的丝绸除通过横贯大陆的陆上交通线大量输往中亚、西亚和非洲、欧洲国家外，也通过海上交通线源源不断地销往世界各国，所以，历史上也形成了海上丝绸之路。从中国出发，向西航行的南海航线，是海上丝绸之路的主线。另外，还有一条由中国向东到达朝鲜半岛和日本列岛的东海航线，它在海上丝绸之路中占次要的地位。

3. 中国文化的影响进一步深化：多元化商贸推动文化传播与产生影响

宋元到明初是中国以瓷器为主的通商贸易输出的第二个阶段。这一阶段，我国文化输出的影响范围进一步扩展。它不仅覆盖有东北亚、东南亚的全部国家，南亚和西亚的大部分国家，还覆盖了非洲东海岸各国及内陆的津巴布韦等国。宋、元、明初时期的航线，主要有航行到东北亚、东南亚诸国的航线及通往波斯湾等地的印度洋航线。这时期中国航海的成就主要表现在印度洋航线上。一是可从波斯湾沿海岸向西行进而到达红海的吉达港，然后上岸陆行至麦加；也可以在苏丹边界的埃得哈布港上岸，驮行至尼罗河，再顺河而下到福斯塔特（古开罗）；还可以从红海口越曼德海峡到东非诸国。二是开辟了从马尔代夫马累港直达非洲东海岸的横渡印度洋的航线。而到了明代中晚期至清初运输路线一条是从中国福建、广东沿海港口西行达非洲，继而绕过好望角，沿非洲西海岸航行达西欧诸国；另一条是从福建漳州、厦门诸港至菲律宾马尼拉，然后越太平洋东行至墨西哥的阿卡普尔科港，上岸后陆行，经墨西哥城达大西洋岸港口韦腊克鲁斯港，再上船东行达西欧诸国。在17~18世纪，中国瓷器通过海路行销全世界，成为世界性的商品，不仅使中国文化对世界产生影响，同时对人类历史文明的发展也起了积极作用。①

（二）海外华人聚居与扩展范围：从秦朝、两汉到第二次世界大战后的华人海外移居情况

1. 中国人海外移居历史

中国人移居海外的历史可以上溯到遥远的古代，华侨历史源远流长。在中国古籍，如《史记·秦始皇本纪》、《汉书·地理志》中，曾对古代中国人漂洋过海的状况作了描述。到了唐代末期以后，华人流寓苏岛者已多，散居马来半岛者亦为数不少。虽然如此，中国人移民海外还是一个很小的比例。到了宋代，航海贸易在中国沿海各省十分活跃，尤其是南部的福建人、广州人。②13世纪元朝时中国移民开始较多地迁往东南亚地区，明清两代的华人移民主要是移居到东南亚，19世纪华人移民地区更多地扩展到欧洲、非洲、美洲和大洋洲。华人大规模移居海外，是19世纪中叶鸦片战争以后的事情。

①② 王赓武：《中国与海外华人》，商务印书馆1994年版。

2. 近现代中国人的海外移居情况

“据估计，从鸦片战争到第二次世界大战前夕，中国人向外迁移人数在1000万~2000万人之间。在历史上，海外移民具有以下特点：首先，海外移民的类型主要有三种。一是起源于海外贸易的发展，这类人多数是小商人和自食其力的小贩；二是历史上发生几次政治大动乱，造成几次海外移民浪潮；三是面对封建压迫和民不聊生，沿海地区的劳动者不得不出国谋生。其次，从海外移民的分布上看，唐代以前，华人移民大多经由陆路迁往中国周边国家和地区；宋、元时期造船业和航海业的发展，华人移民便不再局限于中国周边地区，经由陆、海两路广泛分布于亚洲东海岸和印度洋沿岸，并在西太平洋的一些岛屿上扎下脚跟；西方殖民者东侵以后，伴随着资本主义殖民势力对中国劳动力的旺盛需求，华人移民的分布范围就由亚洲扩大到全球各地。”①

3. 第二次世界大战后中国人的海外移居情况

第二次世界大战以前，不少华人既保留中国国籍，又取得所在国国籍。第二次世界大战后，东南亚国家纷纷取得独立，我国政府同有关国家的政府签约废除双重国籍，90%以上的华人选择了所在国国籍。具有华人血统是“华人”应有之义。纯华人血统的人，当然是华人。但是，随着他们逐步融入当地社会，他们及其子女中就会有不少人同当地人通婚，再下一代就只有1/2华人血统，如此一代一代下去，华人血统的成分还会发生更大的变化。那么，到底含有多少华人血统成分才算华人？这个问题难有一个明确的标准。②

第二次世界大战以后，海外华人的人数增长很快，分布很广，到底有多少海外华人，并没有确切的统计。有的学者估计亚洲有华侨华人16143008人（不包括中国港澳台地区），美洲有2317845人，欧洲有675083人，大洋洲有343255人，非洲有99346人，合计19578537万人。③ 多数学者估计现有海外华人华侨有3000万人。④

（三）海外华商为儒家文化影响力传播与作用主体

1. 海外华商之间的文化关系

海外华商在许多国家或地区的人口中的比重不大，但是具有很大的经济实力。例如，在泰国，华商在制造业的总资本中大约占90%，运输业占70%，商业占80%左右；在印度尼西亚，华人占总人口比重不足4%，但华商企业所占经济份额则是全印度尼西亚的80%；在菲律宾，华人只占全国人口的1%，但同样主导着菲律宾的经济。据估计，目前海外华商企业拥有的资产在1.5万亿~2万亿美元之间，海外华侨可以动用的资金估计为3000亿美元，与阿拉伯人、犹太人并列为世界侨民三大金融力量。在东南亚，华人上市公司占整个股票市场上市公司的70%，华人资本是亚洲［除日本、韩国、中国（不包括港澳台地区）以外］10个股票市场股票价值总额的66%。⑤

---

①②④　林善浪、张禹东、伍华佳：《华商管理学》，复旦大学出版社2006年版。

③　方雄普、谢成桂：《世界华人概况》，中国华侨出版社1993年版。

⑤　古宜辉：《经济全球化和世界华人企业联盟协作的发展趋势》，《世界华人名人录》，第7期。

2. 海外华商儒家文化影响效果

华商的辉煌成就是与华商的管理文化分不开的。一方面，华商管理文化承接了中华民族优秀文化传统。华商虽然分属其居留地统辖，其文化得到当地认同，其经济是所在居留地经济的一部分，但在文化、地缘、亲缘等方面都与中华民族有不可隔断的联系。

华商是海外华人的主体，“生活在海外的华商都或多或少地受到中国文化的影响，总会自然地、习惯性地运用中国传统文化对自己的企业进行管理，从而表现出一些与其他族裔商人不同的、带有浓厚中国文化色彩的特征。同时，华商又不能不受居住国家或地区文化、西方文化的影响，从而形成了独具优势的管理文化”。[①]

三、后发展历程国家经济发展中文化布局与社会秩序评析：以东方的日本特色模式为例[②]

管理从本质上说是一种文化。不同的文化圈层的不同民族都拥有不同的价值模式与行为特点，他们之间的社会关系、行为关系由其所具有不同的价值观、不同的价值模式所决定。在东方国家的文化圈层中儒家文化具有重要影响。它随着华人的海外移居与各种文化相互交融、相互影响，形成独具特色的后儒家文化圈层。不同的文化模式的群体有着不同的管理方法。

（一）后儒家文化圈层的传统文化布局特点[③]：群体文化价值模式的意识形态因素与“全盘西化”模式的冲突

1. 哈耶克关于工具化的制度安排形式不再能达到管理的预期效果：需要从外部人文社会寻找解决思维[④]

哈耶克传统自由主义认为：“通过利用形成秩序的力量（协调其成员行为的常规），我们可以达到一种秩序。”我们应该注意到这种协调成员行为的秩序，并非是完全由个人主义的经济行为引导的。其中所包含的事实，要比我们刻意的制度安排所能取得的情况不知复杂几倍，因为“它是一种文化的组织与应用”。如果我们能够对于这种诱发传统文化秩序的传统文化因素善加利用，使其达到换了别的方式便无法达到的程度，我们就要在限制自己对该秩序的细节上施加力量。那么，实际上，正确的理解就是我们的管理不能再期望仅仅通过工具化的制度安排形式来达到预期效果，而需要进行再思考，探讨对通过制度化解决一切的思维方式做出限制，并通过制度之外的因素来很好地“吻合”这种社会传统文化秩序。客观上，达到一种组织利用社会人文体系组织与激发社会资源获得利用的效果。[⑤]

日本作为后儒家文化圈层的典型代表，在20世纪70年代形成了辉煌一时的“东亚

① 林善浪、张禹东、伍华佳：《华商管理学》，复旦大学出版社2006年版。

②④ 赵渤：《中国金融监管：风险、挑战、行动纲领》，中国社会科学文献出版社。

③⑤ 赵渤：《东方特色的经济发展模式再探讨》，《2001年世界管理论坛暨东方管理论坛论文集》。

模式”，为世界所瞩目。但是，它的管理模式的特点在哪里呢？这个问题已经使国际社会的经济与管理界形成了很多争论与研究，其中有布莱克从历史比较的角度对日俄社会经济做出研究，也有塞缪尔·亨廷顿从文化的角度进行研究。特别值得一提的是，美国管理学家威廉·大内，于20世纪60年代末期以后推出的《日本的管理艺术——美国如何迎接日本的挑战》，以及《Z理论》、《公司战略》，并推动了西方传统管理思维的变革，研究学者开始挖掘东方的智慧。①

2. 后儒家文化圈在现代化发展中的日本案例②

在日本市场经济发展历史上，东方社会人文秩序与通过工具化制度形式安排来遵循市场经济秩序的组织管理模式存在内在深刻的矛盾，表现为：日本这个民族由于社会自发的传统人文秩序的存在（不可避免地包括了民族的文化信仰、自由的民族行为特点、自由的民族感情与关系），它本质上不可能符合市场机制发挥调节作用时对人的行为的要求，即：通过个人的经济利益追求完成对资源最优的配置及经济发展的均衡。所以，社会传统人文秩序也非市场机制所能够自发安排好的。

日本社会传统经济秩序与“西化”模式之间的矛盾一直是日本经济内部矛盾中的一个难以磨合的“空白”。历史上，日本制度管理中所体现出的政府强势干预，充分体现出政府管理经济中的两种趋势：一方面政府出于适应封建传统秩序的某种考虑来干预经济活动的一种强政府选择，另一方面体现出日本传统社会与生俱来的封建秩序与其经济体制全盘“西化”过程中形成的传统社会人文秩序与追求理想的自由市场机制作用效果之间存在背离倾向的矛盾。传统社会不会消逝：日本社会秩序中矛盾的积累为下一轮经济危机做出准备。③

3. 东方文化圈层的日本“西化”过程中保留了什么：东亚模式的创新源于儒家文化④

日本的“强政府”对各领域经济活动的干预（包括：宏观经济政策、产业政策，以及企业发展等方面），事实上是对传统社会秩序表现出协同的一种积极姿态。也可以说在当时的历史环境下具有可观性。

日本“强政府”干预特征从本质上说是利用传统社会秩序为基础发展起来的具有后儒家特点的管理模式，它是对日本所具有的传统人文秩序做出功能性适应性姿态的经济管理。而就它的民族特征本身来说这种强势的政府干预，以及由此发展起来为社会群体所认同与积极遵循的“东亚模式”，其能够顺利实施的根源在于它本身建立了符合这种根在中国的后儒家传统文化的秩序与布局，也可以理解为它是日本在市场经济发展中管理适应性的一种方式，或者也可以理解为对传统社会秩序表现协同的一种妥协方式。⑤

（二）世界对东方国家的社会秩序布局的看法：国际学者基于日本案例的研究

国际上，基于20世纪70年代“东亚模式”曾有过的辉煌，曾经有很多学者对这种传统的不可消失的文化布局做出过思考，并影响了管理战略与管理文化理论的产生。

①②③④ 赵渤：《中国金融监管：风险、挑战、行动纲领》，中国社会科学文献出版社。

⑤ 赵渤：《东方特色的经济发展模式再探讨》，《2001年世界管理论坛暨东方管理论坛论文集》。

可以说，管理战略与管理文化理论的根在中国，但其来源却是在日本后工业化过程中所遇到的问题中形成的思考。

1. 各国学者对传统文化布局对管理模式的影响研究：东方与西方重视“资本”主义不同，重视“人本”主义

这种文化秩序布局不管是自然主义的社会关系和谐观念还是权威与尊重并存的行为观念，这些观念所引导的社会行为是与美国化的自由市场经济的基础原子人性观相背离的，即与原子运行的经济个人主义是完全不同的。所以，美国化的市场模式与日本的东方传统秩序布局存在着根本矛盾。

2. 传统社会向现代社会过渡中管理战略不可避免地受到社会人文秩序因素牵制

在我们重新回顾与分析丹尼尔·勒纳出版的《传统社会的消逝》一书的时候，我们需要重新认识他所提到的相互对立的两种社会系统（即：传统社会与现代社会）以及他关于现代化是从传统社会向现代社会的转变过程的看法。我们发觉，日本在现代化的过程中这种矛盾的积聚是逐渐的，并且是深刻的。日本自 20 世纪 70 年代成功地以“东亚模式”引起世界关注以来，这种矛盾就开始不断受到东方社会秩序的挑战。最终在进入 90 年代，这种矛盾的积聚使日本不断受到现代化发展道路中所爆发出的经济危机与金融危机的挑战，并以该形式将所积累的矛盾消化掉。这一客观过程对日本固有的矛盾的证明是很彻底的。

日本经济的发展史体现出传统社会并没有像丹尼尔·勒纳所描述的那样清晰地体现出传统社会向现代社会演变中会产生传统社会的消逝。传统社会不仅没有消逝，它反而以更大的反弹力作用于日本的经济，使这种矛盾凸显得越来越明显。

3. 国家管理模式、企业的发展战略本身需要考虑社会传统人文秩序因素

任何国家在由传统经济向现代化演变过程中，在经济管理模式的选择上都应当充分考虑到影响经济发展的社会意识形态因素，包括传统意识形态、传统文化布局及社会传统秩序和行为特点，基于经济发展目标对其进行干预与管理。日本属于儒家文化圈层的东方国度，社会具有后儒家文化秩序布局特征，历史上其政府通过干预社会意识形态因素与社会传统文化因素影响社会经济秩序，并对经济发展产生影响，所以，一个国家的经济干预模式是否可以就市场机制谈市场机制，以工具化、机械性的管理手段谈具有人文社会布局的人文社会管理呢？答案是否定的！

所以，一个国家的管理模式、一个企业的发展战略模式本身需要考虑社会传统人文秩序因素，或者说需要与该社会所具有的民族性或者国情特点相结合，这样才能达成政府或企业的良好愿望。

（三）东方学者的研究与评价：社会变革的动力新的认识

1989 年布莱克与杨骤在《国外社会科学》第 4 期载“现代化与政治发展”一文中认为，需要思考如下四方面的内容①：

① 赵渤：《东方特色的经济发展模式再探讨》，《2001 年世界管理论坛暨东方管理论坛论文集》。

首先，它应当重视评价前现代社会中产生的有利于和阻碍现代化的各种因素；其次，它应当把反映在科学革命和技术革新中的知识进展看作社会变革的原动力，正是知识的进展使人类社会的变革区别于过去任何社会的变革；再次，它应当着重于检验整个社会在政治、经济、社会、文化和科学技术进步所提供的可能性和利用这些因素的能力；最后，应当批判地评价某个社会的领导者如何利用各种政策去改造传统制度和观念的遗产，目的在于在这样的基础上利用可行的政策来有选择地向先进的社会借鉴，并推动现代化的进程。

实际上任何国家在选择与该国相适应的发展模式的时候，不可避免地要同固有的制度和传统文化发生互动。与其说是与固有的制度和传统文化决裂，不如说其实质是否在科学和技术进步的条件下对经济（跳跃）发展做出功能上的适应。日本在经济高速发展的过程中或多或少地表现出了这种适应性。

第三节　东方管理战略思维的启示与总结：基于后发展历程国家经验教训的分析

一、东方管理战略规划的正确视角：建立于人文社会价值体系前提基础上

受到中国文化影响的东亚及东南亚地区为代表的东方国家，20 世纪 70 年代后的经济飞跃，与以中国为渊源的东方文化及其对这些国家的管理形态及其企业经营模式的影响有着密不可分的关系。

（一）市场制度化体系为人文社会体系中的一环：管理战略不可忽视人文社会体系

一个国家、一个企业的战略模式、管理模式的建立考虑的问题首先不仅仅局限于经济运行规律中的自然运行机制。事实上，市场体系的关系本身属于人文社会体系中的一环，而市场机制与制度提供了制度化交易与活动的环节。但是，人们忽视了关键的前提因素就是，任何企业进入市场前它仅仅是人文社会体系中的一环，而无所谓市场制度化交易的内容。所以，我们会在战略中评判其是否吻合当地或某个区域的人文社会需求特征？是否符合社会群体的价值需求模式？而这时，并未进入到市场机制制度化、机械化、精准化的作用环节。率先考虑的是环境，人文社会环境、人群或民族的价值观、习俗、意识形态等前提因素，这就有了我们所谓的社会人文布局与文化秩序特征。①

（二）管理战略新视角：大文化要求大视野

我们更多地意识到的是经济发展中影响市场经济机制运行的人文社会机制因素，我

① 赵渤：《东方特色的经济发展模式的经验框架再探讨》，《2001 年世界管理论坛暨东方管理论坛论文集》。

们的战略视角往往会从人文社会秩序出发来分析该社会的经济发展秩序及其管理特点，这样，基于社会人文秩序对经济秩序的影响的分析来探讨管理战略及其管理模式问题的正确路径就形成了。

二、东方管理战略的“大文化”、“大社会”视角：挣脱市场机制的工具化与制度化限制分析

（一）东方管理战略挣脱市场机制的工具化与制度化限制分析：市场机制不能作用之痛

1. 市场机制不能作用之痛：人文社会体系与意识形态因素

因为，市场不是万能的，所以，在思考现实问题的解决办法的时候必须纳入影响社会经济管理的人文社会中的人文秩序、人文布局、人文制度及人文价值行为导向的意识形态等因素。社会文化因素、社会传统秩序布局因素及社会行为特点等因素是政府在干预主义经济管理原则下根据社会不同经济发展阶段中的不同民族国家的社会人文秩序特点才能做出有效管理模式及措施，在这种情况下的干预才会产生效果。①

2. 东方管理战略挣脱市场机制的工具化与制度化限制：与人文社会体系互动发挥战略性的作用

我们在研究纯粹经济学中的经济规律与市场机制时，需要充分以社会人文秩序与布局为战略前瞻，以其为战略依托，为什么呢？因为，市场体系亦是社会体系的一部分，受到其全方位的牵制。所以，我们在企业战略与管理模式的设计中，首先要考虑到社会意识形态、历史传统文化以及群体人文价值模式等因素，探索企业文化、企业战略及企业组织形态与人的文化模式及行为等因素，构建国家与企业的战略管理体系。即从根源入手，才是相对客观有效的分析方法。②

现实社会中由于各种原因，人们的思维为市场机制与市场体系的分析所彻底框定，并形成了一定的思维惯性，使我们经常忽视掉这种社会人文因素的研究。通过如上的分析，我们可以认识到，不管是政府还是企业，只有建立于这样的基础上才能够与人文社会体系发生互动，并发挥战略性的作用。③

3. 东方管理战略前提评价

建立符合人文社会文化布局特征的国家或企业战略，通过合理整合社会主体企业的战略模式、治理特征、组织的活动特征，从而激发社会行为人的价值行为，使得企业与社会价值体系形成某种功能性关联并建立价值链联系，从而影响国家治理效果及企业的战略绩效。

---

① 赵渤：《中国金融监管：风险、挑战、行动纲领》，中国社会科学文献出版社。

② 赵渤：《“诚信”创造生产力：市场制度化机制不能解决的问题》，《2002 年世界管理论坛暨东方管理论坛论文集》。

③ 赵渤：《人为价值论纲：价值运行原理与企业价值增长机制》，辽宁人民出版社 2005 年版。

（二）基于东方文化关系基础建立稳定的文化关系：海外华商的成功案例借鉴

1. 儒家文化布局影响华商关系结构：形成海外华商之间文化关系与协同效果

“在漫长的历史长河中，中国形成了独具特色的家族文化，并与儒家文化融合在一起，具有很强的稳定性。表现在：一是浓厚的家族观念，家庭利益至上，大家庭和大家族观念，重家族信任，泛家族主义；二是统分结合的家族伦理：父子关系是家族关系的核心，家长制是家族凝聚力的来源，诸子均分制是家族分裂的动力，互相帮助是家族成员的责任。”①

2. 儒家文化布局推动海外华商的壮大：进一步从封闭性走向开放

“由于华商在海外成家立业，面临的社会经济环境和西方工业文明的冲击，华商的家族文化也相应地进行调整和适应，发生某些变化，表现为：由乡土宗族转变为工商家族，由回归乡土宗族的心态走向追求小家族独立发展的意识，由家族依附性走向强调个人对家族的责任，由迷信的祖先崇拜走向祖先崇拜俗信化，由家族血缘封闭性走向有差等的开放性。”②

3. 华商海外发展趋势评价：危机与挑战并存

随着工业化浪潮的勃兴、经济全球化的加速和西方文化影响的加深，新生代华商的家族观念和家族伦理都已发生了不小的变化，家族观念日趋淡化，传统家庭伦理受到冲击。

但是，“家族文化对华商企业仍然具有很大影响，家族企业是海外华商共同采用的经营组织形态，其发展特点主要有：一是普遍存在，二是网络扩大，三是家族继承”。

三、社会形态因素的各异性与经济发展模式不是矛盾运动的过程：功能性协调发展的过程

（一）日本的经验与教训

日本虽在“东亚模式”的建立、完善与发展中充分动员了社会资源，并对此有所应用，在特定的历史阶段得到适应与“契合”，但日本强势政府的各种手段干预社会经济体系与制度，同时又以“全盘西化”模式作为发展路线上的弊端，必然使市场关系陷入发展的“困境”。

（二）“东亚模式”的挣扎

从根本上说，“东亚模式”一方面体现了日本处于经济“西化”模式历程中的挣扎的艰难境地中产生，另一方面也说明政府干预在努力适应这种具有东方国家特点的社会秩序。可以看出日本政府干预的方式并不是出于适应市场自由化民主化运行所做出的

①② 林善浪、张禹东、伍华佳：《华商管理学》，复旦大学出版社 2006 年版。

考虑。

（三）经验与教训评价

不管各个国家的传统文化体系或社会意识形态是怎样的特点，市场总是其社会体系的一部分，只不过是交换文明发展的一部分。所以，一个国家、一个企业要发展就必须使企业或国家政府与社会人文体系发生良性互动，完成功能性适应的过程。所以，社会形态因素的各异性与经济发展模式不是矛盾运动的过程，而是功能性协调发展的过程。

第二章　东方管理商业模式理论规范探讨
——中国历史主流学派思想分析、借鉴与提炼

“东方管理从内容来看比西方管理丰富得多。中国管理除了涵盖了西方管理学科体系中的行政管理、企业管理、科技管理、财政管理、城市管理等以外，还包括治家管理、治身管理等关乎人的生命存在质量的内容。”①

从目标来看，中国管理比西方管理更注重实现人与自然、人与社会、人与人的关系的和谐发展，即人的成长、成熟与生存质量。西方管理强调完成的目标通常是企业利润最大化、股东利益最大化等，只是在近几十年才开始意识到：即便组织的目标是最好的，也会在一定程度上损害他人和社会的利益，或者实现目标的方式、方法也可能会违背一定社会人群的行为规范。从本质上看，这已经存在违背“道”的内容了。这种意识的萌发正是西方管理向东方管理回归的表现。

第一节　东方管理商业模式设计的认识论基础：基于东西方管理战略研究视角的比较与辩证认识

一、“以人为本”的东方管理的主体客体认识：以“欲”达“理”的人性治理史观②

（一）东方人文哲学的管理思想历史价值认识：基于西方主流管理流派思想比较的看法

1. 东方管理学者的贡献

人们对于西方管理的认识也是随着实践的发展逐渐加深。特别是我国改革开放以来，很多学者在对西方管理的认识上也从迷信开始走向反思、质疑、总结到战略性思考。

这时候，关注与认同中国历史人文哲学中的智慧的人越来越多。特别是以复旦大学的苏东水教授为代表开辟了东方管理思想体系的系统研究，并开创了东方管理学派，这

---

① 苏东水：《东方管理》，山西经济出版社2003年版。

② 王力、赵渤：《管理学流派思想评注图鉴：历史、方法、趋势》，中国社会科学文献出版社2011年版。

些学者的远见卓识是值得世人敬佩的。

2. 东方人文管理哲学对西方主流管理思想的评介

在王力、赵渤编著的《管理学流派思想评注图鉴：历史、方法、趋势》一书中尝试以东方人文哲学中的管理思想来诠释与评价西方各主流流派的研究方法、思想、内容，以及认识论与方法论，以东方管理人文思想及其方法评注西方管理各主流流派，展示给读者更为深刻的管理学研究思维的体验。实际上西方的主流思想的思维形式以及研究方法及哲学指导，确实可以从东方人文哲学以及百家学术思想对西方各个时期的主流学派的研究思维、方法等做出诠释或者批判。

我们可以获得这样的认识，东方的管理思想更为博大精深，更为富有哲理性辩证性以及真实性的内涵，是一种对人类自然发展路径的规律性认识。

（二）东方思维对市场需求驱动因素的质疑与拷问：西方关于人性初期的“欲”的管理替代了人性需求全部——自然演进顺序

1. 需求层次“欲”的驱动：从生存“欲”到生存价值观

对于管理的认识，从原始初期的动机形成，到人本特征导致的“人、财、物、事”的管理的概括，凸显出其渊源性确实可使得我们对研究对象的人文性特征、文化属性、传统人文内涵的核心以及社会文化关系与布局的形成获得理解。

“人类的管理活动最初取自于满足人类生存与发展的原始‘欲’的组织活动。‘欲’是人生之本源，所以，‘欲’的管理是本源性的内容。它包括人对物质生存欲的追求，但不包括人对精神价值观的追求。所以，人类的‘欲’最初并未能体现一种价值观的追求，这是人的本性使然”①。所以，最初的管理是体现为“财”、“物”的管理，后来的发展有了“事”的管理。②

2. 人性行为动机驱动变革：人、财、物、事管理赋予的新内容

究其根本，“物、财、事”终究离不开“人”，所以，“人、财、物、事”就成为通常所说的管理对象。基于人类原始“欲”的本源，管理研究的人性的最初假设的前提体现为“物质化”的，即追求物质经济利益导向的。所以，在经典经济分析与古典管理分析研究初期，往往设定人性与“物、财、事”等同的“工具人”、“经济人”等物化特征，形成了管理对象四要素的“人、财、物、事”结构。③

（三）东方管理对于“理”与“欲”的辩证：体现客观社会一种文化关系互相作用

1. “欲”、“私”及“理”的层次递进：人性行为驱动发展顺序

随着物质世界的发展，人类的制度理性越来越完善，同时发展了人类的制度文明与精神文明所表征的人文世界的发展。这样，人类社会制度体系与人文体系的发展使人类性质的本源中所具有的“私”与“理”之间的关系有了辩证地发展对其本体论的认识，

① 赵渤：《人为价值论纲：价值运行原理与企业价值增长机制》，辽宁人民出版社 2005 年版。

②③ 王力、赵渤：《管理学流派思想评注图鉴：历史、方法、趋势》，中国社会科学文献出版社 2011 年版。

自此，人类发展了对自然社会体系进行治理的各类形态。中国儒学对于理与私之间的认识是深刻的。“理”是“欲”发展的文化产物的综合，“理”的认识包含了“私”的内涵。“理”体现为人文社会发展过程中人们通过大脑反思所接受的客观存在的人文价值意义。①

2. 以“理”为人文价值观在现代社会生活中居主导地位：对人性行为内在驱动的假设具有前提性

在商品经济之初期，人的行为本身具有受到“理”的价值观念的指导，只不过市场经济条件下表现的“私”更为主流化，所以，人的行为所具有的“理”的本质性的价值观念并未能体现出其多样化价值内涵的特点。随着物质文化生活的丰富，人的“理”的内涵逐渐突破了以“私”来解释人所接受的全部的观念内容。从而，需要我们对“理”的价值内容有更深刻的理解成为必要的②。

另外，管理规范的内容是进一步扩展的。从原始的物质形态管理，逐渐向制度化形态以及人文形态的管理过渡。它体现了制度文明与人文精神文明的综合化的发展趋势。

二、东西方商业模式治理中的主客体关系：主体、客体、内容及形式比较与变革趋势

（一）西方商业模式设计强调主体目标导向：制度化与工具化推进

1. 西方商业模式构建的主体（Strategic Management）

20 世纪 60 年代战略管理形成以来，西方商业模式的探讨随之形成。事实上，商业模式是在战略模式的目标框架下进行设计与规划的。

西方商业模式的主体一直以自身作为战略目标、任务与政策推进的主体，当然，目标对象是市场。这种商业模式借助组织内在的制度安排、治理形式围绕着企业目标、任务进行。

而客观上建立在市场环境与竞争机制基础上的商业模式虽然符合企业战略目标规范，但是，不可否认，关注了市场，失去了包括整个市场的社会体系。

一直以来，商业模式构建的客体范围约束于市场体系之中。市场机制本身是具有制度导向的一种制度安排。企业市场行为与经济活动具有工具性、制度性及机械性特点，而其作用参与主体的流程上受到法律与制度安排的制约与规范，并按照制度化目标进行工具化推进。③

2. 西方商业模式规划与设计的核心

第一，商业模式的内涵。西方商业模式的内涵体现为：为实现客户价值最大化，把能使企业运行的内外各要素整合起来，形成一个完整的高效率的具有独特核心竞争力的

①② 赵渤：《人为价值论纲：价值运行原理与企业价值增长机制》，辽宁人民出版社 2005 年版。

③ 王力、赵渤：《管理学流派思想评注图鉴：历史、方法、趋势》，中国社会科学文献出版社 2011 年版。

运行系统，并通过最优实现形式满足客户需求、实现客户价值，同时使系统达成持续盈利目标的整体解决方案。

泰莫斯定义商业模式是指一个完整的产品、服务和信息流体系，包括每一个参与者和其在其中起到的作用，以及每一个参与者的潜在利益和相应的收益来源和方式。在分析商业模式过程中，主要关注一类企业在市场中与用户、供应商、其他合作方的关系，尤其是彼此间的物流、信息流和资金流。

第二，商业模式的构成要素：制度化安排下的要素资源。西方商业模式的构成要素是在一个制度清晰、组织严密的制度化组织中进行的。它虽然把消费者、客户作为客体，但是，这个客体的内涵似乎并不包括人文社会体系中文化资源等无形资源，同样亦不包括意识形态因素及传统文化秩序等。它的作用框架在制度化运行的市场体系中。虽然在市场经营活动中，企业总是意识到如影随形的隐性资源、社会各类资源的战略性地位及其影响，但是，在它们的商业模式研究与规划中，这些往往被忽视掉。

纵观文献研究，西方商业模式的构成包括如下几方面内容：

价值主张（Value Proposition）：即公司通过其产品和服务所能向消费者提供的价值。价值主张确认公司对消费者的实用意义。

消费者目标群体（Target Customer Segments）：即公司所瞄准的消费者群体。这些群体具有某些共性，从而使公司能够（针对这些共性）创造价值。定义消费者群体的过程也被称为市场划分（Market Segmentation）。

分销渠道（Distribution Channels）：即公司用来接触消费者的各种途径。这里阐述了公司如何开拓市场。它涉及公司的市场和分销策略。

客户关系（Customer Relationships）：即公司同其消费者群体之间所建立的联系。通常所说的客户关系管理（Customer Relationship Management）即与此相关。

价值配置（Value Configurations）：即资源和活动的配置。

核心能力（Core Capabilities）：即公司执行其商业模式所需的能力和资格。

合作伙伴网络（Partner Network）：即公司同其他公司之间为有效地提供价值并实现其商业化而形成的合作关系网络。这也描述了公司的商业联盟（Business Alliances）范围。

成本结构（Cost Structure）：即所使用的工具和方法的货币描述。

收入模型（Revenue Model）：即公司通过各种收入流（Revenue Flow）来创造财富的途径。

第三，企业战略模式与商业模式的关系：对商业模式构建具有决定性作用。西方战略管理系统的设计实质是围绕着企业的三个核心问题进行细化设计的过程，这三个核心分别是：企业在哪里？企业去哪里？我们何时竞争（行动）？“企业在哪里”是指明晰企业的位置，我们的优劣所在，我们如何从广泛的市场参与中选择有价值的目标市场与顾客，以提供满足其需求的服务举措。“企业去哪里”是企业的未来发展方向。“我们何时行动”是指我们什么时间怎样行动才能战胜竞争对手，这需要企业详细分析竞争对手以及获取较高价值的各种策略手段，比如采用什么样的新技术还是采用什么类型的增值服务项目等。

商业模式本身并非孤立的存在，它受到战略模式的决定性影响。因为企业战略经营体系与商业经营模式之间是一个整体的系统，任何一个体系的运作都不仅仅是一个单一的组成因素。企业在哪里？企业去哪里？我们何时竞争（行动）？三个问题决定着企业商业模式的目标市场、目标群体、目标对象，以及采取什么样的行为、经营方法与手段。而目标市场中的不同区域，又采取何种商业模式？是代理制，还是直销模式等，都是与企业战略分不开的。同时商业模式的组织架构（自成体系的业务单元、整合的网络能力）等，这些都作为商业模式的重要组成部分，并非做出单一孤立的行动。

商业模式与战略模式之间在有内在联系的同时，亦需要建立外部策略的系统。使它们互相支持，共同作用，形成一个良性的循环。

3. 西方战略管理的推进流程方向：决定商业模式的运行安排

从战略管理的内涵上我们可以理解其参与主体及其环境特点：它是指对一个企业或组织在一定时期的全局的、长远的发展方向、目标、任务和政策，以及资源调配做出的决策和管理艺术。包括公司在完成具体目标时对不确定因素做出的一系列判断，公司是在环境检测活动的基础上制定战略。

战略管理的推进过程，要求商业模式在组织运行、制度安排以及市场推进策略及措施等多个方面需要与企业战略一致。具体步骤表现在企业确定其使命，根据组织外部环境和内部条件设定企业的战略目标，为保证目标的正确落实和实现进度谋划。商业模式的规划与设计是与企业战略目标的设定分不开的。它不仅依靠企业内部能力将这种谋划和决策付诸实施，同时也依靠商业模式运行体系及各个组织要素的协同配合完成。这个过程是有机的，它是一个动态互补、互相支撑的管理过程。

这与东方管理从人文社会体系的视角决定企业的战略视角，决定企业的战略形式，政策决策的作用客体，以及在社会人文价值体系中的功能性定位是不同的。

4. 西方管理向东方管理的回归——从管理作为艺术开始

自20世纪六七十年代后发展历程的发达国家日本通过“东亚模式”使经济获得腾飞以来，西方的诸多学者开始关注日本管理的东方因素，也就是我们所说的根在中国，却源于日本的企业文化，诚如我们所知道的，美国学者威廉·大内建立了企业文化的理论体系，接着类似约翰·科特的《现代企业的领导艺术》、阿伦·肯尼迪、特伦斯·迪尔的《西方企业文化》等一系列管理艺术的研究如雨后春笋般获得了繁荣。

所以，管理的一半是科学，另一半是艺术，宛如烹饪，正如老子的《道德经》里所言：“治大国若烹小鲜。”不仅大小把握都有度，思想精神文化的研究本身就是门艺术。

（二）东方管理商业模式规划的主要形式：理念、结构、文化元素及表现形式

自20世纪70年代，苏东水教授在复旦大学开始东方管理的研究以来，经过多年研究，汲取中国管理文化中道家、儒家、法家、释家、兵家、墨家以及伊斯兰教和西方管理、华商管理等派别主干思想的合理养分，终于开创性地提出了概括东方管理文化本质特征的“以人为本、以德为先、人为为人”的“三为”原理，在此基础上形成了治国、

治生、治家和治身的“四治”体系，构建了人道、人心、人缘、人谋、人才的“五行”管理理论，并提出东方管理学的管理目标是人和、和合、和谐的“三和”理念。以此，东方管理学的体系可以总结为五个字：“学”（三学）、“为”（三为）、“治”（四治）、“行”（五行）、“和”（三和），也叫东学“五字经”。①

1. 东方管理商业模式的内容：理念、结构、要素

第一，东方管理战略模式框架：文化理念与文化元素举例。东方管理战略的文化理念核心是“德”治的战略，体现为“德”与“礼”为核心的文化干预与协同，它同步与融合的是社会文化布局与文化秩序，“吻合”的是人文社会的价值模式与群体文化机制模式。

东方管理在“三为”原理基础上不仅形成了治国、治生、治家和治身的“四治”体系，同时构建了人道、人心、人缘、人谋、人才的“五行”管理理论。

第二，东方管理商业模式协同的战略基础：以“筹、谋、术”三者为核心。东方管理的要素可以概括为“道、变、人、威、实、和、器、法、信、筹、谋、术、效、勤、圆”15个方面。而东方管理战略则为以“筹、谋、术”三者为核心所建立的实现目标的一切策略，方法、谋略及手段等的运用、推行，以及实施过程。

筹，就是运筹帷幄。《孙子兵法》中说：“夫未战而庙算胜者，得算多也；未战而庙算不胜者，得算少也。②”意思是说，兴兵作战之前，充分估计各种主客观条件，精心运筹帷幄的，胜利的可能性就大一些；预见获得胜利的主客观条件不充分，就不容易得胜。因此，管理过程中，尤其是涉及竞争决策的情况下，运筹帷幄的好坏常常决定了管理的成败。

谋，就是预谋决策。所谓凡事预则立，不预则废，讲的就是要提前预谋筹划，才能把握局势发展的先机；战国时范蠡提出的“旱则资舟，水则资车”以及“知斗修备”等原则，也集中体现了东方管理的预谋决策思想。谋，更侧重于预测和把握未来发展的动向；筹，则是反反复复根据当时当地的内外部条件，侧重比较各种备择方案，两者是有区别的。③

术，就是巧妙运术，也就是要讲求方式方法。同样的一件工作，采用不同的管理手段和方法，其效果会截然不同。大禹的父亲鲧治水用堵的方法失败了，而大禹用疏导的方法治水却成功了。我们原来在发展农村经济方面推行“一大二公”的超越型理念，结果却严重地挫伤了广大农民的生产积极性，阻碍了农业生产的发展。后来，政府采取了农村家庭联产承包责任制，将土地承包给广大农民，迅速搞活了农村经济，也使我国经济的腾飞有了一个坚实的基础。这些事例充分说明了合理运用管理方法的重要性。④

2. 东方管理商业模式的战略目标：基于东西方战略目标比较与评价

第一，东西方管理战略目标比较。从目标来看，中国管理比西方管理更注重实现人与自然、人与社会、人与人的关系的和谐发展，即人的成长、成熟与生存质量。一般而

①③④　苏宗伟：《东方管理学教程》，上海财经大学出版社2009年版。

②　孙武：《孙子兵法·计篇》。

言，西方管理强调完成的目标通常是企业利润最大化、股东利益最大化等，只是在近几十年才开始意识到："即便组织的目标是最好的，也会在一定程度上损害他人和社会的利益，或者实现目标的方式、方法也可能会违背一定社会人群的行为规范。这种意识的萌发实际上正是西方管理向东方管理回归的表现之一。"①

第二，东西方商业模式的主客体比较。可以看出，从商业模式运营的战略主体上看，东方管理的目标来源于人文社会体系，而西方战略管理的目标来源于企业个人主体。这样，实行战略手段的决定因素则产生了视角的差异。西方战略管理在规划视角与范围上，受到市场的制度化机制及其工具化机械化的运行规则所制约，在未进入市场体系之前，战略决策的前期目标与社会调研的约束内容与范畴，往往还受到市场内在机制的制度化环节所约束，而往往我们考虑到的范畴实际更为广泛，比如文化、意识形态、价值模式、社会习俗等因素。而这些因素却是西方战略管理所不能够完全展开，甚至所摈弃的内容。另一方面，受到主体意愿的制约。西方战略管理中，企业的意愿往往影响客观战略结构、战略决策，以及战略路径等。但是，诚如德鲁克所认识到的，企业的任务只有一个就是营销，它决定企业是什么，也决定企业的功能与任务及是否可以存在。

第三，东方管理商业模式主客体地位设定：价值与意义评价。从东方管理商业模式研究的价值意义上看，所有具体的管理中的人物事，都需要放在社会人文价值体系中去进行研判其价值与意义。而不是企业率先做出决定，再去探讨如何去满足这个目的。

东方管理商业模式研究的主旨满足了现代管理所要求的强化人性、整体、共生和"人为为人"的管理战略价值的需要，推动其进一步走向整合化、柔性化和人性化。现代社会，"从本质上讲，倡导以人为本历来是东方管理哲学的专利。从以物为主的管理，转变为以人为主的管理；从硬性管理，转变为柔性管理，是西方管理理论的发展，在21世纪经历了几次重大的转变后才实现的"。②

3. 东方管理商业模式发展前景：路漫漫其修远兮，吾将上下而求索

第一，东方管理商业模式挖掘：丰富而浩瀚。从时间跨度来看，中国管理的历史远比西方长得多。在西方，把管理作为一门学科进行系统研究，只不过是最近一百多年的事情；而在中国，有史料可查的管理典籍可以上溯到距今2000多年前的《尚书》、《周礼》，虽然当时并没有形成一个符合现代西方标准的、能够体现各行各业各种管理工作共同特点的管理学，但史料已记载许多有关中国管理的组织设计、典章制度构建、信息沟通、物流管理及工程建设等方面的经典论著。③

第二，东方管理商业模式客体范畴：路漫漫其修远兮。与东方管理所覆盖的范畴一样，东方管理商业模式并未限定研究的客体范围。

"从内容来看，中国管理也要比西方管理丰富得多。中国管理除了涵盖了西方管理学科体系中的国家行政管理、企业管理、教育管理、工业管理、农业管理、科技管理、财政管理、城市管理等以外，还从管理主体、管理权力、管理组织、管理文化和管理心

①②③ 苏宗伟：《东方管理学教程》，上海财经大学出版社2009年版。

理等五方面，归结出管理成功的基本要素：以管理主体为出发点，凭借职位权力和非职位权力施加影响力，依靠管理组织去协调人们的活动，通过管理文化规范管理主体的心态、意识和行为方式等，从而使组织目标顺利实施。贯穿于这个过程的是管理主体的心理行为过程。因此管理主体也成为管理的归宿。就管理未来的发展来看，新世纪管理的现代化包括管理思想的现代化、管理组织的现代化、管理手段的现代化、管理方法的现代化和管理人才的现代化五个方面。"①

第三，东方管理商业模式的未来发展趋势。东方管理商业模式的主客体定位符合管理学发展的未来趋势，其核心是人性化的管理。它是以“德本财末”道德观和“诚、信、义、仁”伦理思想为哲学核心，并以“积著之理”为中心，依循所发现的客观经济规律，以及由此所发展出来的预测、战略计划、市场营销、人事管理和质量管理等方面的方法和技巧。②

它要求在企业中用富有号召力的企业价值理念，来包容员工的个人需要，创立一种人人认同并遵守的企业文化，并使员工以此为目标，自觉、主动、创造性地开展工作。从某种程度上，这正是体现了东方管理的精髓之一。可以预计，21 世纪的企业将更加关注其各个环节上人的需要、尊严和价值的实现，管理将是更加人性化的、人本化的。

（三）东方管理的发展方向：基于东西方认识论哲学比较下的趋势评价

1. 东西方文化本源性差异：工业文明后社会管理的战略性基础问题

历史上，“由于自然科学三大发现的形成促进了西方工业化文明与市场经济的发展，使西方集体由于劳作的大工业生产成为现代文明的核心地带，所以，西方工具化文明处于商品经济发展中影响世界文明发展的核心地位，东方人文哲学思想成为被忽视的一种落后的文明形态”。③

自此以后，西方的工业文明所形成的所谓现代文化一直处于管理学的主导地位，这不能不说是管理学科，甚至是整个人文学科受到忽视的主导性原因。

随着人文社会的发展，我们具体的追究东西方文化的本源，不难发现西方国家的管理文化的特征体现与东方国家的管理文化特征有很大的不同④，如图 2-1 所示。

2. 东方管理研究的发展方向：文化融合下的十大变革趋势

从东西方管理文化发展的轨迹来看总的趋势是从两极到西方管理文化与东方管理文化的融合，再到西方管理文化向东方管理文化的回归，最后达到整合。这一过程主要体现的主线是重视人的合作作用、文化作用及综合思维。

东西方管理文化的变化的十大趋势为：①创新，体现西方思想新价值创造的植入；②学习型，体现互动的理念；③应变，体现“变则通”的变通观；④权力结构，体现制衡与科学性设置关系；⑤弹性系统，体现协调与调节内涵；⑥战略，体现愿景与未来

---

①② 苏东水：《东方管理》，山西经济出版社 2003 年版。

③ 赵渤：《人为价值论纲：价值运行原理与企业价值增长机制》，辽宁人民出版社 2005 年版。

④ 王力、赵渤：《管理学流派思想评注图鉴：历史、方法、趋势》，中国社会科学文献出版社 2011 年版。

西方国家社会文化是以“神”作为社会精神生活的内容；社会经济生活是以“资本”为内容、以“物”为基础的，所以精神与物质是两分的。这种基础上的管理文化表现的是个人主义与经济管理方式上都按照某些自有的方式发展各自的经济。所以造成了历史上的这种占有主导地位的西方管理理论与特点。但是因为一定阶段的社会形态虽然表象上体现一定的物质追求，仅仅以“物质”为中心，并把它作为一种社会的背景文化存在却犯了一个很大的错误。就是社会是以人的活动为中心的，仅仅以物质作为管理的标的物，那么就混淆了人与物质之间的不同，而这就像西方X理论说的与物等同的“工具人”而人却是生产力发展的最终动力

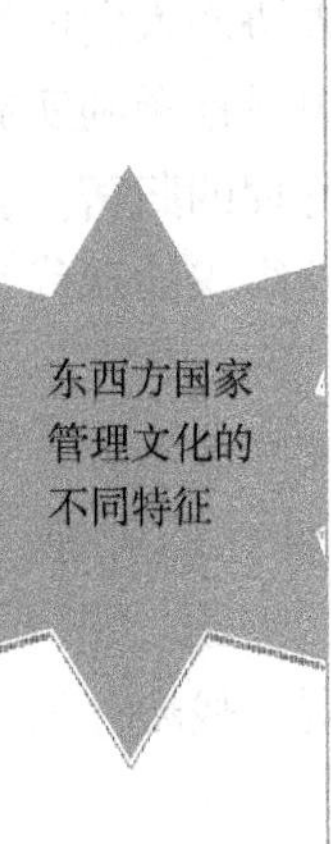

中国的东方管理文化与西方国家的管理文化存在着很大的不同，它是以人为中心的管理，东方称之为人本主义。这种以人本主义为核心的思想在中国2000年的历史中一直影响着中国的社会精神生活。内容涉及儒、墨、道、法、兵、纵横、阴阳、杂、农、技等百家思想。以人为本的思想可以说是丰富而多彩，相对的管理方法也出于“以人为中心”的管理与社会行为控制方式的管理

图 2-1　东西方国家管理文化的不同特征①

发展规划；⑦跨文化，体现文化协同、软约束及认同关系；⑧满意，体现社会价值实现内涵；⑨自我管理；⑩体现“以德为先”的修身之道。②

三、东方管理战略未来发展趋势评价：西方管理战略历史的回归

（一）东方管理学的基本内涵：战略管理从“人性”前提性问题入手

早在20世纪70年代始，著名管理学家苏东水先生在观察国际经济变化及管理变化趋势时，就提出管理学向东方回归的观点，并在国际社会提倡东西方管理之间的借鉴融合。苏东水教授于1997年创立了东方管理学派，并提出了一系列的研究体系。东方管理在注重“人的中心地位”上，与马克思主义的观点是一致的。它认为管理的本质是“以人为本、以德为先、人为为人”。也就是说人是社会经济活动的主体，即人的经济活动、人与人之间的关系直接影响到生产力的发展。它可以是个体的创造力的发挥，也可以是集体主义整体力量的发挥。换言之是指如何激励个体、群体、组织与社会互为作用产生效益，在激发状态下推动社会生产力的发展。所以对“人”的管理是东方管理的核心。③

① 苏东水：《东方管理文化探微》，《当代财经》，1996年第2期。

② 苏东水：《东方管理》，山西经济出版社2003年版。

③ 王力、赵渤：《管理学流派思想评注图鉴：历史、方法、趋势》，中国社会科学文献出版社2011年版。

（二）东西方文化的特征比较：东方文化对西方管理的影响及战略变革要求

"东方管理的模式应该说没有固定的模式，是因为它浸润了中华5000年悠久的文化历史底蕴与管理的内涵。东方管理的文化底蕴或内在核心体现着中国古老的思想与精神文化。它在几千年的历史长河中不断地发展、不断地完善。虽然古老，但它的精髓与庞大的体系所体现的规律性的内涵却开始指导现代社会的经济发展、社会活动、社会行为与经济管理。并且引起世界管理学界的关注，开始影响西方管理学界的主流学派。"①

东西方管理文化的特征比较②，如表2-1所示。

表2-1　东西方管理文化的特征比较

	东西方管理文化的特征比较	
	东方	西方
表征体现	1. 儒家：修己安人。如修身、齐家、治国、平天下 2. 道家：放法自然，返璞归真 3. 法家：功利主义行为 4. 墨家：利他主义行为 5. 佛家：以人为善的行为 6.《易经》：太极，人与自然和谐统一的辩证行为	1. 研究人的心理活动规律与组织运用的学科 2. 研究人本性与组织改造的理论 3. 研究人的管理行为：激励、决策、领导、创造、人际关系的学科
特征表现	顺道，重人，重人和，重人治，重天人合一，重利器，重农，重国家干预，重文化宗教，思维（合二为一）	唯神，重物，重人离，人合乎神，重利己，重商，重自由放任，重神化宗教，思维（一分为二）

（三）东方战略管理发展趋势：西方战略管理历史的回归

东方社会的经济活动的价值取向与西方国家社会经济活动的价值取向的内涵有着"质"的不同。

整个网络经济提供给各个经济主体的是资源契合关系、产业契合关系、企业契合关系、资本契合关系、服务契合关系，并配合于情感的支持、伙伴关系的支持、信息关系的支持。这种东方国家特有的经济所体现的文化底蕴在市场经济大潮中，提高了经济效益、减少了交易成本，在某种程度上已经是一种完整而系统的社会经济主体相互依存、产业相互契合、资源利用互补的经济网络相互促进发展的社会形态。③

东方管理文化就其本身来说是一个开放型的、非排他性的东方管理体系。在亚太地区生根发芽以后，必将走向世界，影响世界经济的发展。

①②③　王力、赵渤：《管理学流派思想评注图鉴：历史、方法、趋势》，中国社会科学文献出版社2011年版。

第二节　儒道佛的管理思想分析与商业模式构建中的借鉴：人性本质、文化价值模式干预及激励方式

儒家管理思想最鲜明的特色。《尚书・五子之歌》中就有"民可近，不可下，民惟邦本，本固邦宁"；《春秋・谷梁传》也提到："民者，君之本也。"充分肯定了人民大众是君王的治国之本。儒家主张"天生万物，唯人为贵"。孟子提出："民为贵，社稷次之，君为轻。"（《孟子・尽心下》）人民百姓才是国家的根本，根本稳定，国家才能安宁。孟子的思想充分显示他很重视人对国家社稷的巨大作用，人是立国之本。荀子则提出"君者，舟也；庶民者，水也。水则载舟，水则覆舟"的至理名言。①

一、儒家学派对商业模式设计的借鉴：核心理念与文化元素

（一）儒家对社会文化秩序与布局的理念治理模式、文化元素与群体价值模式的干预及其稳定模式

1. 儒家文化理念与文化元素：仁、义、礼、智、信

中国儒家文化讲究培养人的"五常"，即仁、义、礼、智、信。这实际是儒家在激发社会人之间的一种良性关系，培养一种和睦的社会秩序。同时，儒家在强调"和为贵"的原则的基础上，谋求的就是人与自然、人与社会、人与人关系的和谐统一。

孔夫子主张"仁者爱人"，号召人们以血缘亲情之爱为根本，"推己及人"、"克己复礼"，故要求人们"感情发而皆中节"，即符合法度、常理，实现天下之"和合"。

2. 儒家基于社会主客体文化关系的战略治理思维：从"内圣外王"到"水至柔、利民心"的文化布局与良性激励关系

第一，儒家的修身与自我塑造：东西方人性原则规范具有一致性。儒家从要求社会主客体自身做起，特别强调"修身"的根本性。因为，"修身"实际是在影响与干预社会文化秩序与布局，一方面塑造社会行为人的自身，另一方面布局社会文化秩序，它是组织与个人能与社会及万物协调和睦、形成良性循环的关键。事实上，儒家对于人性的研究是其学说一切的起源与基础。正确的人性研究使其具有社会秩序影响能力与干预效果。

同样，我们也可以看到，世界各个区域的主流文化圈的主流文化以及主流宗教等对于人性的最根本认识与挖掘都具有一致性。这也是儒家文化在全球不同文化圈层传播中能够长盛不衰的根本原因。

第二，社会文化秩序对企业文化价值模式塑造的要求：从"内圣"到"外王"的

① 苏东水：《东方管理学》，复旦大学出版社 2005 年版。

战略流程。从正确的人性前提的认识，以及对社会布局与文化秩序的影响造就了后代儒家文化对社会行为主客体道德修养的提高，形成社会的文化价值模式与认识，那么，企业能够以儒家提倡的“内圣”与“外王”之道进入社会文化价值体系中来，形成良性的价值循环。

所以，“水至柔、利民心”，企业在面对世界市场的不断变化和竞争的日益激烈时，每个企业都要“修身”，就是要建设好自己的企业文化；每个企业家也要“修身”，提炼自己的经营理念和经营素质。

第三，现实中的应用价值。每个企业的“修身”，最核心的就是实践儒家文化在商业经营中历来倡导的诚信原则，始终把顾客的利益、社会的利益放在第一位，这是企业在市场上的立身之根本，发展之源泉。一切以消费者的利益为出发点，才能赢得消费者的信任，才能促进企业的经营和发展。在企业经营中，不讲诚信，也许会有一时的微薄收益，甚至一时会有明显的经济效益，但这绝不会有传世的成功伟业。儒家文化强调“诚意、正心”的文化价值，我们今天要使它变为维系企业经营的文化价值，成为东方管理的精神指针。

3. 儒家文化关于社会秩序的治理方略与流程：生财之道。“君子爱财，取之有道”

第一，儒家人性思想及对企业战略行为规范：生财之道。“君子爱财，取之有道”。是儒家取利的方式。儒家历来主张“生财有大道”，它不反对人们的求利行为，但特别重视取利的方式。孔子说：“富与贵，人之所欲也，不以其道得之，不处也。”他强调“不义而富且贵，于我若浮云”。《大学》中讲：“君子先慎乎德，有德此有人，有人此有土，有土此有财，有财此有用。德者，本也；财者，末也。”可见儒家特别强调要用“德”、用“义”来取财得利。孔子认为：“见小利，则大事不成。”他更提出要“见利思义”。可见，儒家的取利方式，符合社会文化群体价值模式与社会秩序的要求。

第二，企业文化价值模式塑造的原则：因民之所利而利之，以民心之所恶而戒之。社会行为主体或企业行为准则需要以社会群体价值模式特征做出决策。事实上，企业的商业模式具有可塑性，因为它塑造的来源是人文社会群体的价值模式及其需求。儒家提倡“民之所好好之，民之所恶恶之，此之谓民之父母”，就是“因民之所利而利之”，以民心的好恶和利益为出发点，国家一定治理得好；对企业而言，以消费者、老百姓内心的“所好”、“所利”为准绳，研发并提供相应的产品与服务，企业一定蓬勃发展。

4. 儒家“以义统利”与社会责任主体：“义以生利，利以平民”的功能与本质

第一，儒家“以义统利”与社会责任主体定位：基于东西方企业理论差异分析。儒家思想主张“义以生利”。《左传》中则把“义”和“利”的功效作用说得非常清楚：“义以生利，利以平民。”义是能带来利的，而利是要给老百姓的。所以，从儒家的管理思想看，更加注重强调社会行为主体行为的功能、意义与手段的本质是什么。

西方企业理论创始人科斯认为企业存在的本质在于交易成本，即企业内部通过制度安排组织生产的成本低于通过市场组织生产，所以，企业才能在社会存在。简单说，就

是企业本质与目标本身是追求利益的组织。从这个角度看，中国传统人文思想的视野及其深刻性要悠远得多了，因为进入21世纪，西方企业管理理论才开始注意到企业的社会责任与功能，而在距今2000年前的中国，儒家等思想已经确定了包括组织、团体及各类行为人在内的主体与客体之间的文化关系与责任关系。所以，不管是从思想层面，还是从战略操作层面，企业战略的主导应该是“义以生利，利以平民”，以体现出企业存在的本质应是社会责任的主体。

第二，儒家关于企业社会责任战略：养“义”并丰富“文化道德”资源。不管国家还是企业主体，必须坚持义以生利，并由此承担社会责任。这一思想运用到国家行政管理层面，体现出《大学》中的“国不以利为利，以义为利”的原则，儒家已经在2000年前阐释了治国思想，而西方300年前才出现“父爱主义”与古典经济的《国富论》的论述。儒家关于社稷治理上，非常重视文化秩序的布局，以及道德治理的干预。实际上，这亦是人本社会存在的根本。儒家在这里所强调的“义”，不仅仅是要讲诚信、讲社会责任，同时，它既是道德资源，又是经济资源。

第三，应用价值。当前，国内外所有成功的企业，都把诚信作为追求和必备的品质之一，都是以诚信为本而发展壮大的。企业在经营中，诚信既是财富又是财源，还是财力。它是企业的一种无形资产。现代企业在市场上的竞争，要有自己远大的理想和目标，它要以儒家“为天地立心，为生民立命，为往圣继绝学，为万世开太平”的宏愿襟怀为企业的经营理念，不断用“诚意、正心、修身”来锤炼自己，真正以“诚”字当头，以一颗真诚关怀客户的心，提升每一个经营管理者和全体员工营销服务能力，帮助客户能够“齐家”，帮助国家能够安度并战胜面临的经济与金融危机，让天下成为一个充满真诚、美好、富裕与和谐的世界，这就做到了“齐家、治国、平天下”。

（二）儒家基于社会文化布局的干预战略：文化要素如何引导社会秩序的健康与有序

1. 礼与社会秩序关系机制的辩证：儒家“以德为先”由“礼”作为协调机制启动与维护

第一，儒家文化元素“礼”是一种机制：协调社会文化关系及组织稳定的润滑机制。我们讲人的行为时常常谈到“礼”。而“礼”通常是社会主客体接触前的敲门砖，同时也伴随着社会主客体所有行为的互相作用过程中。当我们谈到服务时，我们会注意到“礼”同样会伴随企业服务活动的全部过程。那么，“礼”到底有什么直接用途与价值呢？它不仅提供社会关系秩序的约定框架，同时对这种框架的维护具有稳定性的作用，所以，我们认为“礼”本身是一种协调与稳定社会关系及其框架稳定性的机制。

第二，儒家的“约之以礼”前提：“以德为先”的战略先导。事实上，在儒家的管理哲学中，“以德为先”本质是一种文化关系的发展与治理过程，但是，这个过程是存在一些约束条件的，其中最主要的是“礼”。

孔子说过一句很重要的话：“君子博学于文，约之以礼，亦可以弗畔矣夫！”博学于文是指管理者的自我修养，而约之以礼，则明确是指管理者要由礼来约束。关于

“礼”的研究很多，但直接从其形式化内容来分析则不多。

第三，儒家“道之以德，齐之以礼”：本质是符合社会人文秩序布局的治理模式。“礼”的真正作用在于由其形式化了主客体之间的行为关系，稳定了社会布局及其秩序的客观的稳定的框架，也就是由这种机制所提供的规范化内涵，但是，这种规范化并不需要制度化安排来约束。从西方企业理论的角度看制度化安排是需要成本的，但是“礼”的机制运行却并不需要成本。所以，从这个角度理解无形资源的意义就在这里。

“道之以德，齐之以礼”其本质是一种符合社会人文秩序布局的治理模式。它可以使社会主客体的文化行为规范化来约束管理者的行为，在此基础上形成良性互动。

2. 儒家“礼”的机制与万物运行的“大道”：生态观下秩序存在的客观性与演进顺序

第一，西方管理生态观视角的局限：自然科学方法论的狭隘性。我们知道管理学研究视角学派纷呈，特别是近20年来管理学界提出了生态管理，就是希望管理学各个主客体之间的能量循环可以像生态系统一样。事实上，这种期望是好的，但是，亦不难发现以自然科学认识论与方法论规范人文社会大系统的循环是远远不够的。

从历史辩证的视角看，人文社会体系同样是一个价值交换与价值运行的有机性的大系统。但是，这个大系统受到的并非物质外力的驱动而运行，其驱动本质却是人性价值模式中的文化价值意义的内涵。①

第二，儒家介入“文化元素”影响非制度化社会秩序分析：较为合理的管理业态。儒家提出的“仁义礼智信”文化元素等，无一不是影响社会文化布局、社会秩序及其人文价值行为模式的战略性要素。

孔子是把“礼”当作人类行为的内在规范与约束来看待。事实上，这本身就给这个非制度化存在的社会文化布局提供了一个非制度化组织业态的框架约束。虽然，历史上荀子曾把规范化推到某种程度的绝对化，而法家、墨家则更加强调法制的不能替代性。但是，不能否认，所有制度、机制与规范的法制都是难以替代存在于人们心中的那个价值观内涵的，即存在于人们文化价值模式中的人文价值意义对于人性行为的驱动。②

儒家希望通过“礼”的制定限制人本性中的恶。“古者圣人以人之性恶，以为偏险而不正，悖乱而不治，是以为之起礼义、制法度，以矫饰人之情性而正之，以扰化人之情性而导之也，使皆出于治，合于道者也。”

第三，儒家“礼”这种文化元素地位显著：“礼”与“法”谁更能打动百姓的“心”乎？儒家的“礼”这种文化元素在人类社会文化布局与秩序治理中就具有极其重要的地位。由于其是激发社会群体内在的行为规范机制，并与法制比较具有更为普遍性的意义，它起到绳墨规矩一样的作用，却可以达到法度所不能达到的效果，因为法度只能作用于显性行为与外表，具有事后性，同时法制通过制度化组织去规范组织内部及其具有

---

①② 赵渤：《人为价值论纲：价值运行原理与企业价值增长机制》，辽宁人民出版社2005年版。

法度所能覆盖的社会现象，而内在的人文驱动则不需要这些内容了。①

3. 儒家“礼”的机制的“度”与礼法结合：“礼”不能解决非制度化布局的社会群体的行为的全部规范

儒家认为：“礼有三本：天地者，生之本也；先祖者，类之本也；君师者，治之本也。无天地，恶生？无先祖，恶出？无君师，恶治？”

第一，“礼”与“理”：社会人文只需内在的力量，何不加以利用矣？人文社会关系的布局及其秩序是有天理“大道”所安排的内生的东西，就如，天地之理、祖先之理以及君师之理一样。但是，如果不承认天地的自然规则与演进顺序者，则这种社会自然秩序的布局就会被破坏，那么，这时候就需要法度的介入。当然，如果人文社会秩序能够以“礼”的机制获得解决，循道而行，那么，这又是人道中最好的效果。“故绳者，直之至；衡者，平之至；规矩者，方圆之至；礼者，人道之极也。”所以，“以德为先”只有具有“礼”的规范性前提与基础才可发挥作用。

第二，儒家人文治理战略是有度的：“德法兼顾”不可忽视。我们并不是说具有“以德为先”的治理战略就可以废黜法度，事实上，“德治”与“法制”从来都是互相补充的过程，只有使德治与法制完整地结合起来，人文社会的治理才能够取得长久及稳定性的成效。

（三）儒家社会文化布局与秩序的设计及其稳定性效果评价：文化关系下传统社会的稳定器及战略作用

1. 儒家的“齐、治、平”流程与良性循环：以德为先的作用流程

第一，儒家的“齐、治、平”流程：治理战略推行的良性循环。儒家《礼记·大学》中完整论述的“修身、齐家、治国、平天下”的管理战略推进流程。在审视社会文化秩序方面，我们探讨过传统人文布局的非制度化存在形式，因为它并不在企业或组织内部，所以法度难以作用得到，所以，需要激发人文社会群体的“自我约束”与行为规则中的规范性内容。这样，儒家通过其人性的挖掘以及人性要素与其内在价值模式的探索，提出了“修身、齐家、治国、平天下”的良性循环流程。

第二，东方管理“以德为先”作用流程：吻合社会非制度化存在的文化布局的战略规范。在这个非制度化布局的社会体系中，虽然不像制度化内部组织具有制度化安排的稳定性特点，但是对于企业与组织的干预与影响并非无所作为的。客观上，儒家对人性挖掘、人性培育、人性行为、人性价值观、人性文化修炼，以及社会群体文化结构都给予了较为完善的阐释，并且难能可贵的是，儒家的认识论与方法论指导确实遵循了“大道”规则。

儒家的这种世界观与认识论对后世的影响是深远的。后世儒家还把“修身齐家治国平天下”单独抽出作为纲领，变成了儒家共同的根本目标。其中隐含了组织稳定性目标发展的线索。

① 赵渤：《人为价值论纲：价值运行原理与企业价值增长机制》，辽宁人民出版社 2005 年版。

2. 儒家关于社会文化布局的稳定性设计的应用："大道"不离其中，万事尽在囊中

第一，从梅奥的非正式组织的凝聚文化看儒家的稳定机制：儒家的功能设计与战略应用的社会基础。事实上，对于组织内部与外部的稳定性安排机制是不同的。对于一个组织内部完全可以通过制度化安排完成组织的运作与管理。但是，对于企业外部的社会资源则不会受到此限制。同样，我们在西方管理学中也注意到梅奥的行为管理学派所发现的非正式组织，企业的制度化安排虽然可以解决职能与业务工作中的基本运作与活动等问题，但是，在发挥激励功能上则远远不尽如人意。而正是这种由于文化价值观、宗教信仰以及情感等形式存在的非正式组织在企业内部的存在，使企业员工的潜在创造力的激励效果不能彻底发挥出来。

可以看到，对待如上两个问题：一是企业外部不存在组织内部制度化安排规制下的社会外部资源；二是企业或组织内部制度所作用不到的非正式组织的存在，使得企业与组织的发展受到根本限制。

第二，儒家文化治理战略的作用关系：依托客观存在设计主客体激励结构。儒家治理组织系统管理哲学的特点在于它并不只看到组织内部通过制度化安排完成的企业、团体等内部组织具有稳定性，而是把视野扩大于组织与企业外部的社会体系中，通过探索组织外部的人文社会体系中的社会行为主客体的人性、价值模式及其文化元素特征，从而通过"仁义礼智信"等文化要素的输出，建立机制性作用关系，从而形成稳定性的社会秩序布局与组织和社会人文布局的良性互动体系。儒家所探索与构建的人文社会体系关系，本质上是文化关系。

第三，儒家遵循的"大道"规则的客观性：文化干预社会秩序本是倚"道"而行的真理性认识。我们谈到西方梅奥所发现的非正式组织的存在，实际上，中国儒家思想早就注意到了这个问题。不过，与其说它是因梅奥观察到存在于现代集体劳作的工业体系下发现的成果，不如说自人类文明伊始它就已经客观存在。那么，儒家的文化干预是否真的科学与实际呢？我们一直强调中国百家思想的丰富底蕴在于它的视角是探讨万物运行的"道"与规律，那么，这个问题似乎变得简单了，而且显得万物不离其中。儒家正是在这种"大道"的指引下构建其治理思维与管理体系的，所以，从认识论与方法论角度看，循道而行的思想方法的科学性评价是不为过的。"道"的把握视角，确实是我国历史人文哲学博大精深的底蕴所在。

3. 儒家干预社会文化布局的基本战略框架：人文社会体系治理的战略结构布局与层次安排

第一，儒家干预社会传统秩序：依托社会群体文化价值模式。儒家实际上通过把握自然演进顺序探索社会体系结构安排的大道与规律。假设我们把人文社会体系，或者一个国家一个民族的社会群体看作一个松散型的组织。那么，这个组织的治理也是有结构布局与层次安排的。虽然这种组织体系为历朝历代的君主统治所利用，并形成了为封建体系服务的看法而遭到摈弃，但是，不可否认它存在着某种科学性与规律性在其中。

第二，儒家人文社会体系治理的战略结构布局与层次安排：传统社会的文化"伦

纲”。孔子儒家思想为后世封建王朝所利用，具有“政教一体”效果，所以，后世形成了社会体系中较为规则的治理结构域层次。“君君，臣臣，父父，子子”，就具有封建社会认识论下所认可的某种自然结构与人性演进顺序的强化。当然，也有伦理角度的看法，特别是为后世儒家学者强化服务于统治阶级目的的“伦纲”。

在历朝历代社会结构关系与人伦结构和层级关系中，儒家治理体系在发展中形成了广为认可的一种认知标准，事实上，这种社会组织结构、管理结构与层级关系在当时对社会秩序的稳定发挥了重大作用。

第三，儒家文化战略治理思想的总结与借鉴。事实上，儒家认识论与方法论上有很多精髓的内容是不容忽视的。为何如此说？为何暂不谈其糟粕？因为，暂不论其封建的糟粕性内容是有原因的。与宗教一样，任何宗教一旦为统治阶级所利用，并通过政教合一服务于君主统治，那么，亦是其走向堕落的开始，这点不言而喻，但是，如果从纯粹的学术思想、研究的认识论方法及其思维形式角度，却是有着诸多有价值的文化精髓值得借鉴，某种角度上，现代的认识论及其思维方法则是狭窄得多。不可排除的是，当我们整理儒家思想及其应用案例，其中亦有很多成分是统治阶级在后世所充实的内容。实际上，正如历史上历代王朝下所发展的儒家学说，确实有很多封建内容与糟粕，但也不能因此而否定儒家等百家思想的深刻性与真理性内容。在这些学说在不同历史条件下成为维护国家秩序的重要理论基础时，很多时候亦发挥了其对社稷的稳定器的作用。不管是儒家、墨家、法家还是道家，在其学说为社会所接受的不同时代，只要存在这样的群体，这些学说就可能被统治阶级利用从而成为维护人文社会秩序的辅助手段。

二、道家学派对商业模式设计的借鉴：“大道”、固本与“无为而治”文化

（一）“大道至简”的文化内涵：“无为而治”与“上善若水”之道

1. 道家的“道”与“无为”的真实含义：面对自然秩序——顺应规律而不可违背

第一，“道”的规律性。现代企业经营的法则是老子的大智慧，在他的“道法自然”的思想中得到了深刻的体现。何谓“道法自然”？这里的“道”指规律，而“自然”则指演进顺序，亦是规律的一种。之间又是什么关系？它强调的是“道”运行自身有其内在的规定性与本质。引申含义为：为何要干预它？人为在道家则为顺应与利用这种规律性，而不是主观改变它。虽然表达简单，但是，诸多学说如道家一样大量晦涩篇幅都集中于“道”的探索上。因为，学习西方哲学的人都知道，研究规律与发现规律是所有研究中最为艰难的事情，但是，也是最为重要的事情。它是以后一切行为与决策的前提因素。

第二，“无为”的本质属性。“无为”本质上要求顺其自然。运用到社会及组织的战略上，要求社会主体行为人能顺其自然，对于规律性运行的事物不加以干预，顺应事物自我发展、自然发展，让万物自化，就没有什么不能发展，没有什么做不成的。但

是，这其中的重点则是“道”，“无为”是建立在遵循“道”的基础上的行为选择。

第三，“无为”的前提条件。天地有好生之德，育万物以生机，这个自然演进规律则为“道”，所以，万事万物在内在规律中运行。老子的“道法自然”的思想并非消极，而是从源头的角度寻找到事物运行的本质与规律性属性，不是注重于方法与手段的干预。所以，虽然西方学者，也包括我们后世的东方学者，对于中国传统人文哲学思想的认识往往觉得晦涩与深奥，转而寻求较为容易掌握的西方的工具化方法与手段上的学习。事实上，饱学之士之所以为“专家”、“学者”，本质差别在于对规律的挖掘与发现上取得了成就，这在严肃的理解中，特别是古时才可以获得“家”之称呼，自然不像现代生活，一场雨后万般春笋皆为“家”呼之，如电视导购一样亦称专家矣。

第四，道法自然与“无为”辩证。道家的“道法自然”分别体现在自然与社会两个体系中的运行上。首先，天地自然体系上，正如庄子所言“万物有成理，四时蕴明法”，其中自有内在规律，为何要干预其循律而行呢？其次，运用于人类社会方面，就是“无为而治”的思想。老子认为人世间和天地间的万物一样，都是自然化育、自然发展的，都要排除外在的主宰和干涉，使其自然而成，这就是老子在政治管理上的“无为而治”的思想。老子强调：“天地之所以能长且久者，以其不自生也，故能长生。”

2. 道家的“无为”战略涵盖的主要内容：无为而无不为，顺自然之“育”，得以“生”之

第一，道家“无为”理念与文化元素提炼：自然与天成的“大朴”及“顺德”与“尊道”。把握事物演进的顺序非常重要，这就是自然演进的内在规则。“自然”就是天然、自成、顺依、自然而然。詹剑锋先生曾对“自然”作了一个定义：“凡物莫能使之然，亦莫能使之不然，谓之自然。”老子认为“道”在运行中创生了天地万物，这种创生是依顺自然而成，不是也不能强求。因而，这种“自然”也就类如“无为”。对于“道法自然”与“无为”的关系，老子认为：“道生之，德蓄之，物形之，势成之。是以万物莫不尊道而贵德。道之尊，德之贵，夫莫之命而常自然。”

第二，道家之顺道的“无为”与作用流程：王侯如“育”之、“守”之，万物将自化。天地不为追求自己的发展，反而能长久地发展，这也是从另一个角度来印证“无为而无不为”的道理。老子在提出“道常无为而无不为”之后，紧接着说：“侯王若能守之，万物将自化。”作为统治者的侯王，如能遵循用“无为”的思想来进行管理，万物一定能自我化育，繁衍生长不息。

老子借“圣人”的话指出：“我无为，而民自化；我好静，而民自正；我无事，而民自富；我无欲，而民自朴。”这里的“无为”，便表现为不干扰、不多事、不贪欲，人民就自然做他应该做的事，就纯正、朴实，就必然富足。

第三，道家的“德蓄之”及战略治理原则：“育”德则万物“生”之。老子提倡“无为”的理想是：“处无为之事，行不言之教；万物作而弗始，生而弗有，为而弗恃；功成而弗居。夫唯弗居，是以不去。”老子主张人要处在“无为”的境界来处理世事，用“不言”的方式去教导。老子不是不要“为”、不要“有”，他期盼“万物作”，主

张“生”和“为”，但生养万物、作育万物、事业成就都不据为私有、自恃己能、居功自傲。只有不居功自傲，他的功劳才不会被泯灭。

3. 道家“上善若水”的本质含义：“利万物而不争，处众人之所恶，故几于道”也

第一，利万物而不争：“上善若水。”在天地之间，最能遵循“道法自然”的，就是水。水具有独特的秉性，具有“善”的本性，因此老子称赞说“上善若水”。这里的“善”，就是“道法自然”。只有做到“道法自然”，才能称为“善”。所谓“上善若水”，是指世间万物中，最能做到“善”，做到“道法自然”的，就要像水一样。水的“善”表现在“利万物而不争，处众人之所恶，故几于道”。

第二，“上善若水”的付出及利他：“道”之本质。水是滋养万物而不争自己的私利，甘于处在别人都不愿待的卑下之地。老子认为具有这样的心态，基本已接近了道的境界。由此，老子又指出：“江海之所以能为百谷王者，以其善下之，故能为百谷王。”水是柔顺的、向下的、是万川归海的。它是卑微的、接受的、包容的。水可成小溪、河流、江海，它拥有博大的胸怀。水总是由上向下，顺其自然，该到的地方一定到，不会不到。

（二）道家管理战略思想中的文化战略内涵：水至柔，影响社会文化布局与秩序

1. 道家管理战略思想中的文化元素及战略地位：至柔于水，驰骋天下之至坚

第一，道家管理战略文化元素培育及特征：“至柔于水，驰骋天下之至坚。”我们知道，中国历史人文思想在探索人性、社会、自然、行为、价值模式等的运行规律及其特征上取得了不菲的成绩。同样，我们理解到一个组织制度化管理及其工具化安排的误区，特别是作用于社会不同文化传统模式的群体时是难以发挥作用的。所以，文化价值模式所体现的文化元素与特征则具有不可替代的地位与作用。道家的人文思想所提炼的元素正是构成这种人性、群体价值观、社会行为模式等的文化内涵，亦是一种文化元素。止是有了文化的介入，文化元素的培育，则会“至柔于水，驰骋天下之至坚”也。①

第二，道家管理战略核心理念：“道法自然”、“上善若水”。在东方智慧中，老子“道法自然”、“上善若水”的思想，正成为现代企业文化体系与战略经营的至上法则。企业文化体系及其战略经营需要遵循如下几点：

首先，需要运用道家倡导的顺依事物发展规律来行事，就是要“道法自然”；其次，要做到付出，“上善若水”润万物，要使企业的经营具有水的性格和功能，对市场的扩展和对客户的服务，能像水一样“润物细无声”；最后，企业战略经营需要以文化元素浸染社会群体与消费者，从至柔于水，达到驰骋天下之至坚。

2. 道家战略思想有关文化治理的辩证认识：“柔”与“坚”的战略差异

第一，道家战略思想有关文化治理的辩证认识。道家所言“天下莫柔弱于水，而攻坚强者莫之能胜，以其无以易之”。世间万物没有比水更柔弱的了，但它攻坚无

---

① 赵渤：《人为价值论纲：价值运行原理与企业价值增长机制》，辽宁人民出版社 2005 年版。

数坚硬的东西没有不成功的，也没有任何其他东西可替代它。这就是“弱之胜强，柔之胜刚，天下莫不知，莫能行”，以弱胜强，以柔克刚，这是谁都知道的，但除了水，谁也做不到。水能载舟，亦能覆舟，水能成飞瀑、成巨浪，亦能水滴石穿。因此，老子感叹道：“天下之至柔，驰骋天下之至坚。无有入无间，吾是以知无为之有益。”老子以水的特性说明无形的力量能渗透进没有间隙的东西，由此论证了“无为”的效益与作用。

第二，道家管理战略之“柔”与“坚”的战略差异评析。老子曰：“坚强者死之徒，柔弱者生之徒。是以兵强则灭，木强则折。强大处下，柔弱处上。”企业在市场上的竞争，锋芒毕露，一定四处受敌，危机四伏。总是咄咄逼人，自己一定会忙得自顾不暇，最后招架不住竞争对手的进攻。而水不只是柔软的，它又是有意志的，人们讲“水滴石穿”，能做到这一点，不仅要持之以恒，更必须目标始终如一。因此，企业在经营中坚守自己的信念，持之以恒，才是根本的法宝，才能发展壮大，做到基业长青。

第三，现实应用价值。东方管理要运用好道家思想，必须领会和把握好老子的“反者道之动，弱者道之用”的思想的真谛。企业管理，无论是内部管理还是对外部的营销及对顾客、客户的管理，要善于把握和运用事物发展的相辅相成的原理，更要善于把自己的心态及为人处世放在低弱的位置，如此企业才有不断的、新的发展机遇。

3. 道家管理思想运用原则总结①：尊道、得道、御道三原则

第一，尊道原则②。天地万物皆由冥冥之中的道支配，道是绝对的、永恒的，是不可改变和亵渎的，只可以体会、尊重、顺应。“夫道，有情有信，无为无形；可传而不可受，可得而不可见；自本自根，未有天地，自古以固存；神鬼神帝，生天生地；在太极之先而不为高，在六极之下而不为深，先天地生而不为久，长于上古而不为老。”（《庄子·大宗师》）道如此高深莫测，久远难定，必须信之尊之顺之。怎样尊道呢？老子回答：“人法地，地法天，天法道，道法自然。”从“道法自然”可以推出管理要符合人的自然本性的结论，尊道和尊人在道学管理原则中是统一的。

第二，得道原则③。要掌握并运用道，既要做到对天地万物的吉凶祸福的转化有一个清醒而又彻底的认识，还要使自己的精神修养与道契合。如何才能达到这种精神境界从而得道呢？老子回答：必须做到虚、静、一、守，“致虚极，守静笃，万物并作，吾以观复。夫物芸芸，名复归其根。归根曰静，静曰复命，复命曰常，知常曰明。不知常，妄作，凶”。先使自己虚，由虚致静，由静认知规律，坚决按照规律去做就是守。虚、静、一、守和无为、好静、无事、无欲是一致的。从个别来看，无为—自化、好静—自正、无事—自富、无欲—自朴，从整体上看，全部得道过程正是从无为到无不为的循环演变。

第三，御道原则④。道学管理既是理论的结晶，也是实践的智慧。得道的目的在于应用——御道而行，实施到现实中去。统治者必须顺应百姓，服务人民，才能利己安

①②③④ 苏东水：《东方管理》，山西经济出版社2003年版。

民。管理者在实践中还要懂得“将欲夺之，必先与之”的取予之道，“夫惟不争，故天下莫能与之争”的不争之理，“无私，故能以天而私之”的为人之术。

（三）道家管理战略内在机制评价：管理的文化治理模式亦是一门艺术

道家的管理亦可以称为艺术，而且这种艺术是非常精妙的。西方真正体会到管理是一门艺术时，已经是20世纪末期。它是以研究东亚国家的日本为契机形成的，这一过程以威廉·大内以及沙因等人的研究为契机掀起了管理艺术性认识的人文思想探索高潮。但是，诚如世界各国学者所认识到的那样，管理文化的根在中国，但是却极其深奥。

1. 道家管理可理解为艺术：文化治理的艺术

道家管理战略不仅是一门哲学，同时也是一门艺术，真正把握起来并非易事。事实上，这门艺术在我国历代为政者的治国战略中并不鲜见。“汉文帝实行老子的哲学来治国，使他奠定了两汉400年天下的基础。康熙善于艺术地运用黄老之道，取得了超过汉文帝的成就。一个十多岁的少年，处在内有权臣、外有强藩的情况下，能除害兴邦，内收人才，外开疆土，都自然而然地合于老子的‘冲而用之或不盈’、‘挫其锐，解其纷’的管理艺术，深得老子的妙用。”①

2. 道家的“以德为先”战略：机制评价

老子所说：“居善地，心善渊，与善仁，言善信，正善治，事善能，动善时。”而且“夫惟不争，故无忧”。孔子赞美水以“逝者如斯夫”的前进，永恒的“不分昼夜”勇迈古今的精神。佛家赞美水性至洁，“大海不容死尸”，说明水不为外物所污染的本质。道家则劝人效法自然，学习水之道，要善于自处，居下地而不卑微；要善于修身养性，包容一切而深沉；要善于助人，给予而不索取；要涨落有则，言而守信；要公平公正，正直稳衡；像水一样能够协调融合；像水一样把握机会，适时而动。②

3. 道家管理模式的战略基础：“固本”后可以“为政”

道家管理的宗旨是“为无为，则无不治”，通过“无为”达“无不为”之高效，取“无不治”之结果。道学的基础和逻辑结构是以人为本，道家管理的核心在于“固本”。何为“本”？本者，民也，人也。“民者，万世之本”，“民为政本”。毫无疑问，人民是管理的根本。我们说抓工作要抓根本，看问题要看本质，做事情要有本事，不论干什么都要有本领等，都是以人为本的引申之义。可见，管理好人是组织取胜或成功的关键。③

道作为治理天下的大本，能够具体解决人与自然、社会、心灵的冲突。在这一原理下，老子明确提出了道家学说的人本管理原则。

---

①②③ 苏东水：《东方管理》，山西经济出版社2003年版。

三、法家的核心理念与文化元素：基于东西方管理比较视角

（一）法家管理思想的主要内容：重法制与实施方法，反对礼制

1. 法家管理思想特征：核心观点

从制度角度探索管理上看，中国的法家思想与西方管理思想具有较大的交叉性。都比较注重企业、团体和组织的组织职能、制度安排、法制规范及其政策手段，主要体现为一个统治体内部的管理政策、方法与手段的制定与实施。

法家是先秦诸子中对法律最为重视的一派。最早由韩非子提出，他们以主张“以法治国”的“法治”而闻名，而且提出了一整套的理论和方法。这为后来建立的中央集权的秦朝提供了有效的理论依据，后来的汉朝继承了秦朝的集权体制以及法律体制，这就是我国古代封建社会的政治与法制主体。

商鞅、慎到、申不害三人分别提倡崇法、重势、尚术，各有特点。到了法家思想的集大成者韩非时，韩非提出了将三者紧密结合的思想。法是指健全法制，势是指君主的权势，要独掌军政大权，术是指驾驭群臣、掌握政权、推行法令的策略和手段。主要是察觉、防止犯上作乱，维护君主地位。

2. 反对礼制：法律的绝对性

法家主张重视法律、制度执行的成效，而反对儒家的“礼”。他们认为，人性必然是趋利而避险、趋安而避危的，所以，强调法律制度的作用。

（二）法家诸多学派的治理主张：律法与制度化前提下的治理

法家的制度是建立在“理性人”的基础上的。“如逻辑学需要判断一个‘求真’的命题是真是假，但是，如果人产生的任何观念必然是真的，而不可能是假的，那么就不存在逻辑学了。”[①] 同样，对于管理学也是如此。事实上，人们受到真实的知识水平与信息的限制，人的选择不可能建立在理性基础之上。随着社会的发展，工具人的假设的不合理成分越来越多地显示出来。

1. 韩非子的法治哲学

《韩非子》说：“法者，宪令著于官府，赏罚必于民心。赏存乎慎法，而罚加乎奸令者也。”在法家眼中，赏罚是法的实施的必要和有效的工具，这个观点乃建基于法家的类似近代功利主义哲学的人性观。

《韩非子》进一步指出，法不单是行为的标准，更是纠正不当行为的一种建设性的力量：“椎鍛者，所以平不夷也。榜檠者，所以矫不直也。圣人之为法也，所以平不夷，矫不直也。”

《韩非子》说：“凡治天下，必因人情。人情者有好恶，故赏罚可用。赏罚可用，

① 郁达夫：《代价论——一个社会学的新视角》，（三联　哈佛燕京学术丛书），生活、读书、新知三联书店。

则禁令可立，而治道具矣。”

2. 其他法家学者的法治思想

《管子》说：“尺寸也，绳墨也，规矩也，衡石也，斗斛也，角量也，谓之法”；“法律政令者，吏民规矩绳墨也”；“法者，天下之仪也。所以决疑而明是非也，百姓之所悬命也”；“法者，天下之程序也，万事之仪表也”。

《商君书》指出：“民之于利也，若水于下也”；“羞辱劳苦者，民之所恶也；显荣夫乐者，民之所务也”；“人性好爵禄而恶刑罚”；人既然有这些共通的好恶，“故民可治也”，就是通过法定的赏罚来导引他们的行为。

《慎子》说：“有权衡者不可欺以轻重，有尺寸者不可差以长短，有法度者不可巧以诈伪。”《商君书》说：“法者，国之权衡也”；“先王悬权衡，立尺寸，而至今法之，其分明也”。

第三节　法家的法制治理与西方管理制度化特征的比较：人性前提认识基础上的治理共性评价

一、法家法治思想的人性前提：趋利避害具有经济人特征

法家认为人都有“好利恶害”或者“就利避害”的本性。像管子就说过，商人日夜兼程，赶千里路也不觉得远，是因为利益在前边吸引他。打渔的人不怕危险，逆流而航行，百里之远也不在意，也是追求打渔的利益。有了这种相同的思想，所以商鞅才得出结论：“人生有好恶，故民可治也。”

二、西方古典管理的人本主义误区评价：边沁“享乐主义人性观框定下的组织设定”

（一）边沁“享乐主义”人性观框定的人性需求

西方古典管理思维秉承了边沁的“享乐主义”思想。边沁的“享乐主义”并不代表心理学人性分析的最高成就，随着人文世界的发展，人的精神需求逐渐提高。而作为享乐主义是有局限性的，它仅适合于分析生产力发展水平较低条件下，体现了人们第一层次需求的特点。①

（二）制度化安排下契约化的合约组织及其职能安排

西方古典管理把人看作纯粹的“工具人”，过于强调外部控制手段的重要性，如权

① 王力、赵渤：《管理学流派思想评注图鉴：历史、方法、趋势》，中国社会科学文献出版社 2011 年版。

力等级结构、规章制度、物质刺激等，忽视了员工的生理和心理需要，未能有效地调动人的主观能动性。管理活动是可以控制的，通过设计一个合理的组织结构，编制一套完善的规章制度，遵循一系列科学的管理原则，再辅之以严格的奖惩手段，组织本身是一种制度化的统治体，其功能是在行政命令与契约化职能，以及合约的制度化安排下进行的。

（三）组织功用限定的狭隘性及其非制度化群体的忽视

从严格意义上看，西方管理学界所限定的这种组织的能力是有限的。事实上，西方企业经济学者曾注意到这个问题，比如，德姆塞茨·阿尔钦等，他们谈到了生产以及道德问题等，同时西方管理学家们亦逐渐意识到这个问题，但是，却未能够开启发挥组织全部功用的研究机制与内容。最为明显的问题是企业内部与外部的非制度化布局存在的价值观群体，以及非正式组织等的存在形式一直存在，其本质与功用亦继续为西方管理学界所忽视。

三、中国法家学派“法”和“刑”的结合：逻辑方法上与西方管理哲学认识论是一致的

从西方管理思维的角度看，严酷的奖惩制度是建立在经济人或工具人基础上施行的。中国历史人文管理思想有其独立思维形式。对于法的强制性法家强调“法”和“刑”的结合。他们认识到，使法有别于道德或“礼”等行为规范的最重要特征，便是法是以国家的强制力为其后盾的，违法的后果，便是国家施予刑罚。这一点中国法家学派的逻辑方法与西方管理哲学认识论是一致的。

中国法家思想具有法制绝对性与至高无上的思想。他们认为法律具有绝对性。法制在社会治理中作为人文社会关系的调节器有其不可替代的作用。

“但把它的作用加以无限扩大，就会产生负面作用。比如涉及人们思想、认识、信仰等领域就不能用法律调节，因为人是理性的动物，有自己的是非善恶评价标准，而这些东西用法律强制，只能促成逆反心理。又如生活中的一些小问题，不宜采用法律手段，而应用道德来约束，给人们一个自我约束的空间。这是人类精神生活的一个重要方面。”①

其局限的法家思想和我们现在所提倡民主形式的法治有根本区别，最大的不同就在于法家极力主张绝对的君主集权，这点是与时代发展相违背的。法家其他的思想我们可以有选择地加以借鉴和利用。②

①②　王力、赵渤：《管理学流派思想评注图鉴：历史、方法、趋势》，中国社会科学文献出版社 2011 年版。

第三章　东方管理战略创新思维未来发展趋势

——西风东渐“取经”路与人为科学复兴

东西方管理的研究，由于双方文化上的差异，其结果会存在很大的不同。传统的东西方管理研究各自具有不同的优势和劣势。比如，西方管理研究重理性、重科学、重法制，却不注重社会传统文化秩序及传统伦理道德布局，不注重人与自然、人与社会、人与人关系的和谐，更不注重以文化人的行为的文化驱动及其文化价值模式对制度化组织与非制度化组织的影响效果。而东方管理却恰恰相反，它重视文化关系，重视社会文化布局及其秩序，重视人性特征、行为规律，重视人与社会、自然和谐发展的规律性内涵与方法的探讨。

第一节　西风东渐：西方管理学“尴尬”境地下的丰富与发展

一、西方管理前提醒问题：质问——管理学是“社会物理学”①吗

西方社会在工业革命时代，物理方法的“无往不胜”，使人们自以为能凭借科学理性分解清楚，并掌握任何知识领域。在西方经济学理论中，人，是管理的主体，也是管理的客体，同时也是等同于物的生产要素，不仅财、物，而且人性和事态都被纳入机械性的经济模型中去加以分析和整合②。这种方法有其可取性，但也存在根本上的弊端。

二、西方管理学研究思维：问题分析

不可否认，一方面经济管理理论在相当程度上提高了人们的组织行为效率，为人类经济目标的实现做出了巨大贡献；另一方面由于这种思维方式将人“物化”，忽视了人的主动性和自我发展性，因而这种未能充分开发人的潜能，甚至使人异化为技术的附庸，使人失去自我，失去生活的原本目标，使人沉沦为商业化的、贪图享乐的，甚至最终被货币主宰为物的附庸。

---

①② 赵渤：《人为价值论纲：价值运行原理与企业价值增长机制》，辽宁人民出版社 2005 年版。

传统西方实体性思维方式表现出还原论（原子主义）、机械性、客观性、主客二分等特点，并将理性推上统帅宇宙的至高无上的地位，这种思维方式无疑也表现在西方经济理论在市场中活动与发展的选择模式上。

不管是从企业管理理论还是从经济学的企业理论流派角度看，对于人的管理，一直等同于“土地、资本、劳动力”等“物化”的生产要素，而在西方主流流派认识到只有“人”创造价值，而其他生产要素并不创造价值时，亦未能在“以人为本”的管理前提、框架及结构上做出根本性革命①。

三、西风东渐：西方管理学的探索

西方管理一直在探索中前进，其研究框架一直未能突破物质化要素的内涵。比如，企业的制度安排是企业组织生产活动有别于市场的特有方式②。20 世纪 30 年代科斯在创立企业理论的时候，提出生产之所以能在企业中进行是因为在企业中组织生产成本小，所以企业替代了市场，企业的存在就必须生产。在市场经济条件下企业的制度安排使企业赢得利润③，同时科斯与德姆塞茨等人也提出了企业的制度安排不是万能的，它存在道德风险与逆向选择，这是一个经济问题也是一个管理问题。而西方管理学丛林的繁荣中，已经从科学管理、行为科学、经验主义学派等流派纷呈过渡到了当前管理学非理性的新思潮繁荣阶段。但是，毋庸置疑的是西方管理学研究的革命性变革并未到来，它正在“西风东渐”中寻找养分。④

第二节　西风东渐⑤：西方管理学思维方法向东方“取经”

一、西方管理学的主流地位：战后各国现代化变革的主导思想

第二次世界大战后初期，西方经济理论者形成了“自由主义复兴”的浪潮。当时诸多的著述，例如：罗斯托的《经济成长的阶段》、巴林顿·摩尔的《民主与专制的社会起源》、帕森斯的《现代社会的结构过程》以及英格尔斯的《人的现代化》形成了 20 世纪 60 年代美国社会科学的主流思想。都力图把新兴民族独立国家的现代化引向“西化”甚至“美国化”的轨道⑥。

---

①⑤　王力、赵渤：《管理学流派思想评注图鉴：历史、方法、趋势》，中国社会科学文献出版社 2011 年版。

②③　苏东水：《产业经济学》，高等教育出版社 2006 年版。

④　赵渤：《诚信创造生产力——制度规则不能解决的道德问题》，《世界经济研究》（2003 年世界管理大会及东方管理论坛特刊）。

⑥　赵渤：《东方特色的经济发展模式再探讨》，《世界经济研究》（2001 年世界管理大会及东方管理论坛特刊），2001 年 12 月。

二、西方管理学纳入社会科学思维的开始：历史文化传统的一份比较研究

1975 年美国普林斯顿大学国际研究中心主任，历史学家 E. 布莱克在《俄国与日本的现代化——一份比较研究》用跨文化比较的研究对不同社会经济的发展提出了自己的观点："在经济发展的现代化模式中，早期理论忽视了对社会内部文化传统等社会形态因素的研究。"① 主要学者的观点体现在如下几方面②：1989 年布莱克与杨骤在《国外社会科学》第 14 期载"现代化与政治发展"一文中认为，任何国家由传统经济向现代化演变过程中，在经济模式的选择上都应当充分考虑四方面的内容③（如图 3-1 所示），即传统社会向现代化转变中涉及的四个问题④。

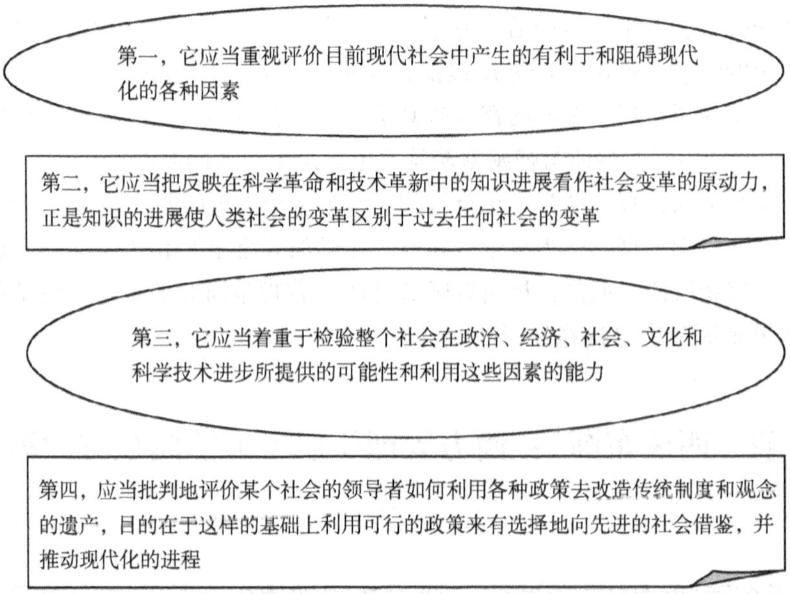

第一，它应当重视评价目前现代社会中产生的有利于和阻碍现代化的各种因素

第二，它应当把反映在科学革命和技术革新中的知识进展看作社会变革的原动力，正是知识的进展使人类社会的变革区别于过去任何社会的变革

第三，它应当着重于检验整个社会在政治、经济、社会、文化和科学技术进步所提供的可能性和利用这些因素的能力

第四，应当批判地评价某个社会的领导者如何利用各种政策去改造传统制度和观念的遗产，目的在于这样的基础上利用可行的政策来有选择地向先进的社会借鉴，并推动现代化的进程

图 3-1　传统社会向现代化转变中涉及的四个问题

实际上任何国家在选择与该国相适应的发展模式的时候，不可避免地要同固有的制度与传统文化发生互动。与其说是与固有的制度与传统文化决裂，不如说其实质是是否在科学和技术进步的条件下对经济（跳跃）发展做出功能上的适应。日本与东南亚新兴工业化国家在经济高速发展的过程中或多或少地表现出了这种适应性。社会形态因素的各异性与经济发展模式不是矛盾运动的过程。但东亚新兴工业国家虽对此有所应用并得到适应与"契合"，并没有打破经典经济学理论实践的框架。⑤

①②③　［美］E. 布莱克：《比较现代化》，杨豫等译，上海译文出版社 1998 年版。

④　王力、赵渤：《管理学流派思想评注图鉴：历史、方法、趋势》，中国社会科学文献出版社 2011 年版。

⑤　赵渤：《东方特色的经济发展模式再探讨》，《世界经济研究》（2001 年世界管理大会及东方管理论坛特刊），2001 年 12 月。

"人类改造世界的实践活动与精神世界的指导与发展是同时进行的，人类改造物质世界的同时创造人类文化，人文世界就产生了。所以，人是物质世界与人文世界创造和改造的主体，管理学的研究需要从认识人的行为开始。"①

三、"文化人"假说与"新思潮"的争鸣：走出管理学研究"困境"的挣扎

20世纪80年代后的"文化人"假说对人性进行了进一步揭示，这在特伦斯·E. 迪尔（Terence Deal，1982）和阿兰·A. 肯尼迪（Allen Kenedy，1982）在1982年写的《企业文化——现代企业的精神支柱》一书中得到阐述。企业行为与人性精神层面的研究已经成为当代企业经济研究的一个热点②。

"中国台湾的萧新煌在'东亚的发展模式：经验性的探索'一文中也对东方传统文化和文化在社会的合理布置有积极的认识，提出了'后儒家'思想对经济影响的观点。此后国内也有诸多的学者有不同的研究成果提出。"③ 王家烨1986年出版的《儒家思想与日本文化》中也研究了日本社会所具有的中国同源文化影响日本的社会与社会主体意识和行为，对现代日本企业的发展具有重要影响④；许琢云［美］（1991年）《中国文化与世界文化》，谈到了文化的交融与认识差异和共性问题，实际上他认为文化是一个共性的资源；上海社会科学院陈荣耀1995年著《追求和谐——东方管理探微》，探讨了中国传统哲学与历史文化所特含的真谛是管理学适应未来经济发展的必然趋势；他1997年又著《比较文化与管理》中强调文化是一种具有价值资源的内容。

另外，我国学者姜学民、徐志辉1993年著《生态经济学通论》，认为经济活动实际上是一种生态活动，应该从生态系统的平衡看待经济主体的活动，经济管理活动应该兼顾生态系统的整体价值。

四、世界管理学界的共识："以人为本"的研究趋势

目前管理学界对管理学研究方法的核心基本上形成了以下的共识：

在西方管理学领域的最新思潮集中反映了对人性的研究，对"软因素"管理的重

---

①② 赵渤：《人为价值论纲：价值运行原理与企业价值增长机制》，辽宁人民出版社2005年版。

③ 赵渤：《东方特色的经济发展模式经验框架再探讨》，《世界管理大会暨东方管理论坛论文集》。中国台湾的萧新煌认为：中国传统观念中的政治文化对人的认识有一种"尊重"与"权威"，从而可以在东亚国家与地区动员各种资源，激发人的主动性与创造性；在东方历史文化根源上，有一种"儒家"观念产生的称为"后儒教"的精神东西。它的含义是人民在日常生活中所实践的儒家伦理可能是解释东亚活力的重要变项；东方传统文化与经济发展有很强的相关性，即传统文化因素形成的是一系列有秩序、制度化的文化上的布置，它提供了东亚国家与地区政府在经济增长的各项政策一个可能的"合理"的"机会"，被人民所遵从，产生效果。人的能动性得以发挥创造出经济的活力。

④ 赵渤：《东方特色的经济发展模式经验框架再探讨》，《世界管理大会暨东方管理论坛论文集》。

要性的认识[①]。彼得斯的非理性主义思潮、国际上对日本企业的研究及美国关于企业文化理论的发展都深刻地体现了人性研究的管理学发展倾向，并且开始介入影响人性的精神文化领域来影响企业的发展。这是世界管理学领域发展的新趋势，代表了管理学未来发展的方向[②]。

第三节　管理战略研究思维的历史回归：东方管理战略思维应用趋势

一、文化决定一个社会的成功[③]：人文哲学认识论指导价值

随着人类文明几千年历史的演进，在解决人类社会的发展问题上，越来越多的西方社会科学界的学者把目光转向人文化因素。当代西方学者丹尼尔·帕特里克·莫伊尼汉（Daniel Patrick Moynihan，1993）关于文化在人类社会的地位有最明智的两句话[④]：

"保守地说，真理的中心在于，对一个社会的成功起决定作用的，是文化，而不是政治。开明地说，真理的中心在于，政治可以改变文化，使文化沉沦。"[⑤]

主观意义上的文化如何影响到各个社会的发展，在社会经济发展与价值创造上的贡献有多大，其成败如何？很大程度上需要我们从文化的角度深入挖掘人性，并从正确的人文化出发指导我们的管理研究。

二、东方管理的生命力：融古贯今，东西融合

东方管理学根植于东方管理文化，光辉璀璨的中国管理是东方管理学的一个重要的理论渊源。《易经》的阴阳学说、道家的无为学说、儒家的仁爱学说、佛家的慈善学说、兵家的用人学说、法家的崇法学说等，都是我们深入总结、提炼和进行现代化的创造性转换的基础。脱离了这些基于中国传统文化的管理思想的所谓中国式管理理论将是无源之水、无本之木。在进入近代的很长的一个时期内，由于中国经济的衰弱和西方经济的发展，这种长达两千多年的极有特色的中国管理理论与实践却几乎被忽视和造成极大误解，这是管理学学术研究的失误。值得庆幸的是，这一时代已经随着中国经济的重新崛起而最终成为了历史。

---

① 苏东水：《东方管理》，山西经济出版社 2003 年版。

②③④ 赵渤：《人为价值论纲：价值运行原理与企业价值增长机制》，辽宁人民出版社 2005 年版。

⑤ 塞缪尔·亨廷顿、劳伦斯·哈里森：《文化的重要作用——价值观如何影响人类进步》，新华出版社 2002 年版。

三、人类社会管理问题及前景："循道而行"，社会、自然、宇宙的发展

中国文化特点的根本问题是对人的探讨与对和谐发展的规律的研究。它是一种开放性的优秀文化，随着西方工业经济的发展，文化的渗透，世界很多国家在工业化发展过程中吸收和同化西方的哲学观念。随着人类社会的进步，人类意识到，人类的生存与发展需要协同人与社会、自然、宇宙的发展，协同宇宙规律性的哲学观念将逐渐地指导社会科学与管理学研究思维①。人类社会发展优秀文化的沉淀都不可以忽视与抛弃，站在历史巨人的肩膀上的发展将是我们认识管理问题的基础②。

① 赵渤：《人为价值论纲：价值运行原理与企业价值增长机制》，辽宁人民出版社 2005 年版。

② 郭咸刚：《西方管理思想史》，经济管理出版社 2002 年版。

第二篇 东方管理商业模式规划与设计方法

——基于社会文化布局“人为”干预模式分析

中国儒家的治国思想提出“道之以政，齐之以刑，民免而无耻；道之以德，齐之以礼，有耻且格”。希望以“礼”与“德”的机制协调社会秩序。事实上，这是一个极其具有睿智的规律性认识。在西方管理中，管理一词似乎只在制度化组织、正式组织中存在。但是，企业的存在并非由企业内部决定，企业的本质不在企业内部，而是在企业外部，尤其是社会体系中。人文社会文化布局是以文化干预与引导社会行为和秩序，影响不同文化价值模式的群体的行为与认知。

所以，孔子主张“道之以德，齐之以礼”（《论语·为政》），以礼制作为一种影响社会秩序文化的机制，影响社会群体行为，维护社会稳定。孔子从这一认识出发，提出以“仁”为核心的德治思想。

第四章　东方管理战略模式规划方略

——现代战略管理模式的构建框架分析

随着社会的发展，相比较西方管理学在经济应用中所遇到的问题，中国历史百家管理哲学思想涵盖极为丰富与深远。它不仅是中国历史哲人探索社会、人类、自然及宇宙万物运行规律的学术思想，同时也是历朝历代国家社稷治理的指导思想。

研究东方管理思想体系，并针对西方管理思想的研究方法及在应用中所遇到的问题进行对比研究，这对于我们采用东方管理思想体系并以实证分析对比的形式来解决现实与发展问题，是管理学非常重要的探索方向。

第一节　东方管理战略模式的应用价值：文化引领与创新在商业模式应用中的战略地位

中国儒学讲究“三事”辩证，即“正德、利用、厚生”，谓之三事。三者之间的辩证关系体现了人文价值意义对社会行为的引导是随着物质生活的发展与丰富逐渐形成的。这里所谓的德体现的是一种社会正确的价值观念，对人们体现的是一种人文价值意义，它体现的是人们之间一种人文价值意义的关系。“利用”乃发现并利用事物本质规律用以解决现实问题，“厚生”则指泽润民生[①]。

东方管理“以人为本”、“以德为先”、“人为为人”体现了东方管理的核心思想理念，是我们遵循的内在规律。

一、东方管理文化引领技术创新的战略模式：中国未来经济愿景

“管理是文化的产儿。”管理理论的发展是和文化紧密相连，并且根据各种不同的文化底蕴酝酿产生道德准则和制度变化向前演进。管理的发展是一个人文世界发展的过程，又是人文世界塑造的思维意识发展的产物。

---

① 赵渤：《人为价值论纲：价值运行原理与企业价值增长机制》，辽宁人民出版社 2005 年版。

（一）东方管理战略模式：强势文化的包容与创新

1. 东方管理战略模式：内涵、本质与特征

第一，内涵。东方管理战略模式的核心是文化战略，即以东方管理文化理念为核心，通过文化的打造、输出、融合与包容等方式，来激发行为主客体的文化心理活动，使企业的战略行为引导并吻合世界不同文化圈层群体的文化价值模式，进而通过文化元素的提炼与应用进行创新，为技术和商品创造供给与需求的战略治理与运营过程。

第二，本质。东方管理战略模式的本质是文化战略，其战略核心文化理念是苏东水先生所提倡的“以人为本，以德为先，人为为人”十二字方针①。其先导为企业文化与行为的识别体系，之所以文化及其行为识别体系为其先导，是因为社会主客体的文化行为是具有传统、信仰、宗教等差异的，是一种文化价值观认知的内容。企业文化战略的成功在于激发社会主客体接受、融合其所输出或交互的文化理念、文化元素，及其文化产品及其设计，并使其融入生活。最终使社会行为群体成功达到认同、接受与识别这种文化的价值内容②。

第三，特征。东方管理战略模式的特征表现在三个方面：首先，以人为本，以文化为激励手段；其次，以文化为战略影响、包容及干预群体行为模式的手段；最后，文化引领创新，文化创造供给与需求，并代表人们愿景中技术与经济发展的未来方向。

2. 东方管理战略模式的现实机遇与挑战：中国大国崛起需要构建长期系统的文化识别战略（如图 4-1 所示）

人文大国崛起战略，本质上应该体现在：以优秀文化与人文理念影响国际间的认同，影响经济往来与技术创新。它是大国战略中一种必然性、长期性、战略性、系统性及整体性的战略构思

图 4-1　人文大国崛起战略的本质

世界经济往来的形态越来越受到人文观念所引领，优秀而强势的文化不仅代表先进的科技发展/产品设计，还引领了世界人文经济的主流合作关系，甚至影响到政治经济合作中的利益共同体的关系的建立。所以，一个国家、一个社会在世界经济活动中的全胜也越来越体现在人文融合战略中的全胜上③。

（二）强势文化的包容与引领：东方管理创新商业模式的根本使命

1. 中国崛起的新发展阶段：要求形成适应社会人文布局的中国特色管理模式

中国改革开放移植了西方管理模式，经历了移植、借鉴、创新及中国特色的过程。

① 苏东水：《东方管理》，山西经济出版社 2003 年版。

② 赵渤：《人为价值论纲：价值运行原理与企业价值增长机制》，辽宁人民出版社 2005 年版。

③ 赵渤：《从北京奥运看中国大国崛起战略》，《2010 年世界管理论坛暨东方管理论坛论文集》。

东方大国的中国崛起必须建立中国特色经济治理模式，才能实现真正的崛起。

中国人文管理思想经历千百年来的荡涤和演进，逐步形成人本民本、群体本位、家庭中心、伦理倾向、社会秩序、人情关系、社会秩序及行为规则特征上的基本特征①。与这些文化特征相适应，历史逐渐演变与形成了中国关于国家社稷、组织、家庭及个人之间的治理与激励形态。东方管理思想提炼与整合了优秀人文哲学思想，使其系统化，提出了整个社会基于这种文化布局，编织出具有亲缘、地缘、商缘、文缘和神缘的“五缘”东方儒家特征的文化网络结构，在国家治理与社会管理中发挥着协调局部、统筹整体的功能。它分析了中国历史上的国家治理文化具有很多深刻的人文哲学传统及优秀的文化内涵。

2. 强势文化的融合与同化并影响创新与发展：没有成功的文化体系，就没有成功的商业模式及商业帝国的建立

世界发展史表明，任何国家的真正崛起，不是政治、军事的征服，而是基于历史检验的强势文化的核心优势。特别是西方工业文明以来，欧美跨国公司一方面通过强势文化输出创造面向世界三大文化圈层的市场与消费群体，同时，通过本地化，使其以强势文化形态来包容、协同与整合当地文化，使其在世界商战中不仅改造各文化区域群体的文化价值模式与取向，同时，通过利用与吸收将各民族国家的市场以文化渗透进行扩张。欧美跨国公司以西方传统文明与现代文明相结合的方式在全世界打造其商业帝国主义。

3. 东方管理文化引领创新理念成为今后世界的核心话题：中国需要充分挖掘人文优势

强势文化作为非制度干预形式具有优势。中国因素正在影响世界，特别是人文因素起到战略作用。中国特色的东方管理研究是大国崛起中的必然选择。

东方管理战略的文化理念及在商业模式构建中的地位，如图 4-2 所示。

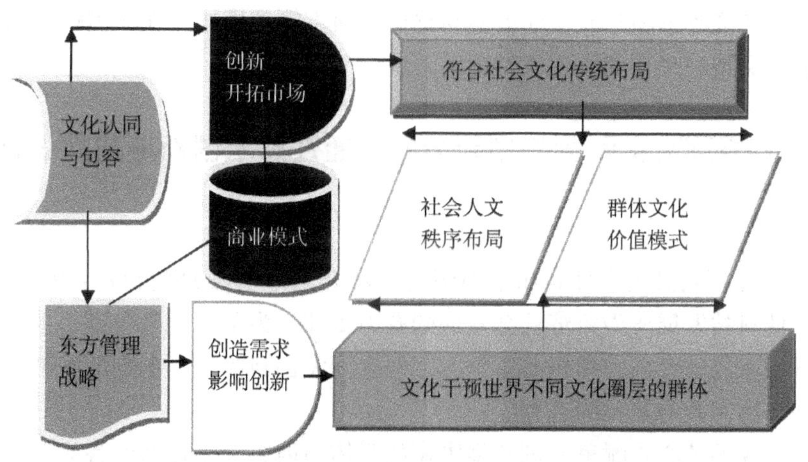

图 4-2　东方管理战略的文化理念及在商业模式构建中的地位

① 苏东水：《东方管理》，山西经济出版社 2003 年版。

说明：在图 4-2 中所显示的浅色模块都代表文化及其对商业模式，创新、开拓市场及创造需求等深色模块所起决定作用的影响。可以确定居于中心处于被决定地位的黑色模块能够存在与发展，取决于环绕的浅色的文化特征的模块。

（三）开拓东方管理战略模式应用价值的紧迫性：机遇与挑战

1. 中国在大国崛起阶段的战略重点：构建中国特色的东方管理商业治理模式的必要性

东西国家社会人文布局不同，管理模式功能性适应环境不同。历史上，伴随西方工业文明取得的巨大成就，其文化输出海外，以强势文化的形态影响世界不同文化群体。同时在世界不同文化圈层创造了其商品市场。

事实上，世界三大主流文化圈层的社会人文体系，都需要契合于各自特色人文体系的管理模式，才会对经济发展发挥作用。中国在大国崛起阶段的战略重点，需要建立中国特色的东方管理商业治理模式。

2. 中国因素对世界新秩序的影响越来越重要：东方特色管理战略模式研究具有紧迫性

中国因素在世界经济的恢复与增长中贡献作用越来越大。但是，不能忽视的一个核心是我们以“制造生产中心”输出低附加价值的商品的地位，文化引领创新并创造新的需求。所以，东方管理决定的“商业模式”与“创新模式”不仅影响到中国经济与中国科技能否以“设计师”的身份出现，也影响到文化的介入与创新的开拓，以及新市场的融合。

北京奥运会提出“人文奥运”，传递出一个信息，东方管理文化治理体系已经显示出经济、政治及军事所不具备的优势。中国特色的东方管理将在影响世界新经济秩序中发挥作用。

3. 西方移植的商业经营模式不适应中国，社会文化秩序布局问题显得愈加严峻

中国市场经济改革和开放初期借鉴与移植的西方管理模式，在大国崛起的新阶段需要契合社会人文布局对管理模式适时做出转换。

二、东方管理文化引领的创新分析：通过技术创新形成可识别的供给与需求市场

2006 年的全国科技大会即宣布了中国在未来 15 年科技发展的目标：2020 年建成创新型国家，使科技发展成为经济社会发展的有力支撑。为了在竞争中赢得主动，依靠科技创新提升国家的综合国力和核心竞争力，建立国家创新体系，走创新型国家之路，已成为世界许多国家政府的共同选择。

那么，创新的核心在哪里？创新型国家的载体与内容又是什么？答案是清晰的，只有符合人文社会文化布局与满足文化价值模式群体需要及未来发展演变的内容才是创新与市场形成的动力与基础。所以，文化引领了创新并创造供给与需求。

（一）文化引领的创新理念：东方管理创新集群商业模式构建的本质

从中国经济发展的愿景来说，或者从我国企业经济发展的远景规划上看，一个核心战略问题需要我们关注，即中国或中国企业该如何打好“人文经济”牌！它不仅体现在从文化为源头的角度来创造世界不同文化圈层的市场需求上，同时，它通过适应世界不同文化圈层需求的文化引领的技术创新，创造新的供给也具有战略作用。如图 4-3 所示。

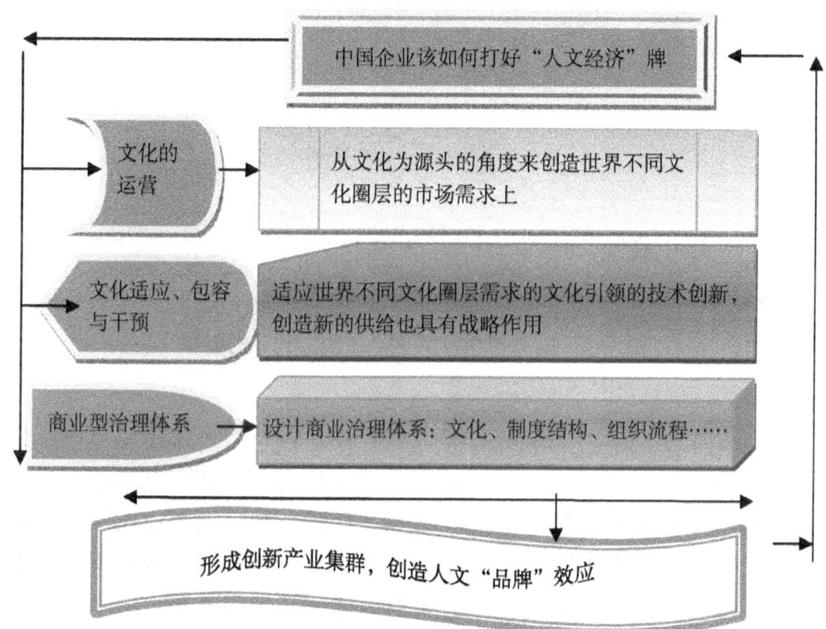

图 4-3 文化体系治理与商业模式之间的有机关系

历史上，“巴黎”的时尚创新产业形成了世界识别的人文品牌形象，百年来形成了引领世界时尚的创新产业群，从“巴黎”走出去的产品，走到世界任何地方，都会因人文理念元素的引领，卷起世界时尚之风①。这种融合百年文化因素的创新产业，是精神核心引领的创新，是文化理念融合于产业与产品的创新，进而形成产业集群。

它对于未来经济繁荣的战略意义上，是以文化引领技术创新塑造产业发展与繁荣，极具战略意义。

（二）文化创造的供给与需求：文化引领的创新——在上海北京尝试未来远景广阔

如何通过文化的塑造来引领世界创新与消费理念？可以看出，在巴黎打出品牌的商品，无论是汽车或任何创新产业，如果能打上时尚品牌，在欧洲、日本，世界的任何一个

① 赵渤：《从北京奥运看中国文化大国崛起战略任重道远》，《2011 年世界管理论坛暨东方管理论坛论文集》。

地方都将容易获得市场，这就是文化引领的国际人文识别品牌！①

以“巴黎”为例：上海北京的尝试，如图 4-4 所示。

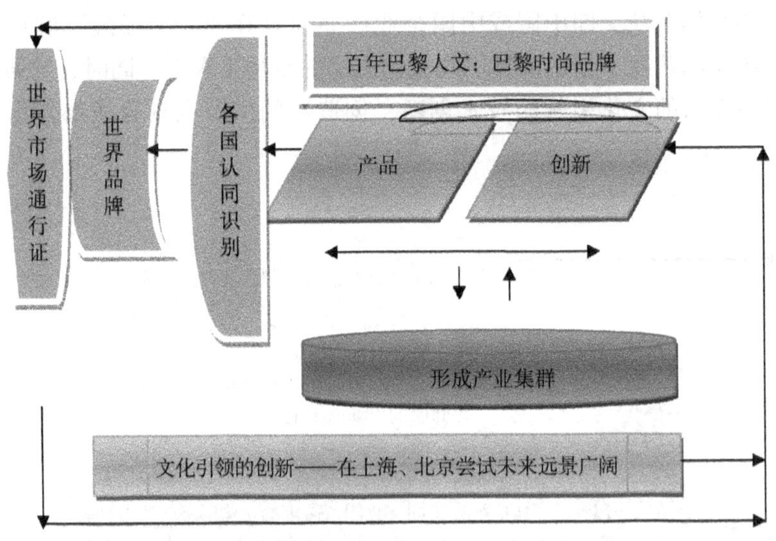

图 4-4　以“巴黎”为例：上海、北京的尝试

北京、上海等地为中国文化集聚之地，同时有着典型的文化印记。当地代表性企业如何发挥这种资源，打好“人文经济”牌？这是新的时期提供的机遇。

事实上，这不仅对于企业作为先行者的意义深远，同时也形成我国的文化创新引领经济发展战略的桥头堡。在中国上海、北京等中心城市及其辐射区域形成具有中国人文元素的创新产业带，以此产生的创新集聚所形成的产品及服务等流通的品牌商品，一旦获得这些文化区域圈层的认同与好评，将比其他区域更具品牌优势和认同度。所以，东方管理创新集群所打造的“人文效应”在国家、企业、机构、每个人基于远景战略的思考上应该是延续的、长期的、系统的，并且是战略性可操作的！②

（三）东方管理建立一种商业治理模式：围绕文化品牌的打造

“巴黎”创新、产业与商品获得识别与人文因素有关，但是如何创造出这种效果，运营它的商业模式是如何的？又如何能够走到世界哪里都能引领世界人文时尚理念。事实上，东方管理战略模式探讨的就是这种商业模式成为使中国企业能够引领世界技术与产品创新，并创造供给与需求的人文跳板③。

文化识别中的认同能使一个国家形成具有人文影响力的政治、经济甚至国际关系往来中，具有文化内在包容与同化力量的人文牌！

东方管理商业模式——文化品牌打造，如图 4-5 所示。

---

①②③　赵渤：《从北京奥运看中国文化大国崛起战略任重道远》，《2011 年世界管理论坛暨东方管理论坛论文集》。

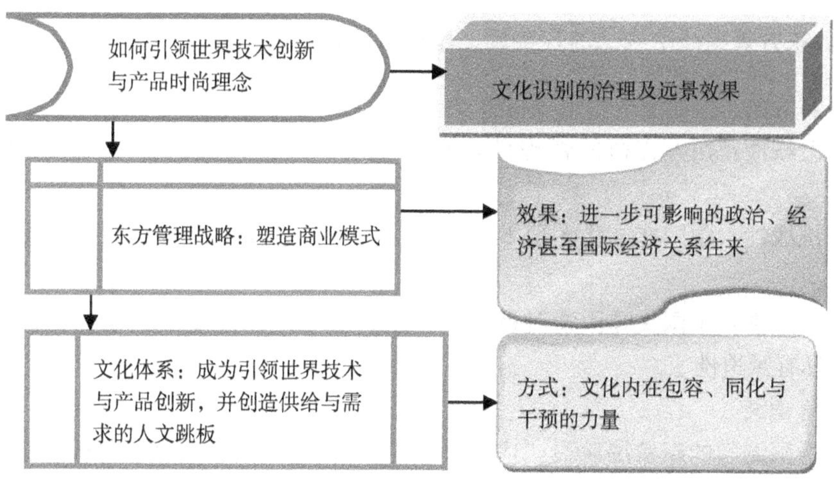

图 4-5 东方管理商业模式——文化品牌打造

由于法国历史人文时尚的影响，巴黎经济具有了某种人文内涵，并广为世界认同。所以，在法国或者巴黎生产及流通中获得认同的时尚商品品牌，在欧洲、日本，世界的任何一个地方都将容易获得市场，这就是国际商品获得人文价值的识别所具有的本质特性。事实上，“巴黎”历史的确打造了这样一个产业人文识别的标志性象征①。

三、东方管理战略模式的应用价值：现实意义与远景利益

（一）东方管理战略模式的远景意义

中国作为大国崛起建立文化大国，发展创新型国家的战略，是长期而富有战略性的举措。企业在战略经营中确立文化关联与文化影响的起点具有远景意义。“只有文化领先，并且以强势文化包容融合世界各类文化，引领技术的创新与需求，满足人文价值群体的需求，将是一个国家、一个企业确定其未来世界产业地位与市场地位的核心内容。”②

文化涵盖了技术创新及商品经济活动的全部内容，正确提炼文化元素并应用于商业模式之中具有战略意义，也必将在企业战略经营中体现出长远意义。

现代的社会中，企业在经营活动中的文化本质与内涵的地位与作用越来越突出。在越来越受到文化观念所引领的世界经济往来中，优秀而强势的文化不仅包容与融合了不同文化圈层的文化，影响潜在的供给与需求的创造，同时还引领了世界经济的合作关系，甚至影响到政治经济合作中的利益共同体的关系的建立。所以，一个国家、一个社会、一个企业在世界经济活动中的全胜也越来越体现在文化应用战略中的全胜上。

① 赵渤：《从北京奥运看中国文化大国崛起战略任重道远》，《2011 年世界管理论坛暨东方管理论坛论文集》。
② 王力、赵渤：《管理学流派思想评注图鉴：历史、方法、趋势》，中国社会科学文献出版社 2011 年版。

（二）东方管理战略模式的现实意义与战略意义

1. 现实意义

（1）严峻性：西方移植的管理模式不适应中国社会文化秩序布局问题显得愈加严峻。

（2）挑战性：中国在文化大国崛起的升级阶段，建立中国特色的文化治理模式具有紧迫性。

（3）紧迫性：中国文化因素对世界新秩序的影响越来越重要，东方特色文化治理模式研究具有紧迫性。

2. 战略意义

（1）中国崛起的新发展阶段：适应社会人文布局形成东方管理创新商业模式。东方大国的中国崛起必须建立中国特色经济治理模式，以实现真正的崛起。

（2）强势文化对不同文化圈的文化的融合与同化：标志文化大国家真正的崛起。任何国家的真正崛起，不是政治、军事的征服，而是基于历史检验的强势文化的核心优势。

（3）文化引领技术创新理念成为今后世界的核心话题：中国需要充分挖掘人文优势。强势文化作为非制度干预形式具有优势，中国因素正在影响世界，中国特色的东方管理研究是大国崛起中的必然选择。

第二节　东方管理战略模式的运行体系：本质、目标与运行机理的理论分析

东方管理代表世界经济发展新的趋势，反映了企业管理人性化的发展方向。东方管理强调社会与自然、国家与经济主体以及企业与个人整体共生的“人为为人”的管理价值观。社会、企业与个人正进一步走向整合化、柔性化和人性化。东方管理是人类社会管理的精髓，东方管理的“人为为人”的本质内容将与世界的发展殊途同归。

一、东方管理战略管理模式治理视角：“人为”到“为人”的本质与目标

（一）从“人为”到“为人”本质内涵：文化激励的过程

“人为为人”揭示了东方管理的本质性内核。“人为为人”命题由“人为”与“为人”组成的两部分命题是相关、不可分割的内容。

人为科学是研究人的心理行为的科学（苏东水，1992）。“人为”与“为人”相联系，它有狭义的理解、广义的理解及互动的理解三个层面[①]：

① 苏东水：《管理心理学》，复旦大学出版社 1998 年版。

1. 狭义的理解

从狭义的方面来说，“人为”是一种自我导向的个体心理行为。在强调个体内部指向的心理行为的同时，它强调主体人心理行为的可塑性。“人为”与“为人”相对应。①

2. 广义的理解

广义的“人为”与“为人”相联系，它由“人为”、“为人”及“人为为人”三个环节构成。“为人”是他人导向的服务行为，是个体对外部对象的心理激励行为，强调自身心理行为的可塑性的同时，客观上产生服务他人的效果。“人为为人”则强调个体心理行为与外部对象心理激励的互动性。

3. 互动的理解

“人为”与“为人”是辩证统一、相互联系并且可以相互转化的。这种互动关系就构成了“人为为人”。“人为为人”的动态过程强调个体心理与行为的可塑性同时，产生激发外部对象的心理行为的效果，并实现个体与他人在心理与行为的和谐与统一，从而使个体心理行为的塑造能够在正确价值观指导下与外界环境发生良性互动，实现服务他人的目的。

（二）东方战略管理模式研究的独特视角：定位于非制度化文化布局的社会体系基础

1. 东方管理战略模式的治理特征：定位于非制度化文化布局的社会体系基础

《关尹子·三报》有言：“圣人不以一己治天下，而以天下治天下。”故，东方管理的战略模式不仅仅将企业自身的内部制度化组织作为管理的主体，同时将企业外部的人文社会群体作为企业的外部资源加以激励与管理。

东方管理战略模式的治理体系及商业模式转换，如图 4-6 所示。

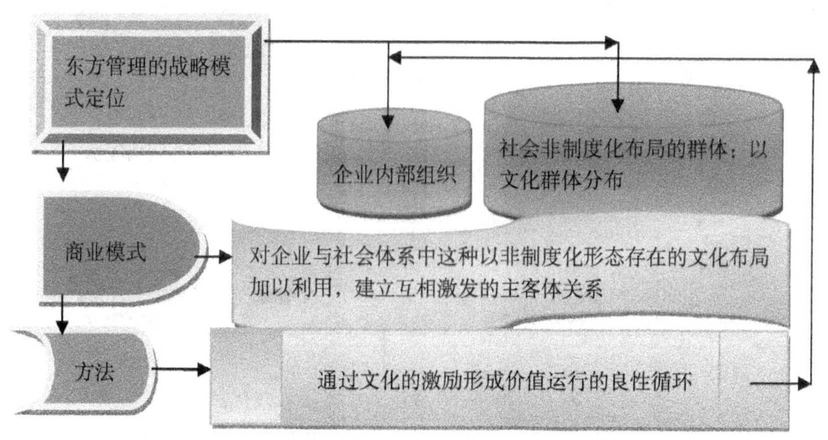

图 4-6　东方管理战略模式的治理体系及商业模式转换

① 苏东水：《21 世纪世界管理发展趋势》，《第五届世界管理论坛论文集》。

企业对于存在于社会体系中这种以非制度化形态存在的文化布局加以利用，建立互相激发的主客体关系。通过非正式组织与非制度化协调的方式，纳入企业的战略活动目标流程中来。企业通过文化的激励过程完成企业与社会之间的价值激励，形成价值运行的良性循环。

2. 东西方治理模式的本质差异：功能性适应于社会人文价值体系——东方管理战略模式的突破点

第一，东方管理治理模式：注重社会人文因素。东方管理治理模式与社会传统人文布局的适应性上，历史上国家范畴与企业范畴都有典型成功的案例。比如，处于后儒家文化圈的日本的东亚模式，取得的成绩曾经引起世界关注，由于它的成功曾塑造了日本20世纪六七十年代的经济腾飞，并使日本的跨国企业越来越多登上世界500强的宝座，并对美国跨国企业形成替代，造成冲击。美国学者研究认为，东亚模式是现代化因素与传统人文社会人文布局发生良性互动。但是不可否认以中国为源头的后儒家经济圈的日本，其企业、产业及宏观诸多方面的治理特征确实体现了中国儒家文化的特征，历史上日本受到中国儒家文化的影响，并合理利用，在20世纪六七十年代在宏观、中观及微观三个层次取得的成绩为世界关注，后为世界跨国公司借鉴。尤其是跨国公司本土化的管理在世界成为投资研究的热点，这是一个很好的体现。①

企业文化形成与案例及在当前的战略地位（如图4-7所示）。

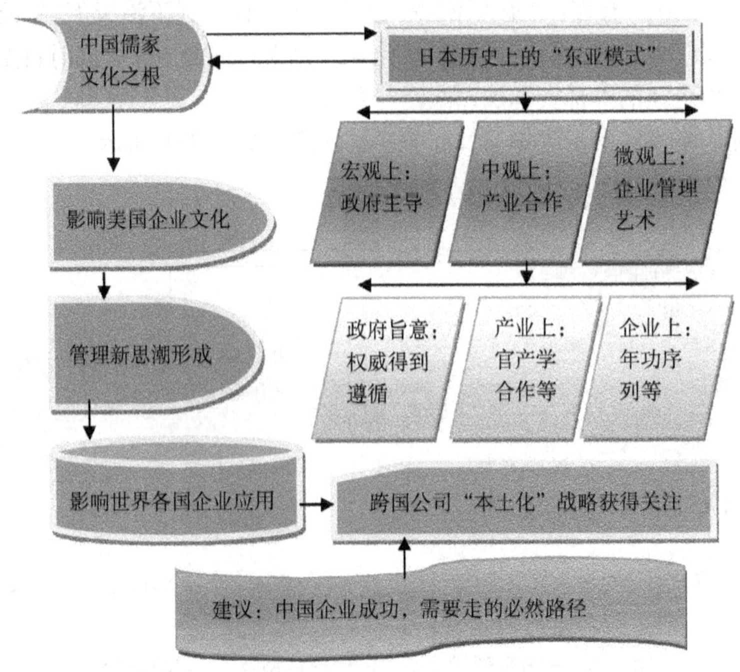

图4-7 企业文化形成与案例及在当前的战略地位

① 赵渤：《东方特色的管理模式历史经验再探讨》，《2001年世界管理论坛暨东方管理论坛论文集》。

第二，文化干预与社会传统人文因素发生良性互动：价值循环与交换的过程。事实上，我们注意到，世界各个文化区域中的传统文化布局是不以人的意志为转移存在着，这也是世界不同文化群体文化价值模式存在现状与发展的本质。比如，在不同区域国家的工业化进程中，很多企业都存在着本土化的问题，其本质就是要使企业融入当地文化，以达到为当地文化群体所接受的目的。所以，我们说，文化具有任何商业活动的引领作用的战略内容，同时又是一个极具操作性的商业活动内容。其根本点在于，文化干预与社会传统人文因素能否发生良性互动，这个良性互动过程本身就是一个价值循环与交换的过程。如果这一过程没有形成，那么，商品与创新、市场与供给等经济活动都无从谈起。

文化干预与社会传统人文因素发生良性互动，如图 4-8 所示。

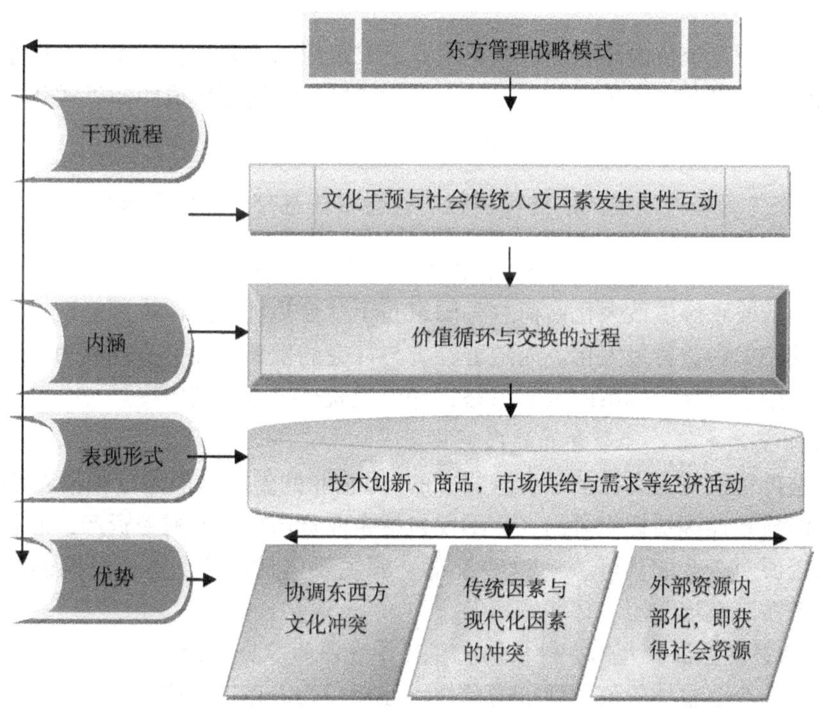

图 4-8　文化干预与社会传统人文因素发生良性互动

东方管理的战略模式体现的显著特征表现为：能够在东西方文化冲突角度合理协调与解决现代化进程中的东西方文化融合问题。事实上，我们可以深刻认识到这个问题解决的战略性地位。从历史的眼光研究现代化进程中传统因素与现代化因素的冲突与吻合问题，通过文化干预与非制度化的组织来使这些社会资源获得协同与有效组织。事实上，这是一个企业影响外部资源，并使外部资源内部化的过程。

第三，战略视角：基于弥补西方管理缺陷的远景视角。在东方管理战略模式研究中，开拓了新视角，即以人文社会管理的制度化与非制度化形态为研究视角，提炼东方文化中的软因素与特征元素，可以治理、识别与传播等的元素，发挥其非制度化管理的作用，弥补西方制度化管理的不足，实现东西管理应用的互补。

在方法的创新上，我们关注的重点是：如何使东方特色的战略模式吻合于东西方传统人文布局，在方法上利用文化行为、生活方式等分析，探讨文化布局与引导、同化与协同及创新等因素对经济发展的影响，研究中国特色的经济发展治理战略。

3. 东西方学者研究视角差异评价：制度化与非制度化对待外部资源的组织

历史上，西方学者更多地注重制度化因素，因为制度所以形成秩序，从而形成了工业化过程中的效率，但是，企业的制度更多解决制度化组织的内部问题，形成内部工作效率。它忽视了一个问题，就是庞大的社会群体资源如何协调。它们不能进入企业内部完成制度化协调。但是，这些外部资源在社会以非制度化的文化布局存在，更多表现为不同的文化特征的文化群体存在①。以文化为纽带激发并影响这些群体的价值行为具有重要作用。

西方管理研究企业内部组织时认识到非正式组织的重要性，事实上，在企业外部的这些资源同样是以非制度化形态存在的，以文化模式为纽带形成的非正式化布局的社会群体。东方管理战略模式所面对与治理的对象更为广泛。

（三）东方管理战略模式的终极目标：社会责任基础的企业整体价值最大化

历史上，“企业终极目标的问题有各种不同看法。主要有美国法律规定，并为企业理念所遵循的股东价值最大化；荷兰等国家基于社会福利在法律中所规定，并为企业理念所接受的相关利益者最大化。而随着经济与社会的发展，社会责任成为当代企业扩大自身价值，融合于社会体系的重要战略，并广泛获得企业认同”②。

1. 企业整体价值：外部资源的内部化

企业整体价值与人文社会是息息相关的。“企业的整体价值是挖掘潜在消费群体及企业未来的成长性等指标衡量的。它不仅包括企业货币衡量的财务资产，而且还包括企业的外部资源对企业的认可。”③ 这些外部资源主要包括：某个历史时期的社会人文资源、技术资源、政治资源、环境资源等。④

2. 企业整体价值最大化：科技人文环境等资源的综合评价

事实上，企业整体价值的评价指标是以社会行为人在现期或未来可支付的价值为前提的，包括现期及潜在的在未来可以以货币支付行为实现的商品价值来直接体现的。从根本上说，价值观念、知识观念、技术观念、成本及供求观念、政治观念、环境观念都是人文社会发展中形成的人文价值观念，都是人文资源的组成部分。所以说，企业的商品生产及经营管理关系本质上体现的是一种人文关系。⑤

3. 企业价值观与社会体系统一：服务于社会价值需求的终极目标

企业价值创造、形成及运行的全过程就涉及企业的价值行为与社会行为人的价值行

① 赵渤：《东方特色的管理模式历史经验再探讨》，《2001 年世界管理论坛暨东方管理论坛论文集》。

②④⑤ 赵渤：《人为价值论纲：价值运行原理与企业价值增长机制》，辽宁人民出版社 2005 年版。

③ ［英］保罗·格里斯利：《管理价值观》，徐海欧译，经济管理出版社 2002 年版。

为的关系问题。把企业作为人文社会中的行为主体，把社会行为人作为行为客体，如何使企业的行为及行为效果符合人文社会的人文价值观，获得社会价值认知，这是实现企业价值最大化的最终目的。①

二、东方管理核心体系——“人为为人”运行体系：主客体关系作用与运行过程

文化如何影响到各个社会的经济发展与价值创造，它做出了多大的贡献，其成败如何评价，它是如何影响的，又是如何运行的？这就需要我们用东方管理文化的视角深入研究，从具有文化价值观的社会群体人的价值模式的视角出发探索驱动企业价值增长中的要素与流程，以及由此形成的价值循环。

（一）“人为为人”运行的主客体关系：如何使企业文化模式的可塑性适应社会不同群体？

1. 主客体人的划分②

从主体人行为的主动性与受动性的角度，我们把社会行为人划分为社会行为的主客体：

第一，社会行为主体：企业。社会行为主体是指在价值观指导下能动地从事实践活动的人。它可以包括：组织、团体、企业、政府、家庭及个人等。在西方经济学的经典文献中统一将其称为居民。这里我们主要指从事价值生产创造活动的企业组织。

第二，社会行为客体：社会行为人（群体）。社会行为客体通常称为社会行为人，是社会行为主体能动性的行为作用的对象，是受动者。社会行为客体通常也包括：组织、团体、企业、政府、家庭及个人等。企业作为行为主体其作用的对象不仅包括社会行为个体还包括企业、组织、团体、政府及家庭等。如图 4-9 所示。

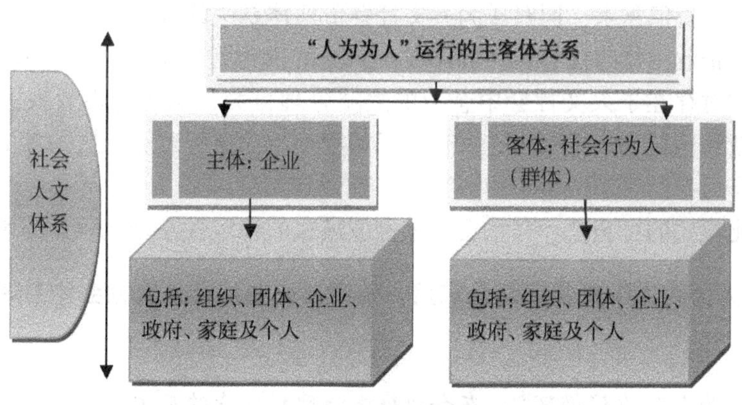

图 4-9 “人为为人”运行的主客体关系

①② 赵渤：《人为价值论纲：价值运行原理与企业价值增长机制》，辽宁人民出版社 2005 年版。

2. 企业的文化价值模式的可塑性[①]：社会行为群体文化价值模式相对稳定

第一，企业文化体系[②]：价值观指导的企业文化模式—嵌入社会人文价值体系的互动环节。社会行为客体人与社会行为主体企业的行为都受到价值观的指导。企业主体具有文化价值观的可塑性，企业的文化价值观为核心的文化价值体系影响企业商业运行模式与企业的经营行为。企业在文化价值观的指导下所形成的影响企业在人文社会价值体系中的地位、作用及价值与交换形式称为企业价值模式。它代表企业所执行的社会价值体系中的某项功能，它是由企业的文化价值模式决定的。而社会行为客体的文化价值观与文化价值模式则是相对稳定的，其一切价值判断与价值行为受到终极价值观的影响。

第二，企业文化价值模式可塑性：社会行为群体文化价值模式相对稳定[③]。两者的不同之处在于社会行为主体企业通过文化价值观、建设文化体系，完成企业文化价值模式的塑造，与人文社会价值体系对接，来影响企业执行社会某项功能。如果用中国的儒家思想来评说，这种可塑性的内容为企业“心性”的塑造。用西方彼得·圣吉的管理新思潮的思想对比，可以称为“心智模式”。相反，社会行为群体的文化价值观与价值模式都具有相对稳定性。这样，企业如果以正确的价值观为指导塑造企业自身的“文化价值模式”（也就是儒家所说的“心性”）并影响行为模式，不仅起到影响激发他人的行为的目的，同时，可以使企业真正在人文社会价值体系中与社会群体形成价值供需互动，在社会体系中执行某项功能。[④]

“社会行为客体的行为需要通过人文价值观来识别与认识，而社会行为主体（企业）通过文化体系与文化模式的可塑性来传递与交换这种认识，满足社会群体文化价值模式需求。社会行为主体（企业）能否起到影响他人的行为，使他人与自己的行为协调统一，从而达到行为的目的，在于企业文化体系与文化价值模式的塑造。”[⑤]

3. 企业主体与社会行为群体在人文价值目标达到认同的一致：成为人文社会有机构成[⑥]

通俗地说，“它是通过企业的价值模式融合于人文社会价值体系中，通过文化价值观贯穿于管理行为中影响社会行为人的价值判断与认知，使企业管理不仅能够满足社会各个行为主体的价值需求，同时成为人文社会价值体系中的有机构成，执行社会的某一功能。最终，企业主体与社会行为群体在人文价值目标上达成一致”[⑦]。基于这一目的，我们认为通过对存在于人文社会中企业的战略管理行为、文化管理行为、制度管理行为、技术创新管理行为及贯穿于整个企业职能管理与业务管理流程中的各个环节所形成的管理架构作为我们管理流程中的一个根本行为导向。

企业文化模式的可塑性：与社会群体价值模式的稳定性互动流程如图4-10所示。

（二）“人为为人”价值循环及应用：如何使企业执行人文社会体系环节中的某项功能

1. “人为为人”价值循环[⑧]：在企业战略治理模式中的应用

“人为为人”的双向循环说明的是管理者在激发人的心理价值感受基础上影响人（群

①②③④⑤⑥⑦⑧ 赵渤：《人为价值论纲：价值运行原理与企业价值增长机制》，辽宁人民出版社2005年版。

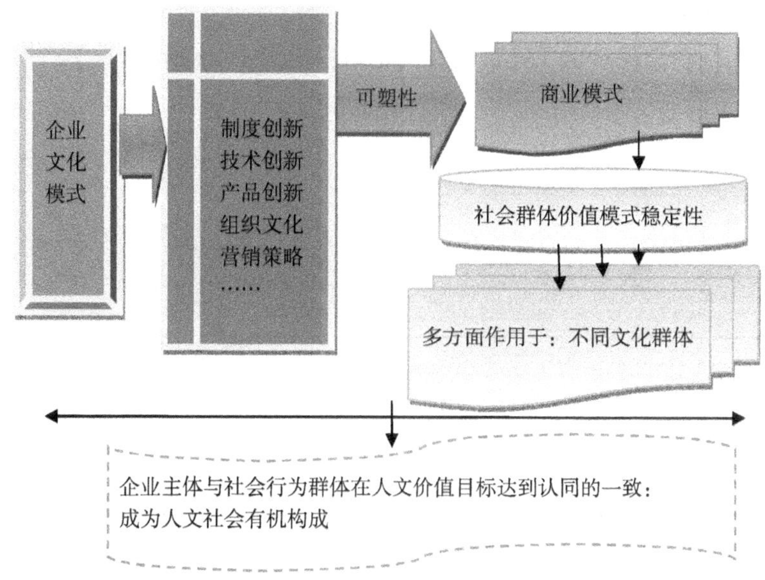

图 4-10　企业文化模式的可塑性：与社会群体价值模式的稳定性互动流程

体）的行为。在此基础上驱动商品价值有用性的创造与实现的目的，从而推动价值的运行。它建立在分析人的心理行为应该具有怎样的价值内涵才会使社会主、客体人（即：社会主体人——企业；社会客体人——社会行为人）之间建立起价值认同的纽带，从而使人在价值观指导下的行为能够影响价值创造、价值的形成及价值在人文社会中的实现。我们希望建立在人的心理行为分析的基础上研究价值在人文社会中的运行规律，并能为企业价值增长提供有力的解释，提供企业界价值行为的动态管理的一个有用的工具。

2. "人为为人"价值循环的文化价值意义驱动①：使企业执行人文社会体系某项功能

"我们把企业作为社会行为主体，企业在文化价值观的指导下发掘文化内涵，通过塑造并创新企业的供给与服务中所包含的文化价值意义（文化学中"文化特质"的核心内容）内容，传递其文化元素，激发并引导社会行为客体的价值需求，服务于社会，形成以文化为纽带的供应与需求关系。"②

"它建立在以分析社会各个行为主客体的文化价值模式基础上，探讨如何通过企业文化价值体系的塑造将文化价值意义元素提炼出来，并融合于企业经营战略中。它体现企业在生产经营活动的各个流程阶段，切实使企业的职能与业务活动成为社会价值体系中的一部分，并执行某种有意义的功能。本质上通过文化体系使企业成为人文社会价值体系中的有机构成。"③

企业如果能够执行社会人文体系中的某项功能，那么，企业的文化体系就与社会人文价值体系发生了良性互动。企业作为社会行为主体，在生产与经营活动中就会与社会行为客体人形成了价值交换关系。如何规划与设计这一战略步骤，可以说是由文化体系

①②③　赵渤：《人为价值论纲：价值运行原理与企业价值增长机制》，辽宁人民出版社 2005 年版。

决定企业的文化战略成败和核心。

“人为为人”价值循环的文化价值意义驱动，如图 4-11 所示。

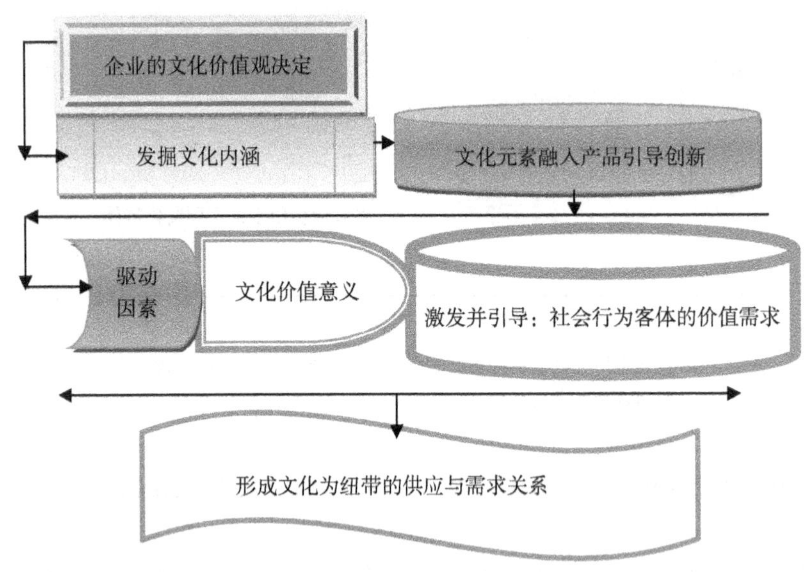

图 4-11 “人为为人”价值循环的文化价值意义驱动

3. “人为为人”的运行本质：体现一种文化关系①

人为为人的价值循环过程分析是从两类主体人在文化价值观基础上影响供需运行体系，从而驱动价值运行的过程，它不是从生产与供给角度研究无差别的人类有用劳动的抽象存在，或表达价值产生的客观性。它说明的是两个主体创造与驱动价值运行的过程，一个是代表社会行为主体的企业，另一个是代表人文社会需求个体的社会行为人。

这种情况下，需要从具有人文价值观指导的现实人的特征来看待企业，只有这样才能使企业成为活生生的拟人格的存在。它才能够与人文社会价值关系体系形成良性循环，从而形成一种文化关系。

人为为人运行体系本质含义体现为：激发人的心理价值认知，客观上它是一个动态的概念，是社会行为主体（企业）对社会行为客体（人）心理价值认知与行为的激发过程。价值认知体现的是社会行为人对商品社会使用价值的价值观指导的主观判断。

在价值循环中“人为为人”说明的是如何驱动价值交换与实现的方式，即在人文价值观引导下，企业所提供的商品与服务如何满足人文社会需求的实现问题。

（三）总结与评价：文化引领的价值循环过程

1. “人为为人”运行体系：激发价值创造与生成的过程

如何创造企业的价值，如何经营企业的价值，如何预期企业的未来价值增长，成为

① 赵渤：《人为价值论纲：价值运行原理与企业价值增长机制》，辽宁人民出版社 2005 年版。

所有经济领域与管理领域的学者与实践者越来越困惑的问题。"人为为人"运行体系，是激发价值创造与生成的过程，其在价值循环过程中的表现是一个动态的过程，其核心就是，人的行为如何影响价值创造、价值的形成及价值在人文社会中的实现。它提供了企业界进行企业实行价值行为的动态管理的一个有用的工具。

2. 企业价值创造与实现过程："人为为人"的过程

从本质上说，企业价值创造与实现过程，本身是个"人为为人"的过程，它与人文社会是息息相关的。企业的商品生产及经营管理关系本质上体现的是一种人文关系。企业价值创造、形成及运行的全过程涉及企业的价值行为与社会行为人的价值行为的关系问题。

三、东方管理商业模式的客观现实环境评价：文化引导科技创新与社会需求趋势

（一）文化体现一个社会的成功：世界文化环境布局及经济阶段分析

文化体现一个社会的成功。随着人类文明几千年的历史演进，在解决人类社会的发展问题上，越来越多的西方社会科学界的学者把目光转向文化因素。

1. 世界三大文化体系的影响作用阶梯：文化体系特征与借鉴

历史上，可供我们借鉴的文化体系分析理论主要分为三大类，它们主要是沿着企业根据社会环境的演变中的三条线索完成所形成的管理文化体系理论上的分析的①（如表4-1所示）。

表4-1　世界三大文化圈所形成的三大管理文化体系

世界三大文化圈	西方发达国家为核心的基督教、天主教流派文化圈	中东地区为核心的信奉伊斯兰教文化群体形成的文化圈	东方国家以中国儒教为核心的东南亚文化圈	评价： 1. 工业革命后的阶段西方文化居于主流 2. 后工业阶段东方文化极大地影响了世界发展的理念
三大文化体系作用阶梯	马克斯·韦伯在《新教伦理和资本主义精神》中提到的企业经营活动的文化基础	环境地域文化（主要是美国吸纳型文化）在开放氛围中形成的现代管理文化体系	东方文化对西方文化的渗透成为当代具有东方特点的管理文化新思潮	

2. 第四阶段经济阶段特点：人为激励与供需的创造

第一，"吻合"出现的阶段。当社会行为人的价值模式引导社会需求，并由企业家的能动性将它复制、模拟及逻辑创造引入生产经营活动时，企业价值行为的效应空间与

① 赵渤：《从北京奥运谈大国思维：中国崛起的文化识别战略任重道远》，《江淮学刊》（世界管理论坛及东方管理大会专集），2009年7月。

市场体系接轨的契机开始出现。从生产力发展阶段来看，人为价值效应空间逐渐与市场体系融合，并且融合的空间越来越广阔，经历了四个阶段：

最初的一个阶段是从供给经济到需求经济的过程，总之从供给经济到需求经济总体来说，包括四个阶段①，如表 4-2 所示。

表 4-2　人性需求层次视角下阶次递进的经济阶段

四个阶段	阶段的性质
第一个阶段	供给经济阶段
第二个阶段	初级需求经济阶段
第三个阶段	差异化需求经济阶段
第四个阶段	社会价值模式引导的需求阶段
说明：按序数阶次递进	

第二，人文引领的创新及产品识别与发展：四阶段的梯次递进。东方管理力求在以上几个方面提供战略性指导。提倡国家治理的思维必须纳入人文治理体系管理战略，使人文精神、观念及思想获得认同，并在国际交往中获得识别。而其实践中的战略手段的实施体系应该系统化，即构建战略化、系统化及长期化的人文治理蓝图的构想②。如图 4-12 所示。

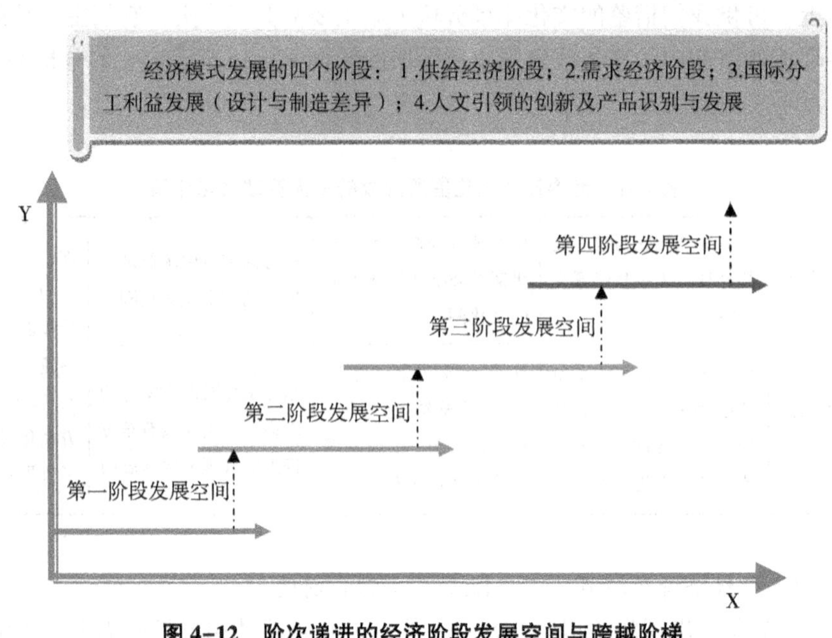

图 4-12　阶次递进的经济阶段发展空间与跨越阶梯

① 赵渤：《人本经济与人本营销传播方法》，《北大商业评论》，《2008 年世界管理论坛暨东方管理论坛论文集》。

② 赵渤：《从北京奥运谈大国思维：中国崛起的文化识别战略任重道远》，《江淮学刊》（世界管理论坛及东方管理大会专集），2009 年 7 月。

当前的经济阶段已经过渡到由人文社会的价值模式引领科技创新，并引导社会需求的阶段，所以只有能够引领世界人文价值形态的理念的主流文化才能打造引领世界的主流商品、设计及新型理念，而不是在劳动密集加工品中获得微薄利益。中国如何在不远的将来，在国际分工的利益分配体系中获得核心利益是一个远景的战略性课题①。

（二）东方管理创新集群商业模式：战略元素提炼需要构建长期系统的运营系统

人文大国国际战略模式本质上应该体现在以该国的优秀文化与人文理念引导世界关系中的经济往来，并保障其在长远视野不断发挥作用，这必将对国民经济发展带来长远利益。它是大国战略中一种必然性、长期性、系统性及整体性的战略构思。世界经济往来的形态越来越受到人文观念所引领，优秀而强势的文化不仅代表先进的科技发展/产品设计，还引领了世界人文经济的主流合作关系，甚至影响到政治经济合作中的利益共同体的关系的建立。所以，一个国家、一个社会在世界经济活动中的全胜也越来越体现在人文融合战略中的全胜上。

1. 东方管理文化柔性化治理模式：管理侧重于软制衡性：替代硬约束的制度化超国界治理

当前，以文化体系为国家战略管理核心的柔性化管理成为国家治理中内部管理模式的一种主流形式。如图 4-13 所示。

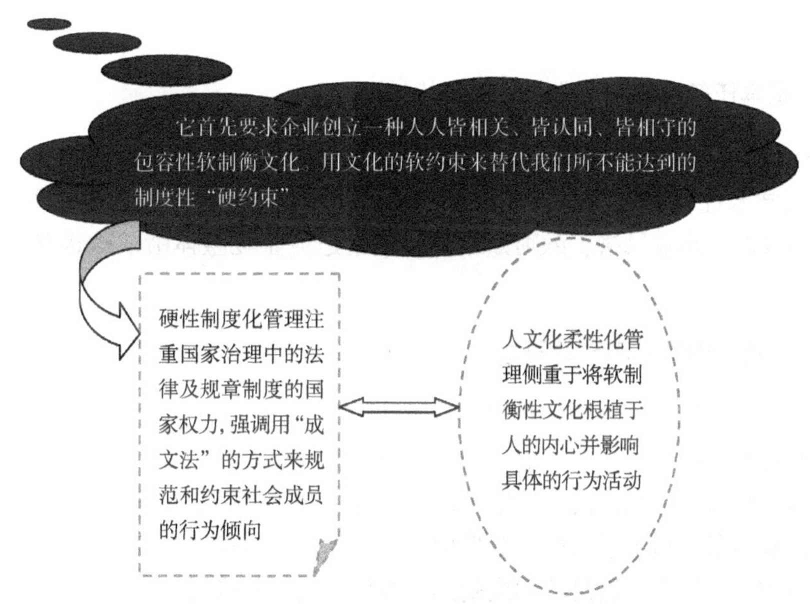

图 4-13　文化的软约束与硬性制度管理差异比较

① 赵渤：《人本经济与人本营销传播方法》，《北大商业评论》，《2008 年世界管理论坛暨东方管理论坛论文集》。

2. 人性化价值需求阶段的兼容

“人文价值观指导的人性化价值需求是在需求经济阶段中形成的。在初级需求经济阶段，价值交换中存在着市场体系与人文社会价值发生作用的效应空间互动的端倪，但并非居于主导地位。因为初级需求经济阶段是供给经济的后期阶段，多样性的供给精神是由于供给经济形成了大量的供给竞争推动企业家差异化经营形成的。由于这种差异化经营情形的存在形成了社会多样化、人性化的供给，用于满足人文社会发展中出现的人性化需求。当社会经济发展到较高的水平以后，产业结构与供给结构实现了较大的调整，这时候，商品供应的各个领域饱和，基本物质需求不再成为影响社会生活质量的主要因素，这种情况下，大量的社会闲散资金开始追逐能够给社会行为人带来较高效用满足，能够获得社会行为人价值观驱动的价值认知的人性化产品的开发及新领域的开拓，从而使人文价值模式开始引导需求，自此人文社会新的价值体系开始引导社会供给，这时候社会交换更多地体现出了商品的社会使用价值交换的内容。”①

第三节 东方管理战略模式的终极目标评价：应用价值与现代意义

一、根本任务——创造企业整体绩效的长远改善

（一）根本任务：创造企业整体绩效的长远改善

再造的根本任务是将技术和人有效运作在业务流程的再设计与活动重构之中，从而推进企业的技术性（如技术、标准、程序、结构、控制等）和社会性（如企业文化、政策、行为规范、作业风格、激励方式等）发生适应企业整体绩效改进和长远发展的改变。

（二）重视社会联系环节的再造

只有技术的应用，最终将是脱离企业实际的、“冷冰冰”的自动化；而没有技术的应用，只有社会性的再造，就只能是低水平的资源调整；只有二者同步推进，才能体现出流程再造的魅力。因此，流程再造的前提条件是，培育一个鼓励学习、善于学习，特别是从失败和不断革新中学习的企业环境。只有当员工们在学习、进步、积极推动流程再造时获得成果、信心、满足感和成就感的时候，企业才能真正拥有成功实现流程再造的不竭源泉。

① 赵渤：《人为价值论纲：价值运行原理与企业价值增长机制》，辽宁人民出版社 2005 年版。

二、终极目的——实现客户价值最大化

BPR 的目的是：提高企业竞争力，从流程上保证企业能以最小的成本，将高质量的产品和优质的服务提供给客户。

（一）终极目标：实现客户价值最大化

“再造”概念最早出现在计算机软件工程领域，与现代信息技术紧紧联系在一起，主要是针对竞争环境和顾客需要的变化，提出进行“根本的重新思考”和“彻底的重新设计”，再造新的业务流程，以求在速度、质量、成本、服务（TQCS）等各项当代绩效考核的关键指标上取得显著改善。

因此，流程再造本身就是一个使用户满意的理念。这一理念的本质精神是，降低用户成本，培养用户忠诚，实现企业价值。这就要求真正以用户为中心，切实把用户和供应商纳入“用户满意”流程体系。

（二）方法：以价值链主导流程

流程是企业以顾客需求和输入各种原料为起点到企业创造出对顾客有价值的产品或服务为终点的一系列活动，由一系列工作环节或工序所组成，相互之间有先后顺序，有一定的指向，时空上衔接。业务流程以顾客满意为目标，有两个基本特征：一是面向顾客，包括企业内部顾客；二是跨越职能部门、所属单位的现有边界。现代企业的运作依赖各种各样的流程，企业流程是一系列相互关联的活动、决策、信息流和物流的结合。流程在每个工作步骤和工作环节都要有完成标准任务的时间，节约流程的时间可以给顾客带来更多的价值，提高企业的市场响应能力，从而强化企业的核心竞争力。

价值链改造的核心实际上是流程改造。因为价值链除拥有主导流程外，还有一些辅助流程，这些流程都需要重新进行整合。实施价值链管理的目的也是提高运行效率。业务流程是为特定顾客或市场提供特定产品或服务而实施的一系列精心设计的活动。

三、战略保障——战略“三赢”

（一）赢得长远发展：建立在全局性战略基础上

流程再造是一项进行企业重构的战略性的系统工程。流程再造的根本动力是企业长期可持续发展的战略需要，反过来说，只有一个明确的战略，才能提供流程再造的内容和实现它的动机；流程再造是根据企业未来发展的战略规划，对企业各项运作活动及其细节进行重构、设定与阐述的系统工程，因而特别强调整体全局最优而不是单个环节或作业任务的最优。

（二）赢得客户价值：建立在直接面向用户的业务流程环节上

流程再造的核心是面向用户满意度的业务流程。流程再造摒弃了职能导向的管理理念，确立了以“最大限度满足用户需求”的流程为核心的组织形式，从根本上确保企业整体服务水平的日趋完善。

（三）赢得价值实现的支持：流程上强化缩短内外部联系距离，结构组织扁平化处理

流程再造压缩了科层组织中的管理层级，缩短了高层管理者与员工、用户之间的距离，有助于企业准确预测市场动向并及时进行经营决策调整，以提高用户满意度；流程再造运用先进的管理理论和技术，消除了中间环节所带来的成本与风险，压缩了运营周期。

这样就使企业实现了“双赢”、“三赢”的经营条件，也就是第一，全局基础上的整体发展条件；第二，客户满意度最大化的社会保障条件；第三，实现客户价值最大化的支持条件。这使企业长远发展与价值增长具有了更坚实的基础。

第五章　东方管理创新模式运行机理及战略方案
——基于企业整体价值增长商业模式分析

西方管理基于企业的契约关系通过制度化安排组织企业的生产经营活动，企业的利润来源于“成本说”与“契约说”。但是，这种基于工具人、契约人假设基础上的人的激励一直为西方经济管理领域所回避。随着经济的变革，管理学开始融入文化因素探索这种人的创新能动性的管理。

东方管理的“三为”原理提出人的全面发展，在激发状态下发挥人的能动性。已经非常深刻精辟、“一针见血”地指出了西方传统管理思维的“症结”所在。东方管理创新模式提出在循“道”的前提下，不仅发挥组织内部“人为”效果，同时提出发挥社会体系，以及与自然、宇宙协同互动的良性循环的“为人”理念。这种创新管理思维，创新的主客体发挥到了一个跨越的空间程度。

第一节　东方管理创新循环体系：技术创新模式与企业整体价值增长效应分析

一、东方管理创新模式的运行体系：文化创新元素获取方式

（一）东方管理创新模式：内涵、本质及特征

1. 内涵

东方管理创新模式是指企业根据以“心”造“体”的东方管理商业模式规则，通过社会文化群体人文价值模式的文化元素的提炼，以文化元素引导技术创新或者将文化元素作为识别与丰富内容，融入产品与服务中来，使技术创新与产品和服务中融合了符合社会群体文化价值模式的文化元素，我们称为文化引领的创新。这一组织、治理及运行过程，我们称为东方管理创新模式，其动态过程及其机理的价值循环过程称为东方管理创新模式的运行体系。

2. 本质

东方管理创新模式的本质是文化引领的创新活动。文化引领的创新活动必然使文化

元素来源于群体文化价值模式，而所提炼的文化元素启发创新内容的行为是具有目标性的，丰富与融合于产品与服务的行为具有吻合群体价值模式需求的特征。所以，东方管理创新模式代表了符合社会发展中科技与经济发展的方向。

3. 分类与特征

东方管理创新模式的创新分为两类：一类为适应性创新活动，另一类为逻辑性创新活动。

第一，适应性创新活动。适应性创新活动的本质特征是，通过复制社会群体文化价值模式中的文化元素来创新产品，或丰富产品与服务的文化内涵。

第二，逻辑性创新活动。逻辑性创新活动的本质特征是，通过社会群体文化价值模式文化元素的提炼、整合与创新，创造出符合群体需求愿景的新的技术、新的产品与服务，创造不同于现有需求的新需求。

（二）文化“价值模式”如何被提炼编码——文化元素信息的复制、模拟及逻辑创造

1. 可被编码的人类文化思维内容

当代可以以信息数据编码语言对人类的思维智慧进行描述、复制、模拟及逻辑创造的占人类总数的90%。在智力经济阶段尤其如此。

1993年9月北方电讯公司和美国阿斯彭研究所合作出版的《知识经济：21世纪的信息本质》报告集提出“知识”分为两大类：一类为可编撰的知识（Codifidied Knowledge），另一类为可意会的知识（Tacit Knowledge），前者作为可译码的知识占有80%的份额。

这里提到的“译码转换”概念是和“知识经济”阶段不可分割的。“知识”与“智力”因素转换为应用“软件”，必然经历一个长期发展的过程，最终达到“知识”与“智力”因素通过信息产业这种传递与沟通工具，使经过信息经济阶段的高度发展，使“知识”与“智力”要素成为推动经济与社会发展的主要动力资源。①

2. 编码的方法启示

人文世界具有文化元素并可以体现文化价值意义的价值内容，而对这些内容进行提炼，通过复制与创新进行技术变革与新商品创造与包装，同时，也可以将文化元素融合到企业的服务流程中。这些信息元素通过编码事实上被证明是可行的，也是有用的。在文化价值信息的传播中需要把握人类文化学，以及人类神经学、心灵学的有关内容。比如，我们用文字表达一种技术的高深先进，很难打动一个人的神经，但是，我们表达一种文化的共鸣，却能打动一个人的心灵。

关于如何提取并传递有价值意义的信息，又如何使人类意识能够达到理解这些价值内容的方法却是很难的。一种被费尔德曼（Feldman）和巴拉德（Ballard）称为连接机制（Connectionism）的新方法，将神经活动比作平行分布处理系统在这个问题处理上可以获得应用。实际上在自然科学对人类神经系统的模拟上的平行分布处理工作可以追溯到杰克逊（Jachson）和卢里亚（Luria）那样的神经学家的贡献。

① 赵渤：《知识经济与我国对外经济贸易发展研究》（国家社科基金项目），经济日报出版社2002年版。

（三）文化元素的复制创新获取方法[①]：文化元素信息提炼与传递的规划方法

1. 预期价值理论：手段—目标链

手段—目标链的基本理论是 Rosenberg 的预期价值理论。Rosenberg 假定社会行为人会对商品在多大程度上对实现其所固有的价值观念起到的辅助作用进行评价。

社会行为人对他们预期行为的结果进行评价，这就促使企业开发社会行为人想根据其文化价值模式的需要，有可能激发其文化价值定向，并使其纳入具体收入—支付变化内容的东西，也就是促使企业开发那些能获得达到预期结果的产品（即：符合社会行为人价值模式定向的产品）。

2. 手段—目标链的应用价值

文化价值观念影响社会行为人的作用已被 GUTMAN 形容为一条手段—目标链。因为手段（通过分解产品属性，将创新文化思维融入产品）是获得社会价值观念（终极目标）的认知的方式，企业通过文化来影响社会行为人的终极价值观，激发其需求。而融入的文化元素所具有的属性，其对消费者的文化意义称为消费辅助目标。而社会行为人的价值模式定向是联系产品开发与商品对人文社会产生价值意义这二者的中间环节，表示为：产品属性—消费者辅助目标—终极价值观。因此，产品文化属性是文化价值观念反映，具体地说是社会文化价值模式的固化。[②] 它是企业家影响消费者的辅助形式，但它的效果可以直接激发消费者终极价值观的需求。

消费者对他们预期行为的结果或效果进行终极价值观的评价，从而决定购买那些更为符合其文化价值观、吻合其群体文化价值模式的产品。

手段—目标链通过创造一整套适应性方法来分解技术与产品属性，并提取文化因素或元素，加以很好利用，通过传导激发消费者。在市场机制的作用下融入文化元素的技术与产品，通过信息提取与传递或传播建立与各类文化群体消费者之间的价值关联，并形成一种文化关系纽带，从而建立其企业与文化模式群体之间的价值链。

3. 逻辑图示（见图 5-1）

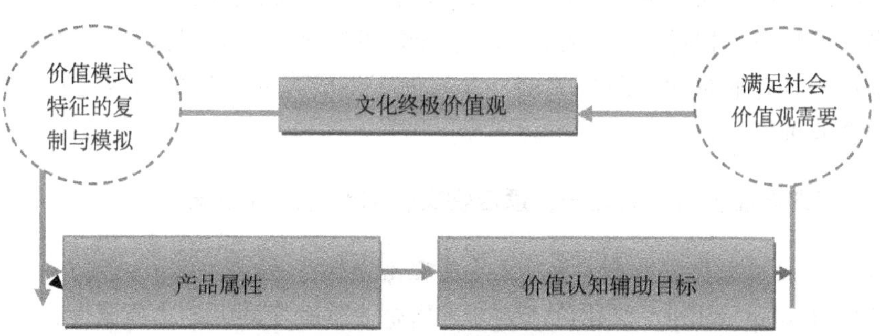

图 5-1　手段—目标链：产品属性—消费者辅助目标—终极价值观流程

① 赵渤：《人为价值论纲：价值运行原理与企业价值增长机制》，辽宁人民出版社 2005 年版。
② ［美］亨利·阿塞尔：《消费者行为和营销策略》，韩德昌等译，机械工业出版社 2000 年版。

（四）东方管理技术创新模式：外部资源的利用及组织的制度化安排

东方管理在新经济条件下，越来越显示出它对世界经济中各国家、各企业未来经济发展中的管理模式所产生的挑战。当前社会经济全球化进程中，产生了新经济发展的必然趋势。实际上它的本质就是知识经济、人本经济、网络经济、速度经济，以及由知识经济为动力快速推动的世界经济全球化的过程。在经济全球化时代，东方管理文化的复兴将对世界经济的新的管理模式提出挑战，并将为东方管理与西方管理的进一步融合与西方管理向东方管理的回归提供机遇。

二、东方管理创新模式：人为与为人—技术创新过程

（一）文化价值创新的类别与特点：人为与为人之间的价值循环

1. 文化价值创新的内涵与分类：人为与为人之间的价值循环

文化价值创新是指企业对人文价值模式的复制、模拟及逻辑创造，前两者称为适应性创新，后者称为逻辑性创新。其结构体现为如下几方面特征①：

首先，体现为革新合作利益，创新价值链；其次体现为创新商业网络；最后体现为创新价值体系。

2. 文化价值创新：信息时代文化引领技术创新方法

信息时代信息传播的低成本性使任何企业的开发模式、生产模式、经营管理模式及传播模式成为相对容易的事情，而对人文世界的挖掘与认识也成为相对容易的事情，企业传播文化价值意义树立企业形象并不是困难的事情。另外，信息时代快速地变革人们的文化价值观及生活方式，由于知识经济阶段资本的充裕性，任何一项文化价值创新产品逐渐成熟以后，资本都不成为进入该领域进行多样化模式经营的障碍。

资本追逐知识，使企业对社会人文价值的挖掘从众多不同的方面及可能的方式中体现出来，所以，任何人文价值创新不会长期的保持。知识经济是在快速创新中进行的，垄断本身并不是一个相对稳定存在的形态，谁能够实现快速的创新，谁就取得先入为主的市场地位，具有绝对性垄断的关键。人为创新将成为人为价值高效运行中的重要环节，成为企业价值增长的关键。

（二）东方管理创新行为之一：适应性文化创新行为及效果

1. 企业适应性文化创新行为②：方法及理论分析

适应性（Adaptability）文化价值创新是指企业不改变商品的本质属性，通过塑造适应某一文化价值模式群体的商品与服务，或者通过文化的差异化特点，或者是丰富文化内涵，增加文化意义，以及提供满足群体文化偏好与习惯的辅助功能等方式，打造商品

①② 赵渤：《人为价值论纲：价值运行原理与企业价值增长机制》，辽宁人民出版社 2005 年版。

的社会使用价值的行为，影响社会行为客体的价值认知与行为。

适应这个术语来自生物学。迈克尔·利特尔（Michael Little，1985）曾在生物学方面应用这个词。适应这个术语有两个意思。第一个意思指生物在对环境的反应中所做出的反馈。这种反馈导致有利于群体生存的性状的持续或发展。第二个意思指生物体终生应付环境的行为。这种行为通过认识和知觉过程起作用。①

在人类行为科学中，适应由上述第二个意思引申而来。适应性这种行为与价值观有关，它除了实现生存或满足需求的功能外，还与判断标准有关。人类的价值观与人类行为的预期结果有关。人类的许多适应行为是一种创新的或创造性的反应，适应可分为"内在适应"（Internal Adaptation）和"外在适应"（External Adaptation）。人类的两种行为具有适应性，一是特质行为，二是文化行为。特质行为包括个体可能对付环境问题的所有独特方式，这是心理学研究的领域。人类学家主要关注个体和群体所做出的文化行为意义上的适应反应。文化行为是模式化的、共有的和传统的行为；文化行为是人类独一无二的特征。

2. 适应性文化价值创新②：包含的内容

适应性创新的理解主要包括两个方面的内容，一是以人为本，指挖掘并激发社会行为主体的主观能动性的；二是人为为人，就是主体人的一切行为都是为了适应人文社会行为客体人的客观价值需求做出的，并以此为一切活动的根本出发点，使企业成为人文社会中的有机构成，形成主客体行为人动机推动下的价值的良性循环。这需要我们首先确定企业的行为如何以人文社会中的社会行为人的文化价值模式需求为企业行为的客观指南。文化价值的适应性创新需要如下的要求：

（1）企业的适应性创新通常是指企业开发的同一性质的商品的开发不断完善的过程。

（2）企业文化价值创新需要根据不同时期的社会价值模式的需求情况做出适应性创新。

（3）企业文化价值适应性创新的目的是为了在不同阶段都能获得社会行为人最大效用的满足。社会行为人最大效用的满足就是社会行为人的等价认知，代表了社会行为人的等价的货币衡量。

（4）企业文化价值适应性创新的目的是使创新的商品能够获得社会行为人最大效用认知，从而获得企业价值认知的不断增长，本质上是企业的整体价值的持续增长。

（5）企业的适应性文化创新的投资是受到该社会行为人消费该商品最大效用的约束。

（三）东方管理创新行为之二：逻辑性创新行为规划及效果分析——企业价值非均衡增长模型

1. 企业逻辑性创新行为③：几种形态

熊彼特·约瑟夫（Joseph Schmpeter，1883～1950）在《经济发展理论》一书中使

①②③　赵渤：《人为价值论纲：价值运行原理与企业价值增长机制》，辽宁人民出版社 2005 年版。

用了"创新"（Innovation）一词，并逐渐形成了以创新为核心概念的经济学理论——"创新"理论。创新成功的标志体现在三个方面：第一，是否获得了商业价值的实现；第二，是否获得了增量的增长，也就是边际增长；第三，是否获得了经济不规则增长的幅度。对于非常规的增长缪塞尔（R. Musser，1980）给予论述：一是活动的非常规性，包括新颖性和非连续性；二是活动必须获得最终的成功实现。

企业文化逻辑性创新行为：这里指企业开发出协同于社会某一文化价值模式群体需要的，并具有远景发展趋势的替代性创新技术与先导型创新技术。这种创新与适应性创新的复制行为不同，是不断发展自己的替代性与开拓性新领域的技术创新优势，以开拓文化模式群体需要的新的需求，并形成其在社会文化观念群体中的社会认知度。也可能是开拓符合新的社会愿景的技术，所具有的文化价值意义符合整个社会文化价值模式的需要，满足社会愿景的发展。是驱动企业的整体价值增长的动力，也是实现企业价值的不规则、非均衡的增长的源泉。

2. 企业逻辑性创新行为①：特点与属性

第一，替代性的文化价值创新。它从符合文化价值模式的知识与技术内涵上开发产品的替代性功能，并从诸多的人性化的功能中体现出知识更新与技术发展的先进性，使其确实符合人们生活方式的愿望，并从技术上能够解决人们偏好所提出的客观要求。

一方面在企业一项人为价值创新生产获得最大规模化收益后，面临继续增长的尴尬境地后，能继续获得价值增长的空间；另一方面也使企业在某项文化价值创新进入成熟阶段为其他企业复制、模仿，面临市场份额被分割的局面时，替代该商品供给的市场，淘汰现有技术，获得市场份额。如果该企业持续进行可替代性功能的技术创新可以不断获得该企业的绝对竞争优势，这是企业人为价值持续增长的重要前提之一。②

第二，开拓型的文化价值创新。企业逻辑性创新的新领域是人类文明与知识进展中，适应性人们的文化价值模式对社会发展与生活品质的更高层次的要求的行为，企业需要开拓各种新的领域来满足人们不断开阔的视野与满足不断提高的物质与精神生活。

随着人文社会需求的多样化，人们开始熟悉并接受文明社会发展中出现新的领域，并逐渐成为人们生活方式中的一部分。企业进行人为价值创新的前沿领域开拓活动，是企业满足人文社会价值模式发展需要的重要手段，也是开拓新的需求、确定新领域竞争绝对优势地位的重要一步。③

3. 企业逻辑性创新驱动企业价值增长：实现不规则的价值持续增长过程

第一，平滑线④。当企业采用新的创新后，由于该领域属于新型的行业，所以在企业最初投入生产后，还不为社会所广泛认知，社会认知群体仅限于创新性消费者占 3%及早期采用者 13%的小规模，这时企业的价值增长处于平缓阶段。同时受到企业投资成本的限制，企业的收益也处于低速增长。我们把企业价值缓慢增长的初始阶段所代表的线段称为企业价值增长的平滑段，或平滑线。

第二，鄹增线⑤。在该商品推向社会公众以后的一段时间，开始普及到早期多数的

①②③④⑤ 赵渤：《人为价值论纲：价值运行原理与企业价值增长机制》，辽宁人民出版社 2005 年版。

34%及晚期多数的34%的规模性群体，这时该领域的生产经营会获得飞速的发展，并获得社会群体高度的关注与很高的认知度，这样，企业会获得价值的高速增长。企业获得高速增长的这一段称为企业价值增长的鄹增线。鄹增线往往有延长段及更加陡峭段，这是企业在该项创新中采取适应性创新手段扩大社会认知群体所获得的。

第三，扭点[①]。在鄹增线的起点，也就是企业获得高速增长的起点，就是该企业开始价值增长的转折点，也可称为扭点。

4. 图示：企业逻辑性创新与企业不规则的价值持续增长过程（见图5-2）

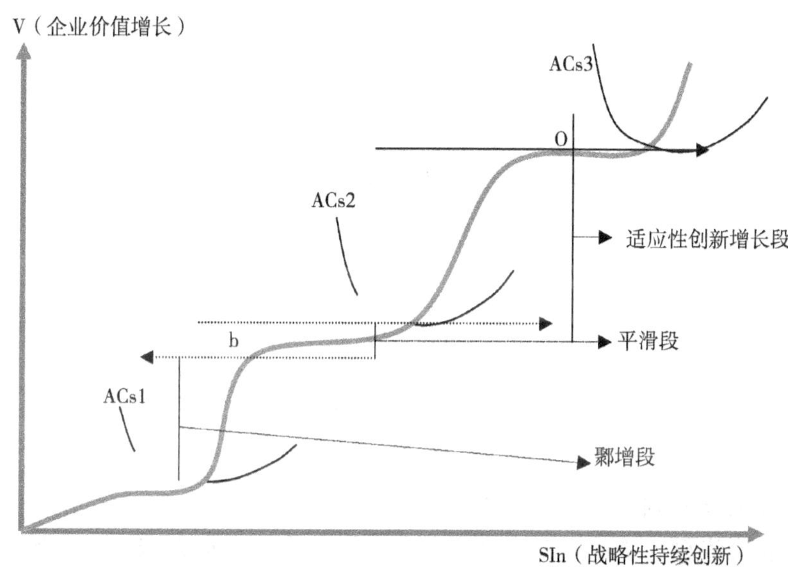

图5-2　企业逻辑性创新与企业不规则的价值持续增长过程

其中，SIn：代表战略性持续创新；V：代表企业价值增长；Abcoa′：战略性创新的不规则持续增长曲线；a：本次创新的扭点；ab：鄹增段；bc：平滑段；cO：适应性创新增长段；a′：下一次创新的扭点；ACs1、ACs2、ACs3：分别为各次创新的平均社会成本曲线。

结论：从O点到下一个O点，是企业一个战略创新的周期，而从a点到下一个a′点是企业两次创新增长的起始点。说明企业要维持价值的高速增长，必须不断进行战略性的创新活动，从而保持企业价值的持续增长。在整个企业的增长过程中，企业的战略性创新的增长曲线体现为极不规则的状态。其中包括两次高速增长期：一次是创新获得广泛认知后企业价值获得的高速增长；一次是企业对该商品进行适应性创新活动，从而扩大了社会认知空间，获得了另外一次价值的增长。

① 赵渤：《人为价值论纲：价值运行原理与企业价值增长机制》，辽宁人民出版社2005年版。

三、东方管理创新元素提炼渠道：遵循的规律与程序

（一）东方管理创新元素提炼流程与遵循的原则：文化愿景吻合的群体价值模式

1. 东方管理的“三为”价值观[①]：创新元素提炼原则（如图5-3所示）

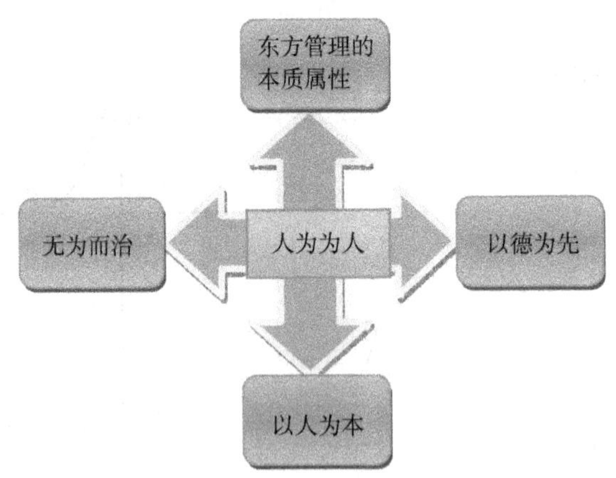

图5-3 东方管理的本质属性

2. 东方管理文化创新元素提炼遵循的规则：文化愿景吻合的群体价值模式

东方文化价值观的特征主要表现在，“顺道、重人、重人和、重人治、重天人合一”。[②] 这几方面也是文化创新元素提炼所需要遵循的规则。体现在以下几个方面（见表5-1）。

表5-1 东方文化价值观

第一，精神与本体统一	中国的文化与西方国家的文化存在着很大的不同，它认为整个世界的运行是以人为中心的运行过程。讲究人是精神与物质综合体。它提倡修身与入世的统一，强调通过人性身心修炼的过程，指导人在社会生活中的行为及活动。人的入世的各种行为都是身心修炼的反映
第二，社会生活奉“人”	东方人文哲学在注重“人的中心地位”上，儒家理学称为民本，民本主义有其合理思想，但客观上起到为统治者服务的作用；儒家心学称为人本，人本主义是儒家心学指导人性行为活动的重要成果。东方人在心学研究上的成就是巨大的，心学家们认为社会生活的本质是人本与人为（人为指人有意识活动，体现积极性、能动性的发挥，包括精神与物质两方面）。社会生活中认为人既是社会活动的主体，也是社会活动的客体，也就是说主体人的活动是为客体人服务的，而社会中的每个人同时具有主体人与客体人的地位。这与马克思主义的观点是一致的

① 苏东水：《东方管理》，山西经济出版社2003年版。
② 苏东水：《东方管理文化探索》，《当代财经》，1996年第2期。

续表

第三，关系型社会传统	东西方在人文社会传统上存在着诸多根本的不同点。东方国家的人文社会传统本质取向是一种“关系”型的，形成的是一种以东方社会“五缘”（亲缘、地缘、文缘、商缘、神缘）① 为基础的东方网络社会。社会活动的精神理念是以“人”为中心的“人本主义”。东方社会在社会交往中提倡“中庸”原则，这种关系是和谐的②
第四，人与自然关系和谐	中国人文社会传统中在人与自然的关系上注重人与人、人与社会、人与自然的和谐发展，讲究“天人合一”、“回归自然”。③ 自春秋战国时期百家争鸣以后儒家文化开始形成，并影响中国社会意识形态的主流。中国东周时期就有了“天人合一”的资料记载，甚至在这以前中国古老的“太极”观念就已经产生，利用星辰的变化与它和宇宙之间的作用关系完成的完整运转，来演卦推测宇宙、自然与人类的和谐作用，是一种古代人与自然共生的古朴思想

（二）东方管理创新模式的运行体系：外部资源整合与价值网络体系构建

1. 东方管理创新的社会价值取向④：与人文社会非制度文化布局形成良性互动

第一，东方管理创新吻合东方管理共性内容：激发创新形成良性循环的路径。东方管理创新的社会价值取向，必须从社会非制度人文布局中来，必然覆盖更广泛群体资源（如图 5-4 所示）。

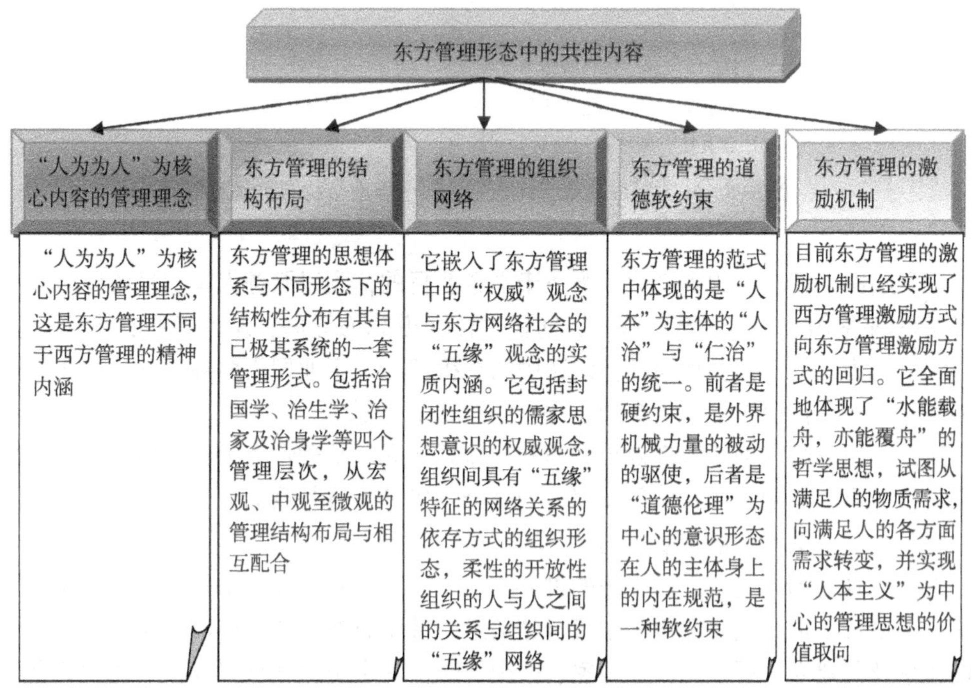

图 5-4　东方管理主要构成要素之间的共性内容与联系机制

①② 苏东水：《东方管理》，山西经济出版社 2003 年版。

③ 陈荣耀：《追求和谐——东方管理探微》，上海社会科学院出版社 1995 年版。

④ 苏东水：《东方管理文化探微》，《当代财经》，1996 年第 2 期。

第二，创新循环的组织形态，有助于外部资源内部化：非制度化群体的干预获取外部群体资源。创新循环的组织形态，有助于外部资源内部化。东方管理的创新需要从东方管理几个共性与渠道入手，从而形成主体的创新行为通过在价值网络、组织关系与激励形态上的互相对接，形成良性循环。

当前，网络经济提供给社会经济主客体各类价值链关系，并可以通过网络平台加以对接，类似戴尔公司的网络平台一样，可以使传统的营销组织成本、寻租成本等大幅度降低。企业可以通过网络电子平台通过一定的治理模式对接外部各类资源。包括：外部的资源价值链关系、产业价值链关系、企业价值链关系、资本价值链关系、服务价值链关系，并配合于文化、价值观的支持，五缘关系网络的支持，信息关系的支持，使这种外部资源外部关系获得整合，从而有助于外部资源内部化。

东方管理文化就其本身来说是一个开放型的、非排他性的管理体系。这种东方国家特有的经济所体现的文化底蕴在市场经济大潮中，提高了经济效益、减少了交易成本，某种程度上已经是一种完整而系统的社会经济主体相互依存、产业相互契合、资源利用互补的经济网络相互促进发展的社会形态。

2. 东方管理创新与价值网络扩展：从人为政本到人为为人——社会责任

第一，东方管理创新与价值网络扩展：三个层次结构与扩展流程，如图 5-5 所示。

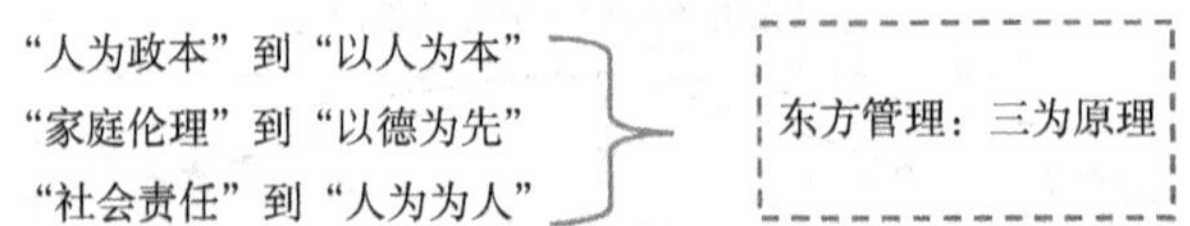

图 5-5　东方管理商业模式创新的三个层次结构与扩展流程

三个层次创新代表的含义为：服务于本企业目的，到以服务人本的目的导向；从服务于关系网络中的组织道德，到一切创新以社会道德为导向；从创新履行承担社会责任，到人为为人的循环，承担社会体系中的有机部分，企业即为服务于社会，并发挥其功能。这是一个价值链不断扩展的过程，如图 5-6 所示。

第二，东方管理创新管理效果：与社会体系协同。从理论上说，任何管理系统都存在着最优境界的问题，而我们所要探讨的这个最优境界就是我们如何实现目标的最佳路径，它是由三个层面的最优组成的①，如图 5-7 所示。

在越来越受到人文观念所引领的世界交往中，特别是世界经济往来中，优秀而强势的文化不仅代表世界人文经济的主流合作关系，甚至影响到政治经济合作中的利益共同体的关系及其建立。所以，一个国家、一个社会、一个组织在世界经济活动中的全胜也越来越体现在人文融合战略中的全胜上。

---

① 赵渤：《从北京奥运谈大国思维：中国崛起的文化识别战略任重道远》，《江淮学刊》（世界管理论坛及东方管理大会专集），2009 年 7 月。

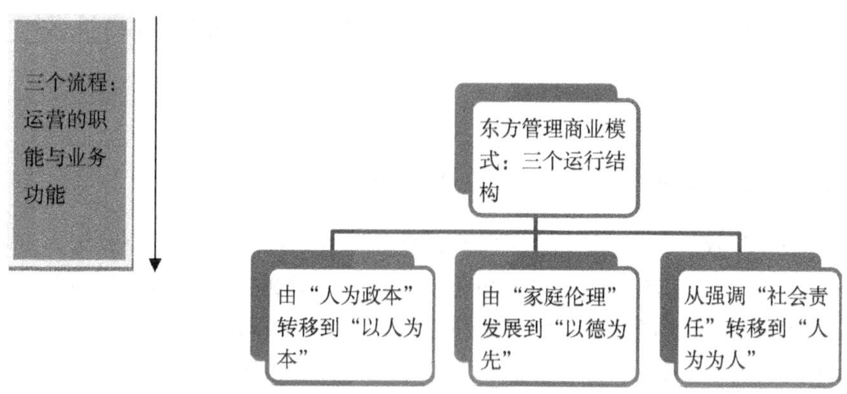

图 5-6 东方管理商业模式创新的本质属性与价值链扩展结构

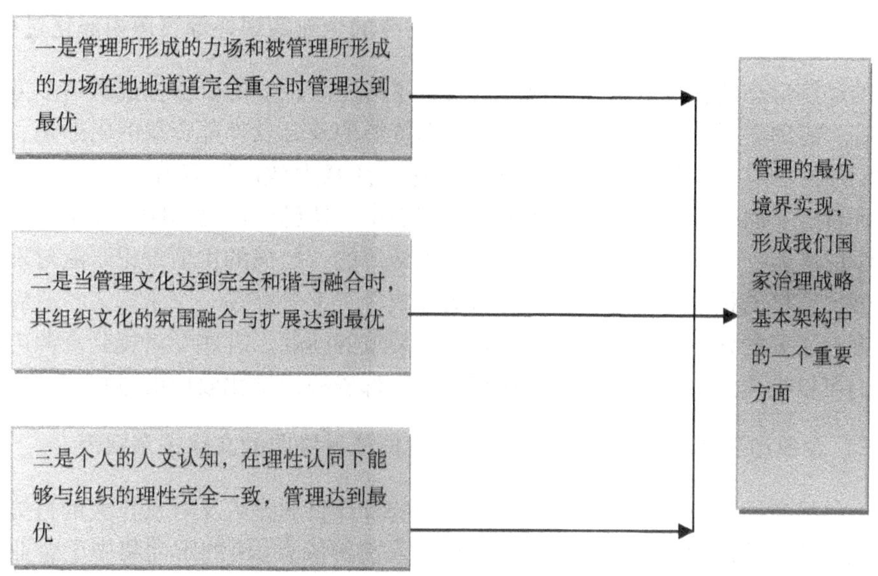

图 5-7 管理系统的最优境界：三个协同层次

第二节 东方管理创新模式规划方案分析：企业整体价值增长的商业模式运行体系规范分析

一、企业整体价值增长新现象分析：创造正外部效应与注意力效应的表现形式

（一）新的经济现象①：社会注意力效应的初期表现

20世纪90年代，企业赖以存在的经济形态发生了巨大变化，企业与人文社会之间的关系发生了变革。它体现出经典分析框架所难以解释的问题，直接影响到企业的存在方式，如何从正确的视野给现实问题提供合理的解释提出了挑战。

“为什么雅虎（Yahoo!）的市值是它年营业收入的200倍，而同样是新兴产业的Bell、Atantic、时代华纳（Time Watner）、Mciworldcom等通信业巨头的市值却只是其年营业收入的5倍？为什么美国在线（AOL）年营业收入只有48亿美元，却能一举并购年营业收入达268亿美元的时代华纳？如何理解传统公司与新兴公司的内在价值？”②

（二）注意力效应提升企业价值③：文化引导的企业实现外部资源内部化过程

新的经济形态使企业价值的形成方式发生了改变。企业的价值构成从更多方面让人感到迷惑。有的学者称为组织内部资源与外部资源的整合及外部资源的内部化。

我们注意到具有文化模式的企业往往具有“注意力效应”存在，高注意力引起的高价值评价，从而引导形成有支付能力的现实需求。这已经成为影响当今企业获得价值增长不争的事实。企业价值的形成是有其客观根源的，经典的价值理论未能对现实的经济分析做出直接的指导。人文社会中价值的形成客观上是存在一个未曾为经典经济学理论所挖掘与研究的处于隐性的价值创造与价值形成的问题。有些学者提到资源内化的概念，我们可以把注意力效应认定为企业获得了外部资源内部化效应的过程。④

（三）企业塑造文化模式⑤：构建与人文价值体系协同的文化关系纽带

什么是注意力效应中的外部资源？注意力的外部资源是人文社会广大的行为群体的一种文化价值观的认知态度，这种态度是通过人文价值意识⑥的定向集中于企业身上形成的。如果存在这种文化价值观的认知，在有支付能力的条件下，就形成文化价值引导

①②③④ 赵渤：《人为价值论纲：价值运行原理与企业价值增长机制》，辽宁人民出版社2005年版。

⑤ 王巍、吕发：《网络价值评估与上市》，经济科学出版社2000年版。

⑥ 人文价值意识定向指文化模式所带来的整体的价值与意义固化下来形成的价值取向。罗丝·本尼迪克特：《文化模式》，华夏出版社1998年版。

的现实支付能力。①

企业如果能够塑造文化模式，并且这种文化模式能与人文社会环境相互协调与吻合，这无疑将提高企业的注意力效应，其本质是文化纽带内化了外部的社会资源。体现了外部资源内部化的特征。从人文世界中现实的文化大众角度看，具有文化模式的成功企业往往获得诸多社会群体的注意力，同时获得企业整体价值在社会上的认知度。

二、企业文化价值模式的可塑性：文化引导注意力效应—外部性效果

（一）文化是需求的一面镜子：文化模式定向与主要文化元素分析

建立于社会行为人的需求基础上，分析社会不同文化特征群体的文化价值模式所具有价值信息及构成因素是新的经济阶段挖掘潜在社会需求与创造供给的基础，文化因素（文化元素的挖掘）具有重要的作用。将文化应用于社会行为特征群体的文化价值模式的定向分析，文化价值模式具有一定的稳定性，其文化模式定向中的主要文化因素信息的提取与分析的过程是关键。

所以，理解不同社会行为群体的价值模式定向至关重要。因为对不同人文价值模式的人群，价值观念与生活方式都是不同的，个性也有区别。对于研究人员来说，提取价值模式定向的信息的关键是了解不同社会行为群体的价值模式。社会行为人两个最基本、最重要的特点就是其生活方式与个性。

“生活方式是一个人用来定义其日常生活的活动、利益的观点。个性特点则是长期的和深层次的，它呈现了消费者自儿童时期就形成的一种固定反映。”②

（二）不要去试图改变价值模式：世界不同文化圈层文化价值模式具有稳定性

世界不同国家不同民族的文化是经历千年演变与文化积聚而形成的。既有宗教文化，又有民族文化，还有历史文化，在此基础上形成的文化价值模式具有相对稳定性。目前世界存在三大主流文化圈层，这些文化群体的生活方式与行为方式受到不同的观念文化、意识形态、行为规则、审美观念、价值需求、价值行为导向等方方面面的影响。这种稳定性我们可以称为文化价值模式的定向。所以，由于这种稳定性的存在，我们不能试图轻易去改变这种文化价值模式。这种管理战略往往会遭受失败。

很多企业在投资进驻东道国时，很多都会意识到采取本土化策略，与当地文化相对接与融合，这是一个非常明智的策略。所以，说强大的文化不应该是纯粹的征服性的，而是应该具有包容性、融合性、接纳性与发展性的。这是企业东方管理战略模式的基础。

文化价值模式不仅影响社会行为人的行为，而且反映社会行为人的行为。通俗地

① 赵渤：《人为价值论纲：价值运行原理与企业价值增长机制》，辽宁人民出版社 2005 年版。

② ［美］亨利·阿塞尔：《消费者行为和营销策略》，韩德昌等译，机械工业出版社 2000 年版。

讲，人文价值模式是社会成员的价值观、支配其行为，及其希望获得什么拥有品的一面镜子。在企业获得人文价值模式的信息后，对其进行加工处理尽量不要试图改变文化价值模式，因为很简单，无论是企业的劝导或者其他各种行为，都难以改变社会行为人长期形成的人文价值模式。

但从更广泛的角度说，“市场与文化是互相影响的。虽然社会行为人的人文价值模式难以改变，但有的时候，获得一种文化代言人形象的企业也能够给通过人为价值的创造过程提供传递新的信息，并获得社会行为人的认可”。①

（三）企业塑造文化价值模式的本质总结：外部效应的本质

1. 塑造社会使用价值的形态

塑造文化价值意义的外部效应目的是实现商品的社会使用价值。对于人文价值外部效应产权存在形式来说，有两种形式：一是人为价值外部效应产权与无形商品结合为社会使用价值形式。对于独立存在的无形商品或服务来说其产权形式本身是以提供社会使用价值效用满足为内容的。二是对于以物质为载体的商品来说，它的人为价值的产权是与物质商品的产权融合为一体，并共同体现为社会使用价值的整体性。②

2. 实现社会使用价值交易的转换

文化价值意义的外部效应产权交易本质上是以转化为社会使用价值交易的形式完成人为价值交易活动的。人为价值外部效应产权交易的实现是通过干预社会行为人从购买商品自然使用价值转换为购买商品社会使用价值完成的。这种转换的程序是企业通过促使社会行为人对人为价值外部效应产生关注与价值认知，从而产生对文化价值意义的外部效应承载体商品的社会使用价值产生认知。文化价值意义的外部效应塑造的产权本质上却是与商品结合在一起，共同代表了社会使用价值，所以交易实质上是商品社会使用价值的产权交易。③

三、文化创新激发社会群体文化价值“意义”认知的评价：东方管理创新的正外部效应

（一）创新要引起关注——“意义”感受的正外部效应

1. 创新要引起关注——正的外部效应的情形：享受或功利主义基础的主观评价

我们这里探讨的主要是正的外部效应。典型例子如：音乐厅吸引高品位的客人，可以在门外修建宽阔的广场与绿色走廊，并一直播放很幽雅的音乐，不仅吸引了高雅的客人，也会使周围的人获得美的享受，同时会提高音乐厅的知名度，吸引更多的客人来这里消费，从而使音乐厅获得更大的收益。

① ［美］亨利·阿塞尔：《消费者行为和营销策略》，韩德昌等译，机械工业出版社2000年版。

②③ 赵渤：《人为价值论纲：价值运行原理与企业价值增长机制》，辽宁人民出版社2005年版。

2. 企业塑造正外部效应的文化创新渠道：创新需要构建文化价值意义为核心的文化关系价值链

事实上，企业将塑造文化体系，构建文化价值模式，提炼文化元素并融合于技术创新、产品开发、商品差异化生产与服务中，从本质上说“内涵”是一样的，都可以起到关注效应及形成正外部效应的效果。它影响的范围极其广泛，可以通过企业的慈善与社会责任获得整体关注，可以通过融合人文化内涵的技术创新与商品差异化形成价值链关注等。

（二）创新要蕴含有助于文化价值意义的传播内涵：企业塑造外部效应的原因分析

1. 创造关注——文化“意义”感受的正外部效应①：文化价值意义的传播

社会生活中企业往往会遇到如通过塑造企业文化形象，创造符合社会行为人的价值观念的商品激发社会行为人对企业产品的关注心理，吸引消费者的消费；同时我们也注意到很多企业通过企业环境与公益事业的投资提高社会影响等类似的内容，一方面提高了企业的知名度，另一方面获得了社会群体的广泛认知，产生忠诚度群体引导消费；也有企业通过对众所周知的尖端技术的开发一夜成名，获得了广大社会群体的价值认知。那么这就涉及人为价值活动的企业对人文价值意义的创造与挖掘。这一问题需要通过公共经济学的原理与近几年形成的一些现代观点做出系统的可行性的模型加以分析与解决，当前企业文化建设与企业人为价值的生产内容都是基于具有正的外部效应而进行的。研究它具有极为现实的意义。

2. 文化“意义”创造感受：具有外部效应的原因②

我们探讨人文世界的文化特质的时候，我们着重提到“文化特质是社会行为人经过大脑反思对有价值与意义存在的现象主观接受的感受与认可”。③ 企业通过从人文世界中对符合社会行为人价值模式进行复制、模拟及逻辑创造来塑造这种文化特质——人文价值意义，从而使企业获得了能够激发社会行为人动机的因素。企业这种有价值、有意义的行为就产生了外部效应。因为它满足如下几个条件：

首先，它产生了社会行为人的关注；其次，人文价值意义本身具有公共性、非排他性的特点；最后，人文价值意义是人文世界中的精神内容，它不受市场机制的调节。

（三）东方管理创新模式运行流程评价：文化价值模式与市场价值传递

由于“人为为人”价值运行体系是指主体人的能动的行为激发客体人心理价值的认知，并产生行动，而客体人受到激发的因素是他从行为及行为效果中所感受到的人文价值意义。人文价值意义是作为主体人的能动行为通过对客体人所接受的人文价值模式的复制、模拟及逻辑创造所塑造的一种文化特质，是主体人用于触发客体人的动机的因素。人文价值意义作为人文世界的文化特质具有引起关注的外部效应的特点。

---

①② 赵渤：《人为价值论纲：价值运行原理与企业价值增长机制》，辽宁人民出版社 2005 年版。

③ 罗丝·本尼迪克特：《文化模式》，华夏出版社 1998 年版。

1. 文化价值模式的传递——市场可以识别并传递价值信息

当社会行为人的文化价值模式开始影响他们的社会使用价值的需求的时候，企业家的主观能动性就会发现市场所能够传递的文化价值模式信息。如果市场具有传递某种价值模式信息的能力，企业家将会着手选定某一合适的社会行为群体作为目标对象，对其文化价值模式进行挖掘用于生产。整个过程是以传递文化价值信息的方式出现，并且市场必须具有价值信号的识别能力，否则企业家的投资成本就不能够回收。市场能够指导企业家，能够挖掘的信息，必须能够传递该文化价值信息内容，使企业家的创新能够转化为企业的收益。本质上，这与熊彼特的创新理论中关于企业家能够推动经济发展的动因是一致的，就是说市场本身并非是按照社会物理学均衡运行的。如果这样，按照热力第二定律，“熵”的增加，没有新的能量，物质系就会“热寂”。企业家能够通过提供可以为市场价值信息所识别与兼容的方式对社会已经固有的价值观、文化思维、风俗及精神意识认知因素等形成的价值模式进行复制、模仿与创造，才使经济重新获得增长与发展的活力。①

2. 吻合群体文化价值模式认知并转化为货币支付实现——社会使用价值的交易过程

社会使用价值是以文化价值模式的复制、模拟及创造的形式固化于物质产品与服务中的。它通过企业关于符合人文社会的文化价值意义的塑造，诱导社会行为人的价值观的认知，以满足社会行为人的高层次的文化价值需要，从而实现商品的社会使用价值。社会使用价值的运行是以市场的能够传递满足社会行为人的文化价值模式需要的文化价值信息为中介方式的，以社会行为人的价值行为动机为社会使用价值创造行为的驱动，同时也为社会行为人购买商品的社会使用价值的驱动。在社会行为人获得价值认知，并在文化价值意义的驱动下实现货币支付的同时，社会行为人同时获得的是文化、精神与品位等方面的满足。这时，社会行为人体验到的满足是属于社会使用价值的效用满足。所以，社会使用价值的运行过程是通过社会行为人在文化价值意义的驱动下行动，并实现货币的支付下完成的。商品经济是以货币为媒介的价值交换经济，所以，市场作为社会使用价值运行的转换中介是必要的，因为我们毕竟没有离开商品交换的社会形态。

① 赵渤：《人为价值论纲：价值运行原理与企业价值增长机制》，辽宁人民出版社 2005 年版。

第三节　东方管理的创新—创造供给与需求的前提分析：企业整体增长的理论条件评价

一、东方管理创新活动本质创造供给与需求：文化干预社会行为人的收入支出行为

（一）文化创造“人本”社会体系的供给与需求：文化干预弥补市场有效需求不足——“空间”巨大

1. 有效需求不足[①]：市场不能平衡人的心理需求

凯恩斯（John Maynard Keynes，1933）关于人的“心理三大规律”应该使西方学者看到，由于“心理三大规律”的存在，现实的市场价格机制并不能完成收入与支出的平衡。即使由政府干预完成收入与支出的平衡的这一过程，那么市场选择的供给与需求需要也会迫使政府的行为在市场的价格信号引导下进行。[②]

但这有值得怀疑的问题，市场信号可以影响经济人的利益动机，它能影响社会行为人的精神需求与人文价值观指导的文化行为动机吗？如果不能，那么市场就不能平衡人文社会中社会行为人的收入支出行为，即使是由政府做出的调节，但位于物质、制度、精神三个层次中最高层次上的人类精神世界具有相对的独立性，精神驱动的人的行为具有价值观引导的特征。[③]

2. 文化引导与调节市场机制的契机：引导并创造供给与需求

现代经济在发展过程中，经常遇到类似“义”与“利”之类的只有在人文世界中才可以探讨的文化问题在经济活动中以非经济理性的形式表现出来，称为经济行为的“两难”问题。自身利益与社会利益发生冲突的情况，社会行为人价值观念的指导作用就会出现，文化伦理经常出现于市场活动中已经是屡见不鲜。

文化价值观通常起到了对个人与社会利益、对竞争与合作的协调作用。文化价值观又通常引导了企业内部的雇员行为协调一致、高效率合作及企业与人文社会的协调一致。[④]

文化价值观通常又引导企业提供了符合社会人文价值模式的商品，满足了社会现实的价值体系的需要。人文社会中的经济不仅仅表现为市场经济关系，它既是一种经济主体之间相互竞争、优胜劣汰的竞争经济，又是一种以社会价值观念为引导与调节的互利

①②③　赵渤：《人为价值论纲：价值运行原理与企业价值增长机制》，辽宁人民出版社 2005 年版。

④　David Kreps，“Corporate Culture and Economic Theory” in J. Altand K，Shepsle，eds. Perspective Sonpositive Political Economy，Cambridge University Press，1990.

互惠、互通有无的服务经济，是文化价值观联结形成的、以人文价值意义驱动的有机经济运行过程。市场价格机制调节与文化价值观调节二者统一于人文社会的价值的运行之中。

（二）文化干预社会行为人的收入支出行为

由于影响人的价值观的人文世界具有相对独立性、多样性与复杂性，决定社会行为人的价值行为的因素并不是经济人假设条件下的经济利益动机所驱动的，所以，价格信号并不能引导社会行为主体合理地利用社会资源，也不能引导社会行为人的收入支出在市场价格机制作用下出清现实的购买力。商品在价格调节框架内的运行过程中商品价值不能实现是必然的，而浪费与资源不能最优配置的矛盾还是会出现。当然，如果政府的干预能够完美地替代人文社会的需求，并对人文社会需求做出完全适应性选择的调节的话，那么在凯氏的收入—支出模型的平衡关系就会完成，政府干预收支行为是有效的。但是客观上，市场信号的多样化即使靠价格机制的调节也未必完美。物质利益的经济追求是人性需求中的最低层次的需求，却也存在如此大的麻烦，那么人文世界的复杂性，这种需求信号是政府不可能把握的。①

二、文化创新调节的收支结构扩展市场供需空间：凯恩斯收支结构与有效需求不足分析

（一）凯恩斯的社会收支结构分析：市场有效需求缺口与文化引导开拓市场新空间的可行性分析

文化引至支付空间②：凯恩斯结构的社会收支空间。第一，社会收入—支出角度③。价格机制出清市场的局限——市场有效需求不足缺口。科斯第一定理（Coase Theorem，1937）表述为，在交易费用为零的情况下，产权不论如何界定，通过市场交易所达成的资源配置都是最优的。④

在新古典的微观经济学中，管制通常与外部性联系在一起。完全竞争市场经济的均衡或帕累托最优（Pareto Optimality）是在市场资源全部出清条件下推导出来的。但它没有将外部性考虑进去。为什么？因为，很多具有公共属性的资源都具有外部性特征，从消费外部性来说，文化资源却是正的消费外部性的主要内容。客观上，文化也是一种外部资源。

外部性使资源在市场不能充分配置的主要原因是因外部性而存在，一方面，从市场供给角度分析，会使很多公共性资源并不接受市场配置，按凯恩斯的主张这部分公共资源需要政府调节解决供给，通过干预来解决；另一方面，从收入—支出角度分析，会形

①②③ 赵渤：《人为价值论纲：价值运行原理与企业价值增长机制》，辽宁人民出版社 2005 年版。

④ 科斯：《企业的性质》，商务印书馆 1992 年版。

成类似凯恩斯收支结构中的有效需求不足的问题。为什么？因为由于消费者“三大心理行为规律”的存在使市场有效需求不足。从收入—支出上看，消费者并未将全部收入用于支出，自然不能使市场资源都获得优化配置。①

那么，从凯氏的“心理三大规律”看，消费者一方面将收入用于消费性支出 C1，另一方面将收入用于投资性支出 C2，其余的用于储蓄。可以看出，储蓄是消费者收入的余额。

从东方管理学角度看，心理行为都受到文化价值观的影响而形成，不同文化圈的群体文化价值观不同，行为价值模式不同，则心理行为规律不同。比如，东方人喜欢储蓄，而中国人的收入 30%左右用于储蓄。而西方喜欢超前消费，比如，美国几乎所有成年人的耐用消费品、事业发展投资等都有超前消费及银行信贷的情况。

所以，我们说，正是由于文化价值观的存在，可以刺激与影响消费者的收入—支出。所以，可以认为，消费者用于储蓄及用于消费与投资多少，受到文化价值观的影响。而其潜在需求空间是极其巨大的。

第二，市场价格不能出清收入支出②：文化引至新增市场空间分析。凯恩斯（John Maynard Keynes，1936）对市场失灵的解释继承了庇古的思想。但是他的收入支出模型从收入支出角度解释市场有效需求不足的同时，也揭示了“三大心理规律”是有效需求不足的原因，同时也证明了弥补有效需求不足的因素并不在市场机制调节下完成，而在于文化价值观决定的文化心理倾向下完成。它证明了有效需求不足的空间是极其巨大的。同时，也让我们注意到，世界不同文化圈的群体及不同民族特征的文化群体的收入—支出结构都有其特点。各自文化价值观影响的消费偏好、投资偏好及储蓄偏好不同，那么，文化价值观影响三类心理活动所决定的市场消费空间、市场投资空间、市场储蓄空间也是极其巨大的。这三者客观上是弥补“有效需求不足”的三个支柱。③

凯恩斯（John Maynard Keynes）认为造成有效需求不足的主要原因在于流通领域中没有足够的购买力来使生产出来的全部产品被销售出去，从而造成过剩。既然问题的原因被认为来自流通领域，所以凯恩斯的解决办法也出自流通领域。根据凯恩斯的收入—支出理论，一定时期的国民收入 Y 可以从供给与需求两个角度考察。从供给角度看，国民收入等于消费 C 和储蓄 S 之和；从需求角度看，国民收入等于用于消费的支出 C 和用于投资的支出 I 的总和。如果社会经济总收入等于总支出，即：$C+S=Y+C+I$ 或者投资等于储蓄，$I=S$，则社会经济中总需求与总供给之间达到平衡。④

凯恩斯（John Maynard Keynes，1936）的比较静态均衡分析的思路：储蓄永远等于投资是最理想的均衡结构。表达式如下：

$$\left.\begin{array}{l} C+S=Y \\ C+I=Y \end{array}\right\} \quad S=I \quad \Rightarrow$$

这种情况下，资源获得最优配置，市场资源获得出清。⑤

①②③⑤ 赵渤：《人为价值论纲：价值运行原理与企业价值增长机制》，辽宁人民出版社 2005 年版。

④ ［英］凯恩斯：《就业利息和货币通论》，商务印书馆 1997 年版。

从这个分析框架下，我们可以做出收支结构运行流程去向构成及结构等情况的分析，这部分我们将在后边以实证分析进行前提性分析。

（二）文化引领可调节的收支结构扩展市场供需空间：文化价值观引导的收支结构分析①

1. 出清收支的人为干预：文化价值观引导的收支结构分析

以人为的手段平衡市场的方法很多，但是自经典经济学以来西方社会普遍接受社会收入与支出均衡的调节全部依赖市场价格机制，并坚信市场价格机制能够调节社会的收入与支出，坚信在物理平衡的基础上出清市场。事实上，凯恩斯注意到形成于“心理三大规律”的有效需求不足的缺口巨大，他认为市场机制不能填补，需要政府从供给角度干预，目标是实现 S=I 来干预方法。事实上，换个视角，如果我们从社会需求与供给的行为人角度看，企业家挖掘潜在供给与需求的手段为文化引领的供给与需求，其收入—支出结构表达如下：

企业家挖掘并填补有效需求不足这个“巨大缺口”的手段应该是文化引导的收入—支出价值行为，这将是企业家开发出的巨大的潜在市场，这个市场中企业家即可以创造供给 I（投机性支出 C2，扩大消费性支出 C1，使储蓄 S 更多用于参与技术投资，最终目标使 I=S），同时企业家在“三个心理规律”基础上通过文化价值引导也可以创造需求 M。因为，它是调节“心理三大规律”形成的根本原因。表达为：

首先，居民减少 S 增加个人投资供给，使储蓄心理偏好倾向减少；其次，增加 C1，受到文化干预，消费者愿意提升文化生活品质，而支付更多的基本生活消费支出，使消费性心理偏好的支出倾向增加；再次，增加 C2，受到文化干预，消费者愿意增加投资（投机）性支出，使收入支出结构中的投资性支出心理偏好倾向水平增加；最后，效果为，居民用于 C1 与 C2 支出增加，减少用于储蓄部分使 S 减少。减少政府干预 S 转化为 I（S=I 为资源出清的均衡点，也是政府目标）。

这样，结果同样达到市场出清的均衡：

$Y=C+S=C1+C1+S=C+I$

凯氏收支均衡结构分析②：如果，S>I，经济萧条，需要政府扩张货币财政政策调节；如果，S<I，经济高涨，政府需要采用货币财政政策防止经济过热。所以，它的指导思想是以市场价格机制为基础调节供需平衡，完成资源配置，他们认为这既能出清商品市场也能出清货币市场，同时作为资源要素的劳动力的就业问题也可以出清，获得完全就业。这种条件下使其分析原则建立在收入中的 S 必须全部转化为 I 的基础上，坚信一旦实现了收入与支出的平衡，市场的价格机制的调节就可以出清市场。

由于市场价格不能平衡人性主观价值观指导的行为，所以，人的心理三大规律应该使西方学者看到，由于心理三大规律的存在，现实的市场并不能完成收入与支出的平

① 赵渤：《人为价值论纲：价值运行原理与企业价值增长机制》，辽宁人民出版社 2005 年版。

② ［英］凯恩斯：《就业利息和货币通论》，商务印书馆 1997 年版。

衡。即使由政府完成收入与支出的平衡的这一过程，那么市场选择的供给与需求却是在市场的价格信号引导下进行的。

但是由于人性价值模式的主观世界具有相对独立性、多样性与复杂性，也就是决定社会行为人的价值行为的因素并不是经济人假设条件下的经济利益，所以，价格信号并不能引导社会行为主体合理地利用社会资源，也不能引导社会行为人的收入支出实现现实的购买力。这时候还是会产生浪费与资源不能最优配置的矛盾。当然，如果政府的干预能够完美地替代了人文社会的需求的话，并做出对社会需求的适应性选择的调节的话，那么在收入—支出模型的平衡关系就不会产生浪费，这样政府的干预支出是有效的。

2. 为何文化引领可调节收支结构，扩展市场供需空间①

第一，人文社会与自然物理作用不同。收入—支出分析这一具有物理与数学均衡的分析过程对于自然科学来说，不管是物质、能量还是万有引力都可以是守恒的，但是，针对于人文社会来说如果它的运行本质上也体现自然界物理作用状态一样的话，在属于社会领域的社会行为人的收入与支出的分析上，我们寻求均衡是没错的。那么，这种物理均衡状态的存在，按照凯恩斯（John Maynard Keynes）所认为的那样——通过收入支出的调节一定会出清市场。但是，人文社会的运行规律有其独特性，与自然界的物理状态是极为不同的，这就使我们产生怀疑：收支均衡能不能有效地使市场出清与解决完全就业问题？②

第二，市场如何不能出清收入支出？由于受到经济发展水平的局限，凯恩斯（John Maynard Keynes，1936）把收入支出的均衡作为市场出清的条件，并以均衡能使市场出清为标准提出其政策主张。他分析了货币与商品市场失衡的原因在于人的心理三大规律影响的有效需求不足问题，使理想的均衡框架不再成为现实。但我们发觉他并未能清楚地探明为什么社会行为人的收入与支出并不是市场价格机制能够出清的。在他的有效需求的分析中，没有清楚地分析人性的社会性需求不是由价格引导的，价格不能出清社会行为人的收入。虽然他谈到人的“心理三大规律”，具有一定的现实性，但其经济人动机性却尤其简单而显著。③

第三，经典分析不能解释凯氏问题。事实上在现实逻辑上用经济人的收入支出行为解释具有精神世界价值观的社会行为人的收入支出是有问题的。实际上，在后来的学者中谈到过人的消费“刚性”问题时④，提出随着收入水平的提高——生活水平不容易下降。这是一种人性的心理偏好的倾向性。只是在当时的学者研究中并未能注意到消费行为人本身具有对生活“质量”与“品位”的精神价值需求的深刻影响，这种品位也不是因为商品廉价而容易自行降低的。这就比如对同样商品选择名牌的消费与选择有品位的咖啡馆一样。⑤

---

①②③⑤　赵渤：《人为价值论纲：价值运行原理与企业价值增长机制》，辽宁人民出版社 2005 年版。

④　J. P. 查普林：《心理学的体系和理论》，商务印书馆 1983 年版。

（三）企业家“人为为人”创新激励体系的驰骋空间：基于市场不能出清资源获得的机遇与原因分析

1. 市场不能调节文化特征的公共属性部分的需求：挖掘文化价值意义的认知与需求潜力巨大

有的学者则把凯恩斯（John Maynard Keynes，1936）的理论比作“哥白尼在天文学上，达尔文在生物学上，爱因斯坦在物理学上一样的革命”①。实际上，这并不是凯恩斯的宏观均衡模型带来的影响使其获得荣耀，而是凯恩斯把“心理三大规律”看作他开拓人性心理活动的一个现实思维，对这一观念做出了突破，这从经济学的社会意义的角度上，确实是他的一个重要的里程碑。

事实上，我们可以看出，市场不能调节文化特征的公共属性部分的需求，企业家挖掘文化价值意义的社会群体认知与需求将会获得潜力巨大的市场收支结构调整的空间。

2. 文化创新作用于价值观：引导的支出行为——价格不能起到作用

第一，收入水平提高追求不同的价值意义。在成熟发展的人文社会中，市场的作用是极其局限的，随着人们收入水平的提高，现实生活中出现的需求是多样化的，而且体现出人文世界价值意义对社会行为人的收入支出行为的影响。

我们从社会生产力发展水平较高的个人收入支出图示的分析中，可以清晰地得到这一结论：人并非完全是按照经济利益导向行动的，当社会行为人获得了基本的生活满足后，那么多样的人性就会显示出来。人文世界给社会行为人提供了多样化的价值意义供其选择，而正因为这种价值意义对于人性行为的价值定向就显得是复杂的了。

第二，人性的需求层次不由市场决定。“自我实现的人”是马斯洛（Abraham H. Maslow，1943）需求层次论中的最高一级，是人的最高层次的追求。20世纪80年代后的沙因的“文化人”假说对人性进行了进一步揭示，这在特伦斯·E. 迪尔（Terencc Deal，1982）和阿兰·A. 肯尼迪（Allan Kenedy，1982）1982年写的《企业文化——现代企业的精神支柱》一书中得到阐述：

“人是环境的动物，环境是自变量，人是因变量，由此得出人的未来本性是不可知的。”②

可以看出经济学作为社会学其基本问题却是非常复杂难以预测的人的问题，虽然人的行为难以预测，但人性问题却是可以探讨的。比如传统的经济学首先就对人性的假设给出了概念。随着生产力发展与生活水平的提高，经济人性的概念不再准确了，也难以指导现实生活中的经济实践。所以从现实的人性分析入手研究经济学问题是得出正确结论的前提。可以说，不管是因为环境的变化还是因为收入水平的提高，市场决定不了人处于不同需求层次阶段的主观需求。

---

① 蒋自强、史晋川：《西方经济学说》，复旦大学出版社2001年版。

② 特伦斯·E. 迪尔（Terence Deal）和阿兰·A. 肯尼迪（Allan Kenedy）：《企业文化——现代企业的精神支柱》，华夏出版社1982年版。

第三，市场不能出清问题在于忽视人性的认识错误：经济人与文化人的行为影响资源的调动能力的差异。[①] 现实生活中价格机制并没有成功地配置资源，因为随着收入水平的提高，社会行为人的需求并不是以价格为标准引导消费行为的，社会行为人的行为不是以经济人的动机驱动的。探讨市场价格悖论的内因，需求从人文世界中的社会行为人入手进行分析。社会收入的支出行为是由具有人文价值观的社会行为人的主观世界决定的。这种情况的存在，必然使经济人基础分析市场出清的问题遇到不可解决的矛盾，也必然导致资源的巨大浪费，影响了社会福利的提高。[②]

不管是新古典主义经济理论还是古典主义经济理论，对人的假设都沿袭了古希腊哲学家亚里士多德（Aristotle，约公元前 384 年至公元前 322 年）哲学思想中对人性做出的界定，即社会中的人是“经济人”。在这一框架下的所有分析即使再科学，以市场价格机制调节社会行为人的行为是不可能起到市场出清的作用的，当然社会资源配置无效率的弊端会随着经济发展水平的提高越来越凸显出来。[③]

三、东方管理赋予创新以文化价值意义：形成文化引致支付并激发引致支付需求空间

（一）东方管理创新—创造正外部效应的基本问题：特征分析、塑造方式及产权交易特征

1. 文化价值的外部效应的特征分析：企业打造文化价值体系的几个内容

东方管理的创新本身是将文化元素纳入新技术、新产品及新服务等内容中，它必须具有满足社会群体价值模式的丰富的文化内涵，体现为人文价值意义才具有影响社会需求的作用。

文化价值外部效应与庇古传统意义的外部效应具有如下不同的特征[④]：第一，文化价值意义的外部效应是企业基于商业目的着力去创造的外部效应；第二，文化价值意义通常与商品或服务结合在一起，引起社会行为人关注，并在商品的主观价值认知中表现为对商品社会使用价值的认知；第三，企业塑造文化价值体系，提炼文化元素融合于技术创新、生产经营、商品供给及服务目的不是交易文化价值意义，而是交易由文化元素所带来的文化价值意义形成的社会行为人满足其文化价值模式需求的购买，实质上是对商品的社会使用价值的购买；第四，文化价值的外部效应所引致的交易不仅对社会行为人具有意义（提供社会使用价值的较高层次的满足），而且对企业也具有意义。因为它的存在可以使社会行为人获得满足，为企业创造广泛的社会关注，良好的关注态度实质上形成企业的正外部效应，也打造了文化品牌，提升并获得吻合某些文化价值模式人群的忠诚度，形成忠诚度群体，为企业商品建立起文化关系为纽带的价值链，从而为企业打开市场与销路。

①②③④ 赵渤：《人为价值论纲：价值运行原理与企业价值增长机制》，辽宁人民出版社 2005 年版。

所以，在商品的交易过程中，通过文化价值外部效应引起社会行为人的广泛关注，可以使企业获得广泛的潜在消费群体，给企业带来一系列的潜在收益、超额收益及资本集聚效应。

2. 文化创意因素融合与技术和商品中促进供需双方之间进行交换：存在外部效应产权价值的交易①

建立在科斯定理（Coase Theorem，1937）的肩膀上对于文化因素参与价值交换分析得出的结论表明，文化价值外部效应产权交易原理是社会文化价值观需要的最初分配从效率角度是无关紧要的，只要社会交易成本为零，满足价值观需要的行为可以促进自由交换。

文化价值因素的供给者、打造者企业拥有文化产权，但企业不可以要求消费者独立购买这种文化价值因素，它的价值实现是通过文化激发了消费者的潜在需求获得的，本质上是吻合了消费者的文化价值模式，使其消费获得定向形成的。甚至，消费者愿意为此支付高一些的费用。所以，这个交易之所以能够发生，是因为企业与社会行为人（消费者）都拥有这种文化价值因素的产权。企业投资规划设计开发出具有文化内涵的产品与服务则拥有这种产权。而社会行为人则在其固有的文化价值模式的自然禀赋指派上，就被赋予了这种偏好或者文化价值意识的定向。总之，既然获得文化价值因素必须通过支配财富的资源获得，那么这就说明它也是一种资源，其存在产权交易。

所以，符合人文社会价值模式的人文价值意义的塑造是商品社会使用价值获得社会行为人价值认知的条件，也是社会行为人对商品自然使用价值的效用转化为商品社会使用价值认知支付的引致因素。这就形成了企业文化价值体系与人文社会之间的价值关联，同时形成了价值循环。由此，企业执行了人文社会价值体系中的某项功能。②

3. 文化创新创造了外部效应产权交易：满足心理“意义”感受的货币代价③

第一，理论基础。外部效应是庇古（Arthur Pigou，1920）在1920年的《福利经济学》中首先提出的概念，主要指仅仅产生关注、具有公共性特征、不为市场所调节的行为与现象，例如，音乐厅优美的音乐引起周围人关注的情形，或者上游企业污染造成下游企业成本提高的情形，它是政府管制提出的基础。

第二，方法。科斯（Coase，1937）针对外部效应提出了外部效应的产权交易原理。科斯定理（Coase Theorem）的基本原则是以法律的效力是由明确法定权利并强制履行私人法定权利交换合同而得以保障的。外部效应事实上可以通过法律权利的界定，通过交易完成自由交易过程，通过法定权利界定的交易可以实现帕累托的最优效率（Pareto Optimality）。

第三，应用。成功文化型企业往往获得较高的社会关注，这是由于企业通过塑造符合社会行为人价值观的创造性行为，产生了正的外部效应，从而获得了在人文社会的价值有意义的存在与发展，企业能够引起社会关注与价值认知的根本在于企业或企业商品中所体现出的价值意义符合社会行为人价值模式的需要，所以，达到在较高的社会关注

①②③ 赵渤：《人为价值论纲：价值运行原理与企业价值增长机制》，辽宁人民出版社2005年版。

基础上的社会价值认知，与社会行为人由此发生了交易行为。对于企业来说这不是由于法律界定的权利而是由于人文价值观指派的一种产权。所以，我们提出并建立人为价值外部效应的产权交易原理。

4. 总结与评价：文化创新与外部效应打造环节内涵

商品社会使用价值的大小受到文化价值意义所形成或引致的外部效应的影响，并随人文价值意义内涵的丰富而提高。它包括的环节内涵：第一，文化价值外部效应来源于企业对文化价值意义的塑造。文化价值意义通过文化元素融入商品与服务，形成一体化的产权，这时，市场交易的对象是商品的社会使用价值。第二，文化价值意义是因文化意识定向而指派的产权。由于不同文化圈的社会行为群体具有不同的文化价值模式，指导不同的生活方式，形成文化价值意义认知与意识定向。由于文化价值意义是由文化指派的产权，所以企业会有较高的行为动机或倾向去塑造、更新与丰富商品的人文价值意义，以增加商品整体的社会使用价值。目的是追求社会行为人更高的收入支付倾向。第三，商品文化元素更新与丰富使商品或服务的社会使用价值提高。作为企业可以从每单位商品文化价值更新与丰富中创造商品或服务的社会使用价值的较高收益。随着单位商品文化价值意义内容含量的增加，社会行为人对该商品的消费倾向是递增的，愿意支付的货币是递增的，这样，企业对单位商品社会使用价值的收益是递增的。企业整体价值则是以社会使用价值为基础计量的，它包括文化价值因素。第四，社会使用价值提高受到第一次消费该商品获得的效用限制。由于该商品受到社会行为人第一次消费该商品的自然使用价值最大效用满足的限制，企业在文化价值意义的塑造成本是有限制的，企业对商品人文价值内涵的丰富受到其所能够获得社会行为人效用满足的最大期望值限制。

第四节　东方管理创新模式构建可行性的前提分析：能否创造需求决定创新的供给

一、东方管理战略模式“人为为人”文化体系的客观作用：激励创新挖掘潜在市场供需

（一）创新中“文化元素价值”产权交易——企业形成文化价值正外部效应的运行过程分析①

1. 商业目的挖掘的文化价值（内涵）的产权：激发支付意愿获取文化享受所有权

企业创造的外部效应的根本在于企业家的商业目的。从客观上说，文化的外部效应是基于商业目的为企业所开发应用的。因为企业通过创造性地将人文价值意义融合在企

① 赵渤：《人为价值论纲：价值运行原理与企业价值增长机制》，辽宁人民出版社 2005 年版。

业形象或商品品牌中，一方面通过传播其所具有的人文价值意义的外部效应引起社会行为人的关注；另一方面也是最根本原因，企业通过其所塑造的商品的价值意义来吸引社会行为人产生关注，并引导社会行为人对商品的社会使用价值产生支付行为。

2. 提炼文化元素引导的知识化产权：文化价值意义挖掘融入产品与服务中

企业对符合社会行为群体的人文价值内容的复制、模仿与逻辑创造的价值内容是以知识、信息形式提取的，一旦这一能够产生外部效应的人文价值内容从人文世界提取出来，并以有成本的方式被应用到商品的生产中，文化价值意义就具有了客观产权。企业文化价值创造与塑造活动形成了提炼文化元素创造文化价值意义的新技术、新知识，形成知识形态的产权。因为它是由企业家的人为创新思维能够能动地从人文社会中获取这种不为市场所传递的价值意义信息，它的产权归于企业家，所以文化价值意义是有产权的。

3. 可以引导挖掘潜在市场：弥补凯氏有效需求不足，刺激巨大供需空间

文化价值意义本身并不是市场交易的内容，企业挖掘它的目的是引导社会行为人对商品社会使用价值产生认知从而在市场实现商品价值，这是企业人为价值外部效应引致的结果；社会行为人（行为客体）则获得文化价值观的专有享受，也就是说获得了文化享受的所有权。

如果知识形态的人文价值具有产权的话，那么，问题的实质就是知识形态的人文价值意义是可以在产权交易下进行交换的。这种交换是通过社会行为人由于固有的价值模式所具有的偏好产生的需求实现的。社会行为人对商品人文价值意义的产权认同可以从对商品社会使用价值的主观价值认知中体现出来，这是人为价值外部效应吸引社会行为人对商品社会使用价值支付的条件。所以，人为价值意义的产权属性使它具有引导商品市场交易的特征。

（二）文化创新对不同文化价值模式群体的引致支付系数：转换系数①

1. 引致支出系数

引致支付系数以 a 表示。引致支付系数是企业塑造的人文价值意义引起社会行为人产生对商品自然使用价值需要转化为对商品社会使用价值认知的转化系数。从主观上我们可以把它看作是社会行为人对企业人文价值意义产权的支付。

从主观上看，社会行为人对人为价值外部效应产权支付的大小与收入有关，是收入的函数。所以，社会行为人对企业通过人为价值活动塑造的人文价值意义产权的支付公式表示为：aY。

2. 特征

不同历史阶段社会行为人的价值观不同，同时不同商品的性质不同，社会行为人在收入的不同历史阶段对不同商品的社会使用价值引致支付的系数也是不同的。同一历史阶段的同一社会群体对不同商品的引致支付系数用 ai 表示。

根据不同商品性质的不同，引致支付系数之间的差异也是很大的，通常引致支付系

① 赵渤：《人为价值论纲：价值运行原理与企业价值增长机制》，辽宁人民出版社 2005 年版。

数大于 1。当然，也有极高的情况，如品牌企业与高档商场高档次包装的品牌商品以及古书画艺术品、陶瓷艺术品、歌星演唱会等。但也有小于 1 的情况，如企业对人文价值意义的塑造不符合社会人文价值模式。还有，高档商品的廉价包装及负面宣传都可能使其价格低于实际价值。使其自然使用价值的销售也受到了影响。

3. 变化规律

对于符合人文社会价值模式的人文价值意义内涵的丰富，引致支付系数呈现逐渐提高的态势。但是企业人文价值内涵的丰富受到所生产商品本质属性的限制。当企业挖掘、塑造人文价值意义的成本超出商品所具有的本质属性的最大化认知时，将是人引致支付系数的最大极限。

4. 逻辑图示（如图 5-8 所示）

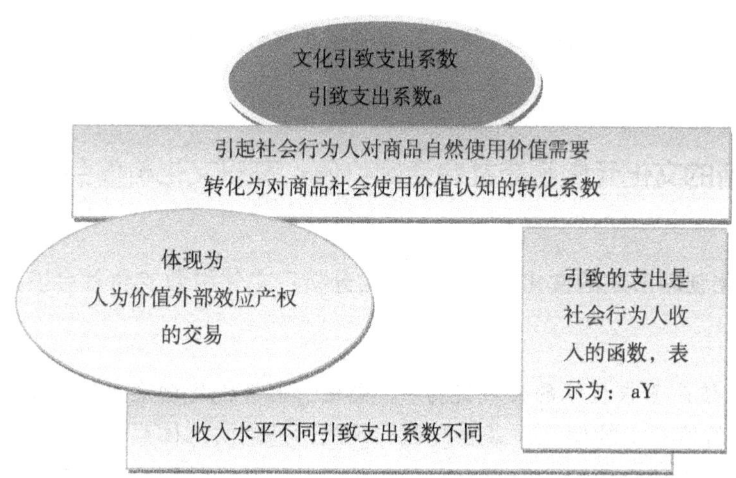

图 5-8　文化引致支出系数性质与表达方式

（三）精神消费倾向与引致支出系数①

1. 精神消费倾向与引致系数

精神消费倾向 $\Delta C2/\Delta Y$ 与引致支付系数 a 之间的关系。社会行为人对不同商品社会使用价值消费的引致系数是不同的，表现为 ai，社会行为人从不同商品中引致支付系数与收入的乘积之和代表社会行为人的精神消费支出 C2。

$$C2=(a1+a2+\cdots+ai)Y \tag{1}$$

在下一期收入水平 Y′中，社会行为人对不同商品的引致支出系数 a′i 也是不同的，引致系数与收入的乘积之和代表社会行为人下一收入水平的精神消费支出 C2′。

$$C2'=(a'1+a'2+\cdots+a'i)Y' \tag{2}$$

精神消费倾向表示为：$(C'2-C2)/(Y'-Y)$

① 赵渤：《人为价值论纲：价值运行原理与企业价值增长机制》，辽宁人民出版社 2005 年版。

代入式（1）、式（2），两者关系表达式为：

$$\{(a'1+a'2+\cdots+a'i)Y'-(a1+a2+\cdots+ai)Y\}/(Y'-Y)=\Delta C2/\Delta Y \quad (3)$$

2. 逻辑图示（如图 5-9 所示）

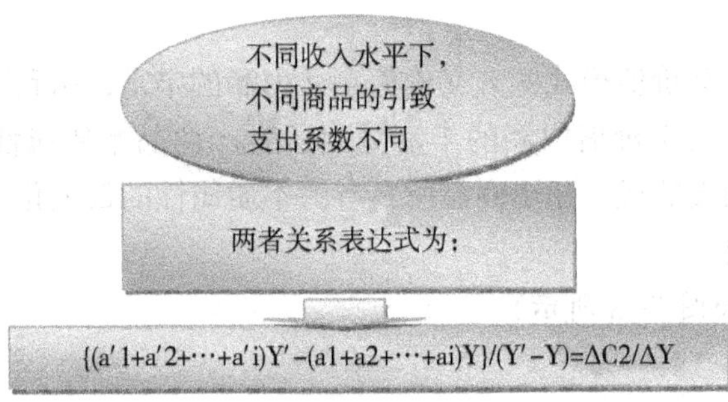

图 5-9　精神消费倾向与引致支出系数

二、创新的文化元素塑造社会使用价值：基于文化价值引致需求的分析

（一）文化创新形成的文化价值外部效应分析：文化引致支付社会使用价值的交易过程①

1. 文化价值元素未指派的产权交易②：文化价值模式定向决定货币支付倾向

对于文化价值意义的偏好、享受权利与状况不是由法律体系决定的，它取决于社会行为人所处的人文社会环境、价值模式、生活方式、知识教育水平及其收入状况等能够给其带来高层次享受的内在动因与客观动因。

我们知道，正如负的外部性的初始禀赋取决于法律体系一样，具有正的外部性的人为价值外部效应的产权能否形成取决于社会行为人的人文价值观念的主观追求，所以受到人文价值观的指派。

就人文价值意义来说，它是公共性的知识。企业塑造这种人文价值意义并应用于企业的生产中的目的是为了产生外部效应，引起社会行为人的关注，从而引导社会行为客体的购买行为，实现了商品的社会使用价值。至于企业能否引导社会行为人的行为达到预期的效果，决定着企业塑造的人文价值意义具有产权形式能否成立。而社会行为人对人文价值意义的认知行为受到其所固有的人文价值观的约束，他是否一定要购买这种人文价值意义不是法律赋予的。

①② 赵渤：《人为价值论纲：价值运行原理与企业价值增长机制》，辽宁人民出版社 2005 年版。

2. 外部效应产权交易（如图 5-10 所示）

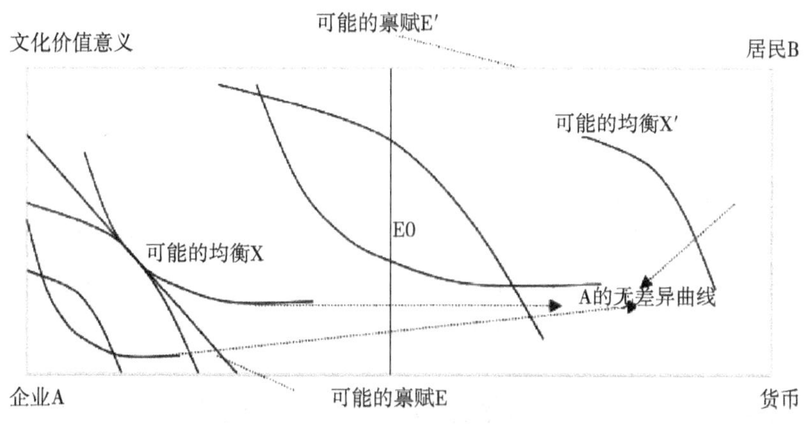

图 5-10　企业文化外部效应产权交易

3. 文化创新元素：形成多个文化的引致支付系数

引致支付系数是企业通过塑造的文化价值意义引起社会行为人产生对某类商品与服务的文化意识定向，如果吻合其文化价值模式，或某一群体价值模式，就会形成文化价值意识的定向。①

基于这种人文因素引导的需求，往往使企业获得文化关系下的价值链，商品自然使用价值需求转化为对商品具有文化价值意义内涵的社会使用价值认知的转化系数。从主观上我们可以把它看作是社会行为人对企业文化价值意义产权的支付行为。引致支付系数以 a 表示。

（二）文化创新模式引致的价值运行规律②

1. 创新模式激发的价值运行规律含义

创新模式激发的价值运行规律含义是指社会使用价值以自然使用价值为基础，具有相对独立性的运行过程，表现企业创造的商品社会价值在获得社会行为人认知基础上所影响的供给运行过程。其体现了社会行为人以主观价值认知形式对社会使用价值量进行判定，并以等价的效用支付等价的货币原则引导其支付行为；人文价值意义动机驱动社会行为人实现对社会使用价值的支付的过程。企业人为价值活动实现社会使用价值运行的规律表现出如下三方面的特点③：

第一，主观认知价值较高的情形。当社会行为人的价值认知普遍高于具体劳动抽象创造的价值量时，社会使用价值的真实货币量表现为高于价格的真实货币量表现的趋势。

第二，主观认知价值与价值量相等的情形。当社会行为人价值认知与具体劳动抽象

①②③　赵渤：《人为价值论纲：价值运行原理与企业价值增长机制》，辽宁人民出版社 2005 年版。

的价值量一致的时候，社会使用价值表现为价格，社会使用价值的真实货币量表现与价格的真实货币量表现一致。

第三，主观认知价值较低的情形。当社会行为人价值认知普遍低于具体劳动抽象的价值量的时候，社会使用价值表现为价格低于价值的波动。社会使用价值真实货币量的表现等于价格真实货币量的表现。

2. 主观认知价值较高的情形

在商品经济生产条件下，人为价值效应空间对社会使用价值高于、等于及低于自然使用价值的情形都起作用。但是，由于社会使用价值在等于或低于自然使用价值的情形下表现为市场体系中的价格变动，所以，人为价值活动探讨的情形主要是社会使用价值高于自然使用价值的情况下社会使用价值的运行规律。

三、文化引致的收入—支出结构分析[①]：社会使用价值货币支付的收入分配条件

（一）收入支出变化条件分析

由于人的行为是由价值观指导的，人具有较高层次的价值需求，具有精神追求的行为动机。所以，随着收入水平的提高人的精神支出在收入分配的比重呈现加速提高态势。这为企业创造商品社会使用价值的供给建立了现实的货币支付条件。企业符合人性精神需求的行为将会获得社会行为人的价值观的认同，并以货币支付的代价完成企业商品社会使用价值的供应过程。

在较高的社会收入水平下，假设只有企业（代表社会行为主体）与居民（代表社会行为客体），对于企业我们可以把它看作是人性化的社会行为主体，而把居民作为具有人文价值观念的社会行为客体。

（二）收入支出结构重构

1. 收入分配

如果按照收入的支出法分析，社会行为人的收入在消费中的分配可以分为三部分：第一部分是收入用于第一层次物质需求部分的分配，社会行为人用于物质生活消费的部分。第二部分是收入用于精神消费部分的分配，精神消费的部分是指用于满足社会行为人较高层次需求；这部分需求具有社会使用价值需求的特征。第三部分是储蓄，储蓄是收入中平衡企业与居民供求均衡框架中的平衡部分。

2. 均衡关系表达式

适应以上的均衡结构分为如下三部分平衡内容：第一，C（收入中用于消费的部分），其中 C 分为两部分：C1（用于物质消费的部分）；C2（用于精神消费的部分）。

① 赵渤：《人为价值论纲：价值运行原理与企业价值增长机制》，辽宁人民出版社 2005 年版。

第二，S（收入中用于储蓄的部分）。第三，Y（社会行为人的收入）。

其中，C=C1+C2。

均衡关系表达式：收入 Y 等于三个构成部分之和，表示为：Y=C1+S+C2。

（三）社会行为人的收入支出倾向

对于以上消费与储蓄支出行为我们引用凯恩斯（John Maynard Keynes，1933）的心理偏好分析概念。我们把消费倾向 ΔC/ΔY 拆分加以使用，分为：

（1）物质消费倾向 ΔC1/ΔY。物质需求我们认为是由经济人的特征决定的，它由市场价格机制引导社会行为人的消费支出。物质消费倾向是物质消费支出对收入变化的反应程度。

（2）精神消费倾向 ΔC2/ΔY。精神需求我们假设它是由价值观决定的，由商品所包含的价值意义来引导社会行为人的消费支出。精神消费倾向是精神消费支出对收入变化的反应程度。

（3）储蓄倾向假设为 ΔS/ΔY。储蓄倾向是储蓄对收入变化的反应程度。

均衡关系表达式为：ΔC2/ΔY+ΔS/ΔY+ΔC1/ΔY=1。

第六章　社会文化布局与东方管理创新集群分析

——产生条件、治理模式及中外比较

任何创新都需要符合人文社会的价值体系需求，而对其起到决定性作用的人文社会传统文化布局具有稳定性特征。企业在创新行为中需要充分考虑到社会文化布局这种客观因素。因为社会文化体系中的社会群体具有文化价值观，其特征包含了激励与创新，文化价值行为模式的特征。而激励与创新有两端，一端在企业，另一端在社会不同文化圈层的群体中。如何在企业与不同文化圈层建立创新关系及其产业发展的内在联系，是东方管理创新管理发展的战略问题。

第一节　东方管理创新集群的客观环境分析：形成、治理模式、运行及载体

一、东方管理创新集群形成环境：以上海海派文化区域为例

（一）世界创新集群案例：历史名城文化与创新集群形成

巴黎、伦敦、米兰都是世界知名的文化城市，它们都有着深厚的历史文化底蕴。这些国际大都市，最为显著的特征不是其产业的高度发展，产业结构的健全及技术的先进与完善，而是一种朝气、一种永恒的文化精神所带来的活力。所以，文化是这些历史名城经久不衰保持活力的动力与源泉。

这些历史名城之所以成为国际大都会与国际化中心城市，其中一个核心原因就是其文化对创新及创新集群的产生，与世界其他城市比较中其具有难以比拟的优势。历史文化名城与核心城市积淀的文化底蕴成为其创新与创意不断涌现的内在动力源泉。

巴黎、纽约、伦敦、东京、悉尼等城市作为国际大都市，都有其不同的个性和魅力，既是不同城市的历史记忆、历史文化的积淀、历史文脉的延续，也是不同城市的居民在千百年来的交往实践中所形成的文化、价值观、理想、信念与行为方式在城市文化中的折射和聚焦，又是不同城市居民对自己喜爱的城市生活与文化样式的创造。正是这种历史文化、历史文脉和不同城市的文化样式，才向世界展示出不同城市的文化创造的

个性和文化魅力。

（二）文化引领创新吻合社会人文布局的自然过程：上海创新集群的人文条件

1. 海派文化：海纳百川—多元文化布局

所谓文化，别的都是载体，核心自然以人为本。海派文化，首先是一种精神文化特征，单是文化艺术上的特征远不能概括海派文化的形成原因，它从另一个层面影响到人的社会经济行为及在国际文化融合中自身的独特魅力。

海纳百川，融合中西文化是海派文化最大的精神品性。海派文化可谓包容四海，吸纳百川，它汲取了来自各地的文化精髓，使海派文化始终散发着它迷人、精致、广博的魅力。上海文化素有海派文化之称。上海文化人说起海派文化，大多怀着爱意，称为与欧美城市接轨的都市文化，领先于国内其他城市的近代市民文化。

海派文化的特征体现为兼收并蓄，不受陈规拘束，敢于探索创新。事实上，中国形态的近代城市市民文化，源于上海城市。鸦片战争后，形形色色西方文化和中国传统文化的冲突融合，在上海城市形成一种独特的经济、地理和文化环境。首先在绘画、京剧等艺术领域生成一种有别于传统的艺术风格，其特征要言之，在于它善于兼收并蓄，不受陈规拘束，敢于探索创新。这种风气进而影响至社会各层面，成为状态较稳定的民众文化，相对于北方“京派”文化而存在。海派文化在近代中国文化史上占有重要地位，对各地有很强的辐射力和影响力。

2. 上海海派文化与社会经济结构：上海创新集群自然形成条件分析

上海因为地理及交通的便利，成为近代中国对外最重要的窗口，在中西文化交融的冲击下，使得原本人文荟萃的上海孕育出特有的海派文化，这种文化既继承中国的传统也广纳外来的文化，新的文化形态以上海为中心向全中国扩散。

20 世纪三四十年代，上海成为远东国际大都会，产生了大量的中产阶级与白领阶层，这批中高收入者对石库门的居住设施和环境颇为满意，追求更幽雅而实惠的居住环境，华商地产、中国银行、四明银行等地产金融巨擘意识到了这一需求与机遇。由此，一场集结世界各国著名建筑师的城市住宅建筑运动轰轰烈烈地展开。新里弄，作为中产阶级、白领阶层的聚居地产生，并成为上海市民心目中向往的中高档居所。海派文化中追求高品质生活质量的精神理念逐渐根植于日常生活中，并与世界生活质量的发展倾向相接轨。

21 世纪的中国，伴随着知识经济的发展，国内外经济在新的经济阶段开始了新一轮的发展，配合新的经济、新的环境及新的国际形势，上海加快了文化创新战略的同时，也推动了企业文化经营行为与世界进一步接轨的步伐。像巴黎、纽约、伦敦、米兰一样，在国际化商业中心城市的过程中，城市核心文化成为具有创新魅力与创新产业的核心内容，它是体现城市活力具有代表性的一个核心标志性因素。不同的文化都会通过当地的文化创新行为及产业集聚展现其所独有的魅力。

（三）上海创新产业集群形成的动力体系评价：文化、社会主客体与创意集群

在信息经济社会，社会文化成为引导社会经济与创新发展的一个重要推动因素，社会文化的魅力如果能够合理并具有感染力地体现在文化引领的创新集群中，并在影响企业的经营管理行为中对企业经营管理的效果产生重要的作用。

发挥海派文化自身的优势，体现其文化传统在不同类型的人才群体中激发创造力，形成创新组织与创新团队。并使这种创新内容成为生产力转化的重要驱动因素。创新是信息经济社会企业的核心竞争力，创新集群是一个城市一个区域经济社会发展的核心能力。

从文化精神层面来分析，上海与国内一些大城市的政府需要提炼这种文化精神元素影响居民及人才的创新意识与创新行为，资助并扶持公益性创新组织与团体的建立，鼓励群体形成。最终与企业合作，形成文化驱动创新型集群产业。

在中国对外开放的过程中，中国优秀文化的精华进一步与世界各国优秀文化相互融合，这种文化是驱动“人本创新经济”中人的需求行为的最为主要的因素，并且是终极化的内容。所以，上海企业的经营管理中需要注入与倡导的是“文化自觉”的理念与精神及由此为核心形成的经营管理模式。

东方管理文化是在西方管理模式向东方回归的时候形成的以中国优秀传统文化为核心的，吸收并融合世界优秀文化的管理文化，代表着实践管理的现实发展方向。网络经济中，文化影响创新行为，影响企业经营管理行为及效果，上海企业需要培育东方管理理念的经营管理模式，以适应新时代社会经济发展的需要。

二、东方管理创新集群运行特征与效果分析：内涵、运行及其载体

创新理论的创始人熊彼特发现并提出了集群创新现象。熊彼特认为，创新并不是孤立的，它们总是趋于集群，成簇地发生。成功的创新首先是一些企业，接着更多灵敏的企业会步其后尘。创新也不是随机的均匀分布的，它总是集中于某些部门及相邻部门。它是指在某一产业领域内，一组交互作用的创新型企业和关联机构，由于具有异质性和互补性而联系在一起并根植于某一特定地域所形成的一种地方性网络组织。

（一）东方管理创新集群的内涵：产生、本质特点与成长环境

1. 东方管理创新集群内涵

第一，创新集群内涵。创新集群是以新知识生产、新产品大量出现为本质含义的创新型组织（创新型企业、各种知识中心和相关机构）在地理空间上集中或在技术经济空间中集聚并且与外界形成有效互动结构的产业组织形态。

创新集群可能是在同一企业内部形成的，也可能是在不同企业之间形成的。前者可称为“企业内创新集群”，后者可称为“企业间创新集群”。

诸如知识集群、技术集群、智力集群、以知识为基础的集群等，满足以上界定的，

均可以划入创新集群范畴。

第二，东方管理创新集群内涵。其是指随着人文社会的发展，社会的物质文化生活进一步丰富，社会群体对于社会自然的整体愿景及生活工作中文化内涵的要求越来越高。伴随这种社会文化的丰富引起文化的供给进入社会发展的各个领域，文化不仅引领了技术创新，文化元素介入到科学技术、产品与人们的生活及远景中，同时文化引领了创新型组织（创新型企业、各种知识中心和相关机构）在地理空间上集中或在技术经济空间中集聚并且与外界形成有效互动结构的产业组织形态。

2. 东方管理的创新集聚本质与核心特征

第一，本质特征：文化引领的自然发展过程。这一过程是自然发展的过程，不仅体现为从供给经济到需求经济的转换，也体现为需求经济的进一步升华，即文化引领创新满足社会群体文化价值模式需要的过程。它的核心本质是：以人为本、以德为先、人为为人。这 12 个字充分反映了东方管理创新集群的文化精髓。

前述随着信息经济、网络经济、速度经济表征的知识经济的进一步发展，人本经济特征越来明显地深入人心。这种将文化深刻嵌入于技术创新并形成集群组织形态的模式对未来社会的发展起到巨大推动作用，代表着未来经济管理发展的方向。

第二，核心特征之一：创新集聚性与文化知识外溢及集中化效果。创新集聚性是指具有互补竞争优势的创新主体，在知识链、产品链与价值链的相互连接、整合作用下成为系统。这些主体如果集中于一个地域环境中，将形成互相带动的整体组织优势群体，并以文化内涵与技术经济关系为关联纽带推动整体区域经济的发展。

第三，核心特征之二：边际收益递增效果时常显现。当知识经济产生之际，知识经济的边际收益递增规律就被经济学家准确判断，而知识经济边际收益递增规律的一个核心内容就是文化、知识、科学技术与信息的迅速丰富与更新。据分析，人类进入 2000 年以后，思想理论转化的速度由第一次产业革命的 200 年到第二次产业革命的 100 年，以及第三次产业革命的 20 年，转变为 1.5~2 年更新一项技术。文化知识到思想理论再到技术更新的迅速更迭改变了传统价值与收益增长的边际递减规律。新的文化、新的思想不断丰富与更新，融入技术与产品中，使这种价值增长极具推动性与恒久性。

3. 东方管理创新集群形成的环境因素

事实上，人文因素对创新的影响因素虽然极其广泛，但是，却不能摆脱文化、政治、自然及科技，且这四方面因素形成良性支撑与良性作用后，将会为东方管理的创新产业集群的形成发展创造极好的客观环境。所以，我们说东方管理创新集群是随着社会文化经济科技的发展，社会对生活现状丰富与发展的进一步需求，是对人类愿景期望的文化驱动过程。

第一，东方管理创新集群形成的环境因素。创新集群的形成不是虚拟存在的，它的产生、繁荣与传播与文化（C）、政治（P）、自然（N）、科技（T）这四个环境是内在相关的。其中，文化与科技环境为人文条件，自然环境为自然条件，政治环境为制度条件。这样，形成了人类社会创新文明发展中的三大层次结构，即自然、制度与人文三大层次。

第二，四个各自独立支撑的环境因素。这四个相支撑的因素支持了文化创新的良性关联，并建立互相支撑的运行体系，我们依此设计其相支持的价值增长运行系统，即：CPNT-V 治理结构。

C—SOCIOCULTRUAL RESOURCE　代表社会文化资源；

P—POLITICAL RESOURCE　代表政治资源；

N—NATRUAL RESOURCE　代表自然资源；

T—SCIENTIFIC & TECHNOLOGICAL RESOURCE　代表科学技术资源；

V—VALUE　代表 VALUE 价值。

这四方面因素，是一个文化创新形成集聚的战略性支撑结构。

（二）东方管理创新集群的导向：产业扩散效果与产业集聚效果

1. 创新集聚群的集聚性含义：生产效益与知识生产扩散效果

创新集群的集聚性兼具经济与知识生产两层含义。从经济角度看，生产分工专业化可以使生产效率得到提高，但它同时也能使交易成本增加。通过产业集聚，企业不仅可以节约生产成本，提高生产效益，而且能够以网络形式重构信息沟通途径，降低交易成本。另外，在文化愿景推动下，技术创新的不断更迭并不断应用到科学技术与产品中来，不仅使创新产业的关联进一步多元化扩展，同时使附加价值不断呈现边际递增效果。集聚是企业适应生产分工专业化发展的必然结果。

2. 文化布局的创新产业集聚效果：有效满足市场需求

20 世纪 90 年代以前，我国产业技术政策多从技术的供给角度制定，为实现知识产出量的增加，政策往往强调技术向产业层次转移。在这种政策模式下，技术创新路径呈“线性”，知识生产协作主要在科学建制内，以科技领域之间的科学家之间的同质互动方式进行。这种供给型路径由于与市场需求脱节，技术供给量虽然大，但不能满足市场“有效”需求。“线性”技术创新路径下，很难在社会布局中自然集聚其创新集群，知识溢出的集中化与经济“集聚”弱相关。

我们注意到，社会文化布局与社会群体价值模式对于这种创新集聚具有战略作用。这便可以解释为何众多符合现代市场需求并在国际打出品牌的文化时尚之都都是一些历史悠久的文化名城。

所以，自 20 世纪 90 年代始，政策制定者重视了市场。虽然市场需求因素日益受到政策制定者的重视，产业技术政策范式逐步由供给型转换为需求型，但是创新网络化集群的形成确实还是非常缓慢。事实上，究其根本的内在动因还是文化。

3. 信息网络化经济环境下的发展趋势：人本经济及发展前景

信息化网络化经济环境本身具有科学技术快速更迭的速度经济效果，而三者整合代表了信息经济所具有的人本经济本质。

信息网络经济下，企业主体的定位受到人文社会文化布局的影响，从其文化理念、文化体系、制度体系到创新体系都会以满足社会不断增长的物质文化需求为原则。这一趋势决定了企业管理人性化的发展方向，符合信息经济时代东方网络社会的管理特点。

东方管理强化了信息时代管理主体的人性、整体、共生、人为为人的管理价值，企业管理正进一步走向整合化、柔性化和人性化。东方特色的管理还是社会、组织、企业无形资产管理的精髓。无形资产管理在对“人”的管理上，与东方管理特色的管理殊途同归，与社会发展知识化、信息化趋势相一致。

经济管理的人性化从某种程度上体现在网络经济时代应用管理手段与方法的大发展上。进入全球化时代联系的不仅仅是国家、产业与企业，更多地体现在以人本为基础的人性化企业的运营上。

三、世界成功案例：文化引领的创新集群的产业传导效果与集聚分析

（一）世界代表性文化创意集群：基于文化资源多元化自主发展的伦敦创意集群

伦敦是世界上最富有创意和文化底蕴的城市之一，这座城市拥有 300 多个世界级的博物馆和艺术画廊，孕育了浓厚的历史氛围以及大规模、多种类的艺术生活。2005 年伦敦的创意产业产值为 569 亿英镑，有 1045400 人从事创意产业工作，通过发展创意产业，伦敦成功地从金融服务产业城市转变为充满活力和青春的创意城市。因此，伦敦的创意产业发展很具代表性。在英国有大量自然形成的产业集群，集群里的公司由于地理位置的毗邻可互相依赖产生协同作用，例如，伦敦的 SOHO（电影/媒体和音乐的后期制作）和伦敦的东岸（艺术设计）。

（二）世界创新经济发展分析：政府扶持并聚集于富有文化底蕴的发达城市

1. 创新经济受到国家政策的支持：对国民经济贡献度高发展迅猛

资本的时代已经过去，创意的时代已经来临。自 1997 年英国出台“创意英国”的经济政策开始，创意经济的概念迅速传遍全球，美、欧、日等发达国家更是把它提高到战略发展层面。John Howkins 在其代表作《创意经济》中指出，创意经济现在每天创造 220 亿美元的产值，并以 5%的速度递增。美国经济学家更是发出了“资本的时代已经过去，创意的时代已经来临”的宣言。

对于创意产业的问题，不少学者已分别从不同视角对其有不同程度的研究。Florida 从创意人才的视角对其进行研究，认为一个能够通过创意产业来促进经济持续发展的地区需要同时具备三个条件：技术、人才和宽容，即 3T 原则。张京成则从文化视角出发，认为文化发展程度上的差别是造成不同地区创意产业发展水平产生差距的重要原因。Scott 的研究从规模效应和外部性指出，好莱坞发展成为全球最大、最有影响的文化产业集聚地，与地理位置的接近和高人口密度这两个因素有关。本章从集群品牌视角，对创意产业发展过程中出现的问题进行分析，进而尝试性地提出解决这些问题的主要措施。

2. 世界创意产业蓬勃发展：聚集于富有文化底蕴的发达城市

创意产业集群发展概况。近年来，创意产业集群发展呈现出显著的空间集聚特征。

世界范围内，纽约、伦敦、巴黎和东京等已经成为全球创意最集中和最发达的城市。“好莱坞”、“苏荷”等成为国际知名的创意产业集聚地。创意产业集群作为推进区域经济发展和国民经济发展的重要载体，日益受到国人关注。自2005年以来，国内部分城市吹响了创意产业的号角，其中上海、北京、杭州等成为实践创意产业理念的先锋城市。上海2004年创意产业增加值已达493.1亿元，2005年又先后对35家“创意产业集聚区”正式授牌，并将五大创意产业高端列为“十一五”期间创意产业发展重点。

（三）国内创意产业的发展评价：创新型国家与创意产业区域不断走出特色

1. 国内创意产业的发展：政府扶持下形成成功的代表性区域

以上海、杭州为例。北京于2006年成立文化创意领导小组，发布了促进文化创意产业发展的具体方案。据统计，杭州创意企业已有9396个，创意从业人员有21.2447万人之多，总营业收入已达到942.63亿元。

2009年，上海创意产业总产出达到3900亿元。创意产业规模发展必然走向以集聚区为形式和载体的“集群化”发展，目前出现的文化创意产业园区建设热就是很好的例子。2006年，北京市文化创意产业产值已达960多亿元，占全市GDP的14%以上，而文化创意产业园区、基地的产值又在其中占据相当部分。

2. 国内创意产业的发展分布情况

从全国范围看，国内创意产业发展集群在空间上已经初步构成大产业区域（如表6-1）。尽管如此，我国产业集群总体发展与国家相比仍有不小差距，如企业规模小、原创能力不足、核心竞争力弱、经营模式急需创新。从国外的成功经验看，从小说、游戏到电影，再到主题公园等。优秀的创意产品之所以能在国际上创造上百亿元的市场价值，都是以品牌化的建设，不断挖掘创意的影响力来实现的。

表6-1　六大创意产业区域

空间区域划分	类型
首都创意产业区	以文艺演出、广播、影视、艺术、古玩为优势行业
长三角创意产业区	以工业设计、室内装潢设计、动漫行业、广告策划等为优势产业
珠三角创意产业区	以广告、影视、印刷、动漫行业居于国内前列
滇海创意产业区	以影视、服装旅游等行业为特色
川陕创意产业区	以网络动漫游戏为特色
中部创意产业区	以点式广播为优势产业

第二节　文化引领的创新集群的政府与企业的实现方式：基于国内外代表模式比较分析

一、创新集群的治理类型：依托文化中心城市打造创新集聚区

（一）形态一：政府式行政职权型管理体制

该治理体制特征为：文化城市或区域管理委员会为政府直属主管机构，发挥政府激发创新、扶持创意组织、提供投资环境并规划区域创新与创意企业、组织及产业之间的关系以及布局与结构。管委会依法管理与协调经济社会发展及相关问题的基本职能与监管责任。它具有政府机构的所有行政职权，包括：计划、组织、指挥、协调与控制创新区域业务的发展。

该体制下的行政职权管理模式的缺陷是：政府职权主导性强，行政的权力性在管理中的特征明显。以政府行政手段促进区域建设及发展在利用市场机制上存在诸多不足，比如，虽然可以快速建立起需要的创意集群及创新产业区域，在发挥招商引资上起到作用，但是市场效果上存在效率问题。同时，行政安排下的经济发展结构在资源整合方面也存在配置效率不尽顺畅、存在诸多寻租成本等问题，以后将会花费众多的成本来进行调控。即存在完全的市场活动职能政府代位。这在初期的大建设时期，特别是公共设施建设时具有速度快的特点，但是，如诸多市场职能不及时交给市场，那么，发展中将存在不能同时整合市场对资源配置的基础作用，形成结构性问题。

（二）形态二：政企合一式职能运作型管理体制

该治理体制特征为：文化城市与区域的管理委员会的行政职权与业务职权分离，即前者为政府直属主管机构，政府发挥其基本管理职能与后者关于政府具有代理国有资产的法人职能是分离的，它有利于发挥市场机制促进区域经济发展。本质特点是：区域的经济发展业务职能交给法人形态的企业依靠市场机制代为行使。

具体包括：前者只发挥政府依法管理、协调、审批与监管等责任。而后者具有包括区域发展的：计划、组织、指挥、协调与控制职能，可以按市场机制贯彻促进港口区域业务及保税加工等区域延伸的规划的执行。

该体制下的行政职权管理模式的优点是：政府职权只规范在类似计划、审批、税收、工商、海关、监管等基本职能范围内，或形成高效率的，只发挥基础职能，但综合性与系统性较高的协同机构。同时减少腐败与寻租行为。

另外，政企合一型职能体制在类似港口区域及类似公共区域建设中具有典型性。它有利于政府以长远经济发展为视角，一方面贯彻政府的宏观计划职能，另一方面兼顾市

场机制发挥经济建设、招商引资职能。

既不是完全的市场活动职能的政府代位，又有利于政府规划通过市场机制贯彻与运行。

（三）形态三：市场化自然过程模式：自然形成与企业开发经营型管理过程

在类似创新集群公共组织活动区域及公共设施的初期发展是基于该区域的历史文化底蕴以及各类文化科技人才资源基础。随着发展建设，也会出现很多整合各类资源的组织，使这些资源获得整合。在这些企业所运营的资源配置中，效率自然会比没有这种努力的区域要好得多。

一旦一些企业或组织在某些资源整合中发挥作用并最终成功，那么，它就会建立起企业运营的发展模式。完全的企业运营模式的治理结构，可以快速地利用优惠政策、政府赋予的权限等获得区域开发合作与投资合作，具有速度快的特点。但是，如果在该创新区域与发展诸多环节已经完成后，将众多环节中的管理集中于一家企业行使，将会形成本位利益及诸多垄断性问题的产生，在进一步发展中会大幅度降低效率，将使其不能发挥国家关于公共资源性的开发对区域经济与居民贡献最大化的问题。

制度经济理论认为，企业是一个创造利润的组织（An Organization to Make a Profit）。利润最大化——这不过是用复杂的方式来表达“贱买贵卖”这句老话，这样回答是错误的。当代经济管理学家已经认识到这一点，试图修正这个理论。因为这不是管理致富的手段，它是企业存在的条件，它不能使企业的财富最大化。

世界很多代表性创新创意产业集聚区是遵循这种形态模式的。

二、国内外创新集群两类模式比较：形成、现状、模式与发展效果分析

（一）伦敦创意集群与创意产业形成：特点、模式与发展分析

1. 伦敦创意集群形成的动力主体：伦敦艺术工作室组织

文化艺术是伦敦创意产业发展不可忽略的领域，伦敦文化艺术工作室组织在文化艺术产业的发展过程中起着至关重要的作用。“工作室”是为有需要的艺术家提供工作或练习场所，并能被艺术家负担得起的空间。在工作室艺术家可以做各种创作，例如，艺术展览、电影或音乐录制等。

自1960年起，艺术家们占领了伦敦东部和东南部前身为工业或其他用处的建筑，并用作工作室，现在伦敦的东部和东南部已经演变成世界上最大和最持久的视觉艺术社区。艺术家们将这些建筑物转化成艺术工作室，此后一系列的工作室组织出现在伦敦，这些组织是伦敦创意产业的一个重要组成部分，并被认为是伦敦乃至英国经济发展的主要动力。

伦敦创意产业文化艺术工作室组织分为4种类型：工作室提供者（正式的公司形式），工作组（非正式的公司制），商业经营者和地方当局工作室提供者。这些组织在

拥有建筑物的数量上是大不相同的，其中一些工作室组织仅仅拥有一幢楼。例如，APT、Cubitt、Gasworks 和 Occupation Studios 都是单一大楼组织者。还有一大部分，例如，ACAVA、AcmeStudios、ASC、Chocolatefactory 和 SPACE 都是拥有多个大楼的组织者，并为数以百计的艺术家提供工作室。由于工作室的前身大都不相同，因此这些工作室在规模、结构和工作方式上大不相同。截至金融危机前的 2008 年，英国共有 147 个工作室组织和超过 250 栋工作室大楼，为超过 6000 名艺术家提供工作室。伦敦拥有的工作室数量超过整个英格兰的其他地区，伦敦拥有 31 个工作室组织，管理 89 栋工作室大厦，为超过 2500 名艺术家提供工作空间。由于需求较高，不是每位艺术家都能够获得工作室，工作室几乎百分之百被持续占有，每年仅有 7 个换手率。

2. 伦敦艺术工作室组织的资金来源：融资渠道的多样性

伦敦文化艺术工作室的租金是英国最贵的，2004 年达到每平方英尺 7.54 英镑，2007 年租金上涨到每平方英尺 8.5 英镑。伦敦拥有 3 个主要的艺术公共基金：劳埃德艺术团、英格兰艺术委员会资助和艺术资产项目，但是工作室的大部分原始创建成本都来自所有者而并非公共基金资源，2003~2004 年获得政府支持为 25 万英镑。

企业慈善救济金是工作室另一个主要的资金来源，资助比率与政府资助相当，86%的被救助者接受企业慈善救济金的强制资助或酌情资助，或是两者都有，14%的资助者没有慈善救济金。而公益慈善组织身份非常有利于获得资助。因为，它能够获得公共基金和税收减免福利，伦敦 70%的工作室团队都是慈善机构，依靠大量的志愿者员工和艺术家租户对工作室大厦进行管理，节省相应的费用。

另外，文化艺术工作室团体的身份中还包括：担保有限责任公司、教育慈善机构、慈善基金和社会公积金。这其中仅有少数工作室团体和慈善机构身份没有关联。

除此之外，艺术工作组织中有 1/3 工作室会和基金或商业公司合作，并提供相关的项目和培训课程以完成它们的创意创新的推广工作。例如，Acme 艺术工作室在近些年与商业地产市场组织形成了联盟，它们不仅为 Acme 工作室提供雇员需求的机会，同时提供方便使它们与商业和社会房屋建筑商开拓发展伙伴关系的机会，它们的艺术创意不仅给这些房地产商人创造了利润，同时开拓了市场与新的技术领域的需求。而作为艺术家们获得了他们想要自己的永久实惠的工作室。并使得这种关系进一步稳固。

另外，文化工作室管理者也帮助社会、基金组织、居民及租户等解决问题，同时寻找他们之间的结合点。通过以上的分析可以得出伦敦的发展模式是多种多样的，每一个文化工作室都有基于自身特点考虑的独特发展模式、管理体系和资金渠道。

3. 公众与创新集聚区的互动关系网：多渠道扩展文化品牌影响

伦敦文化产业集群的存在和发展需要形成于区域或者社会，乃至社会体系的关联，从而形成影响，并为广大社会群体接受，这样，这些文化艺术创意才可以获得资金形成产业，并提供广大群众需要的创新技术、产品与服务。

伦敦文化艺术工作室组织通常依靠多种发展模式完成它。他们往往通过各种方式获得更多正式的和相关机构的支持与关注。例如，通过公司合作伙伴关系、媒体发展机构、培训组织、专业组织和出口推广组织。为了给文化工作室营造良好的发展空间，造福于公众和艺术家，超过50%的工作室大楼不仅为艺术家提供他们资金运营上可承受的工作室，同时，也为公众提供服务，包括各种公共展览、教育工作坊和涉及不同社区的推广方案。

如同我国一样，它们同样和大学进行合作，例如，提供会展空间和教育项目，帮助年轻的艺术家开始他们的事业。这些行为增加了文化艺术工作室的知名度，充分利用外部与内部资源使工作室更容易获得社会基金。

文化艺术工作室作为文化创新产业集群的分子，对于创意产业的发展起着至关重要的作用。伦敦创意产业反映出三个主要发展特征：首先，由艺术家们自发创建的艺术工作室随着社会的发展逐渐转变成有组织的艺术大厦，这种自然转变过程为创意产业的发展打下了基础；其次，通过为公众提供培训项目和空间，工作室与外界进行良好的互动，同时吸引了多种资金支持，扩大了工作室组织的知名度；最后，工作室的多种经营身份和经营形式降低了发展风险，迎合了艺术家们的多种需求，并以此来支持当代艺术的实践发展。工作室组织在关注当地文化的同时，更加注重集群内企业之间的协调，帮助企业之间建立起内部网络关系，从而达到信息共享，节约成本和增加收益的目的。

（二）政府导向下的上海创意集群：基于文化汇集与商业中心双重推动

1. 我国创意产业集群的产生、发展及治理模式——以上海为例

第一，上海创意集群的提出：发展总体效果。“创意经济”这一概念由“太平洋研究所”在2004年6月首次提出。上海是我国第一个引进集群概念的城市，并将此作为老城区再生的关键要素。作为长江三角洲的领跑者，又是我国最大的经济、金融中心和口岸城市，凭借上海特有的“海派文化”和高度国际化，这些优势促使上海创意产业的发展也在国内处于佼佼者的地位。根据上海创意产业协会的数据，金融危机前，上海2009年的建筑设计产业增长比率为18.9%，研发产业的增长比率为23.6%。

2009年底，上海拥有80个创意集群区，总产值达到4.22亿元，与2008年相比增长了84%。和伦敦拥有的大批自然集聚群不同，上海的创意集群区是在政府引导下建立的，例如，田子坊、M50和8号桥。

第二，上海城市格局引导产业集群：文化经济资源形成布局。上海创意产业发展不是以工作室为发展单位，而是以创意园区为发展单位。由于文化资源、经济状况和产业布局的不同，上海18区结合自身的优势，纷纷开始了创意产业的发展，并拥有各自的优势产业。例如，杨浦区以建筑设计产业著名，徐汇区则是专注软件信息的研发，长宁区以服装和时尚产业作为发展的目标。由于经济发展的水平与欧美国家存在差异，产业结构和文化背景的不同，特别是产业化、城市化和现代化的发展阶段不同，上海将创意产业分为4个主要的发展方向。结合这些发展方向，上海现在拥有82个创意产业集群区，这些集群区由上海市经委进行统一管理与授牌，其中徐汇区、长宁区和虹口区分别以13个、12个和11个园区名列前三位。

上海市经委支持建立了非营利创意产业发展促进组织，上海创意产业中心和上海创

意产业协会，帮助创意产业建立产业平台，促进创意产业更好地发展。迄今为止，上海创意产业集群区的建筑面积为 2.7 万平方米，吸引了来自国外 30 多个国家超过 1.2 万人。

第三，创意集群形成的类型总结。这些区域创立的创意产业集群区依据集群的形式和初始目的的不同可以分为三类：第一类，依靠高校而形成的创意产业集群，所占比例为 17.3%，凭借学校的溢出效益进行产学研的有效结合。第二类，旧工厂和库房的翻新而成。这一类型的比例高达 72.4%，过时产业的遗留是城市的财富，政府为了保护这些遗迹和当地的艺术家共同对于这些废旧工厂与库房进行创意翻新，吸引更多知名公司入驻，带动当地经济的发展。第三类，开辟新的区域，建筑全新的集群区。为了平衡各区域的发展，政府选择具有投资潜力的区域，建立创意产业集群区，并定义这些集群区为当地经济发展的引擎，张江高科就是很好的例子。

2. 政府与高校双管齐下拉动创意集群发展：高校在上海创意产业发展过程中逐渐成为领导者的角色

第一，依托高校发展的产业集群：利用知识溢出与辐射效果。依托高校的知识溢出效应和全方位定向技术链对相关产业的强大辐射功效，高校为企业输出最新研究成果，培养创新人才和提供专业培训项目。创意集群周围的大多数企业的员工都是高校学生或老师，并且这些企业的规模都较小。例如，同济建筑设计创意产业集群区中 80%的创业企业人员是同济大学的老师和学生。此外，这里集聚了大约 500 个企业，仅有 1 万人在这里进行工作，这意味着每个公司的员工少于 20 人。在组建和整改创意园区的过程中，政府为了营造更好的发展环境，开拓发展空间，制定相关政策对创意产业的发展予以扶持。

第二，国家提供的政策环境与支持。这些政策主要关注以下方面：其一，创意产业发展的金融环境。文化部出台《文化产业投资目录》（2009 年）和文化部、中国银行等 9 部委联合颁布《关于金融支持文化产业振兴和发展繁荣的指导意见》（2010 年）；其二，创意产业整体发展战略。国务院颁布《创意产业振兴计划》（2009 年）和《“十一五”规划》（2006 年）。在政府的推动下，各个城市都积极地发展创意产业。

上海五年规划（2008~2012 年）的首要社会经济目标任务是加速形成以服务经济为主的产业结构，提升产业竞争力和大力扶持创意产业和其他服务性产业。高校为创意集群区提供人才、技术和孵化器等内在因素，保证创意集群区的内部良好运作，政府通过法律和优惠福利政策为创意集群区创造良好的发展环境，维护创意人才的利益，营造宽容和谐的发展氛围，两者从创意产业的内部与外部联合出手，为创意产业的发展铺路，促使创意产业向更科学、更合理的方向发展。

第三，创意园区融资渠道单一：我国创意产业集群区的主要资金来源于政府鼓励社会投资和财政支持。例如，8 号桥的政府和社会投资共计 4000 万元人民币，同乐坊开发成本将近 1 亿元人民币，1933 创意园区的开发成本也超过 1 亿元人民币。除了国有的创意产业园区外，还有一定比例个人开发的创意产业园区和创意工作室。其中，最著名的是由建筑师登琨艳对 1930 年废弃的坐落在苏州河畔的老厂房的改造，由于登琨艳和一些艺术家的共同努力，现在苏州河畔已经成为中国的塞纳河左岸，这里有将近 100 位艺术家的工作室。大多数私人创意工作室的资金都是来自艺术家自身，依靠他们自身的生意——租金收入和艺术品的销售。上海的艺术工作室租金上涨明显，这主要是由于创意产业的发展，创意集群区的内外部设施与环境都有了很大的改善，集群区知名度的提升，吸引了更多企业入驻，再就是周围物业成本的上涨，致使集群区内的房租上涨速度较快。例如，M50 是以艺术家和画家集聚著名的创意园区，2000 年的租金为 0.4 元/平方米/天，到 2008 年租金已经为 4 元/平方米/天。

（三）上海与伦敦创意集群运行特征与效果比较：两城市集聚区评价标准不同

1. 上海创意集群：缺乏外部互动协作性和灵活性

根据奈特对集群的分类，伦敦属于工作群，主要体现在与本土企业的密集互动关系网络和复杂的合作与竞争模式上。上海创意园区内的入驻企业之间缺乏互动，园区内没有建立完善的互动平台为企业间寻找合作机会，同时在信息共享和促进企业的共同发展等方面都较伦敦欠缺很多。上海创意园区内缺少互动也就很难产生协同效应，所以将上海创意集群归为潜在集群和政策导向集群的集合体。伦敦的集群区是由艺术家自我摸索转变而成的，历经 70 年形成了今日的局面，艺术家选择他们认为合适的发展方式进行变革，这也解释了为什么英国集群区的经营模式如此多样化。在各自发展的过程中，艺术家以自身的经历作为参考经验。因此，他们清楚在集群区内如何让企业之间更好地合作与互动，达到集群区的真正发展目的。这些集群区与外界具有良好的互动关系，同时集群近些年也开始与商业机构进行合作，如与智囊团、职业培训机构和行业协会的合作，令集聚区更充分地发挥自身的价值，为入驻企业争取更多的资金与福利。慈善机构的注册身份，表明了集群的管理者以非盈利为目的，同时慈善机构身份帮助它们获得政府的资助与志愿者的帮助，以减轻它们经营集群区的负担。上海的创意产业集群主要由政府导向，这种发展模式降低了发展过程中的风险，并能借助政府的帮助获得相应产业的支持，政府的福利政策与资助加速了创意产业的发展。由于上海创意产业集群相对年轻，专业的自救机构（如商业咨询、市场策划和商品推广等）尚未开发完全，政府导向的发展模式在创意产业发展的初期可以克服这一弊端。但是政府统一规划发展的缺陷也随着创意产业的发展逐步显现出来，主要由于这种发展模式缺乏灵活性和多样性，且不利于创新思维的产生，同时也抑制了文化的发散性与辐射性。

2. 两城市集聚区评价标准不同：自然发展形成的阶段及重点不同

两城市对于创意产业成功与否的评价标准存在明显的差异，伦敦集群区的评价标准为公共服务机构能否帮助入驻企业之间进行有效的关联，同时帮助它们获得社会资源，信息在集聚区内是否实现自由共享。此外，创新和互动是评判的另一个标准，园区内的艺术氛围与创新比率是标志着集群区品质的关键，集群区能否与外界进行系统且规范的互动，令入驻企业逐渐被社会大众所熟识，标志集聚区是否在企业发展的过程中起到积极的作用。与伦敦重视集群区内部活动不同，上海更加关注集群区入驻企业的知名度和入住率，用这些更加直观的比率来衡量园区的成功与否。这些园区看起来差别不大，缺少自身的特点，国际化是衡量一个园区成功与否的重要标准，这也使园区管理人员专注于吸引国际知名企业的入驻，而忽略了与本土文化的结合。

另外，伦敦的创意集群区是从文化集群区演变而来，上海创意集群是从商业集群区演变而来的。

伦敦开始发展创意产业时，已经完成了工业结构调整和经济增长极的转变过程。上海正在进行工业结构调整，但工业依旧是主要的经济增长极。因此，在形成产业集群区时运营模式自然不相同。正因为两城市所处经济环境的不同，也令两城市发展创意产业的目标有所不同。上海希望通过发展创意产业集群区来完成产业结构调整的目标，利用外国企业的资源和信息来完成经济机构转型的最终目标。伦敦发展创意产业的目的则是支持文化和艺术的延续与发展，创造更多的就业机会，同时为国民经济的发展注入新的血液，带动经济的增长。

3. 总结

与伦敦创意集群相比，上海创意集群略显稚嫩，创意区域必须通过知识积累、结合区域需求与市场的创新思维找到自己的救赎办法。因此，上海创意产业集群需要考虑自己区域的特色、文化和市场的需求，借鉴外国的经验而不是抄袭来发展创意集群。上海创意集群在发展过程中应当培育自主品牌，展现自身的特点，避免模型化发展。上海创意集群应积极开展各项公共活动并与相关企业机构进行互动。政府为创意集群发展营造了良好的宏观环境，但政府应从直接管理者转变为第三方支持机构，从而为创意产业的发展提供更广阔的发展空间，促进新创意的产生。

三、发展文化创新集群需要注意的问题：文化品牌及其衍生品牌的治理

（一）文化品牌及其衍生品牌的治理：注重集群文化品牌及其衍生品牌的产权保护

由于集群品牌属于“公共物品”，集群内一些企业可能采取“搭便车”行为，为避免“公地悲剧”出现，必须对集群品牌采取相应的保护机制，以平衡集群内企业的竞合行为。建立集群品牌质量认证体系，尤其是产品保真认证和产地认证。产品保真认证是用来保护与某一特定地区和技术相联系的产品的权益，使某一地区的特色产品享有特殊地位，从而获取较大的市场力量。产地认证是保证使用该品牌的产品属于限定的优势区位内，防止产业聚集区以外的产品滥用集群品牌、损害品牌形象。通过地方政府进行有力的品牌和知识产权的知识宣传，提高集群内各经济主体的品牌意识，从而对品牌起到间接的保护作用。除此以外，地方政府和行业协会还可以给予对集群品牌做出突出贡献的企业一定的投入收益补贴，以激励集群企业发展和维护集群品牌的投入收益。

（二）政府、协会及企业治理品牌：在激励与保护上应有所为

注重创新集群品牌的创新，就是要求地方政府、同业协会和集群内的企业根据市场变化和顾客需求，综合运用各种先进的技术和手段，创造新的品牌、创造品牌新的应用以及赋予集群品牌新的含义、提供更加完善全面的服务，从而保持和发展品牌品质的一种经济或管理活动。创新是增强创意产业集群品牌竞争力的关键，只有持续创新，才能始终保持品牌旺盛的前进动力。在创意产业集群品牌的建设中，应积极鼓励支持区域企业加大创新，激发企业创新热情，培育品牌附加值，提高产品综合竞争力。通过创新引导区域企业从跟随创牌到自觉塑牌，引导、组织区域企业以整体形象参加各种展览会，加强企业集群之间的合作交流，营造集群品牌创新的环境，为打造区域品牌奠定基础。充分利用当地高校、研究所的思想文化资源和当地企业的生产资源，密切交流合作，以使创意产品快速进入市场。淘汰劣势品牌，促进核心品牌的发展，注重品牌的创新。政府可以在技术、管理、人才引进等方面给予核心品牌资金支持，还可以出台一系列促进集群内兼并重组的政策和措施，使集群内品牌优胜劣汰。

（三）创意人才与活动的引导与培训：政府加大辅助扶持力度

注重创意人才的培养和保护培养创意人才，要通过多种渠道，采取多种手段。一般可通过学历教育、培训和资格认证等途径进行。英国产业技能委员会曾在高校为电影、电视和多媒体行业举办为期 3 年的人才再造工程，提供了上百种课程，使影视业 66%和多媒体业 24%的员工达到研究生水平，有效地提高了这些行业的创新潜能。对创意人才的培养，应根据他们在创意产业链中的不同位置而采取不同的培养方式。如对创意生产者的培养，可以创造机会让他们与同行业者进行交流、探讨，促使他们头脑中的创意火花相碰撞，促进他们开拓性的思维；对创意生产引导者的培养，可以培养他们的市场意识和对文化创意产品的敏感性；对创意产品的经营者来说，则是要侧重先进经营推广理念、挖掘专门化的信息渠道的能力和市场开拓能力的培养。

第三节　互联网条件下形成的成功集群运营模式分析与评价：众包——非内部治理的外部创新群体应用

商业模式在不断推陈出新。开始是外包（Outsourcing），然后是开源（Open-sourcing），现在则是众包（Crowdsourcing）。

一、众包模式的成功：形成、特点与运行模式

（一）外包与众包的内涵：内涵、比较与应用

1. 外包：内涵与价值

外包是指企业动态地配置自身和其他企业的功能和服务，并利用企业外部的资源为企业内部的生产和经营服务。外包是一个战略管理模型，所谓外包（Outsourcing），在讲究专业分工的20世纪末，企业为维持组织竞争核心能力，且因组织人力不足的困境，可将组织的非核心业务委托给外部的专业公司，以降低营运成本，提高品质，集中人力资源，提高顾客满意度。外包业是新近兴起的一个行业，它给企业带来了新的活力。

外包将人们解放出来以便更专注于核心业务。外包合作伙伴为人们带来知识，IT外包增加后备管理时间。在执行者专注于其特长业务时，为其改善产品的整体质量。最近外包协会进行的一项研究显示外包协议使企事业节省9%的成本，而能力与质量则上升了15%。公司需要获得其内部所不具备的国际水准的知识与技术。外包解放了公司的财务资本使之用于可取得最大利润回报的活动。外包使一些新的经营业务得以实现。一些小公司和刚起步的公司可因外包大量运营职能而获得全球性的飞速增长。

2. 众包：提出、内涵及意义

2006年6月，杰夫·豪（Jeff Howe）在《连线》杂志上的一篇文章中首次提出“众包”一词，宣告了一个新的商业模式的诞生——从外包（Outsourcing），到开源（Open-sourcing），现在则是众包（Crowdsourcing）时代的来临。众包指的是把传统上由内部员工或外部承包商所做的工作外包给一个大型的、没有清晰界限的群体去做。这种工作可以是开发一项新技术、完成一个设计任务、改善一个算法，或是对海量数据进行分析等。

这个说法是崭新的，但相似的做法其实早就存在了。18世纪，英国政府曾经通过公开悬赏，求解地球的经度问题。这说明，人类很早就懂得集思广益的道理，认识到通过集中群体的智慧、广泛吸收有益的意见，可以破除障碍、成就不凡。

3. 外包与众包的差别：企业外部资源的无成本运用

众包（Crowdsourcing）区别于外包（Outsourcing）的特征是：第一，对于发包方来说，干活的都是志愿者，发包人不需要支付报酬，所以很划算；第二，对于干活的人来说是喜欢干这个的，所以绝不敷衍。这两个特点就是目前热度不减的“众包”概念的生命力所在。

不过，众包并不代表真的没有成本。那些干活的人不拿钱，可是他们要有收入，所以不能一年365天、一天24小时地干众包给他们的活儿。志愿者只能在某些特定的状态下，拿出一小部分的时间来贡献自己的力量。资源其实有限，这就是让众包模式普及化、上规模的瓶颈之一。

（二）众包的特点分析：携手用户协同创新

目前，“众包”从创新设计领域切入，已经成为华尔街青睐的最新商业模式，被视为将掀起下一轮互联网高潮，并且有可能颠覆传统企业的创新模式。

1. 众包是对外包的颠覆

所谓外包，是指企业整合利用其外部最优秀的专业化资源，从而达到降低成本、提高效率、充分发挥自身核心竞争力和增强企业对环境的迅速应变能力的一种管理模式。它是社会专业化分工的必然结果，是专业化作用下规模经济的产物；强调的是高度专业化，主张企业“有所为、有所不为”；信赖的是专业机构和专业人士，主张“让专业的人干专业的事”。而众包则是互联网力量彰显的产物，强调的是社会差异性、多元性带来的创新潜力，倚重的是“草根阶层”，相信“劳动人民的智慧是无穷的”，主张“三个臭皮匠顶个诸葛亮”。正如宝洁公司负责科技创新的副总裁拉里·休斯顿（Larry Huston）所言，“人们认为众包就是外包，但这肯定是一种误解。外包是指我们雇用人员提供服务，劳资双方的关系到此为止，其实和雇佣关系没什么两样。但众包是从外部吸引人才的参与，使他们参与到这广阔的创新与合作过程。这是两种完全不同的概念”。

2. 众包蕴含着“携手用户协同创新”的理念

众包意味着产品设计由原来的以生产商为主导逐渐转向以消费者为主导，这是因为没有人比消费者更早、更准确了解自己的需求。因此，如果在产品设计过程中尽早吸收消费者的主观意见，尽早让消费者参与进来，企业的产品将更具创造力，也更容易适应市场需求并获得利润上的保证。位于美国芝加哥的“无线（Threadless）T 恤公司”饱尝了利用众包设计新 T 恤的甜头。该公司网站每周都会收到上百件来自业余“粉丝”或专业艺术家的设计，然后他们把这些设计放在网站上让用户“评头论足”，4~6 件得分最高的 T 恤设计将会进入量产备选名单，然而能否量产还要看公司是否收到足够多的预订单。这样一来，“三赢”局面基本形成：外部设计者的创意得到发挥，得分最高者除了获得奖牌和 2000 美元奖金，其名字也将印在每件 T 恤上；消费者的参与度和满意度都大大提升；无线 T 恤不仅省下了雇用专职设计师的费用，而且只生产获得足够预订量的产品，几乎是稳赚不赔。

3. 众包延伸了创新边界，借社会资源为己所用

以往，企业的研发和创新模式基本上都是“各搞各的，老死不相往来”。如今，越来越多的企业采用了“内外结合”的方式，纷纷放眼外部，借助于社会资源来提升自身的创新与研发实力。创立于 2001 年的 InnoCentive 网站（www. InnoCentive. com）就是顺应这一需求而生，目前已经成为化学和生物领域的重要研发供求网络平台。由宝洁、波音和杜邦在内的众多跨国公司组成的“寻求者（Seeker）阵营”纷纷把各自最头疼的研发难题抛到“创新中心”上，等待隐藏在网络背后的 9 万多名自由科研人才组成的“解决者（Solver）阵营”破译。一旦成功解决这些问题，这些“解决者”将获得 1 万~10 万美元的酬劳。宝洁公司通过充分借助“创新中心”以及 YourEncore 和 NineSigma 等外部研发人才交流平台，获得了丰硕的成果：内部研发人员依然维持在

9000 人，但外部研发人员却高达 150 万人；外部创新比例从 2000 年的 15%提高到 2005 年的 50%；公司整体研发能力提高了 60%。

4. 在众包中，“草根”的创新越发成为主流

轰轰烈烈的软件开源运动充分证明，由网民协作网络写出的程序，质量并不低于微软、Sun 等大公司的程序员开发的产品。由美国加州大学伯克利分校的空间科学实验室主办的 SETI@ home 分布式计算项目，自 1999 年 5 月 17 日开始正式运行至 2004 年 5 月，已成功调动了世界各地近 500 万名参与者，积累了近 200 万年的 CPU 运行时间，进行了近 5×10^{21}次浮点运算，处理了超过 13 亿个数据单元。法国标致汽车集团 2005 年设计大赛的获奖作品 Moove 也出自一名 23 岁的葡萄牙学生之手。由此可见，星星之火可以燎原，“草根”也是一支不可忽视的潜力股！

IBM、摩托罗拉和联想等跨国公司纷纷宣布大举“进军”印度，IBM 更是把每年一度的投资者大会，从纽约金碧辉煌的大酒店改在了万里之外的印度硅谷班加洛尔召开，而且，IBM 的印度员工人数在两年半内从 9000 人增加到了 4.3 万人。低廉的人力成本使印度成为了一块磁力巨大的“金砖”。托马斯·弗里德曼在《世界是平的》一书中大力宣扬了铲平世界的十大“推土机”，其中外包是最大的一台。但是，现在另一条获得更廉价的人力、更有价值的途径正在形成——众包（Crowdsourcing）。

（三）“众包”对传统创新治理模式的突破：基于对企业传统创新模式的反思

传统的产品创新方法是，首先由生产商对市场进行调查，然后根据调查结果找出消费品的需求，最后再根据需求设计出新产品，但这种创新的投资回报率通常很低，甚至血本无归。而如今，随着互联网的越发普及，消费者的创新热情和创新能力越发彰显出更大的能力和商业价值，以“用户创造内容”（User-generated Content）为代表的创新民主化正在成为一种趋势。

网络的普及对商业世界产生了颠覆性的影响，传统的公司权力遭到了解构。公司作为主要的商业组织形式，在过去的 100 年中，主宰了人们生产和销售产品以及服务的方式。而在网络时代，公司的主导权正逐渐被稀释，生产和销售的方式开始掌握在大众手里，生产者和消费者的界限变得逐渐模糊，那么未来的“雇员”、“经理”和“总裁”也许都要重新定义。

二、众包商业模式促进社会群体创新：如何利用众包打败企业超人

外包仅仅是将工作转包给其他组织来完成，而众包则不限于接受工作者是组织还是个人。这就模糊了员工和消费者之间的界限。

（一）海外成功商业行为触发了众包模式：互联网带来众包新高度

1. 众包具有战略性：有效调动社会文化创新资源

在缺乏雄厚资源、政府政策扶持及相应的工具和手段的阶段，形成创新为己所用，

引导群体创新影响区域或群体参与企业平台的创新活动，是企业开拓出的一个战略做法。其核心用中国的成语来说，叫作集思广益。但是这一过程能否成功无疑也是艰难而痛苦的过程。真正使众包的做法达到新高度以至于成为一种新的商业模式的因素是互联网的出现，它使面向大众寻求商业智慧和灵感成为可能。

2. 海外成功商业行为触发了众包模式：三个案例的价值

案例一：2007 年春天，美国一家有线电视台 Current TV 开始介入广告创意，鼓励用户应征完成广告。这家电视台的大部分节目都来自用户自己生产的内容。它建立了一个社交网络，观众可以创作并上传 5 分钟的短片，张贴对其他观众作品的意见，并投票选择哪些片子应该播映。其中，欧莱雅的一个华丽的形象广告"有信心找到属于自己的色彩"就来自一个观众的创意。欧莱雅宣称只付给了广告创意者 1000 美元，而如果由自己来制作则需要花费 164200 美元。

案例二：这样的故事还有许多，著名的格蒂图片社（Getty Images）花了 5000 万美元收购了拥有超过 23000 名摄影爱好者的 iStockphoto 网站，颠覆了库存图片的传统；John Fluevog 开源鞋类网站请爱好者们提交新款鞋的设计并对设计作品进行评选；Ducati 摩托车的客户可以通过公司网站设计新型摩托车；乐高公司推出了"乐高工厂"（LEGO Factory）的新概念，允许用户下载一个三维的乐高玩具组装软件，设计自己的模型，再将设计图上传到乐高网站并进行出售……

案例三：值得一提的是，在线 T 恤衫厂商 Threadless. com 从一开始就致力于为那些崭露头角的设计师提供展示设计灵感的平台，同时帮助他们克服自身缺陷。通过这个信息平台，Threadless 每周都能为其中一个产品挑选出 6~10 个新设计方案，胜出者会收到总价值 2500 美元的现金和奖品。更关键的是，其社区成员也可以对这些作品提出批评和建议并反馈给设计者。目前，Threadless 已经成为商业和社区模式双赢的典范。2006 年，该公司的 T 恤衫销售量多达 1500 多万件，顾客遍及全球，成员超过 60 万名。目前，Threadless 每周都能收到 800 多个新的设计方案，每天有超过 1000 名新注册用户来进行设计和艺术方面的讨论，并根据设计方案所激发的灵感提交配套的音乐和视频。这一切都不依赖于传统的广告宣传和促销，也不借助大型零售商在全世界的门店进行销售。

随后，Threadless 让它的顾客自己选择生产线，确定产量并负责市场推广、促销以及销售工作。生产当然是外包的，Threadless 需要做的仅仅是维护网站而已。这意味着零市场风险和负的运营成本。客户社区承担了创新、新产品开发、销售预测和市场营销等核心功能。

（二）利用社会资源或社区资源比公司更有效："众包"深刻影响着世界 100 强公司的商业模式

1. "众包"深刻影响着世界 100 强公司的商业模式：以宝洁为例

毋需什么高深的理论解释，集思广益生产出来的产品已经超越了世界顶尖公司创造出的最好的产品。"众包"正在深刻地影响着世界 100 强公司的商业模式。譬如，宝洁公司要求下属的每个部门有一半的业务或是服务的创新一定要来自外部；IBM 已投入 10 亿美元开发“众包”，因为它发现，从 Linux 操作系统到 Apache 服务器软件再到火狐浏览器，信息经济的大部分基础建设都是由自发组织起来的志愿者队伍建立的。

一度与外界绝缘的公司认为自己拥有所有的答案。宝洁一个多世纪中把自己视为创新的先导者。然而，它的创新成功率——用“有多少新产品实现了财务目标”来衡量——只有 15%~20%。宝洁认识到，过去变化缓慢的市场鼓励企业以内部为导向，实行纵向一体化，但在今天，地理界线的消失、竞争界桩的倒塌以及全球范围内的成本压力，都迫使企业走向开放。现在宝洁致力于同任何人在任何时间和地点展开协作。

2. 企业从纯粹的等级体系演变为网络化的体系：外部创新与协作的力量

在众包的情况下，今天的组织要从纯粹的等级体系演变为网络化的体系——后工业时代的组织模式是一种跨越传统商业界限的虚拟网络组织模式。这里所说的网络并不是指技术层面的网络，而是指企业价值链上下游之间的网络和社会关系的网络。这种网络存在一种历史的演进。

英国经济学家、交易成本理论及科斯定理的提出者罗纳德·科斯认为，企业的存在是为了实现市场交易的经济性。根据这种观点，效率是设立公司的主要动机。然而，随着网络协作的深入，技术系统地降低企业内外的互动成本，企业存在的根本原因也在改变。

企业在网络上的第一步演进是，逐渐走到外部产生价值。也就是说，要跨出组织的传统界限，与其他公司的专业化能力对接，以加强自己的产品创新、商业模式创新。第二步演进是今天特别汹涌的所谓 Web 2.0 浪潮，即通过社会性技术，使得社会网络中的个人能够自由地合作。这些社会性技术同消费者的高度互动相关，在此情况下企业必须为自己创设新的角色，学习新的运营方式，否则将无法生存。

（三）众包模式运行的四大跨越：将社区变成促进文化碰撞与协同创新的网路

1. 众包运习依托的四大跨越

有许多公司想采纳众包的新型商业模式，但它们容易犯下的错误是，急于建立消费者社区而不去仔细考虑自己到底要什么，以及如何去做。因此“大众”很容易提交一些低水平的方案。如何在泥沙俱下的情况下筛选出智慧？以下的做法非常关键：

第一，聚焦平台。例如 Current TV 明确规定，观众创造广告内容的目标是在网上以及有线电视网上播映新的广告。这种方式使欧莱雅或者索尼等公司可以在观众所创造的广告中挖掘新鲜的创意。

第二，做出正确的筛选。2007 年 7 月，IBM 公司发起即兴创新的头脑风暴活动，开发员工及其家属和客户的群体智慧，拓展创新领域。IBM 确定了四大主题，为每一主题提供交互式的背景信息，主持者的作用是使谈话不偏离主题。最终，公司收集了 37000 个创意，由员工对这些创意进行筛选。有 140000 人在网上参与了第一阶段的创意，公司的首席执行官彭明盛参与最终的评选，并计划拿出 1 亿美元用在有前景的创意上。

第三，选择合适的人群。在 YouTube 等新型社交网络中，只有 1%的用户是活跃的内容创造者，另有 10%的用户和内容互动并且做出改变，剩下 89%的用户都是被动的观察者。聪明的企业要学会把最有潜力解决商业难题的人集中起来。InnoCentive 是一个社交网络，在那里，宝洁和波音等公司能够花高价张贴它们无法在企业内部解决的棘手问题。InnoCentive 依靠一群具有高超专业技能的天才科学家，并在大学里征募年轻而聪明的人才（目前这个网站已与中国 25 所大学签订了协议），他们能够为企业带来很好的创意。

第四，把社区建成社交网络，激发创新行为。金钱可以激发人们的参与，但成功的众包依靠的是点燃大家的激情。Cambrian House 是迈克尔·西科尔斯基（Michael Sikorsky）创建的一家软件公司，完全依靠众包运行。每个贡献创意的人都将收到专利权的点数，享有产品中的权益，最终获得兑现。此外在中国，价值中国网是中国一家领先的财经博客服务商，自 2005 年起，该网站将 50%的股份赠送给网站全体注册用户，用户按照发表文章数量、访问量等“论功行权”，动态分配。2008 年，各位股东根据所持价值中国网的股票获取分红。网站创始人兼 CEO 林永青说：“博客变股东，全世界都没有这样的模式，互联网提供了这种可能，不是所有业务都可以这么做的。”

2. 众包促进社区创新行为的价值：揭示一个真理——激发所有人实现价值

众包揭示了一个关于人类的基本真理——社区比公司更能有效地组织起工作者，一份工作的最好人选是最想做这个工作的人。有热情、快乐工作的人构成了互联网世界的经纬，而众包就是要利用群体的智慧，创造出人人受益的美丽事物。

必须指出，众包并不仅仅意味着为众人，它也凸显了个人的价值。17 世纪的法国哲人蒙田曾写道：“世界上没有两个人的意见完全相同，正如两根头发、两个谷粒都不尽相同。差异性是它们最普遍的特性。”他的意思是，我们唯一的共同之处就是我们全然不同。在网络时代，拥有了前所未有的新工具和新联系，个人的作用达到了从未有过的新高峰，这的确是件很棒的事。

三、众包给大众一个舞台：电子化平台的价值

目前，众包随处可见：Google 的许多服务，比如 Google Code/Google App Engine/Google 3dwarehouse，以及 Google 的所有 APIs 等；WordPress 的 Plugin 和 FireFox 的附加组件；IBM 的开源社区和威客任务；digg 和维基百科（虽然维基百科创始人批评这个词）；大众点评网和豆瓣；博客平台（新浪博客和博客园）；FaceBook 和开心网的插件系统；苹果手机的 app store；可以说所有的社区都是一种众包。公益事业也使用众包。

除了网络，现实生活中也存在众包，比如广告语征集或者摄影大赛、卖小东西小玩意的格子屋商店（可能不算）、上海电视台的相约星期六和湖南卫视的智勇大冲关等。

众包是一个很好的模式，但做好众包并非易事，其核心就是如何提供给大众一个舞台，如何建立一个电子化平台？这决定着如何做好众包。其核心有两点，第一是平台，第二是激励政策。

在众包中强调的是将问题在互联网上发布和传播，可见互联网就是一个不可或缺的平台，可以说互联网是基础平台，只有基础平台是不够的，你还需要给大家一个舞台。

第四节　东方管理商业模式规划与设计流程实证分析——基于AHP的东方管理文化元素治理的综合效果评价

东方管理重要的特征之一是文化的干预与影响效果。企业经营活动中需要提炼文化元素，并将其运用到企业组织内部、企业经营活动，以及企业的市场营销活动中。

那么，如何设计与规划文化元素呢？根据企业业务治理流程，企业首先需要将其文化元素作用到社会客体，即主体人，这样，需要对社会群体与企业拟治理的文化元素加以评价，是否符合社会群体的价值模式需求。然后，对其文化元素根据业务流程及组织结构加以治理，并对其效果进行评价。

一、实证分析程序概览：东方管理创新集群商业模式综合能力指标调研与综合评价设计

（一）基于商业模式业务布局与流程的指标结构：构建价值网络及其治理安排的指标结构与调查问卷

（1）调查问卷指标设计一：文化引致的创新（创意元素）对需求的影响——社会价值认同效果关系，如表 6-2 所示。

表 6-2　文化引致的创新（创意元素）对需求的影响——社会价值认同效果关系

年轻人/性别 (25-35-55-75)	民族文化元素	现代流行元素	美学欣赏元素	大众习惯

（2）调查问卷指标设计二：文化元素管理的制度化治理形式对需求价值链稳定性影响分析，如表 6-3 所示。

表 6-3　文化元素管理的制度化治理形式对需求价值链稳定性影响分析

消费者	文化元素差异化识别管理	完善的制度化服务体系安排	交易流程幅度简化程度	人性化服务管理

（3）调查问卷指标设计三：文化服务引导形成文化关系对形成忠诚度群体的影响，如表 6-4 所示。

表 6-4 文化服务引导形成文化关系对形成忠诚度群体的影响

消费者	仁：识别行为的制度化（如对方无过错，宁可自己吃亏不亏消费者）	义：识别行为的制度化（己所欲施与人，以对方的超值享受为己任）	礼：识别行为的制度化（尊重对方的行为程序，满足尊重、愉快等）	智：识别行为的制度化（在对方立场变通解决问题能力）	信：识别行为的制度化（诚信与责任感贯彻道理）

（4）调查问卷指标设计四：虚拟“五缘”网络对企业的社会价值链与价值网络体系的影响作用，如表 6-5 所示。

表 6-5 虚拟“五缘”网络对企业的社会价值链与价值网络体系的影响作用

消费者	亲缘网络（提供亲友服务制度平台服务虚拟资源）	商缘网络（提供商业关系制度平台服务虚拟资源）	地缘网络（提供乡情文化关系平台服务虚拟资源）	文缘网络（提供类似文化平台服务虚拟资源）	神缘网络（提供志同道合者等制度平台服务虚拟资源）

（二）调查问卷分析：拟达到的目标及拟解决的问题

1. 各指标、影响因子问卷设计的可靠性与稳定性评价

第一，“信度”与“效度”分析（包括结构可靠性）；第二，各类特征因子与目标的相关性分析；第三，特征因子之间的差异性比较。

说明：各特征因子包括：性别（男、女）、年龄、学历与收入和目标值，即需求支付的激励效果的关系，以及特征因子之间的比较。

2. 问卷指标设计拟解决的问题：四次问卷的指标代表业务流程四个阶段的主要因素

在进行各类问卷调查前，我们必须确定文化引导的创新与产品塑造要有需求市场，所以，我们在前面第一节做了凯氏的收入支出前提分析，得到了可靠前提。基于前面凯氏框架分析后允许我们做以下业务流程的问卷设计，并设立目标与拟解决的内容。

因为，该节的目的是分析是否可以在凯氏模型框架下展开，涉及消费者的储蓄、消费、投资，三个因素收支结构变化，消费倾向、储蓄倾向变化，目的是为该节问卷设计中拟解决的问题提供前提条件。

凯氏模型

$$\left.\begin{array}{l}C=C1+C2\\S=I\end{array}\right\}\quad Y=S+C$$

⬇

$S>I$

第一阶段——文化引致的创新（创意元素）对需求的影响——社会价值认同效果关系。

目标：激发社会文化价值模式需求基础的注意力效应，建立社会文化价值体系认同关系，引导消费者购买，建立文化元素引致的价值链效果分析。

调查对象：针对日用或耐用消费品行业（前边分析已经基本剔除了工业中间件，对工业品有影响，较小，故暂不做工业品调查问卷）。

第二阶段——文化元素管理的制度化治理形式对需求价值链稳定性影响分析。

目标：企业建立制度化安排体系与形成价值链稳定性关系，解决文化关系认同的支持形式——建立制度化安排支持的重要性与支撑效果。

第三阶段——文化服务引导形成文化关系对形成忠诚度群体的影响。

目标：文化服务平台的文化服务的制度化形式很重要，如以阿里巴巴核心体系"诚信通"认证体系的制度化安排为例，发挥了对平台的核心作用，它有力地引导了社会价值链或价值网络体系的形成。

第四阶段——虚拟"五缘"网络对企业的社会价值链与价值网络体系的影响作用。

目标：通过文化管理建立制度化安排体系，构建并夯实社会价值链网络。

说明：社会群体是以非制度化形态在社会中分散布局的，我们往往通过有重点的非正式的组织形式来引导与安排它，使其成为我们价值链及价值网络中的重要结点。实际上，作为企业来组织这些外部资源，比正式组织治理复杂得多，它需要企业系列正式组织与制度体系安排完成它，比如，社会有的需要提供类似会员制、参与制、定期活动制等各类制度化组织平台。

二、东方管理创新商业模式价值链扩展能力分析——基于文化元素治理效果的 AHP 评价

（一）东方管理创新商业模式指标设计：文化元素的提炼与要素指标结构设计

1. 基于商业模式治理的文化元素提炼与指标结构

第一阶段：社会价值认同效果关系分析——文化元素治理对需求的影响。通过文化元素的治理激发社会文化群体的注意力效应，建立社会群体的价值认同关系，引导创新与消费者购买，建立文化价值纽带。

调查问卷指标一：文化元素对需求的影响，如表 6-6 所示。

表 6-6　文化元素对需求的影响

消费者	民族文化元素	现代流行元素	美学欣赏元素	大众习惯
企业商业模式：提炼并评价文化元素用于业务活动				

第二阶段：文化元素的制度化治理形式对需求价值链稳定性的影响。企业通过制度化体系解决文化关系认同问题，形成企业与社会群体基于文化价值观认同基础上的稳定的价值链关系。

调查问卷指标二：文化元素的制度化治理形式对需求价值链稳定性影响分析，如表 6-7 所示。

表 6-7　文化元素的制度化治理形式对需求价值链稳定性影响分析

消费者	文化元素差异化识别管理	完善的制度化服务体系安排	交易流程幅度简化程度	人性化服务管理
企业商业模式：对文化元素作用消费者的形式进行系统治理				

第三阶段：文化服务对形成忠诚度群体的影响。文化服务平台的制度化形式很重要，如以阿里巴巴核心体系“诚信通”认证体系的制度化安排为例，发挥了对平台的核心作用，它有力地引导了社会价值链或价值网络体系的形成。

调查问卷指标三：文化服务对形成忠诚度群体的影响，如表 6-8 所示。

表 6-8　文化服务对形成忠诚度群体的影响

消费者	仁：（如对方无过错，宁可自己吃亏不亏消费者）	义：（己所欲施与人，以对方的超值享受为己任）	礼：（尊重对方的行为程序，满足尊重、愉快等）	智：（在对方立场变通解决问题能力）	信：（诚信与责任感贯彻道理）
企业商业模式：文化元素识别环节的制度化管理					

第四阶段：“五缘”网络治理对企业的价值网络体系扩展的影响作用。东方管理创新商业模式是通过文化管理建立制度化安排体系，构建并夯实社会价值链网络。作为企业外部文化布局这些外部资源的治理，却比正式组织治理却复杂得多。它需要企业系列正式与非正式的制度体系安排完成它干预它。

调查问卷指标四：“五缘”网络对企业构建社会价值网络体系的影响，如表 6-9 所示。

表 6-9　“五缘”网络对企业构建社会价值网络体系的影响

消费者	亲缘网络（提供亲友服务制度平台服务虚拟资源）	商缘网络（提供商业关系制度平台服务虚拟资源）	地缘网络（提供乡情文化关系平台服务虚拟资源）	文缘网络（提供类似文化平台服务虚拟资源）	神缘网络（提供志同道合者等制度平台服务虚拟资源）
企业商业模式：按照“五缘”网络逻辑递进扩展价值网络体系					

2. 目标路径：基于“五缘”网络完成社会非制度化资源的价值链扩展

第一，五缘网络：五维关系扩展的逻辑路径与愿景。东方管理在社会网络关系下划分出五缘网络，即：亲缘、商缘、地缘、文缘、神缘。

这一演进过程也代表了企业价值链演变的方向。

亲缘阶段：最初企业以家族成员及血亲关系合作建立与发展，并通过亲友网络营销获得市场扩展，这个初期只能称呼为小微公司。

文缘阶段：企业在不断的经营发展过程中，建立起了一种企业成员能共享并遵循的价值观体系，以此构建企业文化，形成强大凝聚作用的文化价值资源平台。

商缘阶段：随着企业的发展，企业建立了一定的商业网络关系，价值链进一步扩展，形成具有企业业务组织全貌的中型企业。

地缘阶段：随着企业进一步壮大，企业在一定区域或一定产业形成了一定的优势与地位，成为一定区域及产业群体所认可的大企业。

神缘阶段：最后，成为依靠企业文化品牌及脍炙人口的成功故事以及一系列优势的体现，获得了社会整体及国内外的认同，进入神缘阶段。

第二，价值链扩展与企业整体价值愿景。如图 6-1 所示。

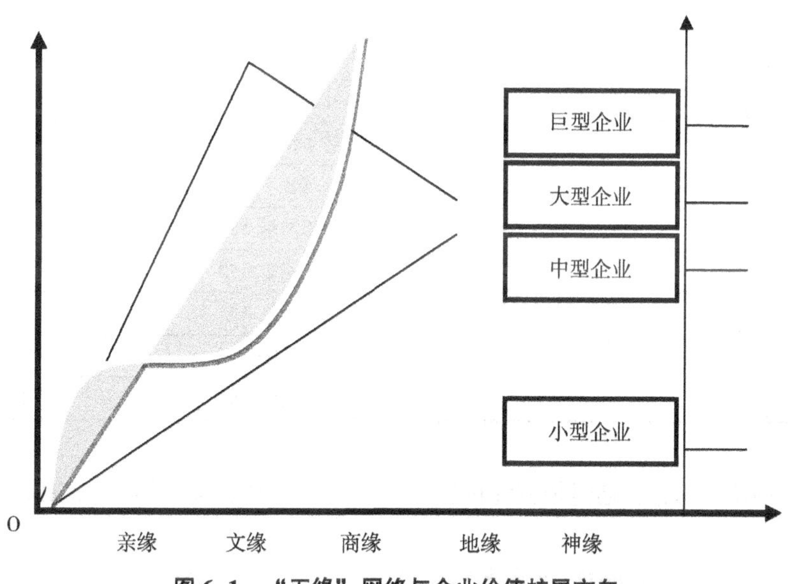

图 6-1 “五缘”网络与企业价值扩展方向

（二）基于 AHP 模型的东方管理创新商业模式价值链扩展效果评价：以上海社会环境为例

1. 层次分析法的指标结构与权重确定

我们对如上几个因素的分析结论进行综合评价，并获得可行性及普遍代表性的结论，接着我们对文化创新引导的商业模式设计方案进行价值网络布局基础的综合扩展能力的模糊评价。

第一，AHP 指标体系结构层次设计，如表 6-10 所示。

表 6-10 AHP 指标体系结构层次设计

	Ⅰ级指标（准则层）	Ⅱ级指标	
目标层：文化创新引导的商业模式设计方案“核心能力”评价 U	文化引致的收入—支出行为—消费者需求激励空间 A1	储蓄 A11	
		消费 A12	
		投资 A13	
	文化引致的创新（创意元素）对社会需求的影响 A2	民族文化元素 A21	
		现代流行元素 A22	
		美学欣赏元素 A23	
		大众习惯 A24	
	文化元素管理的制度化治理形式对需求价值链稳定性影响 A3	文化元素差异化识别管理 A31	
		完善的制度化服务体系 A32	
		交易流程幅度简化程度 A33	
		人性化服务管理 A34	
	文化服务引导形成文化关系对形成忠诚度群体的影响 A4	仁 A41	
		义 A42	
		礼 A43	
		智 A44	
		信 A45	
	虚拟“五缘”网络对企业的社会价值链与价值网络体系的影响 A5	亲缘网络 A51	
		商缘网络 A52	
		地缘网络 A53	
		文缘网络 A54	
		神缘网络 A55	

第二，确定评语集：通过模糊评价法给如下各评价指标赋予分值，如表 6-11 所示。

表 6-11 评语集 Vi=｛1，2，3，4，5｝五个等级

等级	分值 Vi
价值差	1
价值较低	2
价值一般	3
价值高	4
价值很高	5
其中 V3 代表该领域的平均能力	

2. 确定指标分值，如表 6-12 所示

表 6-12　确定指标分值

各项专家评价个数	价值很高	价值高	价值一般	价值较低	价值差	总评价数
储蓄 A11	6	3	1	0		10
消费 A12	6	2	2			10
投资 A13	6	2	2			10
民族文化元素 A21	7	2	1			10
现代流行元素 A22	7	3	0			10
美学欣赏元素 A23	7	2	1			10
大众习惯 A24	6	2	2			10
文化元素差异化识别管理 A31	7	2	1			10
完善的制度化服务体系 A32	7	2	1			10
交易流程幅度简化程度 A33	8	1	1			10
人性化服务管理 A34	7	2	1			10
仁 A41	6	2	2			10
义 A42	6	2	2			10
礼 A43	5	3	2			10
智 A44	5	3	2			10
信 A45	7	2	1			10
亲缘网络 A51	6	2	2			10
商缘网络 A52	8	1	1			10
地缘网络 A53	7	2	1			10
文缘网络 A54	6	2	2			10
神缘网络 A55	5	3	2			10

第一，统计汇总。经过 10 个专家答分汇总，对专家评价的各指标进行汇总统计，得到每个评判对象的相关因素评价。

第二，层次分析法计算二级指标权重：利用和积法计算判断矩阵的最大特征向量（以第一个一级指标下的二级指标计算为例）。

当判断矩阵 P 的 CR<0. 1 时或 CI=0 时，认为 P 具有满意的一致性。

得到二级指标权重为：a1=（0. 5　0. 25　0. 25）

同理，得到其他二级指标权重：a2=（0. 24　0. 42　0. 24　0. 1）

a3=（0. 2　0. 2　0. 4　0. 2）　　　　a4=（0. 18　0. 18　0. 1　0. 1　0. 44）

a5=（0. 11　0. 43　0. 28　0. 11　0. 07）

3. 确定一级指标权重值

请 5 位专家各自独立给出权重，如表 6-13 所示。

表 6-13　请 5 位专家各自独立给出权重

	A1	A2	A3	A4	A5	Σ
专家 1	0.3	0.2	0.2	0.1	0.2	1
专家 2	0.25	0.15	0.3	0.1	0.2	1
专家 3	0.1	0.15	0.2	0.25	0.3	1
专家 4	0.2	0.2	0.2	0.2	0.2	1
专家 5	0.25	0.25	0.1	0.2	0.2	1
权重	0.22	0.19	0.2	0.17	0.22	1

一级指标权重：$A' = (0.22\quad 0.19\quad 0.2\quad 0.17\quad 0.22)$

（三）多级模糊综合评价

1. 建立评价级 v

根据专家打分表可以看出，在对所有的指标进行评价时，所有的专家都没有选择“价值较低”和“价值差”这两个标准。为了方便计算。在计算中，省略了这两个标准。即确定评语等级论域，即建立评价集 v。

V = {v1　v2　v3} = {价值很高　价值高　价值一般}

= (5　4　3)

$$R1=\begin{bmatrix}0.6 & 0.3 & 0.1\\0.6 & 0.2 & 0.2\\0.6 & 0.2 & 0.2\end{bmatrix}\quad R2=\begin{bmatrix}0.7 & 0.2 & 0.1\\0.7 & 0.3 & 0\\0.7 & 0.2 & 0.1\\0.6 & 0.2 & 0.2\end{bmatrix}\quad R3=\begin{bmatrix}0.7 & 0.2 & 0.1\\0.7 & 0.2 & 0.1\\0.8 & 0.1 & 0.1\\0.7 & 0.2 & 0.1\end{bmatrix}$$

$$R4=\begin{bmatrix}0.6 & 0.2 & 0.2\\0.6 & 0.2 & 0.2\\0.5 & 0.3 & 0.2\\0.5 & 0.3 & 0.2\\0.7 & 0.2 & 0.1\end{bmatrix}\quad R5=\begin{bmatrix}0.6 & 0.2 & 0.2\\0.8 & 0.1 & 0.1\\0.7 & 0.2 & 0.1\\0.6 & 0.2 & 0.2\\0.5 & 0.3 & 0.2\end{bmatrix}$$

2. 文化引致的收入—支出行为—消费者需求激励空间的评价向量

二级指标评价向量

$A1 = a\cdot R$

$$=(0.5\quad 0.25\quad 0.25)\times\begin{bmatrix}0.6 & 0.3 & 0.1\\0.6 & 0.2 & 0.2\\0.6 & 0.2 & 0.2\end{bmatrix}=(0.6\quad 0.25\quad 0.15)$$

$$A2=(0.24\quad 0.42\quad 0.24\quad 0.1)\times\begin{bmatrix}0.7 & 0.2 & 0.1\\0.7 & 0.3 & 0\\0.7 & 0.2 & 0.1\\0.6 & 0.2 & 0.2\end{bmatrix}=(0.6\quad 0.242\quad 0.068)$$

$$A3=(0.2\quad 0.2\quad 0.4\quad 0.2)\times\begin{bmatrix}0.7 & 0.2 & 0.1\\0.7 & 0.2 & 0.1\\0.8 & 0.1 & 0.1\\0.7 & 0.2 & 0.1\end{bmatrix}=(0.74\quad 0.16\quad 0.1)$$

$$A4=(0.18\quad 0.18\quad 0.1\quad 0.1\quad 0.44)\times\begin{bmatrix}0.6 & 0.2 & 0.2\\0.6 & 0.2 & 0.2\\0.5 & 0.3 & 0.2\\0.5 & 0.3 & 0.2\\0.7 & 0.2 & 0.1\end{bmatrix}=(0.624\quad 0.22\quad 0.156)$$

$$A5=(0.11\quad 0.43\quad 0.28\quad 0.11\quad 0.07)\times\begin{bmatrix}0.6 & 0.2 & 0.2\\0.8 & 0.1 & 0.1\\0.7 & 0.2 & 0.1\\0.6 & 0.2 & 0.2\\0.5 & 0.3 & 0.2\end{bmatrix}=(0.707\quad 0.164\quad 0.129)$$

3. 综合评价向量

$$A=(0.22\quad 0.19\quad 0.2\quad 0.17\quad 0.22)\times\begin{bmatrix}0.6 & 0.25 & 0.15\\0.6 & 0.242 & 0.068\\0.74 & 0.16 & 0.1\\0.624 & 0.22 & 0.156\\0.707 & 0.164 & 0.129\end{bmatrix}$$

$=(0.656\quad 0.206\quad 0.121)$

归一化得 $=(0.667\quad 0.21\quad 0.123)$

4. 对综合评分值进行等级评定

$V_{A1}=5\times0.6+4\times0.25+3\times0.15=4.45$

$V_{A2}=5\times0.6+4\times0.242+3\times0.068=4.172$

$V_{A3}=5\times0.74+4\times0.16+3\times0.1=4.64$

$V_{A4}=5\times0.624+4\times0.22+3\times0.156=4.468$

$V_{A5}=5\times0.707+4\times0.164+3\times0.129=4.578$

总体的综合评判分值为：

$V=5\times0.667+4\times0.21+3\times0.123=4.544$

由上述计算可知，对照评价分级标准表，可得文化创新引导的商业模式设计方案“整体能力”评价指标，总体综合评价结果和二级指标评价结果都介于4~5，即各指标的价值在高和很高之间。

按照各个指标的评分等级的大小可以对其排序，价值由高到低为“文化元素管理的制度化治理形式对需求价值链稳定性影响”、“虚拟五缘网络对企业的社会价值链与价值网络体系的影响”、“文化服务引导形成文化关系对形成忠诚度群体的影响”、“文化引致的收入—支出行为—消费者需求激励空间”、“文化元素引致的创新对社会需求的影响”。

三、东方管理创新商业模式规划方略：推进价值网络扩展的战略重点

（一）东方管理商业模式的文化纽带核心：基于相对稳定社会文化模式基础的社会价值网络扩展

世界不同国家不同民族的文化是经历千年演变与文化积聚而形成的。既有宗教文化，又有民族文化，还有历史文化，在此基础上形成的文化价值模式具有相对稳定性。这些文化群体的生活方式与行为方式受到不同的观念文化、意识形态、行为规则、审美观念、价值需求、价值行为导向等方方面面的影响。这种稳定性我们可以称为文化价值模式的定向。所以，由于这种稳定性的存在，我们提炼文化元素时，不能试图轻易去改变这种文化价值模式。

建立于社会行为人的需求基础上，分析社会不同文化特征群体的文化价值模式文化构成元素是挖掘潜在社会需求与创造供给的基础。不同社会群体文化价值模式同样具有一定的稳定性，所以文化信息元素的提取包含了这种稳定因素。

理解不同社会群体的价值模式定向至关重要。而提取价值模式定向的信息的关键是了解不同社会行为群体的价值模式。

（二）东方管理创新商业模式的非制度化治理方式：文化干预与外部资源的利用

强势文化作为非制度干预形式具有优势，中国因素正在影响世界。如果企业对于存在于社会体系中这种以非制度化形态存在的社会群体的文化价值模式加以利用，这个资源是无限的，它体现为不同国家、区域以及文化圈层的文化布局特点。

企业需要通过非正式组织与非制度化协调的方式，通过文化的激励过程完成企业与社会体系之间的能量循环与互动，从而形成良性循环。

手段—目标链的基本理论是 Rosenberg 的基于人们固有的价值观对商品实现的预期进行分析的理论。它通过创造一整套适应性方法来分解技术与产品属性，提取文化元素，通过传导激发消费者认知并刺激消费者行为，形成一种文化关系纽带，从而建立其企业与文化模式群体之间的价值链。

因为手段（通过分解产品属性，将创新文化思维融入产品或经营管理模式中）是获得社会价值观念（终极目标）的认知的方式，即企业通过文化来影响社会行为人的终极价值观，激发其需求。而融入的文化元素所具有的属性，即其对消费者的文化意义称为消费辅助目标。表示为：产品属性—消费者辅助目标—终极价值观。因此，产品文化属性是文化价值观念的反映，具体地说是社会文化价值模式的固化。①

---

① ［美］亨利·阿塞尔：《消费者行为和营销策略》，韩德昌等译，机械工业出版社 2000 年版。

（三）文化创新条件评价：当前文化元素的提炼与译码应用具有现实性

知识经济与信息时代，知识与信息传播的低成本使任何企业在知识的获取、创新的途径、开发模式、生产经营及管理的模式，以及传播模式的实现方式变得相对容易。人们对人文世界的挖掘与认识更为便捷。信息学家预测，知识经济人类可译码的知识占据90%，而意会的知识仅占10%。就是说人类文化知识可以通过信息元素的形式加以提炼，并融合于企业有形与无形的生产经营中去。

这种情况下，企业挖掘文化元素，并将有意义的文化元素融合于企业产品与经营管理活动中，并以其文化价值意义树立企业形象并不是困难的事情。

由于知识经济具有速度经济的本质，企业对社会人文价值的挖掘会从众多不同的方面及可能的方式中体现出来，同时，任何人文价值创新不会长期地保持。知识经济是在快速创新中进行的，梦想垄断本身并不是一个相对稳定存在的形态。谁能够实现快速的创新，谁就能取得先入为主的市场地位，具有绝对性垄断的关键。所以，人为创新将成为人为价值高效运行中的重要环节，成为企业价值增长的关键。

第三篇　国内外成功品牌治理商业模式案例解析

——基于东方管理视角的创新商业模式变革趋势分析

《孙子兵法》曰："知己知彼，百战不殆；不知彼而知己，一胜一负；不知彼，不知己，每战必殆。"孟氏注曰："审知彼己强弱利害之势，虽百战实无危殆也。"有言："夫未战而庙算胜者，得算多也；未战而庙算不胜者，得算少也。[①]"意思是说，兴兵作战之前，充分估计各种主客观条件，精心运筹帷幄的，胜利的可能性就大一些；预见获得胜利的主客观条件不充分，就不容易得胜。因此，管理过程中，尤其是涉及竞争决策的情况下，运筹帷幄的好坏常常决定了管理的成败。

① 孙武：《孙子兵法·计篇》。

第七章　我国成功企业品牌管理平台模式

——文化理念、品牌结构及商业模式

宇宙有大千世界，人类世界则受天地恩泽，称为色界，人有“心、神、意”，亦有“触、能、感”，所以人有“欲”，佛家又称为“欲”界。人类社会的“心、神、意”、“触、能、感”，不仅涵盖了人的本性需求，亦涵盖了丰富的人文内容。我们借用部分《般若波罗蜜多心经》的经文的论述：“……是故空中无色，无受想行识，无眼耳鼻舌身意，无色声香味触法；无眼界，乃至无意识界；无无明，亦无无明尽，乃至无老死，亦无老死尽；无苦集灭道，无智亦无得。……依般若波罗蜜多故，心无挂碍……”可见，心、神所涵盖的内容十分丰富。借用部分《般若波罗蜜多心经》的语言，可以归纳为如下内容：感受、认知、情绪、思维、意识、无明、心的本体。此处，感受主要针对外于“心”的“色声香味触”，包括主观和客观两个方面；认知指对于事物的分辨、判断；情绪指人体自身的感受所产生的心理状态；思维指对于既得感受，包括对于自身情绪的感受所得资料的构建、运演、判别；意识是对思维、认知的体验；无明是对意识的体验，是意识的源泉，相当于无意识；心的本体是对于无明的体验。

第一节　文化品牌治理模式：世界先进社会品牌管理平台的特点、评价与总结

一、世界成功企业的社会品牌管理的典型模式：比较与借鉴

现在众多的国际成功企业在管理平台的构造中已经放弃了以产供销一体化为基础创建企业规模优势的做法，因为这种模式具有资本投入式并易于产生成本沉淀的弊端。所以，很多成功的企业早已放弃了企业产供销的环节，从早些年前成功的订货商开始走向了当前的品牌管理的品牌供应商阶段（如图 7-1 所示）。

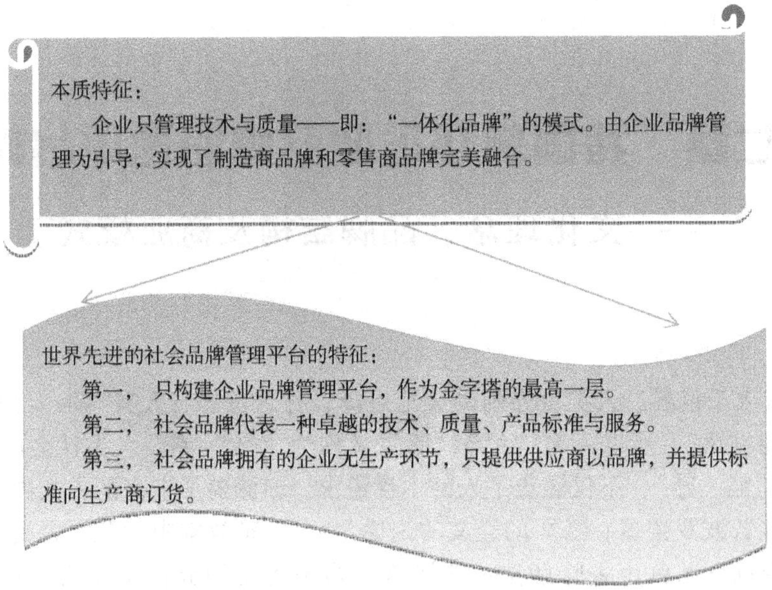

本质特征：

企业只管理技术与质量——即："一体化品牌"的模式。由企业品牌管理为引导，实现了制造商品牌和零售商品牌完美融合。

世界先进的社会品牌管理平台的特征：

第一， 只构建企业品牌管理平台，作为金字塔的最高一层。

第二， 社会品牌代表一种卓越的技术、质量、产品标准与服务。

第三， 社会品牌拥有的企业无生产环节，只提供供应商以品牌，并提供标准向生产商订货。

图 7-1 "一体化品牌"模式性质与特征

1. 世界先进的社会品牌管理平台的特征

第一，只构建企业品牌管理平台，作为金字塔的最高一层。这种管理模式的核心是企业只管理企业以技术/工艺或者质量为核心的社会品牌，而社会通过认识企业的品牌认识企业，向企业订货，企业可以获得市场，而企业并不投资固定资产，也不自己经营生产。

第二，社会品牌代表一种卓越的技术、质量、产品标准与服务。企业成功打出品牌必须使其品牌所代表的技术能力、工程标准、商品质量或者服务体系等内容具有广泛的影响力与卓越的前沿性，从而使社会对其技术、质量及产品或服务的卓越性具有一种很高的认可。

第三，社会品牌拥有的企业无生产环节，只提供供应商以品牌，并提供标准向生产商订货。由于企业社会品牌代表了某种卓越的技术、规范化标准、可靠的质量的商品及完善的服务体系，所以，企业有能力提供品牌，并向产品供应商品订货，并要求生产厂商使用自己的品牌。

2. 企业"品牌"治理平台的繁荣与发展：重视社会文化布局

很多企业尝到了"品牌"效应获得社会价值认可的甜头，从很多方面挖掘"品牌"管理的战略体系与运作方案，从而形成了类似 DNA 品牌、系列品牌与派生品牌等，同时品牌识别系统设计、品牌战略目标群体细分、区域文化模式分析等，各类研究如雨后春笋般被企业所重视。

就 DNA 品牌来说，以其作为母品牌，在该母品牌下逐渐形成诸多互补与互相支撑的子品牌结构，使建立在母品牌与子品牌与业务价值链的关联性不断细分，派生出社会品牌无限衍生的 DNA 品牌，使企业基业长青。

二、东方管理视角的总结与评价

（一）企业“品牌”战略：获得“心”的认可

企业通过社会品牌治理平台建立新的战略下符合社会需求的商业模式。在这个商业模式中，企业或者推出以技术、质量的制度化新标准，或者塑造企业人文特征的文化体系，使某些具有代表企业特性的品牌获得社会认知。客观上讲，不管是企业基于技术创新或者是质量革新等方面的战略，如果想获得市场，首先必须获得消费者的认可。在其进入社会体系前必须进入社会群体的“心”，以文化模式获得社会群体的认知。

企业的“品牌”与人的“口碑”一样，受到不同社会区域消费者的评价，而消费者又是社会行为人，社会行为人必然受到文化群体所固有的文化价值模式的评判。任何社会群体的文化价值模式都会受到传统文化中人文社会文化布局与文化体系的影响。如果企业的品牌获得不同区域文化圈价值群体文化价值模式的认同，那么，这个企业就塑造了成功的企业“品牌”，树立了良好的人性化“口碑”。

（二）儒家文化圈层基本文化元素的影响与作用：世界主流文化圈层基本原则具有一致性

对于儒家文化圈层来说，形成的文化布局具有强烈的儒家文化色彩。比如，儒家思想以“仁”为核心，强调基于“修身”、通过“礼制”，从而达成“齐家、治国、平天下”的社会“和谐”的伦理管理的目标。正是因为儒家文化对于中国社会的干预，所以，儒家的思想意识、文化传统在社会文化布局中根深蒂固。那么，是否儒家文化传统与文化要素只有在儒家文化圈起作用呢？事实上，并非如此，因为儒家文化的基本要素在世界各个主流文化圈层的人心修炼与社会文化关系往来中，具有超乎寻常的一致性。

《荀子》“隆礼明义、重法明制、礼本法末”的管理哲学的思想核心，即用伦理为管理提供指导，以伦理为管理目标的哲学思想。西方学者没有对中国儒家伦理管理思想进行专门的探讨，这些研究主要分布在对中国管理思想的分析中。

丹尼尔·A. 雷恩（1986）在《管理思想的演变》一书中指出：“孔子流芳百世主要是因他从事道德教育，其次才是由于他提倡按才能提升官员的制度。”

第二节 成功企业品牌管理平台的商业模式分析：理念、战略、治理及运行特征

一、美特斯·邦威商业模式及价值链战略升级：中国服装品牌的借鉴与成长

（一）美特斯·邦威 DNA 品牌战略

1. DNA 品牌战略：子品牌与母品牌关系分类

第一，子品牌与母品牌关系分类。通常在确定品牌结构时，有以下方式可以考虑：①子品牌名称直接体现与母品牌联系，一般为：母品牌+描述性词语。②子品牌名称独立于母品牌，一般情况下，子品牌跟随母品牌同时出现，在标识上更突出母品牌；子品牌名称部分体现母品牌特征，以体现与母品牌的延承性。③子品牌名称与标识独立于母品牌，一般情况下，子品牌单独使用。

第二，分析评价。诚如我们所提到的，品牌就如名片，它代表一种人性化的元素构成。但是，这种人性化的元素构成有时候会产生文化的冲突。比如，面对不同文化群体，某些文化元素是互补的，但有些文化元素是冲突的，那么，这种情况，系列品牌的风格就会受到限制。

同样，如果一个人身上具备某些和谐一致的特质或文化元素，则这个人整体上是和谐的、可接受的，并可以以通常思维获得认可。但是，如果一个人身上体现出恶与善的两种对立的特质，那么，人们就很难对其做出认可，即使善的因素多得多，小恶却亦随着其推广工作的开展获得了矛盾的评价。

所以，品牌不仅是产品的一面窗户，也是文化内涵的一面窗户。在 DNA 系列品牌的设计中，母品牌与子品牌，以及相关派生品牌，各自应该具有较为纯净清晰的文化标识与目标群体。最为清晰的是不能使老年人与青年人，甚至儿童的文化元素混合于一个品牌设计中。

所以，品牌是人们对一个企业及其产品属性的认知，对其服务目标对象的认知，同时，品牌也是对企业售后服务、文化价值的一种评价和认知，它也体现一种主客体之间的关系，品牌要做到的就是一种信任。

2. 美特斯·邦威 DNA 品牌系列的构建：子品牌系列与推广结构

第一，美特斯·邦威形成品牌系列。

AMPM 品牌简介：AMPM 是中国服饰巨头——美特斯·邦威服饰股份有限公司旗下三个品牌之一，也是美特斯·邦威在电子商务时代为更加贴合消费者需求而开发的一个全新的线上专供品牌，致力于为消费者提供崭新舒适的购物体验。AMPM 以多元化

的产品、简洁的设计感、充满活力的色彩为消费者提供着品质优良、着重环保且价格合理的服装及生活用品。它倡导的是一种环保、自然、简约但又不失自我的创意生活态度。

ME&CITY 品牌简介：ME&CITY 立足 SPAR 型连锁零售模式，倡领“都市、时尚无疆界”的品牌主张。致力于满足 22~35 岁都市族群对不同场合的着装需求，对个性与品位的追求。

ME&CITY KIS 米喜迪品牌简介：ME&CITY KIDS，是来自 ME&CITY 品牌旗下的童装品牌，是儿童欧陆风情的演绎者。

TAGLINE 品牌简介：TAGLINE 都市系列是上海美特斯·邦威公司旗下品牌系列，以设计开发和经营都市系列产品为主，是引导消费新潮的时尚标杆，特别是其丰富的春夏秋冬四季产品，全球化的经营理念，使美特斯·邦威 TAGLINE 都市系列成为国内都市休闲的第一品牌。

第二，美特斯·邦威品牌系列分析评价。

①差异化：产品差异化是创建一种产品或服务品牌所必须满足的第一个条件，公司必须将自己的产品同市场内的其他产品区分开来。②关联性：指产品为潜在顾客提供的可用性程度。消费者只有在日常生活中实际看到品牌的存在，品牌才会有意义。③认知价值：这是创建一个有价值的品牌的要素。即使企业的产品同市场上的其他产品存在差异，潜在顾客发现别人也在使用这种产品，但如果他们感觉不到产品的价值，就不会去购买这种产品。

第三，美特斯·邦威品牌的扩张性。美特斯·邦威品牌 DNA 的系列设计，通过不同年龄群体、不同区域特点，并由母品牌与中心都市区域进行扩散，使品牌的识别功能可以获得关联，并系统地展示其所代表的产品体现了品牌对市场的开拓能力，客观上还有助于企业利用品牌资本进行扩张。

3. 美特斯·邦威品牌的区域扩张

按照品牌研究理论，根据品牌的知名度和辐射区域划分，可以将品牌分为地区品牌、国内品牌、国际品牌、全球品牌。这四个层级是以辐射形式递进的。同时，亦有各品牌所对应产品的功能特点。

由于受到不同特征群体身体结构状况，年龄状况的限制，对于符合国内身材的服装，其辐射区域是地区性或者是国内性的品牌。地区品牌是指在一个较小的区域之内生产销售的品牌，例如，地区性生产的销售的特色产品。这些产品一般在一定范围内生产、销售，产品辐射范围不大，主要是受区域群体特征、产品特性及文化特性影响。同样，国内品牌也是如此。受到文化传统习俗、文化价值观、民族文化、文化行为模式等限制，有些服装会走民族风格的路线。

不过，文化习俗与传统文化的限制与国民身体状况限制不同。国际新潮流的品牌往往会在各国民族元素融合与创意中产生。这样，国内的服装品牌就具有形成国际型知名品牌的条件。

（二）美特斯·邦威品牌目标市场设计与规划解析：文化元素、区域扩展与配送条件

1. 美特斯·邦威客户群细分：品牌元素定位方法

第一，影响元素分析（如图 7-2 所示）。

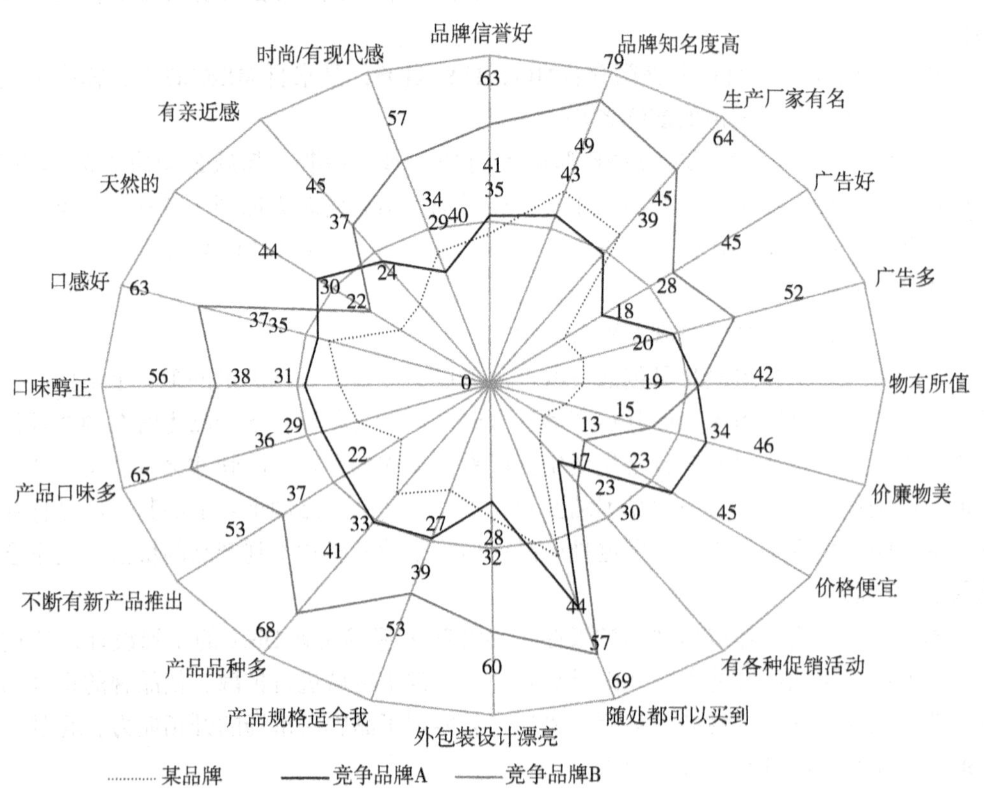

图 7-2　客户群细分及影响效果的蛛网评价

分析与说明：如图 7-2 显示某品牌与同其竞争的品牌 A 及品牌 B 之间的市场覆盖率对比。这个覆盖率是建立在位于圆周的各个点上的要素（元素）对原点产品品牌效果的影响上进行的。

离原点越远说明这个品牌的某项工作做得越好，市场覆盖率越高，这样，该要素（元素）的得分就高，离原点就较远，反之则相反。我们看到，三个商品的品牌在几个要素（元素）上的市场推广工作的效果是不同的。由离原点远近的点所围成的轨迹形成其市场覆盖的范围。覆盖最外层是市场效果最好的，中间的稍差，最内侧的则效果最差。

第二，品牌定位方法。

①战略影响因素分析：如下方案与上一个分析方案原理是一致的，但是分析的内容则不同。它体现了服装企业品牌设计的一个方向或者对偏好角度的兼顾。左下角

的原点代表了传统、理性与正统的购物特征；而右上角的原点则代表了个性化的偏好的极限。而十字分割的中心点代表了大众普遍的服装习惯，这个位置与大众化的一些主要要素（元素）交叉。体现了厂家均衡生产中所把握的设计元素与产品质量及服务等。

从左下角原点向上与向右都代表了两个风格，一个是自然简约的特征，另一个是个性化定制的特征。那么，企业服装品牌设计与生产既要考虑到消费者个性化需求，也要考虑到成本及产量多寡带来的代价，这样，在不同的要素（元素）需求达到一定的界限时，则不适于批量生产，而转向接纳个性化定制的解决方案（如图 7-3 所示）。

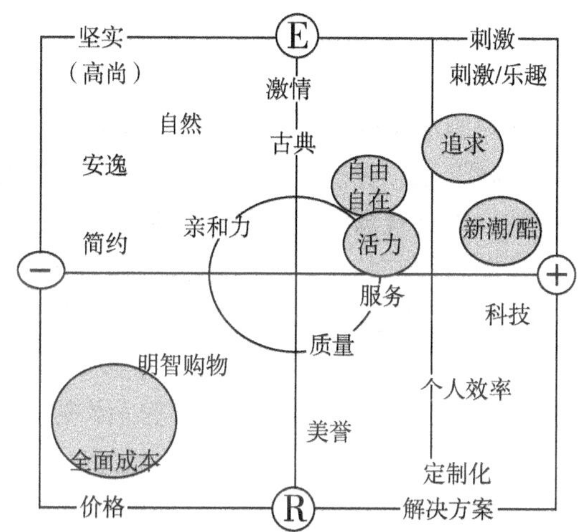

图 7-3 世界知名企业市场群体特征要素划分与解决方案

②评价：一个品牌是否需要进行推广，其持久性如何？实质是与其价值、成本、文化和个性等多方面因素相关联的，通常来说，设计一个品牌还需要考虑如下要素，并对如下要素进行系统的评价：

属性：品牌代表着特定商品的属性，这是品牌最基本的含义。

利益：品牌不仅代表着一系列属性，而且还体现着某种特定的利益。

价值：品牌体现了生产者的某些价值感。

文化：品牌还附着特定的文化。

个性：品牌也反映一定的个性。

用户：品牌暗示了购买或使用产品的消费者类型。

2. 美特斯·邦威品牌的渠道战略：多维度细化分析与影响因素整合

第一，选择渠道组合：渠道与目标对象确定（如表 7-1 所示）。

表 7-1　不同目标市场渠道提供方式与效果组合

休闲装渠道选择								
不同目标客户、区域、价位的产品	18~25 岁				25~35 岁			童装
	一线城市	二线城市		三、四线城市	一线城市	二线城市		一线城市
渠道	中档价位	中档价位	中低档价位	中低档价位	中档价位	中档价位	中低档价位	中档价位
传统百货商场			√	√			√	√
新型购物中心	√	√			√			√
直营店	√	√			√	√		
加盟店	√	√			√	√		
超市、大卖场			√					

另外，美特斯·邦威在品牌形象提升上，公司运用品牌形象代言人、极具创意的品牌推广公关活动和全方位品牌形象广告投放，结合开设大型品牌形象店铺的策略在产品设计开发上，建立并培育了一支具有国际水准的设计师队伍，与法国、意大利、中国香港等地的知名设计师开展长期合作，每年设计服装新款式 3000 多种。

第二，品牌推广渠道中的地点选择：离市中心距离与效果。在品牌推广渠道过程中，门店地点的选择居于重要地位。地点的选择一个重要指标则是离市商业中心远近来看待其与绩效的关系。那么，这个内在相关性可以体现在如下图示中（如图 7-4 所示）。

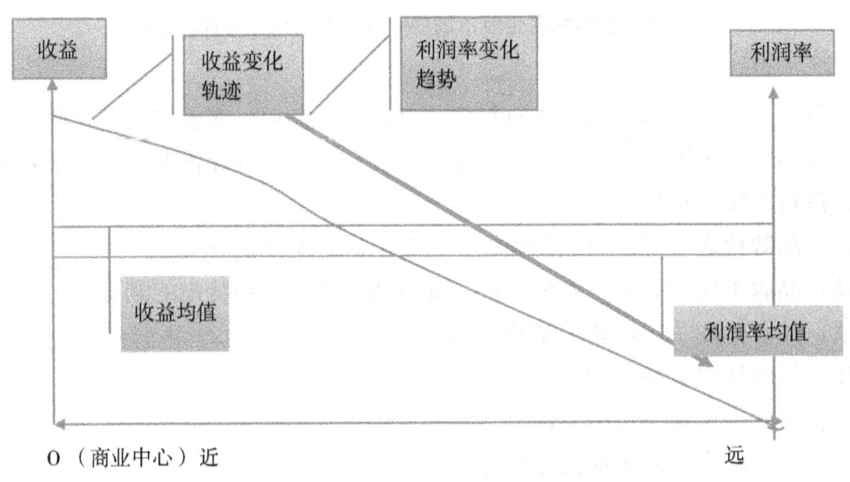

图 7-4　门店离商业中心远近与收益及利润率的相关性轨迹

第三，美特斯·邦威对可能的扩张模式进行可行性分析。

① 两种典型性模式被借鉴（如图 7-5 所示）。

可能的扩张模式

"洋葱圈"模式	"点到点"模式
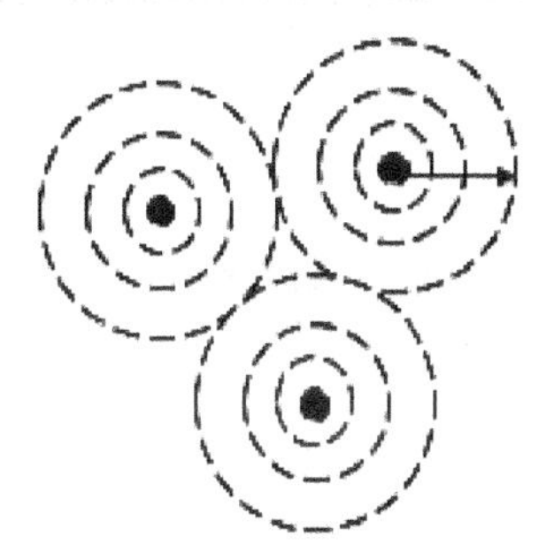	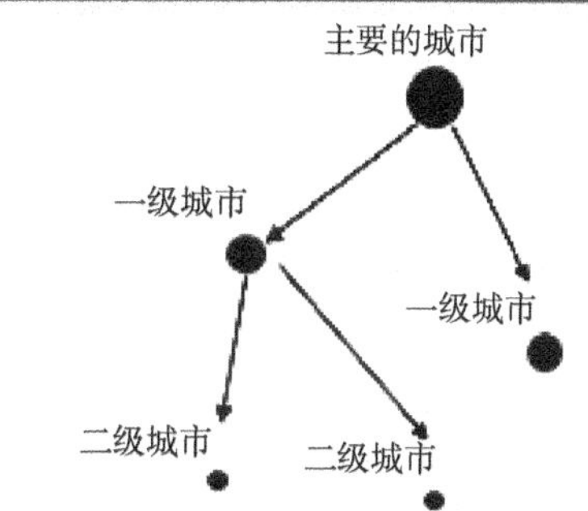
· 能在短时间内在一个区域范围内获得较集中的市场占有率 · 资源需求相对较集中 · 在扩张至周边地区时，分销能力变得更为重要 · 对当地的经销商的强度要求，包括市场覆盖和物流能力，更加提高	· 能在短时间内在多个主要的城市获得市场占有率 · 对市场扩张有优先排序计划，并有针对性的分销战略 · 资源需求相对较分散 · 在进入二级及三级城市时，分销系统变得更为重要

图 7-5　世界两种典型的市场扩张分析模式

② 发现潜在有价值的并购对象：通过纵横向并购迅速提升实力。美特斯·邦威在自身发展的同时，还需要考虑进一步寻找并购机会，从而加速发展潜在并购对象的价值（如图 7-6 所示）。

收购哪些潜在并购对象——价值评价： 收购具有一定规模的相关企业，强化区域或市场领先地位，确立区域一定垄断地位； 强化某业务的市场地位，比如垄断或高集中度，或者获得新业务； 获得新品牌，通过收购获得被收购企业的品牌现有市场； 获得新技术或专利； 进入新渠道； ……
成功并购的案例： INDITEX（ZARA）；德永佳（班尼路）；LVMH；阿迪达斯；贝纳通；GUCCI；METRO……

图 7-6　潜在并购对象的价值评价与成功案例

第四，销售渠道定位与收益情况评价。业态组合分析是比较不同业态的门店的经营结果，并解释各种业态成功或失败的原因分析结果（如图 7-7 所示）。

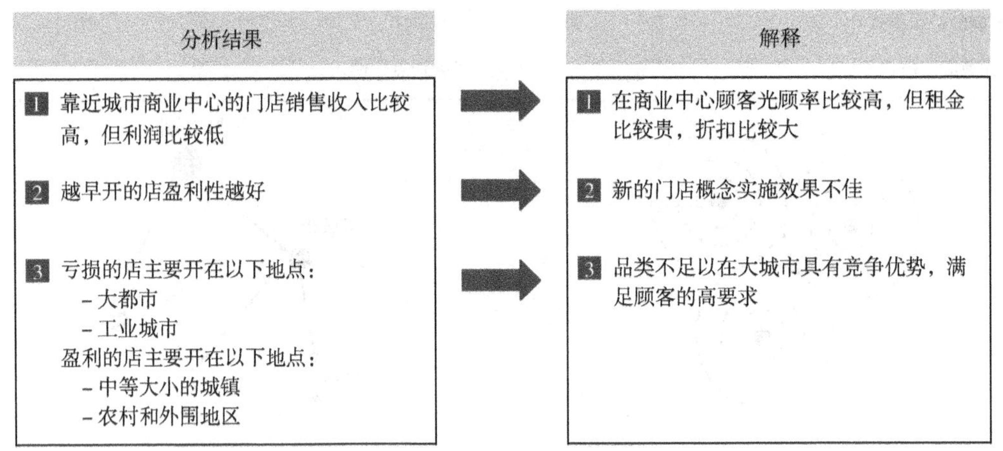

图 7–7 国际咨询公司给予销售渠道定位与收益情况的评价

（三）美特斯·邦威组织结构与业务流程体系：基于品牌市场拓展的评价

1. 商业模式组织结构的定位（如图 7–8 所示）

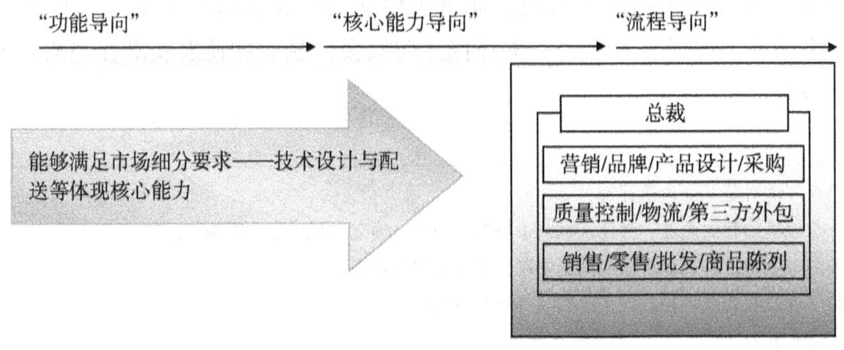

图 7–8 基于市场细分的商业模式组织与结构定位

2. 商业模式的组织职能与业务流程设计依据

服装行业的市场价值链环节及其扩展需要与商业模式紧密结合，其为商业模式的组织职能与业务流程设计依据，如图 7–9 所示。

说明：企业具有什么样的功能来源于市场细分的结果，以此确定技术与配送等核心能力，并围绕核心设定商业模式组织与结构，服务于市场

图 7–9 商业模式的组织职能与业务流程设计依据

在生产采购和物流上，突破了传统模式，充分整合利用社会资源和国内闲置的生产能力，走社会化大生产专业化分工协作的路子。在广东、上海、江苏等地300多家生产厂家为公司定牌生产，形成年产系列休闲服近5000万件（套）的强大生产基地，专业的品检师对每一道生产工序实施严格的品质检验，严把质量关。

3. 评价

品牌已是一种商品品牌设计形式。当人们想到某一品牌的同时总会和时尚、文化、价值联想到一起，企业在创品牌时不断地创造时尚，培育文化，随着企业的做强做大，不断从低附加值转向高附加值升级，向产品开发优势、产品质量优势、文化创新优势的高层次转变。当品牌文化被市场认可并接受后，品牌才产生其市场价值。

随着区域门店的扩展，市场的开拓，以及渠道的进一步拓宽等，品牌利益的转化逐渐会形成风险及交易、运输、配送等环节的不确定性。

另外，在品牌创立后，在其成长的过程中，由于市场的不断变化，需求的不断提高，特别是品牌DNA家族的扩大，一方面企业的品牌资本可能壮大，另一方面也可能缩小，甚至淡化，或沦为不具价值的品牌。比如派克水笔，在从高端市场走低端路线以后，派克品牌的价值就已经风光不再。所以，甚至会产生某一品牌在竞争中退出市场的结果。

美特斯·邦威成长的脚步是迅捷的，其品牌DNA家族也是越来越壮大，伴随着品牌的成长风险也随之而来。特别是随着市场渠道与地域范围的扩张，对物流服务等配送体系提出了前所未有的挑战，使得品牌资本盲目扩张，造成运作不佳的后果。品牌商业运营模式的变革是必然的，但是，必须做到“未雨绸缪”。

（四）美特斯·邦威的未来发展趋势：商业模式的战略转换与升级

1. 品牌经营模式：只留品牌经营的数据公司

1992年，周成建的服装作坊积累了大约400万元的原始资本。1994年，他创立美特斯·邦威品牌，但没有沿着普通扩大化生产的老路走下去，而是剑走偏锋，闯出自己的一套独特经营方式——一家只直接运营品牌和管理数据的公司。

在美特斯·邦威实行“外包”的环节中，加盟销售和成衣生产是100%外包。而销售门市分两种，一种为直营店，另一种为加盟店，它在全国拥有直营店和加盟店共计2211家，其中加盟店1927家，占87%，直营店只有284家。

2. 发展联盟模式：加盟模式有利于甩掉固定资产包袱，但风险伴随

发展联盟模式是美特斯·邦威战略转型的一个转折。加盟后，商品由美特斯·邦威提供，销售收入25%归加盟者，其余收入则归美特斯·邦威所有。这样加盟者与该公司有效地成为一个利益共同体，加盟者为了盈利而卖力销售，美特斯·邦威除了赚到钱，还得到期望已久的市场份额和品牌营销渠道，一箭双雕。筹集资金，继续以这种方式扩大市场份额和拓展营销渠道是美特斯·邦威IPO的首要目的。

这种经营模式不可避免地面临复杂的物流配送问题，同时面临着质量标准问题。处理得不好，则将影响企业品牌声誉。事实上，能够甩掉固定资产，而轻装上阵，美特斯·邦威如何会发展物流业？并且没有太大财力去自己进行物流配送，但是周成建还是

秉承“虚拟经营”的精神，将物流有限度外包给物流公司。

3. *虚拟营销之路：拭目以待*

虚拟经营的理念是一些大型企业的发展目标。诚如前面所分析的，品牌治理平台的商务模式、技术或制度标准管理及生产外包的商务模式等正受到国内外知名企业的青睐，这无疑成为美特斯·邦威追求的一个战略性目标。

二、TCL电脑社会品牌多样化管理平台：细分无极限的DNA品牌系列（如图7-10所示）

TCL电脑社会品牌多样化管理平台：细分无极限的DNA品牌系列：

第一，TCL社会品牌管理平台业务运行中面向不同群体：价值链群体细分无限

第二，TCL整合品牌DNA：多种社会品牌金字塔的搭建

第三，TCL“智能+互联网”的战略转型，建立“产品+服务”的新商业模式

图7-10 TCL细分无极限的DNA社会品牌系列

TCL即The Creative Life三个英文单词首字母的缩写，意为“创意感动生活”。TCL集团创立于1981年，30多年间，从广东惠州生产磁带的小合资企业，将业务逐步拓展到电话、电视、手机、冰箱、洗衣机、空调、小家电、液晶面板等领域，TCL集团现已是中国最大的、全球性规模经营的消费类电子企业集团之一。目前已形成多媒体、通信、华星光电、家电集团、通力电子五大产业以及系统科技事业本部、泰科立集团、新兴粉务群、投资业务群、翰林汇公司“5+5”的产业布局。截至目前，TCL集团现有75000名员工遍布亚洲、美洲、欧洲、大洋洲，在全球80多个国家和地区设有销售机构，并在全球拥有23个研发机构和21个制造加工基地。2014年10月22日，第20届“中国最具价值品牌”百强榜在北京揭晓。TCL集团以品牌价值668.59亿元，继续稳居中国百强品牌第六位，并连续9年蝉联中国电视机制造业第一名。

（一）TCL社会品牌管理平台业务运行中面向不同群体：价值链群体细分无限

1. *从集团层面来说，集团搭建了一个平台、一个家园：即数字家园*

这是一个快乐无限的家园，这是一个大的平台，在大的平台里面，每个产品满足的是为每个人塑造个人世界，这是TCL集团母品牌的平台上面搭建的自己的品牌属性。

2. *TCL的社会品牌战略是：品牌塑造面向“一人一个世界”*

通过挖掘不同消费人群的价值取向，营造出一种不同的细分人群风情，相应的品牌

战略，制定的品牌主张是："一人一个世界"，这种概念宣传主张每个人都应该有属于自己的一个电脑的娱乐世界，或者网络世界。依次，根据不同的细分人群，来提供不同的细分群体开发不同的细分产品。同时，为了便于这种细分产品的成功，细分产品也都取了相应的有意思的名字。

（二）TCL 整合品牌 DNA：多种社会品牌金字塔的搭建

1. 母品牌金字塔：多品牌推进

由于 TCL 集团是一个拥有较多产品品牌的企业，因此这个问题确实是 TCL 现在面临的一个难题。所以说，从产品的角度出发，作为集团下属产品品牌，如何借助母品牌的力量？而事业部所做的每一次与品牌有关的行为又如何能够为这个集团品牌添砖加瓦？这是一个双向互动的难题。

2. TCL 品牌的价值核心：美观、时尚、创新

对于产品定位，TCL 根据本土消费者的文化及功能的需求不断开发创新产品，注意创意导向，从消费者审美需求出发，营造美观时尚的产品。从集团层面来说，集团搭建了一个平台、一个家园：即数字家园，快乐无限。

3. 母品牌高附加值内涵：DNA 扩展

品牌的高附加值必须建立在企业核心竞争力和对消费者心理和趋势的深入了解的基础之上。借助母品牌的 DNA 给予消费者带来的产品质量和服务的信任感，形成了消费者对品牌价值的深切认同，以此构建 TCL 在产品技术、产品设计、服务质量及品牌形象上的高附加值。

（三）TCL"智能+互联网"的战略转型，建立"产品+服务"的新商业模式

TCL 前两次的战略转型是 20 世纪 90 年代的市场化转型和 21 世纪初开始的国际化转型，这次 TCL 向互联网转型是集团经过了两三年的探索和思考后确定的第三次战略转型。正如 TCL 集团董事长兼 CEO 李东生指出，我们的主要产品是电视和手机。这几年电视和手机都在逐步转移为以智能电视和智能手机为主。这种产品的转型，要求企业也要加快自身的转型。以往卖电视机、手机，基本产品卖出去之后和客户的交易就算完成了。而现在智能电视、智能手机这种智能技术的发展，使得这种终端产品不只是一个简单的产品。产品上面必须要搭载更多的应用服务。等于说用户买了你的产品以后，你还是和用户有很多的关联，你还要为用户提供下一步的服务，所以这就要求企业整个的经营体系和经营能力有一个转变。

TCL 意图通过"智能+互联网"的战略转型，在产品制造过程中，把产品做成一个能够搭载各种应用服务的平台，强调整合相关的应用服务，并与互联网、云计算技术的结合，开发一些有特色的应用服务，以实现"产品+服务"的新商业模式。逐步使 TCL 从一个传统的消费电子公司变成一个智能互联网产品和服务的提供商。

三、宏碁社会品牌管理的新型模式的转轨：成功退出生产与销售环节（见图 7-11）

宏碁社会品牌管理的新型模式的转轨：成功退出生产与销售环节
第一，宏碁社会品牌管理平台：只扮演品牌管理者的角色
第二，宏碁社会品牌管理平台：管理品牌，向经销商下订单
第三，社会品牌管理平台的价值导向：淡化“宏碁”，突出“Acer”标识，突出国际品牌

图 7-11 宏碁社会品牌管理平台的新模式

（一）宏碁的经营理念：ACER 向原始设计制造商（ODM）下订单

1. 宏碁社会品牌管理平台：只扮演品牌管理者的角色

“经销商能做的事情宏碁绝对不做，宏碁只做经销商做不了的事情。”宏碁人所说的“新品牌管理模式”，通俗地说就是宏碁完全退出生产和销售环节，只扮演品牌管理者的角色。宏碁把未来在大陆市场的命运“交给”了代理商。

2. 社会品牌管理平台的价值导向：淡化“宏碁”，突出“Acer”标识，突出国际品牌

在全球范围内，宏碁计划三年内从全球第四大 PC 品牌上升为全球第三大 PC 品牌，在中国大陆市场则希望从现在的整体个人电脑第七位，在一年内上升到第五位。此外，宏碁今后在中国大陆的宣传上也将淡化“宏碁”二字，而将突出“Acer”标识，与海外市场保持一致。

（二）宏碁社会品牌经营管理模式：社会品牌推行战略

1. 宏碁社会品牌管理平台：管理社会品牌，只向经销商下订单

根据新经销模式，宏碁在中国大陆将实行 100%非直销经营模式，总代理将负责分销、市场开拓、物流与资金服务平台等工作，而宏碁则只负责品牌的运营和管理。宏碁在中国大陆的新营销模式敲定后，以戴尔为代表的直销模式将是宏碁在渠道上最大的竞争对手，但根据宏碁在欧洲的成功经验。“预计宏碁未来在中国大陆的营运成本将降低到 4~5 个百分点，这将会大大低于戴尔。”

2. 宏碁社会品牌管理平台：成立全球特别指导小组指导

宏碁“全球特别指导小组”成员格外引人注意。宏碁董事会智囊团有首席长官，而“全球特别指导小组”是协助首席长官把宏碁在其他国家和地区的市场经验移植到中国来的重要力量。

第三节　雅昌垂直整合产业链的商业模式再造：“印刷+IT+艺术”三位一体平台

雅昌是一家什么样的企业？1993 年，创始人万捷靠着自己在业界的名气，借了 40 万元，租了桂林一家国企的制版设备，创建了雅昌。它不仅在艺术印刷行业里摘掉了“Made in China 即质次价低”的帽子，还史无前例地搭建了一个全新的艺术平台，把艺术家、艺术品经营者和艺术品买家紧密汇集起来，破天荒地创建了一种“传统印刷+IT 技术+文化艺术”的商业模式，雅昌现拥有北京、深圳、上海三大运营基地，杭州、广州两大艺术服务中心，以及广西、香港两个办事处。产品和服务遍及全球几十个国家和地区。20 年来，雅昌以“通过‘为人民艺术服务’实现‘艺术为人民服务’”为企业宗旨，以“卓越的艺术服务机构”为企业愿景，始终以“让艺术走进每个人的生活”为使命，致力于成为中国新经济文化产业的开拓者，不断追求先进的科学技术、创新的经营管理模式，为中国及世界文化艺术界提供综合服务，为广大消费者提供文化艺术产品。从微利的印刷行业腾空一跃，跃出了蓝海战略！

一、打造“传统印刷+IT 技术+文化艺术拍卖”三位一体平台价值链

雅昌独特的“传统印刷+现代 IT 技术+文化艺术”的商业模式，将企业的经营战略和社会责任有机结合，为艺术家、艺术机构的服务与为大众提供艺术普及教育紧密结合起来，努力提升中国文化软实力，助力艺术家实现艺术梦想，引导大众的审美与艺术欣赏。

（一）基于 IT 科技的“中国艺术品数据库”打造

为了保存再现艺术品的原貌，供后人欣赏研究；为了传承和弘扬优秀传统文化，延续人类文明的印迹，雅昌近 20 年精心打造“中国艺术品数据库”，通过现代 IT 科技，将珍贵艺术品的图文资料，以数据的形式永久地存储起来，填补了中国艺术品数据领域的空白，也是雅昌的核心资源和开展众多业务的资料和数据中心，为中华文化的保护、传播、弘扬做出了巨大贡献，实现了中国民族文化的永继传承。“中国艺术品数据库”拥有 60000 余名艺术家、2000 多万件艺术品珍贵的图文资料；拥有最为先进的图像数字技术、海量存储技术；全面、高效、安全地采集和管理着中国艺术家、艺术机构、艺术品的信息、图片、活动记录，被称作“中国艺术的四库全书”。

（二）全球最大、最权威的中国艺术资讯媒体平台打造

2000 年，雅昌创建了“雅昌艺术网 www. artron. net”。作为全球最大、最权威的中国艺术品门户，雅昌艺术网是获取艺术资讯的首选媒体平台，是艺术品收藏投资者及艺

术爱好者不可或缺的重要工具，已成为艺术界最为推崇的互联网品牌，拥有逾50万名高品位专业精英会员、800余万人次日均页面浏览量，稳居美国ALEXA评测的中国艺术类网站浏览量排行榜第一名。

雅昌艺术网是全球华人和喜欢中国艺术的国际友人、艺术爱好者必选的学习和交流平台，现已成为全世界了解中华文化艺术活动的窗口，推动了中华文化艺术在世界范围内的传播。

（三）高品位、专业化、多功能的文化艺术品展览与交易平台打造

雅昌分别在深圳、北京和上海建造了雅昌艺术馆，具备高品位、专业化、多功能的文化艺术品展览与交易服务中心功能，主要针对艺术品收藏投资者及艺术爱好者的现场体验，致力于提升艺术家核心价值，以艺术家个人数据库为基础，为艺术家提供从数字资产管理到出版、展览以及媒体宣传的“一站式”服务，满足艺术家的综合需求，为艺术家艺术成就的传播提供平台。目前，雅昌已经为5000多位艺术家（包括700余位海外艺术家）建设了艺术家个人官方网站及数字资产数据库，通过艺术家官方网站、iPad客户端等平台实现针对艺术家的个性化服务。雅昌重磅推出艺术品鉴证备案服务，为每一件艺术品建立唯一、权威的“身份证”，保护艺术家的作品不被仿冒复制所侵扰，帮助藏家识别艺术品真伪，让中国艺术品传承有序。

二、基于艺术品产业链数据开发的人为互动价值链传导的运作机制构建

（一）打造雅昌数据库价值链一体化运作模式

雅昌如何将这个核心数据库的价值彻底激活，在“为客户提供增值服务”的思维指导下，雅昌在“艺术品数据库”的基础上架构了两个平台——“雅昌艺术网”与“雅昌艺术馆”，此二者与原有的“雅昌印刷”共同构成一个三位一体的互动平台，即雅昌人自己总结的“印刷+IT+艺术”模式。自此，雅昌的全新商业模式逐步浮出水面。那么，这个三位一体的平台，是如何实现相互之间的互动，共同驱动雅昌盈利的呢？其中最大的驱动力量来自“雅昌艺术网”。雅昌艺术网通过三个创新开发，实现资源的有效整合。

首先，雅昌艺术网开发了“艺术家个人数字资产管理系统”，艺术家个人通过网站的登录界面，可以方便地进入雅昌的数据库，对自己的艺术作品进行有效的存储、整合与管理，并且在雅昌的帮助下进行一些有效的商业开发，网站也借此聚集了大量的艺术家资源。

其次，雅昌将深交所与上交所的证券专家请来，通过对历年各种艺术品拍卖价格的分析，为雅昌艺术网设计开发了一整套“雅昌艺术指数”。这个类似于股票指数的系统，一推出市场即受到艺术品投资者的极大关注。“雅昌艺术市场指数（AMI）”，包括成份指数、分类指数、个人作品成交价格指数三大类艺术品市场指数。AMI就像股

票指数一样，成了艺术品投资分析工具和艺术品市场行情的“晴雨表”。通过它，雅昌有效地将艺术家、艺术品经营者、艺术品买家串联起来，并让他们都黏上自己，就像股民黏上股票指数一样，形成依赖，大凡关注艺术品市场走势的人，势必要登录雅昌艺术网。

最后，雅昌艺术网针对拍卖行开发了“拍卖市场行情发布系统”，给拍卖行提供拍卖网上预展活动，由于雅昌艺术网旺盛的艺术品投资者人气，拍卖行网上预展的效果超乎想象，很多投资者都是看到了雅昌艺术网的相关信息而参与竞拍。这无疑增加了拍卖行对雅昌的信任度。通过这三个创新开发的驱动力量，有效地实现了三大平台之间的有机互动。一次性打通了生产、代理、销售三个环节，而整个文化产业链条也由此启动。网站人气聚集了，艺术家、拍卖行、投资者都来光顾了，不仅网站自己盈利了，雅昌印刷与雅昌艺术馆也不愁生意了（如图 7-12 所示）。

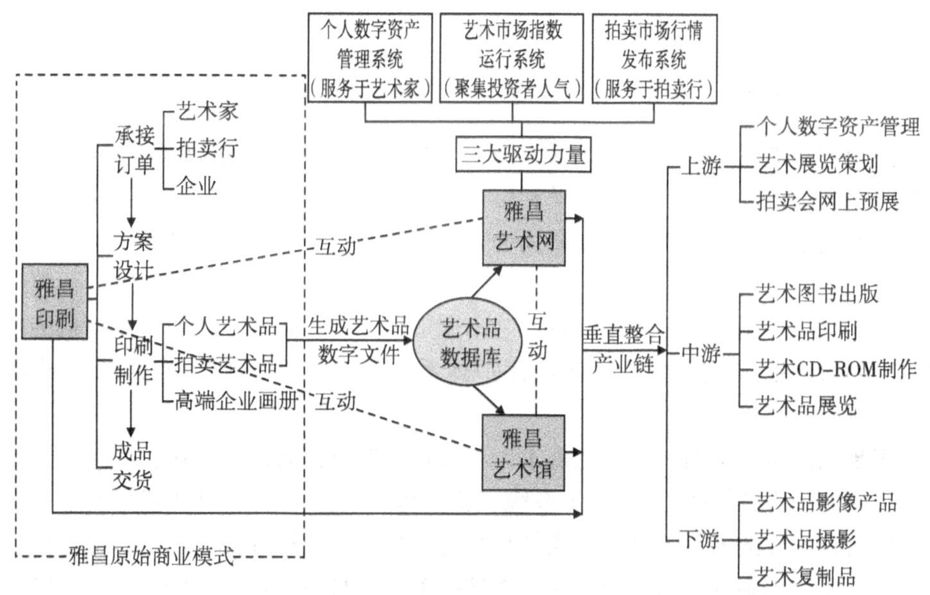

图 7-12　雅昌商业模式运营体系解剖

（二）上游—中游—下游的产业集群互动的产业链垂直整合构建

雅昌的企业愿景是“成为能做最优秀印刷品的文化产业公司”，这其中，最为核心的字眼在于“产业”二字，这里隐含了雅昌商业模式再造的最终结果与真正目的——垂直整合产业链。雅昌通过“印刷+IT+艺术”三位一体的平台及相互之间的有机互动，成功地再造了企业的盈利模式，而且打通了整个艺术品投资的产业链。

（1）处于上游“生产艺术品”的艺术家，雅昌的个人数字资产管理系统（像银行一样）。在管理他们的作品时，可以获得管理收益；同时还可以将艺术家们的这些艺术资产进行再开发，比如与出版社合作推出各种艺术图书、艺术光碟等获得版权收益；再者，艺术家们需要再印刷作品时，可以获得印刷收益；艺术家们要举办个人展时，可以获得展览收益。

（2）处于中游的拍卖机构，雅昌艺术网在为拍卖行提供网上预展服务时，可以获得网络展览收益；拍卖行要印制拍卖画册，雅昌可以获得印刷收益。

（3）处于下游的艺术衍生品市场，雅昌利用自身的数据库优势，可以进行大量的商业开发，比如艺术影像产品、艺术品摄影、名家艺术品复制，等等。

至此，一个完整的产业链条便在雅昌内部构建起来了。雅昌的盈利点也从原先仅仅依靠印刷获利的单一模式，延伸出围绕着艺术品产业链上、中、下游十余个盈利增长点。①

三、构建艺术数字出版产业链模式：艺术产品体验+艺术创作中心+网上艺术影像服务

（一）构建中国最大的艺术数字出版及体验系统

雅昌现拥有中国乃至世界最大的中国艺术品数据库，是雅昌数字出版的核心优势，为了顺应全球阅读数字化趋势，雅昌利用中国艺术品数据库资源，通过 IT 技术、网络、手机等多种电子阅读技术，用更加便捷的方式传播给终端客户，使其产生最大的价值。

通过拍卖公司授权，雅昌独立研发版权保护技术和体系，对拍卖图录进行数字化处理，并与详尽的拍卖数据、拍品信息、艺术家资讯等信息关联，形成独具特色的拍卖电子图录。同时，雅昌通过授权和版权保护体系，进一步开发更为多样的艺术数字出版物。

为满足高品质艺术图书的刚性需求，雅昌首创图书馆式艺术书店，汇集全球专业艺术图书，采用先进的智能化 IT 展示系统，将实体书与高清数字图书馆完美结合。通过建设并执行创新性的书评体系、检索体系与艺术教育分类标准体系，融合世界顶尖艺术出版机构、美术馆画廊、图书馆及手工作坊的资源，打造全球最大的艺术图书馆。为会员打造专属私密艺术空间，提供专属艺术顾问、珍贵限量书品、专业艺术课堂、完美定制书房等顶级艺术服务；以超前的服务意识链接时空，为会员串联起信息咨询、店内体验、离店服务等美好体验。

（二）开发高品质的文化艺术衍生品授权复制

雅昌艺品是雅昌集团的新兴产业板块。多年研发、积累的艺术品高仿真复制技术，通过与博物馆、美术馆、艺术家的合作，对中国古代书画、中国近现代书画、西方经典油画等艺术品进行高仿真复制，使“深居殿堂”的文化瑰宝走近寻常百姓；对当代艺术家的经典作品进行授权限量复制，满足艺术工作者、爱好者从事研究、教育、普及、

① 苏龙飞：《雅昌垂直整合产业链的商业模式再造》，新浪博客，2008 年 1 月 30 日。

收藏和欣赏的多样需求，实现了艺术就是生活的理念。雅昌已连续承办了八届“深圳（中国）国际文化产业博览交易会”，以“艺术教育”为主线，以“流动美术馆”的形式，给广大观众送上了精彩纷呈的文化艺术之旅，在大力推动全民艺术素质教育的同时，旨在能为政府、学校、企业、家庭提供更丰富、更贴心的艺术服务，进而满足越来越多的人对文化艺术的精神需求。

（三）创建世界顶级的书籍艺术品创作中心和艺术书籍制作中心

雅昌坚守传承千年的“工匠精神”，潜心精雕细琢，在细节上追求极致，在品质上臻于完美，用世界领先的技术与设备印制精美的艺术书籍。自创立以来，雅昌制作的图书已超过60000种，3亿多册。为近6万名艺术家，230多家出版社，100多家国内外博物馆、美术馆和纪念馆以及近30个国家的艺术和商业客户提供了高品质的艺术品制作服务。雅昌承担北京奥运会、残奥会、新中国成立60周年庆典、上海世博会、广州亚运会、深圳大运会、国家领导人新年贺卡等重大项目的印制服务，形成“国有大事，必有雅昌”的“中国文化名片”。雅昌先后斩获各类国际印刷大奖500多项，囊括所有世界顶级印刷技术最高奖项。八次问鼎被誉为全球印刷界“奥斯卡”的美国印刷大奖，让东方的雅艺之道成就世界之最的印艺之美。

（四）打造中国最大的艺术影像B2C旗舰企业

雅昌积极践行“让艺术走进每个人的生活”的企业使命，采用“数码印刷+IT技术+影像艺术品”的方式，以影像艺术家和机构的授权作品为核心，运用最先进的数字打印POD技术和艺术画框装裱制作工艺，实现影像产品的艺术生活化和个性化。通过与全球最大的IT企业惠普、知名电商的合作，获取具有创新性及前瞻性的技术指导；通过网络渠道和实体连锁店，直接满足影像艺术爱好者对影艺产品的个性化消费需求。

华南理工大学陈春花教授这样评价雅昌模式：看待一个企业的商业模式，首先，要关注它是否具有开放的外延，不断兼容和扩大自己的盈利区域和利润点；其次，要考虑系统之间的有效整合以及资源的可控性。这就是雅昌模式的意义所在。

第八章 世界传统行业商业模式及品牌王国打造
——基于价值链布局与价值网络扩张的图解分析

传统服装行业作为消费品业，其商品的品牌效果是相当高的。按照历史经典经济管理学者的分析与统计，各类产业按照消费品、耐用消费品及工业品再到中间标准件产业的序列体现出品牌的影响力系列。这一序列是基于众多产业历史数据的统计做出的，其重要指标是广告在销售额中的比重及其影响企业总销售额的效果。

事实上，如果我们变更视角亦可发现，在各类产业中，越是进入日常生活的日用消费品越是受到文化布局、传统习俗、价值模式，以及新文化变革的冲击的影响，从而体现出较高的品牌效果。但是，这并不是说，社会文化布局对于工业产业及其发展并不产生任何制约与影响。我们知道，人类发展的方向是依据人类的远景展开的，这个远景本是建立在人文社会价值需求基础上，任何工业文明的发展方向及创新取向都受到人类文化价值观的影响与决定。事实上，世界不同区域具有不同特色的文化布局，并在不同文化价值模式的群体中形成秩序与群体行为效果。这是品牌效果的终极驱动力。

第一节 INDITEX 集团 ZARA 品牌商业模式成功元素分析：目标群体、文化特征细分与激励

一、ZARA 所属的 Inditex 集团基本情况

Inditex 集团（INdustrias de DIseño TEXtil，S. A.，INDITEX），是西班牙排名第一，世界四大时装连锁机构之一（其他三个为美国的休闲时装巨头 GAP、瑞典的时装巨头 H&M、德国的平价服装连锁巨头 C&A）。集团有 1000 名时装设计师，年生产 190 万款服装，在全球 40 多个国家拥有 1400 多个供应商。Inditex 旗下拥有 ZARA、Pull and Bear、Massimo Dutti、Bershka、Stradivarius、Oysho、ZARA Home、Uterque、ZARA Kids 服装品牌，ZARA 是其中最成功的，被认为是欧洲最具研究价值的品牌之一。

（一）Inditex 集团简介

Inditex 集团成立于 1979 年。四十多年间，这个由服装商人阿曼西奥·奥尔特加·

高纳（Amancio Ortega Gaona）一手打造的企业成为世界服装行业的一颗耀眼明星。在全球七十多个国家拥有 4430 家分店（2009 年 7 月 31 日数据），其中 ZARA 这个品牌占有 1341 家分店。

（二）Inditex 集团最具价值的品牌 ZARA

ZARA 的本领是它是全球唯一的一家能够在 15 天内将生产好的服装配送到全球 850 多家店的时装公司。ZARA 可算得上是“抄版大王”，在战略上采取了快速、敏捷、多品类、小规模、大终端的竞争战略。ZARA 用 3000 万美元重组其信息系统；2011 年底通过收购，将 1200 家生产企业变为自己的战略联盟；招募了 480 人的庞大的设计师队伍，这些设计师的一个别名应叫“抄版员”；同时在巴黎、米兰、纽约等时装时尚发布地建立了完备的时尚情报站。通过这样的战略部署，全球任何一个地方最时尚的时装款式出来，其都可以在五天内生产出产品，推向市场，并且可以在竞争对手推出同样款式的五天内，把所有的同类产品全部下架。这保证了 ZARA 喝到的永远是“头啖汤”，永远可以引领时尚潮流。现在，这家公司已经打破了其他企业设计师主导企业未来的境遇，占领了中高端 35%的市场份额，跻身世界 100 强著名品牌行列。

（三）Inditex 集团系列成功品牌 DNA

Inditex 旗下拥有 ZARA 等众多品牌，其成功的要素就如《阿曼修·奥尔加特与他的时尚王国》一书的作者所总结的四个优势：供应灵活、对市场需求的即时掌控、反馈迅速以及技术革新。它的独特运行体系可以使其在四周完成新款服饰的生产，如有市场需求甚至可以缩短到两周。这样庞大的运行系统使 ZARA 在全球的每家店每周都可以收到两次新品，无论是款式的更新还是物流配送都大大超越了竞争对手。

二、ZARA 成功商业模式的关键因素分析

（一）卓越的商务模式：品牌识别打造事件并推行社会的认知

任何一个轰动性事件都可能成为一个公众事件，一个广为流传的话题。但是，当我们进一步去理解这个事件的商业性质与社会效果时，我们会发现，这不正是我们所要的结果吗？因为，营销角度，我们需要将我们的产品让大众知晓，留下深刻印象，从而打造我们的品牌。事实上，这已经形成了品牌识别体系中的一个手段。ZARA 就是这么做的。

十几年前，在上海某家企业员工中也流传出一段故事，就是这家企业年终在金茂大厦的最高层餐厅邀请所有员工聚餐，每个人的基本消费逾千元。很多人的看法是把这千元发给员工强过这么铺张的消费，不过，该企业由于效益好，员工们似乎都愉悦开怀。这个事件确实被流传出去了，而且能够为人记忆、为人流传。所不同的就是，千元发给个人，似乎大家没几天就忘记了。这个方法亦为沈阳一家企业所模仿，年终奖大张旗鼓

发金条。当然，作为第一家这么做的企业，同样亦收到了广为人知的事件识别的效果，因为，媒体电视台多家报道这个有趣的事情。所以，对于事件的识别，其对于商家就不同了，它可能为商家抓住契机，从而识别品牌（如图 8-1 所示）。

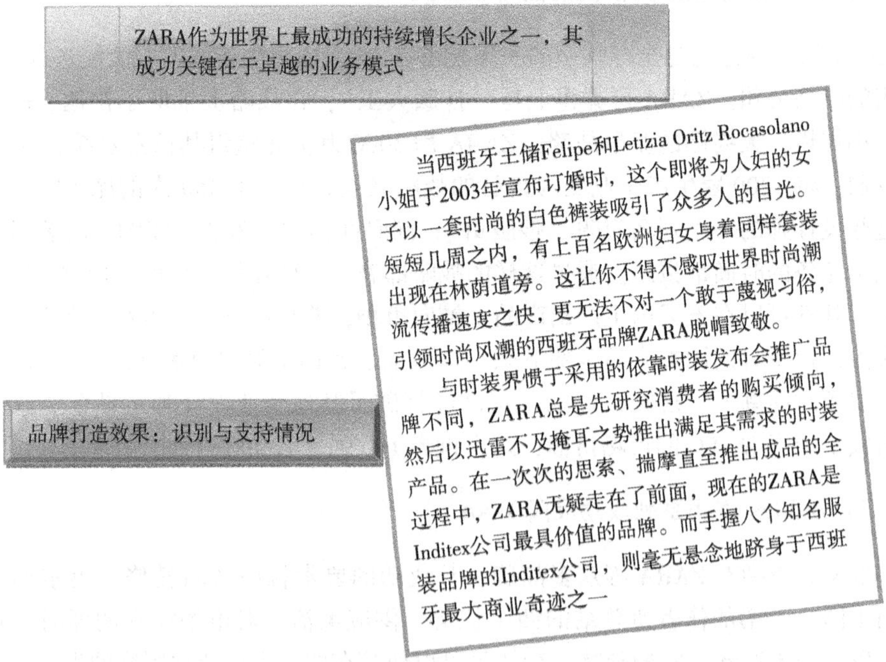

ZARA作为世界上最成功的持续增长企业之一，其成功关键在于卓越的业务模式

当西班牙王储Felipe和Letizia Oritz Rocasolano小姐于2003年宣布订婚时，这个即将为人妇的女子以一套时尚的白色裤装吸引了众多人的目光。短短几周之内，有上百名欧洲妇女身着同样套装出现在林荫道旁。这让你不得不感叹世界时尚潮流传播速度之快，更无法不对一个敢于蔑视习俗，引领时尚风潮的西班牙品牌ZARA脱帽致敬。

与时装界惯于采用的依靠时装发布会推广产品不同，ZARA总是先研究消费者的购买倾向，然后以迅雷不及掩耳之势推出满足其需求的时装产品。在一次次的思索、揣摩直至推出成品的全过程中，ZARA无疑走在了前面，现在的ZARA是Inditex公司最具价值的品牌。而手握八个知名服装品牌的Inditex公司，则毫无悬念地跻身于西班牙最大商业奇迹之一

品牌打造效果：识别与支持情况

图 8-1 ZARA 打造品牌识别的事件及其效果

（二）Inditex 集团的 DNA 品牌概况：ZARA 居于领导性地位

Inditex 是一家多品牌、纵向一体化的全球范围的时装零售商，ZARA 是其领导性品牌独立运作体系。

1. 目标群体细分

在市场营销与广告学中，目标群体又称目标顾客、目标受众等。它是企业营销活动所要开发的社会群体，包括可能产生需求的人口群体。营销活动划分这个群体时方法很多。其中最为普遍的是以年龄、性别、国籍、婚姻状况、城乡、区域、国别等作为划分的依据。

Inditex 集团的主要服装品牌亦是按照这个条件来划分市场目标群体的。它的旗下共有 8 个服装零售品牌，包括 ZARA、Pull and Bear、Kiddy's Class、Massimo Dutti、Bershka、Stradivarius、Oysho、ZARA Home，ZARA 是其中最有名的品牌（如图 8-2 所示）。

ZARA：定位目标群体为——男式、女式及婴儿休闲装，流行时装，在世界拥有507家商店，遍布35个国家
Pull and Bear：定位目标群体为——男式休闲装，在世界拥有249家商店，遍布12个国家
Massimo Dutti：定位目标群体为——30岁以上男女经典款式服装，拥有223家商店，遍布19个国家
Bershka：定位目标群体为——10~20岁青少年服装，拥有151家商店，遍布7个国家
Oysho：定位目标群体为——女式内衣中档市场，拥有34家商店，遍布全球9个国家

图8-2　Inditex集团旗下的四大主要品牌市场定位

2. 基于目标群体获得的营销分析

营销学家科勒（Kotler，2003）把营销管理定义为："在企业宏观战略框架下选择目标市场，通过创造性内容，提供客户价值和传播价值信息，来赢得、保持和不断开发客户的艺术和科学。"

毋庸置疑，营销管理是一种企业实践。根据诠释主义理论对"现实存在"的解读，营销这种企业实践的主体绝非企业工具化的本身，而是在企业拟人化的行为与创新规划下完成的。其中，企业文化与企业文化体系起到了战略作用。

企业文化体系是企业与不同区域、国家文化圈层的文化群体作用的内在要素。它是在企业文化体系影响下做出营销与品牌的系统规划的执行中体现的。比如，企业文化影响到不同产品及不同品牌的营销主体、团队，这些营销主体，会依据局部环境做出符合社会文化布局及不同条件群体需求的设计。这个设计通常由人格化柔性的文化要素构成，并参与描述。从而策划市场活动并付诸实施，由此建构了本企业的品牌营销职能。

这一逻辑同样可以应用到兼具企业营销实践客体和消费活动主体双重身份的消费者的消费实践上：消费者到底以什么方式完成消费？表现出哪些具体行为？取决于在消费群体所特有的文化模式及主观世界里消费，以及消费的客体即产品，具有怎样的意义。

3. 品牌设计原则与趋势

在欧洲，包括ZARA在内的品牌取得的成绩上，从表面上可以看到，这似乎是因为企业在对待不同品牌DNA的市场战略上体现出了目标市场细分的理性主义色彩。

不过，不管是实证主义还是理性主义的策略与方法，在对待寻求更为有效的营销战略这一问题上，ZARA品牌远远不是表面做到的那样简单。因为从实证主义角度看，效果应该是立竿见影的，而且认可理性可以分析得通的策略都应该获得有效实施。但是，问题错就错在这里。因为，受到研究方法的工具主义影响，我们的很多社会科学的方法论手段都工具化、机械化，或者是形而上学化了。

显然社会问题并非如机械物理问题一样简单。东方管理分析思维提醒我们，社会文化群体，文化布局并非是如机械一样运行的体系，所谓正确则"立竿见影"的事情并非次次行得通。

东方管理把品牌营销管理中的主客体的"人"全部纳入研究中，并且，它提炼出并非人类机械理性决定论的做法，而是采取文化干预与激励的分析方法看待不可消逝的文化传统。这种激励与影响并非是一蹴而就的，而是软因素的介入，可以使其通过活文化元素的不断激励与挖掘的过程，使主客体获得接受与认知，最终形成"文化价值"

认同的吻合与统一。

（三）总结与评价：东方管理主客体关系分析

1. 总结：企业的制度规划与社会群体的非制度化文化布局

实际从 ZARA 的“事件”识别上看，本身这个事件的发生对于企业来说，企业处于被动位置，而且这个事件确实是一种企业制度化不能安排的外部关系外部活动。那么，企业积极加以利用则创造了识别效果。所以，我们可以认识到，企业“品牌”治理战略从表象上虽然可以体现如下特征，而且这些特征的制度化推进效果明显，体现为：第一，Inditex 集团采取 DNA 品牌治理商业模式，品牌结构多样化；第二，在 Inditex 集团中，ZARA 是最具领导地位的品牌；第三，集团保持其核心能力，打造 ZARA 成功商业模式的内在运行特征。

但是，从根本上可以看到，这些战略推进的制度化虽然与完美的设计与合理的流程有关，但是，这并非是“品牌”打造的决定性作用。起到决定性作用是一直处于被动地位的“人”的因素。

2. 评价：社会文化群体决定“品牌”是什么

事实上，诚如前面所做的分析一样，在理性主义认识论指导下进行的品牌营销的设计中，企业往往处于主动地位，被看作是力求份额最大化的市场参与者，目标细分市场则是被动的消费者。正如德鲁克所言：“消费者决定企业是什么？既然消费者决定企业是什么，消费者为何还会处于被动位置呢？”

在这个视角下，不仅创造了很多成功的企业品牌模式，亦创造了很多失败的企业品牌及营销案例。实际上，企业对于品牌营销管理的重要性不仅在于其制度化组织的稳定性，重要的是其自身商业模式的可塑性及其战略协同性。目前，很多跨国公司通过非正式的、松散的组织活动开展其“品牌”与产品营销工作，比如，更多企业开始注意到邀请职员的同事、朋友，以及家庭成员参与其企业之间的互动，甚至提供共同游览的旅行经费以增加这种关系纽带。实际上，在企业“品牌”营销中，企业的主体地位的主动性与客体群体的被动性需要通过非正式的制度环境加以扭转。

三、Inditex 集团 ZARA 商业模式成功元素构成：基于制度化方案执行效果的评析

（一）商业模式成功元素之一：打造成本优势

1. 人性的弱点：“物超所值”与“预期过高”

消费者有句话叫作“物超所值”、“超值的服务”等，实际这个普通得不能再普通的话，确实可谓一个普遍真理。但是，正是这么一件普通的事情，大多数企业却做不到。为什么？因为“贪”、“欲”！正因为人性存在的“七宗罪”，同时人性又以非完全理性的形态存在，这样，商家的期望往往亦会“物超所值”，“预期过高”。事实上，正

是因为人性的这个特点，大多数商家不能跨过人性中“恶”的一道坎。

同时，随着获得社会青睐的知名品牌的“超高价”形态出现，并开始满足时尚一族、土豪一族等的价值追求，更多的商家进一步非理性追求这种“品牌”效应。但是，结果多是失败。

2. ZARA 商业模式的成功元素：人性弱点的克服

ZARA 品牌的核心理念则是反其道而行。它希望以众多消费者可以接受的价格，提供接近世界顶级品牌的商品。能做到这一点，实际上已经是开始克服人性的弱点了。

ZARA 商业模式的成功元素：

ZARA的时尚程度与一些世界顶级品牌相近，但价格却是大多数消费者可以承受的

显著特征：ZARA 成为顶级品牌的价格特征比较：它可以成为具有顶级声誉，但具有消费者可接受的价格，可接受的价格与顶级品牌一样享受盛誉的品牌效应创造了市场需要。

（二）商业模式成功元素之二：市场配送的高速反应能力

1. 高效迅捷的物流与满意的服务：企业需要针对人性“贪、嗔、痴、慢、疑”提出解决办法

有的时候揣摩消费者的心理是一件很快乐的事情，如果能够融入服务体系，则会产生意想不到的效果。佛家认为人性有“贪、嗔、痴、慢、疑”，这个反映到人类色界中，无疑对于任何文化圈层的群体都是一样的。试想，商品交易整个过程中本身就存在着这五字真言的描述，否则，基于市场的各类制度体系与治理规则就没有存在的必要了。

那么，如何针对人性的“贪、嗔、痴、慢、疑”进行安排？企业的服务体系必须以制度化的安排，以迅捷的物流与高信誉的服务赢得消费者，这样的商业模式才能成功。但是，并不意味着以前的消费者就解除了这五个字的疑虑，因为，这是人性本质所然。那么，作为企业，需要一如既往，好上加好地加以贯彻与完善，才可以使企业在竞争中长盛不衰。

ZARA的成功还源于其对市场的高速反应，它有比同行更快更迅捷周到的物流配送服务，提供消费者喜欢并购买的商品

2. ZARA 商业模式的战略定位：结构元素组合与业绩增长情况（如图 8-3 所示）

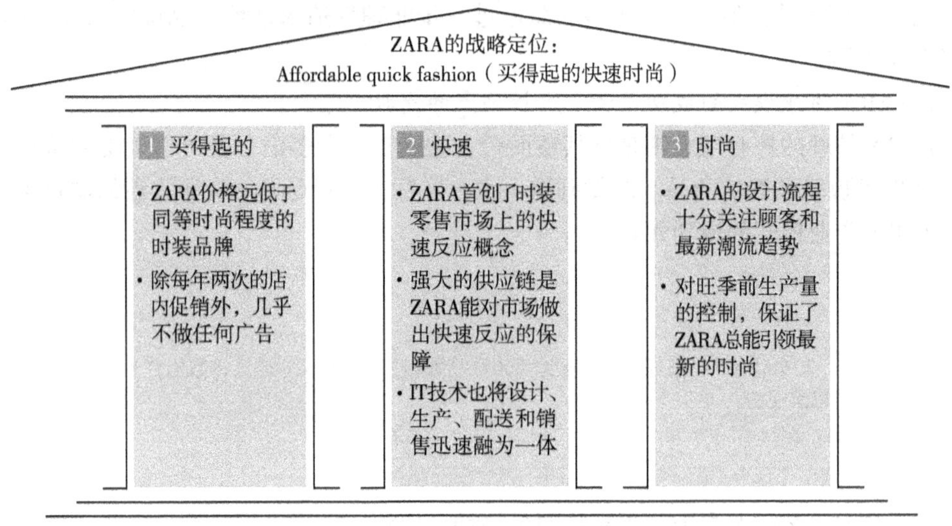

图 8-3 ZARA 战略定位中的核心要素

显著特征：服务配送的迅速、快捷有效，独特、配送的高反应执行能力。作为集团最重要的品牌，其成功来源于其独特的战略定位和有效的执行能力。ZARA 公司坚持自己拥有和运营几乎所有的连锁店网络的原则，同时投入大量资金建设自己的工厂和物流体系，以便于"五个手指抓住客户的需求，另外五个手指掌控生产"，快速响应市场需求，为顾客提供"买得起的快速时装"。

效果：所有 DNA 品牌中市场份额成长迅速。

（三）ZARA 经营独特的方式：区域布局与忠诚度群体

第一，建立忠诚度群体的独特方式。ZARA 还做到了不用太多的促销来建立品牌忠诚度，包括如下独特元素：①以快速变化的新潮时装来吸引消费者；②以强有力的品牌形象来帮助新品推介；③以商店和消费者之间的沟通来弥补缺乏广告的不足。

第二，门店全球定位的城市分布。不同的商店拥有不同的时装：在某一家商店找不到的款式或许在附近的另一家商店中可以找到，在全世界一流的地方开店（如表 8-1 所示）。

表 8-1 门店选址：首选世界一流商业中心城市

城市选址	定点选址
- 纽约	5th Av.
- 东京	Shiboya

续表

城市选址	定点选址
- 巴黎	Champs Ely sees
- 伦敦	Regent Street

另外，ZARA 为了节约成本，除了每年两次的店内广告外几乎没有其他促销活动，每次促销活动都会率先通知到忠诚群体中的消费者。

（四）ZARA 品牌识别体系：门店设计的严格治理——店面设计及店面设计模式

品牌的印象，犹如一个人的着装，它是人的第一张名片，也是给他人留下印象元素记忆的首要因素，它可以体现风格，也可以体现品位，亦可以体现地位，还可以体现内涵与文化生活习惯，等等。总之，其中包含了很多辨识人的众多文化符号。有研究显示，第一眼的印象短的记忆可以保留半年到一年，而长的则延续一生。

四、ZARA 以非制度化形式与社会文化体系发生互动：推进成功引领品牌的两项策略

（一）社会品牌的塑造：文化战略需要制度化体系的执行

1. 文化干预的品牌战略：需要制度化执行体系的推动

我们谈到在企业品牌营销战略中，社会环境、以非制度化结构存在的社会文化布局、社会价值模式等因素，对于企业目标市场的细分及其激励策略有着不可替代的战略地位。但是，并不意味着我们可以摆脱制度化规划的执行体系。中国《礼记》有："凡事豫（预）则立，不豫（预）则废"；孔子有言："工欲善其事，必先利其器。" 就是说做任何事情需要预先制订周密的计划，同时要对基础设施、人员、物料、组织、供应等各个方面做出安排，这样，计划才有执行的条件。任何组织要使计划顺利完成，必须本着"己所不欲，勿施于人"的原则处理问题。①

2. 制度化安排的要求：没有规矩，不成方圆

《论语》中谈到制度的问题，曰：不以规矩，无以成方圆。就是说规矩是组织做任何事情所必须立的内容。制度是计划顺利运行的保障，"差以毫厘，谬以千里"（《汉书》）。

对于计划组织工作来说，各个项目要均衡合理，不可长短不一，这是组织优势与弱势的大弊，《吕氏春秋》有言："至长反短，至短反长。"②

①② 王力、赵渤：《管理学流派思想评注图鉴：历史、方法、趋势》，中国社会科学文献出版社 2011 年版。

（二）ZARA 品牌对于社会非制度化形态分布的文化元素的治理：制度化安排服务于社会需求

1. ZARA 品牌设计流程与治理的差异化因素

ZARA 的设计流程不同于其他品牌，它始终把顾客的关注和最新市场潮流放在最重要的位置，大量的时尚观察员被分布在酒吧等时尚场所，并出席各顶尖品牌的发布会，搜集最新时尚信息，及时向总部汇报。

2. 基于时尚观察家及消费者关注的互动沟通（如图 8-4 所示）

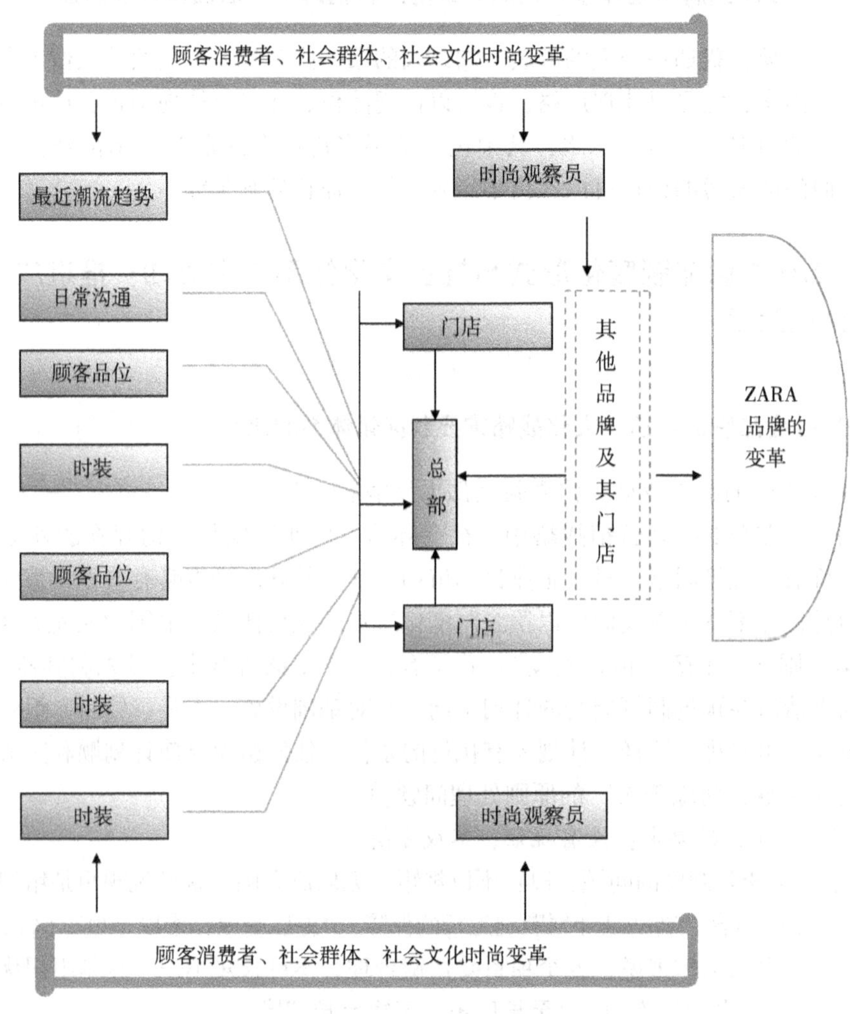

图 8-4　ZARA 设定的主要品牌元素及其与市场互动机制

3. 商业模式中独特战略：逆市而行，独特风景

第一，运营手段的显著特征。将旺季前的生产量保持在最小程度给了 ZARA 更大的灵活度、更少的退货以及更低的折旧，使其能保持引领最新的时尚潮流（如图 8-5 所示）。

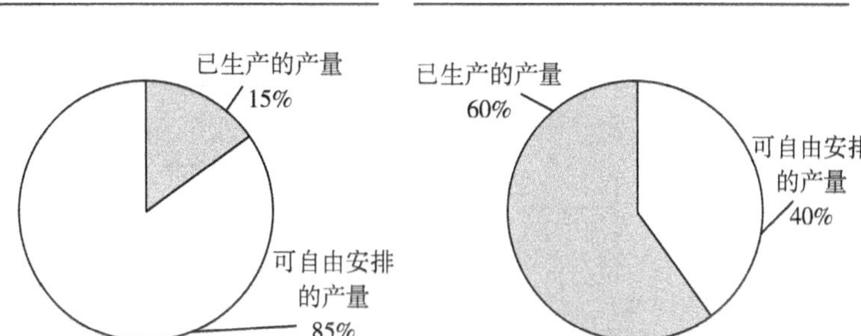

图 8-5　ZARA 逆市而行的市场战略：与竞争对手的差异比较

第二，支持该战略的方式：不盲目扩张，标准执行严格。ZARA 不追求盲目扩展的战略，类似通过加盟、合作、挂牌代理等参与 ZARA 品牌的生产与经营是不允许的。ZARA 在自有门店的基础上，仅仅对于那些有充分能力执行其文化理念、经营战略及标准，同时严格执行其政策的门店给予特许经营权。

不同于其他快速扩张的企业，Inditex 只有少数商店是特许经营的（如表 8-2 所示）。

表 8-2　Inditex 旗下的品牌门店不盲目扩张：特许经营比重

	2001 年商店数（家）		
品牌	自有	特许	共计
Zara	476	31	507
Pull & Bear	220	29	249
Massimo Dutti	135	88	223
Stradivarius	86	34	120
Bershka	146	5	151
Oysho	34	0	34
共计	1097	187	1284

项目	所占销售额百分比（%）
自有商店	88
特许商店	6
其他纺织品	5
服务	1

（三）ZARA 品牌经营商业模式评价

1. 显著特征

首先，ZARA 首创了时装零售市场上的快速反应概念并一直是这一领域的大师。其次，ZARA 首创快速反应概念，并实行款式限量发售。ZARA 创立了款式限量发售的模式，一种款式一旦卖完，则不再生产，再根据新设计投放市场新的款式（如图 8-6 所示）。

2. ZARA 的渠道：细分消费群体偏好

第一，显著特征。极为细致分析欧洲不同细分市场消费者的偏好，零售渠道的选择也具有固定的偏好，从而确定欧洲细分市场客户对于渠道的偏好。

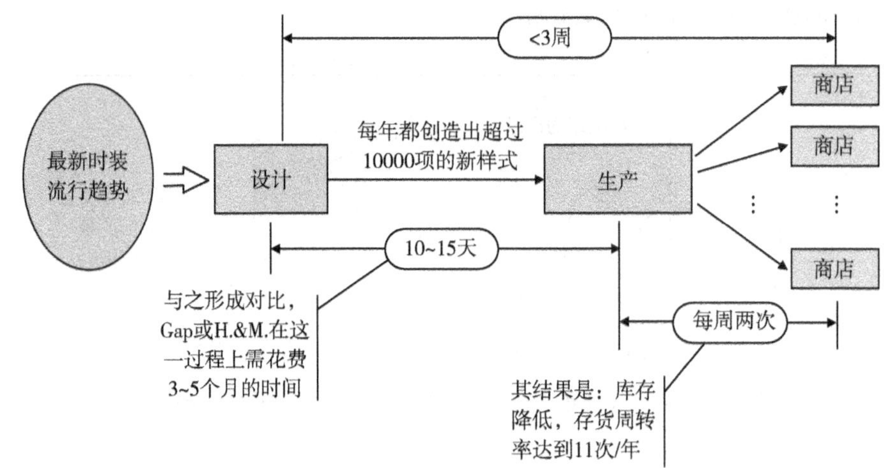

图 8-6　ZARA 基于市场需求的运营及快速反应系统

第二，市场渠道（如图 8-7 所示）。

细分市场渠道：独立门店；百货商店；邮寄；其他。

消费者：理性者；保守者；享乐者；节约者。

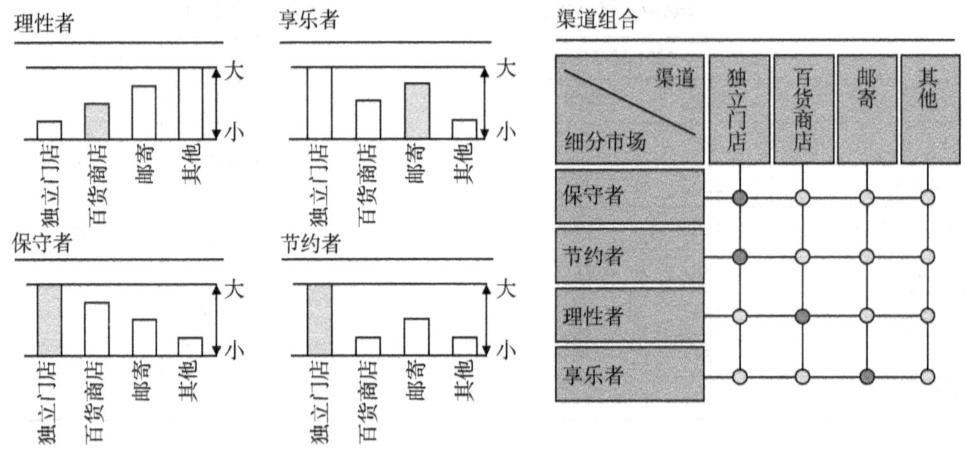

图 8-7　ZARA 市场渠道的销售者细分：提炼四类主要元素

五、欧洲 ZARA 成功商业模式解码：我国时装产业战略定位的几个误区评价

时下，ZARA 在我国已成为广为人知的品牌，社会从不同视角的研究提供我国时装产业发展的借鉴。不过，虽然研究成果总结的很多，但给人的印象似乎哪一点都很重要，何为主，何为辅？往往被忽视。特别是对于进入规模成长的企业来说，很多开始探讨如何推

进这种极具品牌效应的产业实现虚拟化的品牌管理平台的经营，事实上，这种来源于计算机、手机等新兴产业发展模式的新概念的应用，针对时装产业需要斟酌定位。

（一）ZARA的主业与辅助工作体系：本职不可颠覆

分析ZARA的战略经营及其盈利模式的运作与设计，其自始至终未离开其本职工作，即“围绕市场营销，踏实进行本职工作——‘实物型产品设计与生产’”。而ZARA其他所有的业务及职能活动体系及过程，都是辅助的，是围绕其本职工作进行的，包括信息化营销及客户管理系统、快捷的全球物流配送系统、全球营销网络及门店布局、分类市场需求反馈下的设计及订单计划、成本控制计划、策略上的有限供应量限制以及文化识别体系，等等。

从根本上看，对于ZARA的成功来说，除了基于“营销的服装设计与生产”主业，其他所做的所有工作都具有支撑主业的辅助性，甚至企业对于其付出的成本比重并不会小于主业的预算支出。

（二）从ZARA战略经营模式看我国时装行业几个误区：什么是“一花一世界，一叶一菩提”

1. 我国时装产业发展定位的几个误区：产品及品牌的差异化条件及其壁垒

第一，我国某些时装行业发展远景定位的误区：何为主业，何为辅助支撑？相反，我们的时装行业进入规模时，规划中往往会极力推出所谓能够体现进步或“与时俱进”的“虚拟电商平台”，作为产业升级的终极目标。企业往往会设想可以将一切核心业务等外包，除了管理品牌外，彻底围绕平台经济来发展，只接订单外包定制即可。这个想法与构思是好的，但是，时装行业的个性化差异与时尚及文化元素变革性较大，又极具文化情境变化特征下的需求，这种想法可能因比照高新技术或标准化定制的计算机或耐用消费品等行业（我曾谈及不同产业的品牌形成特点）而成，不过，该效果发展下去往往会显得并非不尽如人意。如果企业认为将这种本职工作或者核心业务彻底甩开，是向先进的生产力靠拢的进步，是一种规律，则有些错了。

因为，如此看来，ZARA品牌在时装行业眼中，是否会显得“落伍”，而不能与时俱进呢？事实上，结论却相反。如果放弃主业，拟定发展独立性的虚拟电商，完全可以无须等待，任何时候都可以去做，它对从事计算机网络业务的群体，只是手边日常工作，而对于时装行业，它仅仅应该是核心的本职性业务的一种辅助而已。如果不依赖于本职性主业，去主打虚拟性电商平台，核心业务是虚拟电商还是服装设计与生产呢？这两者的业务重点与核心优势完全不同。

第二，时装行业与新兴产业的特征差异：产品及品牌的差异化条件及其壁垒。时装行业是受到文化、个性及时尚等的差异化影响最大的日用消费品行业之一。比照计算机、耐用消费品及其他高新技术行业的外包，存在根本差异，就是后者以技术及行业标准形成社会识别的产品差异性的核心，并构成行业壁垒；同时，后者具有较高的大资本及高新技术核心优势与专业性标准配置的差异性等特征，不仅可以构成技术标准化壁垒亦构成成本壁垒，同时，其在掌握核心技术及技术标准以后，会面临着技术准则下的规模化生产的要求，实现的外包及其配套生产的行为并不影响社会对技术与标准上的识别，即使存在工业化标准化批量规模生产的形态，其亦会表现为品牌为特征的技术与标准的差异识别。

所以，类似计算机、手机、耐用消费品等往往通过技术核心优势，或者品牌、技术标准及物流优势为平台管理的基础，实现外包后，并不影响社会对其技术与标准品质的本质性差异壁垒的存在与分辨。

而时装行业则有很大不同，传统时装行业作为差异化较大的消费品业，其商品形成的品牌识别的个性差异的效果是相当高的。它与新兴技术行业，工业标准件不同。时装行业受到文化、个性、市场及环境情境变化，甚至生活方式与习惯等调节的变化影响，各类文化元素都可以使新的品牌快捷成长起来。

基于这个特点，时装企业获得规模成长后，并不意味着企业达到规模经济时，就必须考虑将其核心优势及核心业务外包出去（当然，这个核心优势包括设计能力或所积累的个性化需求的营销网络中体现的竞争优势）。因为，往往核心优势对于新兴技术或技术标准化企业或标准件企业的核心优势亦是不能外包的。

第三，时装行业品牌成长的迅捷化及差异化："一花一世界，一叶一菩提。"正是由于时装行业需求倾向存在较大的差异化与个性化特征，如其他主动放弃了其本职职能，甚至核心竞争优势，其战略无疑是弃本趋末了。它实际正在放弃长期积累起来的各种基于文化差异性、个性化差异、群体差异的需求特征的积累。或许，企业会因为已经塑造了规模化品牌，工业化的规模批量生产或可以满足所有群体，这是一个不小的误区。

对于"以人为本"的文化色彩变革的需求的认识，正如佛家所言："一花一世界，一叶一菩提；一沙一极乐，一笑一尘缘。"

2. ZARA 成功的核心：围绕本职业务"设计、生产及销售"的"营销"

第一，不同视角解释的 ZARA 成功要素：德鲁克关于营销的正确理解。当前，评价 ZARA 成功的探讨视角很多。有的从迅捷的物流配送系统寻找成功动因，有的从文化识别体系寻找成功基因，有的从庞大的设计师队伍审视其成功理念，有的从实时的市场需求互动体系反馈看其成功内涵，有的从门店布局探索其成功市场占有，有的从其限量销售策略评价其为何热捧绕人，等等。

但是，所有一切回归本源来看，都未能替代 ZARA 围绕"营销"活动所依托的"本职工作"，即从设计、生产到产品销售业务，其基础为"产品"本身的塑造工作。所以，上述的所有视角的工作都是用来辅助"营销"的辅助体系的建设，而对于"营销"来说，它依托的基础不可抛弃，即不能失去其存在的"产品"塑造的基础——企业的本职性工作基础，失去之正如巧妇手下的"无米之炊"。所以，当我们理解德鲁克关于"营销"是企业唯一的职能时，却不可以连营销的基础，或者企业的基本业务工作也因营销而被甩开，被甩开又谈何"营销"。

第二，商业模式的成功元素：从营销的载体设计到策略选择。

① 商业模式的关键定位：从营销的载体设计到不可忽视的本职基础。营销学家科勒

(Kotler，2003）把营销管理定义为，“在企业宏观战略框架下选择目标市场，通过创造性内容，提供客户价值和传播价值信息，来赢得、保持和不断开发客户的艺术和科学”。

在市场营销与广告学中，目标群体又称目标顾客、目标受众等。它是企业营销活动所要开发的社会群体，包括可能产生需求的人口群体。营销活动划分这个群体时方法很多。其中最为普遍的是以年龄、性别、国籍、婚姻状况、城乡、区域、国别等作为划分的依据。所以，它的工作量很大，但这些是载体，并非营销所依托并力求服务的物质基础。它的物质基础是：产品的设计、生产及服务，这是一个全流程的过程。

② ZARA 对人性的弱点克服：“预期过高。”消费者常有句话叫作“超值的预期”、“物超所值”、“超值服务”等，实际这个普通得不能再普通的话，可谓真理。但是，大多数企业却做不到。人性有“贪”、“欲”、“求”等！正因为人性存在的“七宗罪”，所以，人性皆会以非完全理性预期的“索求”形态存在。大多数商家是不能跨过人性中“恶”的一道坎。

同时，如果商家与服务的大众一样的“预期过高”，追求知名品牌的“超高价”形态，最终的路会很窄，只满足贵族，甚至心理满足的土豪一族等的价值追求，没有百年辉煌历史的企业，会有多大的市场？如果商家的非理性预期超过了消费者，结果多是失败。

ZARA 品牌的核心理念则是反其道而行。它希望以众多消费者可以接受的价格，提供接近世界顶级品牌的商品。能做到这一点，实际上已经是开始克服人性的弱点了。

所以，ZARA 的战略模式在营销理念上即与规模生产的工业化模式相冲突，它定位于如何满足人性差异化需求并试图克服人性弱点上。

3. 基于 ZARA 模式对比评价：德鲁克的营销——什么是基础、什么是辅助体系

虽然不否认管理学是基于诸多视角都可通行的分析体系，各自的理论方法及规划规则往往亦会在各自框架下适用，但是，诚如德鲁克所言：所有的都是辅助的，是为了更好地满足营销。但是，德鲁克谈及的“营销”并非是“无米之炊”的营销，这一点往往容易被我们分割开来理解。企业一旦失去其本职工作，存在的基础，其营销工作亦会失去了依托的基石。因为有了产品，所以，一切辅助工作围绕营销，并返回指导市场，所以，这个复杂体系下的组织建立了。

但是，简单地说，任何管理都不能忽视什么？它的基础是什么？网络化初期的空手套白狼已经不容易了，何况服装行业是传统行业，一切辅助系统与手段是用于支撑其本职工作做出的发展与提升。

可以看到，ZARA 围绕本职工作的辅助运营系统结构完备，无一样不紧跟时代，或者说具有先进性。但是，其自始至终不放弃的服装行业的本职，即“围绕市场营销，踏实进行的本职工作——‘实物型产品设计与生产’”。

事实上，随着企业经营的扩大以及符合社会需求变化所积累的经验，规模的大批量定制往往会忽视与淹没掉往日积累的诸多文化群体偏好及分类市场各类细化的个性化真实信息。这些是企业产品经营与生产中最为宝贵的东西。因为，企业一旦做了很多年，目的是为了什么？服务于民似乎理想显得大了，但是，你积累的信息不服务于民又能去做什么？

所以，一切投入（包括信息化及全球一体化物流配送等）都是辅助系统，它的投入甚至可以很巨大，但是，你的本职的基础则是产品，要做的事则是服务于民。

第二节 IKEA 社会品牌的管理模式：创建工艺“简单即美”为核心的设计师品牌平台

一、IKEA 社会品牌规划的核心理念

当前一体化品牌与工艺这种社会品牌管理的成功运行模式以 IKEA 为代表。IKEA 首创了“一体化品牌”的模式（如图 8-8 所示）。

IKEA社会品牌的管理模式概览：

第一，IKEA社会品牌的管理的核心理念：“简单即美”的工艺设计品牌

第二，创建设计师品牌管理平台：平台创造“全部的产品、全部的专利”

第三，剔除生产环节的设计师品牌运作模式：所有设计规定自有标准外包

图 8-8 IKEA 社会品牌的管理模式及其基本特征

（一）IKEA 社会品牌的管理的核心理念：“简单即美”的工艺设计品牌

IKEA 是唯一能深刻理解“简单即美”的机构，它用“简单”来降低顾客成本，用“美”来提高顾客价值，从而在顾客让渡价值上无人能匹敌。

从商业模式的要素角度，“简单即美”体现了宜家对客户获取价廉物美产品的价值主张，并通过规模化的定制、自主设计的形成以及全球化的采购模式形成自身的关键资源，通过其在全世界 41 个国家和地区拥有 310 家商场进行销售，形成了独特的盈利模式。

（二）创建设计师品牌管理平台：平台创造“全部的产品、全部的专利”

基于“简单即美”的理念，IKEA 一直坚持由自己亲自设计所有产品并拥有其专

利，每年有100多名设计师在夜以继日地疯狂工作以保证“全部的产品、全部的专利”，以实现所有产品均标有“Design and Quality，IKEA of Sweden”的目标。所以对于IKEA而言，绝不会存在所谓的“上游制造商”的压力，也没有任何一家制造商能对它进行所谓的“分销链管理”。

（三）剔除生产环节的设计师品牌运作模式：所有设计规定自有标准外包

IKEA不满足于仅仅控制哪怕是全球最大的家居产品渠道，它更希望自己的品牌以及自己的专利产品能够最终覆盖全球。尽管所有的产品设计工作由IKEA自己进行，但是，为了最大限度地降低制造成本，IKEA在全球范围内进行制造外包，而IKEA不投资任何固定设备与厂房来自己承担生产制造的任务。

所以，IKEA的品牌管理模式主要是针对自己的设计理念为核心，开发自己的设计工艺为打造自己的品牌，企业主要任务也是管理这一品牌。并且IKEA实现了制造商品牌和零售商品牌完美融合。

二、IKEA“工艺设计品牌”主打的“设计思维”导向

（一）IKEA的设计平台的思维导向：“同样价格的产品谁的设计成本更低”（如图8-9所示）

IKEA“工艺设计品牌”如何打出社会品牌的“设计思维”
第一，IKEA的设计平台的思维导向：“同样价格的产品谁的设计成本更低”
第二，设计模块式结构使成本最低：社会品牌管理平台的工艺特征
第三，社会品牌管理形成社会认同的工艺特征：“简单即美”

图8-9 IKEA设计思维与社会品牌打造构思

IKEA的设计平台的思维导向是“同样价格的产品谁的设计成本更低”，因而设计师在设计中竞争焦点常常集中在是否少用一个螺钉或能否更经济地利用一根铁棍上，这样不仅能有降低成本的好处，而且往往会产生杰出的创意。

（二）设计模块式结构使成本最低：社会品牌管理平台的工艺特征

IKEA的研发体制也非常独特，能够把低成本与高效率结为一体。IKEA发明了“模块”式家具设计方法，这样不仅设计的成本得以降低（因为基本每一种设计都是可制造的，不会因为大量的设计方案不具备可实施性而去莫名地浪费成本），而且产品的成本也能得到降低（模块化意味着可以大规模生产和大规模物流）。

（三）社会品牌管理形成社会认同的工艺特征——注重产品设计与营销

宜家抓住了“微笑曲线”中产品设计和营销这两个利润回报最大的环节，同时将服务融入到营销环节中，其余像生产制造、物流运输等利润较低的基本采用外包的方式。

三、IKEA的社会品牌管理模式的效果：全球范围内实现了竞争优势

尽管所有的产品设计工作由IKEA自己进行，但为了最大限度地降低制造成本，IKEA在全球33个国家有40个贸易办事处负责宜家全球的OEM运作，每年在55个国家有超过2000个供应商会为此而展开激烈竞争，只有在保证质量的同时能达到最低成本的供应商才有可能得到大额订单，而且这些供应商在接到订单之后也并非可以“高枕无忧”，因为IKEA将会时常去考核它们。

尽管IKEA的供应商来自不同的国家和地区，然而IKEA要求供应商提供具有国际化和标准化的产品，这意味着IKEA的产品在全球拥有统一质量和统一款式。不仅如此，IKEA每年会重新评估其供应商绩效，2001年IKEA采购数量最多的五个国家分别是：中国（15%）、瑞典（14%）、波兰（8%）、意大利（6%）和德国（6%）。未来的趋势将是像中国这样的劳动力成本更加低廉国家的供应商会不断地刷新现有供应商名单。

另外，IKEA每年会对其供应商提出固定的压低生产成本的指标，使得其制造成本能够进入一个持续下降的良性循环。

第三节　海尔集团的电子商务：直销商城经营模式及价值链扩展方式

一、海尔集团直销商城商业模式基本特征：价值链扩展方式

海尔集团于2000年3月投资成立海尔电子商务有限公司，2000年4月海尔电子商务平台（海尔网上商城）开始试运行，全面展示海尔的在销产品。

海尔商城提供灵活多样的查询手段，方便的支付方式和完善的物流配送，使客户真正体会到网络消费的便捷和实惠。

二、海尔集团的电子商务：直销商城模式构架与价值链扩展方式

（一）海尔网络商城价值链环节：价值链流程及结构

1. 价值链流程（如图 8-10 所示）

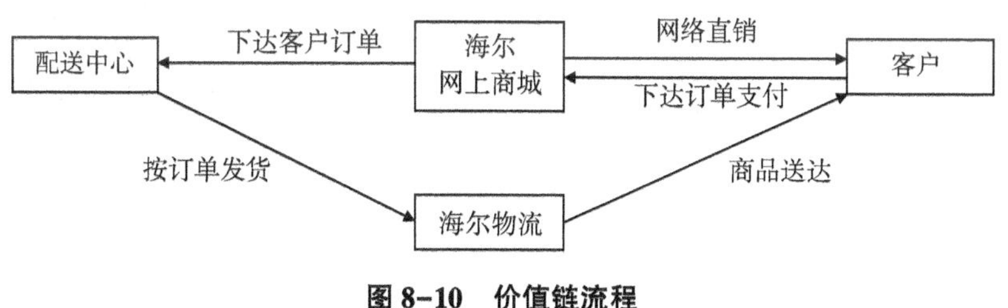

图 8-10　价值链流程

2. 强化品牌价值构成：三重方向支撑商业模式打造品牌价值（如图 8-11 所示）

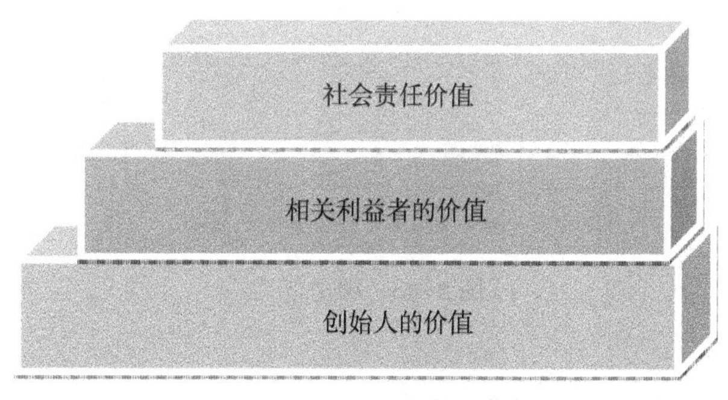

图 8-11　商业模式价值

说明：这三方面包括创造震撼客户的价值；创始人价值的包装；利益相关者的价值及扩展社会责任。三方面将支撑企业品牌价值的打造。

（二）海尔网络商城的盈利模式：目标、用户及核心能力

（1）战略目标：通过虚拟平台定位全球用户服务（如图 8-12 所示）；
（2）核心能力：软硬实力的整合（如图 8-13 所示）；
（3）管理流程组织运营模式：SCM 支持体系。
SCM（Super Chain Management）供应链关系系统（如图 8-14 所示）。

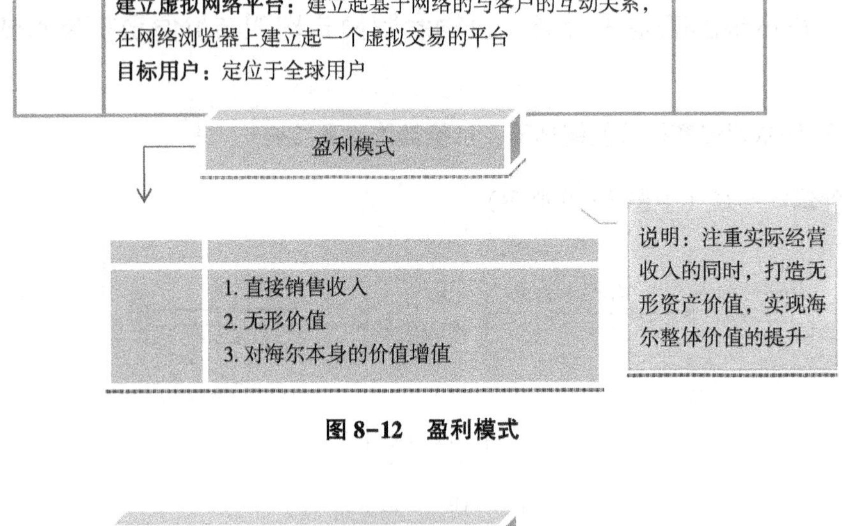

图 8-12　盈利模式

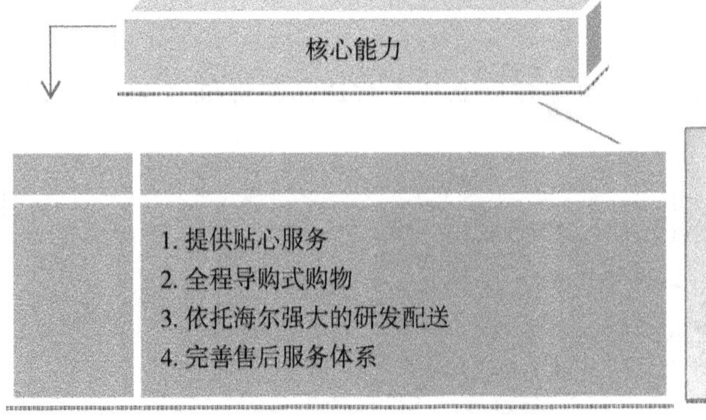

图 8-13　核心能力

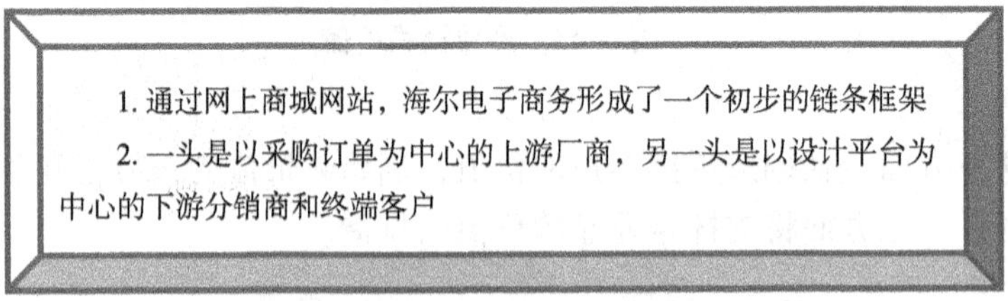

1. 通过网上商城网站，海尔电子商务形成了一个初步的链条框架

2. 一头是以采购订单为中心的上游厂商，另一头是以设计平台为中心的下游分销商和终端客户

图 8-14　供应链关系系统

（三）全流程供应链管理：服务生产经营业务的前期、中期与后期

1. 供应链管理

它从战略层次和整体的角度把握最终用户的需求，通过企业之间有效的合作，获得成本、时间、效率、柔性等最佳效果。包括从原材料到最终用户的所有活动，是对整个供应链的过程管理。

SCM（供应链管理）是使企业更好地采购制造产品和提供服务所需原材料、生产产品和服务并将其递送给客户的艺术和科学的结合。供应链管理包括五大基本内容。

2. 计划

这是SCM的策略性部分。你需要有一个策略来管理所有的资源，以满足客户对你的产品的需求。好的计划是建立一系列的方法监控供应链，使它能够有效、低成本地为顾客递送高质量和高价值的产品或服务。

3. 采购

选择能为你的产品和服务提供货品和服务的供应商，和供应商建立一套定价、配送和付款流程并创造方法监控和改善管理，并把对供应商提供的货品和服务的管理流程结合起来，包括提货、核实货单、转送货物到你的制造部门并批准对供应商的付款等。

4. 制造

安排生产、测试、打包和准备送货所需的活动，是供应链中测量内容最多的部分，包括质量水平、产品产量和工人的生产效率等的测量。

5. 配送

很多“圈内人”称为“物流”，是调整用户的订单收据、建立仓库网络、派递送人员提货并送货到顾客手中、建立货品计价系统、接收付款。

6. 退货

这是供应链中的问题处理部分。建立网络接收客户退回的次品和多余产品，并在客户应用产品出问题时提供支持。

（四）海尔网络商城商业模式的方向定位：前台一张网，后台一条链

SCM（Super Chain Management），是指供应链关系体系，它获得了全方位的发展，比如，全新概念的互动视频格式。国外SuperMV开发团队认为未来视频的一个重要的发展应用方向就是交互式视频；因此开发这种格式的发展目标就是通过视频在观众和内容发行网站之间搭起一个互动与沟通的桥梁，为欣赏节目的观众和内容发行网站提供全新的服务。

1. 物流管理

海尔网上商城物流注重整个供应链全流程最优与同步工程，不断消除企业内部与外部环节重复无效劳动，让资源在每个过程流动时都实现增值，使物流业务支持客户实现快速获取与满足订单的目标。

2. 资源管理ERP

在业务流程再造的基础上，海尔网上商城形成了“前台一张网，后台一条链”（前台的一张网是海尔网上商城网站，后台的一条链是海尔的市场链）的闭环系统，构筑了企业内部供应链系统、ERP系统、物流配送系统、资金流管理结算系统和遍布全国的分销管理系统及客户服务响应系统，并形成了以订单信息流为核心的各子系统之间无缝链接的系统集成。

3. 发展趋势

海尔希望将尽可能多的海尔传统业务"搬"到网络上来，实现简单的传统业务流的电子化目标。整合各个不同时期进行的各种电子化业务流程，使其业务流程成为合理的企业电子商务体系。让海尔的电子商务战略能够与海尔的公司整体战略协调发展，构成企业整体核心竞争力中不可缺少的一部分。

三、海尔无边界企业战略"瓶颈"评价：创建一个智能家居社会的终极之路

（一）海尔定位无边界企业扩张战略：方向的彷徨与困惑

海尔作为稳步成长的民族企业是成功的，其无论是市场份额还是产品品种乃至品牌，抑或是产品结构的互补与多元产品的结构性带动角度及开拓上，都使其在众多商品结构上获得了互补性与结构性带动效应。在海外赢得了美誉。

关注到张瑞敏先生定位"无边界企业"的发展之路应该在21世纪前10年的中期。一方面，不得不佩服张瑞敏先生针对知识经济变革的环节上察觉的敏锐性；另一方面，亦注意到海尔在探索无边界企业的发展之路上，却显得一直处于方向"彷徨"的困惑之中。

（二）"无边界企业"本质、机制及规划内容：兼论海尔的"瓶颈"及解决方向

1. 什么是"无边界企业"

在2002年2月出版的《知识经济与我国对外经贸发展研究》（崔日明，赵渤）一书中曾有简单的趋势性界定：由于知识经济的发展，传统商业与产业帝国的打造的成本困局及方式将会逐步被破解。由于信息经济/速度经济/网络经济/创新经济四位合一，在信息化虚拟空间下企业交易边界逐渐消除，企业规模将会克服传统企业内部生产制度化安排的成本约束，使企业的边界无限扩大。

那么，什么是企业制度化安排的成本？其来源于新制度学派企业理论的创始人科斯（Coase，1937）的《企业的性质》，并在阿尔奇安（Armen. A. Alchian）、德姆塞茨（Alchianand Demsetz）、威廉姆森（Williamson）等的理论中获得发展。科斯首先谈到的是企业的性质是什么？科斯是基于将企业的制度组织结构与制度安排纳入经济分析开始这个问题的解答。他首先提出三个基本问题，即什么是企业的基本特征、为什么市场经济中有企业存在、为什么企业的边界不能扩大到整个经济。

2. "无边界企业"本质、机制及规划内容分析：知识经济"四位一体"市场环节提供的可能评价

科斯的总体思想是：企业制度安排与市场机制一样，都是调节资源配置的机制。不同之处在于前者在企业内部调节资源配置，而后者通过市场机制在市场调节。但是，正因为企业制度安排是有成本的，所以，企业存在要求通过内部组织生产经营的制度安排成本必须低于通过市场机制配置资源来组织生产经营的成本（即生产必须通过每次的

资源要素等交易完成）。正是因此企业才可以在社会存在，那么，企业边界再不可能扩大到整个社会。

通常企业在产业或商业帝国的打造中，规模不断扩张，企业内部的制度化成本亦会不断提高，而企业为了使其成本尽量低，首先需要进行治理结构的再造，比如，通过组织扁平化、综合化，管理职能及业务流程幅度短平化完成，这样，就会使得企业的横向与纵向的业务链治理成本大大降低。否则，在其随着企业规模不断扩大，其治理体系则会轻易超越社会的成本界限，而这时企业还未能实现巨大的扩张，或者完成打造其产业或商业帝国的战略任务。

社会的变革，知识经济信息经济大发展，提供了这一构想能够接近实现的一种可能，这种“接近”性的可能来自如下几个方面：第一，信息网络化发展使企业内部与企业间的要素以低成本流动配置。要素流动可以无障碍地利用并被组织，并且创新低成本，更新速度迅捷，难以构成大企业的技术壁垒。第二，信息化虚拟空间下企业内部与外部的交易环节的治理与交易成本可以在适当的制度安排下直线降低。企业与社会由交易费用差异构成的交易成本边界会逐渐消除。第三，信息化虚拟空间不仅技术垄断壁垒被削弱，而且参与主体的差异亦在终端被大大弱化。不仅家庭与个人成为主体的商务单位，可以与大企业在终端地位趋于平等，而且亦成为技术创新的主体。第四，信息化虚拟空间的业务活动基于企业内部与外部的整合管理凸显重要地位。纳入以家庭、个人等为单位主体的企业一体化管理、参与及协同平台成为必要，这个组织安排影响社会行为主体参与的方式及治理的形式则会影响企业的整体竞争能力与壁垒。第五，信息化虚拟空间的业务制度化安排及整合模式需要注重将人文引入社区或社会体系。人文理念引导的可以进入社会价值体系以非制度化安排形式实现的管理模式。

（三）海尔的“瓶颈”：论问题根源及解决之道

对照上述几点，我们可以发现海尔如果真要走上“无边界”企业之路的话，其时下所构建起来的发展模式中存在的“差距”还很多，当然，存在的“差距”并不代表这一过程不是进步。包括如下两点：

（1）海尔的网络商城及供应链配送。海尔于 2000 年 3 月投资成立海尔电子商务有限公司，2000 年 4 月海尔电子商务平台（海尔网上商城）开始试运行。海尔希望将尽可能多的海尔传统业务“搬”到网络上来，实现简单的传统业务流的电子化目标，将业务流程整合为最合理的电子商务体系。这个过程不能不说是进步，但是，真正破除边界是否需要进驻到社会价值体系中？是否应该以非传统的制度安排破除企业与社会群体之间的交易边界及治理边界？或以社会家庭、个人等从生产、经营到创新等各方面，特别是如何以协同的一体化共同体形式，介入社会群体的日常生活的协同、一体化共进及安排等。抑或以相对较低形式为起点，比如从企业业务前后价值链端口的合作及参与治理的形式推进？这是如上所谈到的第三与第四点的内容；那么，这个方式则为创建一个智能家居社会的终极之路。这是海尔真正发展“无边界”企业的终极之路。

（2）海尔强化品牌价值构成上从三重方向支撑商业模式打造品牌价值。包括创造震撼客户的价值；创始人价值的包装；利益相关者的价值及扩展社会责任。真正震撼社会行为人心灵的是“众乐乐”而非“独乐乐”。事实上，我们传统输出的多为后者，其价值亦是正向的，形态上亦各有不同。管理往往存在“达到目的的管理”、“有效的管理”及“成功的管理”，那么，“众乐乐”则为后两者的统一。但是，如何跨升为“众乐乐”？

中国古语有释言：宇宙有大千世界，人类世界则受天地恩泽，故称为色界。人有“心、神、意”，亦有“触、能、感”，所以人有“欲”，佛家又称为“欲”界。人类社会的“心、神、意”、“触、能、感”，不仅涵盖了社会生活中人的本性需求与内心文化感知的触发，亦涵盖了丰富的人文内容。所有这些都需要通过介入社会群体日常生活价值体系，形成一体化的协同。

特别是，如果我们变更个视角亦可发现，在各类产业中，越是进入日常生活的日用消费品越是受到文化布局、传统习俗、价值模式，以及新文化变革的冲击的影响，基于信息经济个体化、家庭化主体明显，那么，日常生活则越来越成为企业生产经营服务的制度化安排需要延展统合的内容，那么，社会非制度化形态存在的社会群体生活，则是海尔构建“无边界”目标所应该在企业开放型体系下，通过文化、体系、结构、技术、职能、组织、业务、流程等各个方面需要考虑并规划的内容。

第九章　电子商务平台领域成功商务模式解析
——从“开放型”、“虚拟化”价值链向打造价值网络帝国扩张

荀子和韩非等肯定生产工具的进步对社会财富的增加具有积极的促进作用。荀子认为“百工忠信而不楛，则器用巧便而财不匮矣”①。意思是说，灵巧方便的生产工具可以增加财富的产生。他的学生韩非子也认为，“明于权计，审于地形、舟车、机械之利，用力少，致功大，则人多”②。实际上就是告诫人们要懂得因事、因时、因地制宜，仔细研究地形、车、船和机械的利用，做到费力小而效果大，这样收入就会增多。③

第一节　电子商务平台其他典型行业：阿里巴巴的商业模式：B to B

阿里巴巴 B2B 公司的总部位于中国杭州，在中国大陆超过 30 个城市设有销售中心，并在中国香港、瑞士、美国、日本等设有办事处或分公司。

1999 年，本为英语教师的马云与另外 17 人在中国杭州市创办了阿里巴巴网站，为中小型制造企业提供了一个产品销售的国际贸易平台。其后，阿里巴巴茁壮成长，成为了主要的网上交易市场，让全球的中小企业通过互联网寻求潜在贸易伙伴，并且彼此沟通和达成交易。2007 年 11 月 6 日阿里巴巴集团所属的阿里巴巴网络有限公司在中国香港联合交易所上市，当时的市值为 2000 亿港元。为重新整合阿里巴巴的集团业务，2012 年 6 月 20 日阿里巴巴在中国香港联交所正式退市。2014 年 9 月 19 日，阿里巴巴正式登陆纽约交易所，首日阿里巴巴大涨 38.07%，上市首日市值达到 2314 亿美元，成为仅次于谷歌的全球第二大市值互联网公司。

① 《荀子·王霸》。

② 《韩非子·难二》。叶世昌：《中国古代经济管理思想》，第 118 页。

③ 苏东水：《东方管理》，山西经济出版社 2003 年版。

一、阿里巴巴的电子商务成功的核心因素

（一）阿里巴巴的电子商务平台 B2B：制定核心规则（如图 9-1 所示）

通过借助互联网，阿里巴巴创立了自己独特的经营模式：一是向全球买家展示中国企业；二是向中国企业提供国际买家，将中国企业长期以来的商业习惯向更高一级的行为阶层推进，使他们迅速地向网络商务靠拢，从而为海外企业所熟悉

图 9-1　阿里巴巴电子商务平台经营目标与价值导向

1. 阿里巴巴电子商务的主要业务

阿里巴巴 B2B 公司是全球电子商务的领先者和中国最大的电子商务企业，其电子商务业务主要集中于 B2B 的信息流，是电子商务服务的平台服务提供商。阿里巴巴 B2B 着力于营造电子商务信任文化。其独具中国特色的 B2B 电子商务模式为中小企业创造了崭新的发展空间，在互联网上建立了一个诚信的商业体系。2013 年阿里巴巴集团公布业绩，其中营业收入达 67.63 亿美元，净利润为 3.04 亿美元（如图 9-2 所示）。

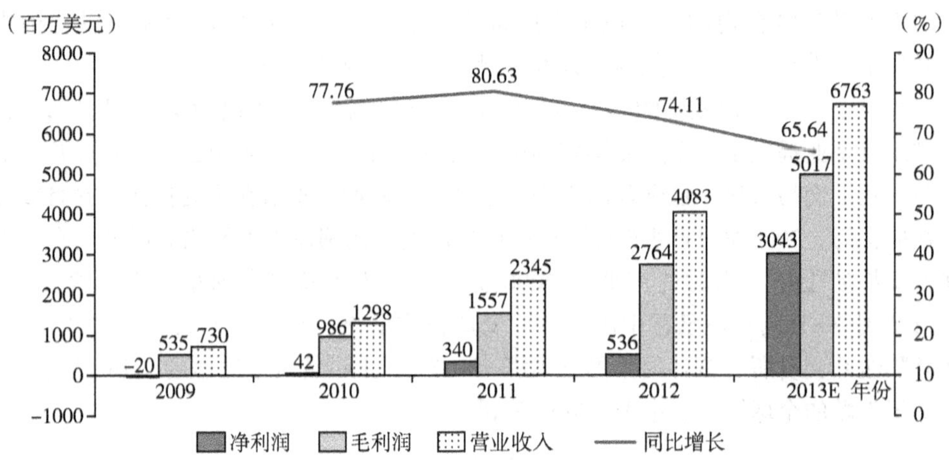

图 9-2　2013 年阿里巴巴业绩情况

资料来源：《雅虎年报》。

2. 阿里巴巴电子商务设计的基本理念与核心规则

商务信任文化—制定规则；打造交易市场。规则是其品牌与生存之本。提供企业品牌与责任平台。

技术只能打造一个企业，最多一个产业。制定规则，建立文化，不仅可以造就一个行业，甚至整合几个行业，同时可以打造一个所有行业参与的市场，一个所有行业基于远景基础参与的大的市场体系。

（二）商业盈利模式：成功打造了一个覆盖这个王国市场交易活动的价值网络体系

1. 阿里巴巴商业模式与新市场秩序的打造

阿里巴巴打造了一个有秩序、有吸引力，又能够辅助以各类职能功能及业务来开展的市场，正是阿里巴巴获得成功的根本原因。实际上，我们比较各类只提供中介而无管理制度及职能与业务的平台，这正是阿里巴巴成功差异之处（如图 9-3 所示）。

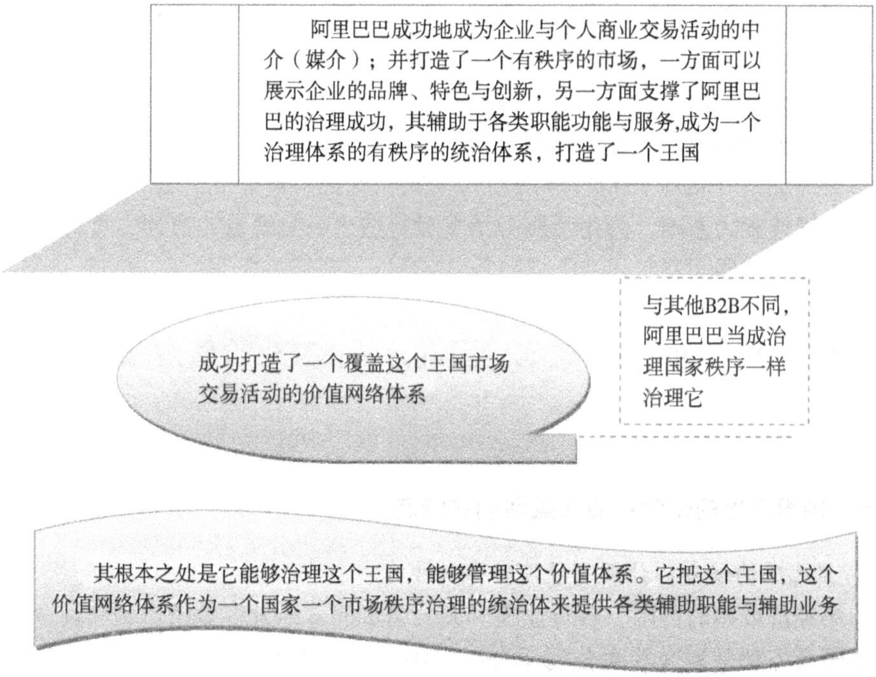

阿里巴巴成功地成为企业与个人商业交易活动的中介（媒介）；并打造了一个有秩序的市场，一方面可以展示企业的品牌、特色与创新，另一方面支撑了阿里巴巴的治理成功，其辅助于各类职能功能与服务,成为一个治理体系的有秩序的统治体系，打造了一个王国

与其他B2B不同，阿里巴巴当成治理国家秩序一样治理它

成功打造了一个覆盖这个王国市场交易活动的价值网络体系

其根本之处是它能够治理这个王国，能够管理这个价值体系。它把这个王国，这个价值网络体系作为一个国家一个市场秩序治理的统治体来提供各类辅助职能与辅助业务

图 9-3 阿里巴巴打造一个价值体系一个王国：构思及流程

2. 阿里巴巴打造了一个商业帝国

阿里巴巴成功打造的可以说是一个自己的帝国。它不同于一般意义上的基于某一项或几项产品技术甚至产业配套基础上的价值链环节的供给运营及需求过程，而是重新构建了一个王国，并在现实的实践中，成功打造了一个覆盖这个王国市场交易活动的价值网络体系……

它成功的另一根本之处是，它能够治理这个王国，能够管理这个价值体系。这个价值网络体系作为一个国家一个市场秩序治理的统治体系来提供各类辅助职能与辅助业务。

（三）阿里巴巴集团的运营体系构成

阿里巴巴集团是全球电子商务的领先者，是中国最大的电子商务公司。自 1999 年成立以来，阿里巴巴集团茁壮成长，到 2008 年上半年已拥有多家子公司。

1. 阿里巴巴的 B2B 旗舰业务

阿里巴巴 B2B 公司是阿里巴巴集团的旗舰公司，是国内领先的 B2B 电子商务公司，服务于中国和全球的中小企业。

2. 阿里巴巴业务结构系统构成

淘宝网——亚洲领先的个人网络购物市场；

支付宝——中国领先的在线支付服务；

阿里软件——服务于中国中小企业的以互联网为平台的商务管理软件公司；

中国雅虎——国内领先的搜索引擎和社区；

阿里妈妈——中国领先的网上广告交易平台；

口碑网——中国最大的生活搜索平台。

2008 年 6 月，中国雅虎和口碑网整合，成立雅虎口碑公司，正式进军生活服务领域。它以全网搜索为基础，为生活服务消费者打造出一个海量、方便、可信的生活服务平台——雅虎口碑网。

二、阿里巴巴的商务模式成功因素分析：文化价值观激励及诚信制度化安排

（一）阿里巴巴的使命：商业盈利模式特点

1. 阿里巴巴的使命：让天下没有难做的生意

在市场经济成熟的美国，各行业前三大公司掌握着绝大多数的市场和资源，基本上所有的电子商务都是为这些大公司服务。但中国 99%的企业都是中小企业，市场经济环境与美国迥然不同，这就决定了中国要发展电子商务就只能为中小企业服务，它不应该是美国电子商务的 B2B（Business To Business）概念，而应该是商人对商人（Businessman To Businessman）的模式。通过互联网建立商务网站，可以帮助中国企业出口，也帮助国外企业进入中国；另外，中小企业和民营经济是推动中国经济高速发展的重要力量，中小企业使用电子商务是一种趋势。因此在 1999 年，阿里巴巴正式创立，其使命是“让天下没有难做的生意”。

2. 核心商业盈利模式：几个要点

（1）核心业务：阿里巴巴的电子商务业务主要集中于 B2B 的信息流，是电子商务信息服务的平台服务提供商。

（2）运营方式：阿里巴巴实行会员制度，主要开展“诚信通”会员和“中国供应商”会员有偿服务。会员企业可以通过网站阅读行业新闻，了解行业市场动态，及时

掌握供求状况，查询和发布供求信息。

（3）市场交易：会员采购商和供应商通过阿里巴巴网站进行自由供需对接，达成企业间的合作与贸易。阿里巴巴作为平台提供者不介入会员企业间的交易行为。阿里巴巴网站分为中文站及国际站。

（二）文化价值观激励及诚信制度化安排：构建价值链——介入社会价值体系环节

1. 营造电子商务平台构建信任文化——“诚信通”——文化激发与引领社会认同与一致的行为

马云认为，在 B2B 领域，最终决定胜负的不是资金或技术，而是诚信。国内在线支付系统的不发达、邮政网络的滞后、诚信环境的缺位，使得安全支付成为电子商务发展的一大“瓶颈”。2002 年 3 月，阿里巴巴启动了“诚信通”计划（如图 9-4 所示）。

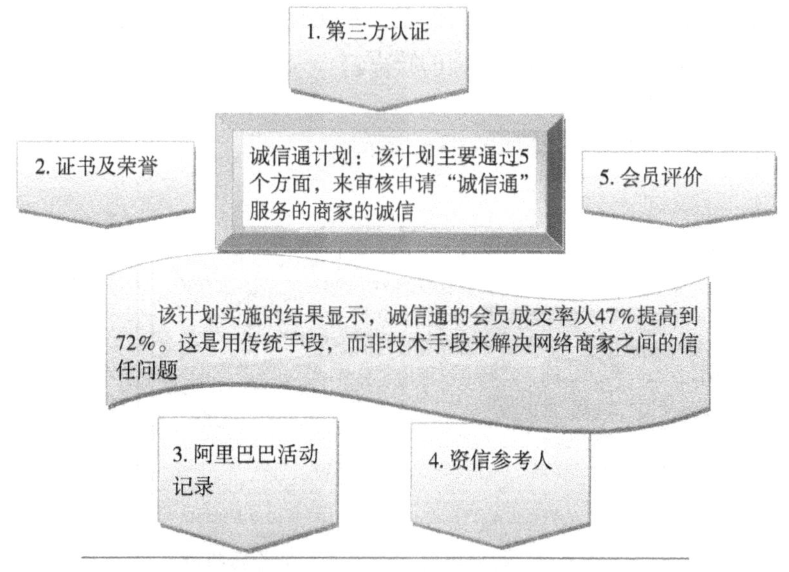

图 9-4 阿里巴巴的诚信制度化安排：嵌入社会价值体系环节的方式

2. 文化社会价值观激励：干预社会价值体系，形成良性有机互动

在阿里巴巴构建的商务平台上，诚信通档案是诚信通会员必填的基本信息。它用来展示会员的一些基本诚信情况，由四个部分组成：A&V 认证信息、阿里巴巴活动记录、会员评价、证书及荣誉。

第一，诚信职能与业务的制度化执行方式（如表 9-1 所示）。

表 9-1　阿里巴巴的诚信制度安排方式

1. A&V 认证信息包括公司注册名称、地址，申请人姓名、所在部门和职位，并同时需要出具相应的工商部门颁发的营业执照等。提供商业信息的企业，必须首先通过这个认证
2. 阿里巴巴活动记录是指某一网商在经营过程中的信用表现，及其与阿里巴巴共同参与诚信体系建设的时间，时间愈久，愈能证明该网商的诚信度
3. 会员评价是指在商务活动中，合作方的会员对企业进行的评价。为了避免企业会员之间的恶意攻击，阿里巴巴有两大法宝：一是只有诚信通会员才能拥有评价的权力；二是评论以后相互留档案，不可以匿名，必须公开
另外，诸如 ISO 体系等行业认证也成为诚信通会员重要的参考要素，并且阿里巴巴会用优先排名、向其他客户推荐等方式，来奖励那些诚信记录良好的用户

第二，激励文化的制度化安排形式分析与评价：外部资源的调动与获取。从内心需求的激励到诚信文化引导主动参与，使文化指导下的人的行为达到统一，形成了企业组织之外的外部资源的一致性行动，从而使企业在文化内聚力基础上形成了调动企业外部非制度化安排的资源遵循企业制度行动的特点。

3. 生成商业价值链的关联方式

第一，诚信通——价值链（如图 9-5 所示）。

1. 诚信会员年费：在向商家提供服务的基础上，阿里巴巴每年向“诚信通”企业会员收取2800元的会员费，“诚信通”个人会员收取2300元的会员费

2. 关键字竞价服务。针对商家都希望自己的商品在搜索中排在第一位的心理，阿里巴巴推出了另外一项收费服务——“关键字竞价”

企业可以通过竞价排名锁定关键词，让自己的产品在众多的商品中排名靠前，从而获得更多的商业机会

据调查统计，有85%的买家和92%的卖家会优先考虑与诚信通会员合作，诚信通会员的成交率也是普通会员的7倍

图 9-5　阿里巴巴“诚信通”的收费机制

第二，主要产品——“中国供应商”服务。“中国供应商”服务是基于全球浏览量第一的商贸网站——阿里巴巴，为出口企业提供的向海外买家展示企业和产品的外贸推广服务。阿里巴巴通过全方位海外推广，让出口企业轻松接轨全球市场。

阿里巴巴向“中国供应商”会员主要提供以下服务（如图 9-6 所示）。

第三，产品具体内容说明：阿里巴巴要对企业进行第三方身份审核，确保企业的真实性，更好地帮助买家找到值得信赖的供应商。

提供排名优先服务，帮助企业提升产品曝光率，抢占市场制高点。

提供客户管理系统“My Alibaba”，轻松实现外贸信息一体化管理。

通过海外分支机构组织参加国际展会，向与会买家派发光盘手册和产品目录，帮助企业实现线下展会和线上电子商务的一体化推广。

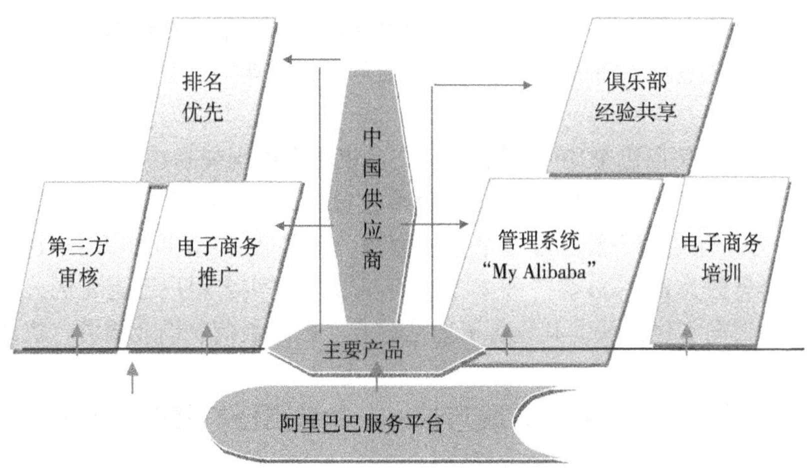

图 9-6　阿里巴巴提供"中国供应商"的服务平台及业务流程扩展

提供外贸及电子商务实战培训服务，帮助企业提升外贸人员的电子商务实战及外贸能力。

在国内开展会员俱乐部活动、帮助出口企业共享外贸管理经验，共赢同发展。

（三）电子 B2B 平台货币流程的支持能力是必须解决的关键环节：安全的电子支付工具——支付宝

阿里巴巴为解决电子商务支付环节的安全问题，2003 年 10 月，阿里巴巴首先在淘宝网推出了独立的第三方支付平台——支付宝，正式进军电子支付领域。

支付宝运作流程。

第一，战略核心：强化"交易诚信"的制约环节治理体系与良性运行效率（如图 9-7 所示）。

支付宝作为诚信、中立的第三方机构：制度化形式，保证双方利益

图 9-7　支付宝的本质属性定位

买家在确定购物后，先将货款汇到支付宝，支付宝确认收款后通知卖家发货，买家收货并确认满意后，支付宝汇款给卖家完成交易。买卖双方通过支付宝进行交易不收取任何费用，在交易过程中，支付宝作为诚信、中立的第三方机构，起到了保障货款安全及维护买卖双方利益的作用。

第二，全额赔付制度：制度保障—消费者为其真正的客户，得人心者得天下。2005 年 2 月，支付宝又推出了"全额赔付"制度，对于使用支付宝而受骗遭受损失的用户，支付宝将全部赔偿其损失。支付宝又将全额赔付制扩展至阿里巴巴，以及所有采用支付宝支付工具的电子商务公司。主动全额赔付以保障用户利益，在国内电子商务网站尚属首例。这一制度既显示了阿里巴巴解决电子商务支付问题的决心，也表现出对支付宝产品的绝对信心。

2011 年底，阿里巴巴 B2B 公司的国际交易市场和中国交易市场上共有 7630 万名注册用户、1000 万个企业商铺及 765363 名付费会员。其中，中国交易市场方面，阿里巴巴共有 5080 万名注册用户和 780 万个企业商铺，分别较 2010 年增长 16.1%和 13.7%。中国诚信通会员数为 658800 名。截至 2013 年底支付宝实名用户已近 3 亿，支付宝也成为全球最大的移动支付公司。其涵盖了虚拟游戏、数码通信、商业服务、机票等行业。

三、社会价值体系构建与扩展方式——社会责任扩展统一于企业事业拓展

（一）阿里巴巴集团未来的核心发展战略：社会责任目标

阿里巴巴集团未来的核心发展战略是："建设电子商务基础设施，培育开放、协同、繁荣的电子商务生态系统。"而这一切都将统一在社会责任的大旗下（如图 9-8 所示）。

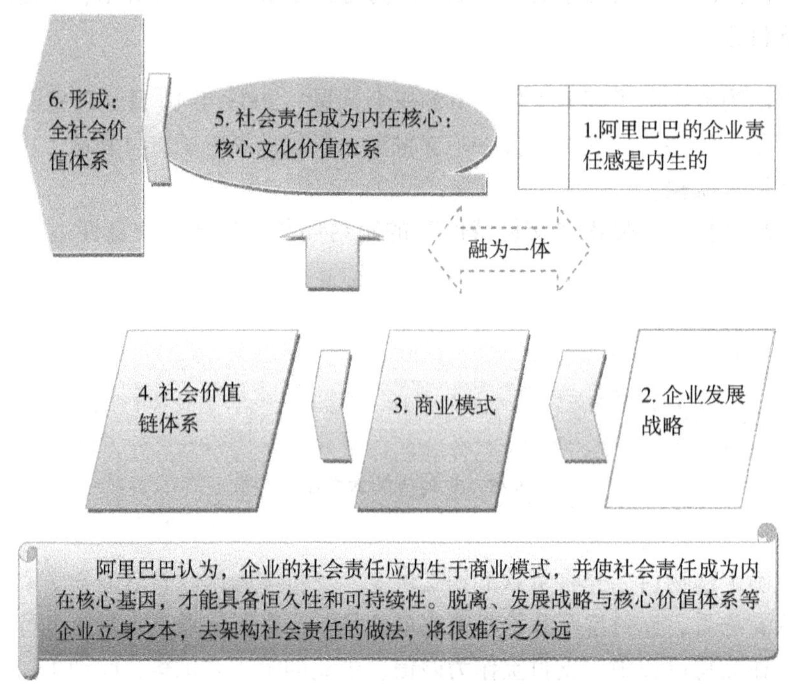

图 9-8　阿里巴巴社会责任融合于社会生态体系的战略组织核心及拓展流程

(二) 以淘宝为例：社会责任生成效果分析

1. 淘宝诚信体系的制度化安排：赢得社会并介入社会责任承担

以淘宝网为例，淘宝网的商业模式本身决定了它可以解决大量就业问题，一个淘宝网大约为几百万人提供了就业平台。阿里巴巴旗下的7大子公司，无论是做电子商务还是软件，都把社会责任根植在商业模式中。

实际上，阿里巴巴之所以把社会责任作为企业未来战略，与其在社会责任方面的作为分不开。阿里巴巴以信息服务平台开创的B2B模式在过去的五年中，用电子商务整合传统产业，创立了自己的品牌；其模式已经逐渐得到了社会的承认，为自己赢得了诸多的荣誉，在国内和国际产生了一定的社会影响。阿里巴巴对社会做出了很大的贡献，循环过程如下（如图9-9所示）：

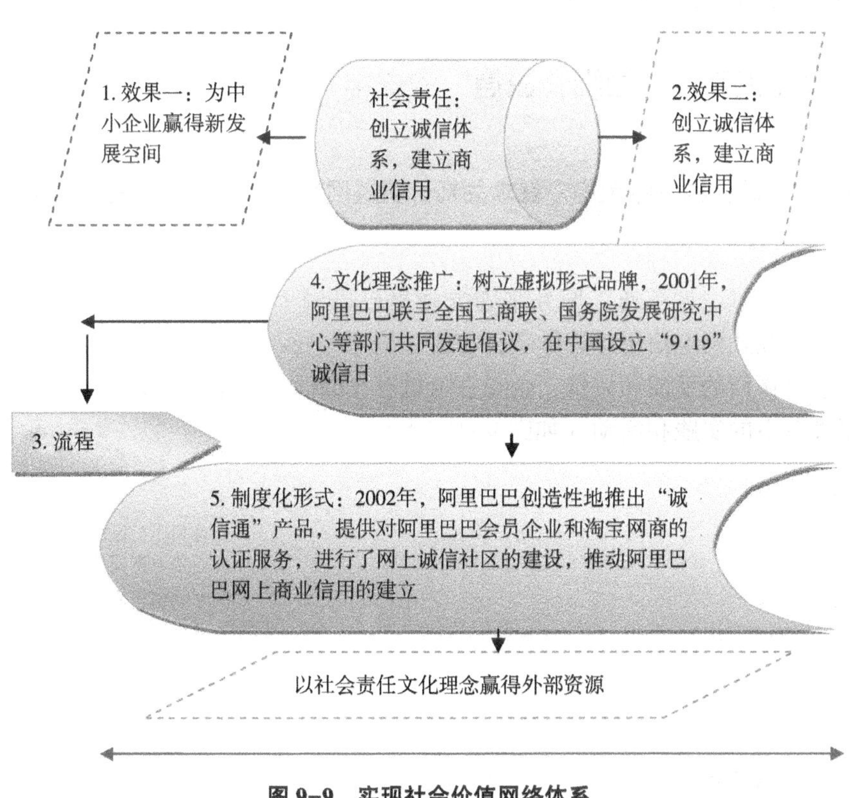

图9-9 实现社会价值网络体系

2. 分析与说明

第一，为中小企业赢得了新的发展空间。阿里巴巴的B2B电子商务的发展，给中国部分中小企业带来了新的发展空间。会员企业通过公司网站了解到国内及国外市场变化，及时调整生产和生产物资采购，有助于降低企业生产成本，增强企业的竞争力。中国企业借助阿里巴巴信息服务平台展示，推广产品，打破了交易会受时间、空间和流通渠道的限制，其国际买家也呈全球分布状况。

中小企业在由传统的生产模式引入新的电子商务运行时也带来了企业内部规模、组织结构和人员的变化；电子商务和外贸的从业人员比例也有所增长。

第二，创立诚信体系，建立商业信用。2000 年，阿里巴巴联手全国工商联、国务院发展研究中心等部门共同发起倡议，在中国设立“9·19”诚信日。2002 年，阿里巴巴创造性地推出“诚信通”产品，提供对阿里巴巴会员企业和淘宝网商的认证服务，进行了网上诚信社区的建设，推动阿里巴巴网上商业信用的建立。互联网上搭建了一个诚信的商业体系，这是当前中国社会环境最为缺乏的东西。

此外，通过和数千万商人的分享、培训，赋予他们开展电子商务的能力，形成中国特有的重要经济力量——网商群体。而淘宝网提供的就业机会也被津津乐道。博鳌亚洲论坛秘书长龙永图就表示，中国政府所有的政策目标中，最重要的目标是创造就业机会，而淘宝网正是达到了这一目标。

四、淘宝的特点：围绕“诚信”的安排

（一）突出诚信构建稳定客户需求关系价值链网络：努力打造阿里巴巴的信用体系的推行方式与方法

阿里巴巴通过“诚信通”服务来建立阿里巴巴网上信用。阿里巴巴的“诚信通”服务是一个交互式网上信用管理体系，将建立信用与展示产品相结合，从传统的第三方资信认证、合作商的反馈和评价、企业在阿里巴巴的活动记录等多方面，记录并展现企业在电子商务中的实践和活动（如图 9-10 所示）。

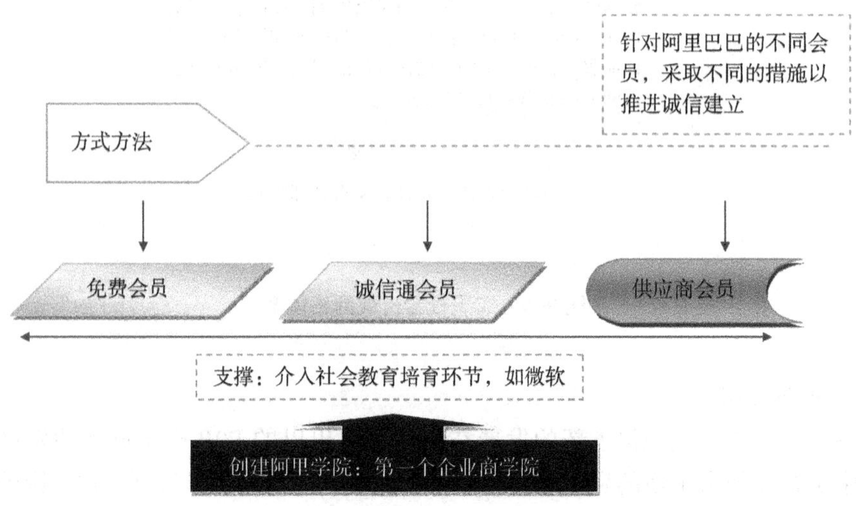

图 9-10 阿里巴巴将诚信理念纳入互动体系与培训环节的供给

（二）分析与说明：诚信系统的参与者

1. 客户

创建服务业务的核心文化的制度化平台窗口，以客户为第一，以服务取胜，免费会员。对于阿里巴巴的免费会员，主要是采用事前和事后两种监督方法。由阿里巴巴信息编审部门、诚信社区和服务人员，对可疑信息进行盘查处理。

2. 诚信通会员

诚信通会员的信用情况主要通过企业身份认证、证书及荣誉、会员评价、经验值几个方面体现。同时，通过诚信通指数把上述值量化，供浏览者参考。阿里巴巴不直接介入会员之间的贸易纠纷或者法律事务，通过提供评价体系以及社区的一套投诉和监督系统来约束所有诚信通会员的行为。

3. 中国供应商会员

阿里巴巴委托华夏国际企业信用咨询有限公司对“中国供应商”会员提供 A&V 信用认证。2005 年以前公司委托邓白氏国际信息咨询有限公司为“中国供应商”会员提供对国外企业的信用调查服务；2005 年改由奥美资讯提供。

4. 创立阿里学院：建立第一个企业商学院——如 MICROSOFT 培育环节，从教育抓起

2004 年 9 月 10 日，阿里巴巴和杭州电子科技大学、英国亨利商学院联合成立阿里学院，阿里学院是中国互联网行业中第一个企业商学院。学院成立的目的：一是培训客户，强化电子商务知识，包括做出口贸易的政策法规的培训；二是培养阿里巴巴内部员工，提升其业务能力。阿里学院成立的宗旨是“把电子商务还给商人”。帮助中小型企业和广大网商真正掌握并成功运用电子商务理念和使用电子商务平台，获得商业上的成功，提高企业的综合竞争力。阿里学院在不断的探索与实践中逐步形成了在线培训、现场授课和培训认证三位一体的教学模式。阿里学院总部设在杭州，并在广州、上海、青岛等 14 个城市设有培训分部，培训足迹遍布全国。阿里学院的课程主要针对诚信通会员和“中国供应商”会员，重点在于电子商务培训，包括电脑、网络操作、贸易和外贸知识，网站操作和产品使用。

五、阿里巴巴业务链与价值网络扩展：发展计划

（一）努力提升服务范围和功能，面向未来构造生态化商业系统

阿里巴巴 B2B 公司认为，国内电子商务平台企业要进一步的突破，就必须在服务模式、服务环节、服务范围和服务功能上努力创新。

1. 阿里巴巴业务链市场扩展序列流程图示（如图 9-11 所示）

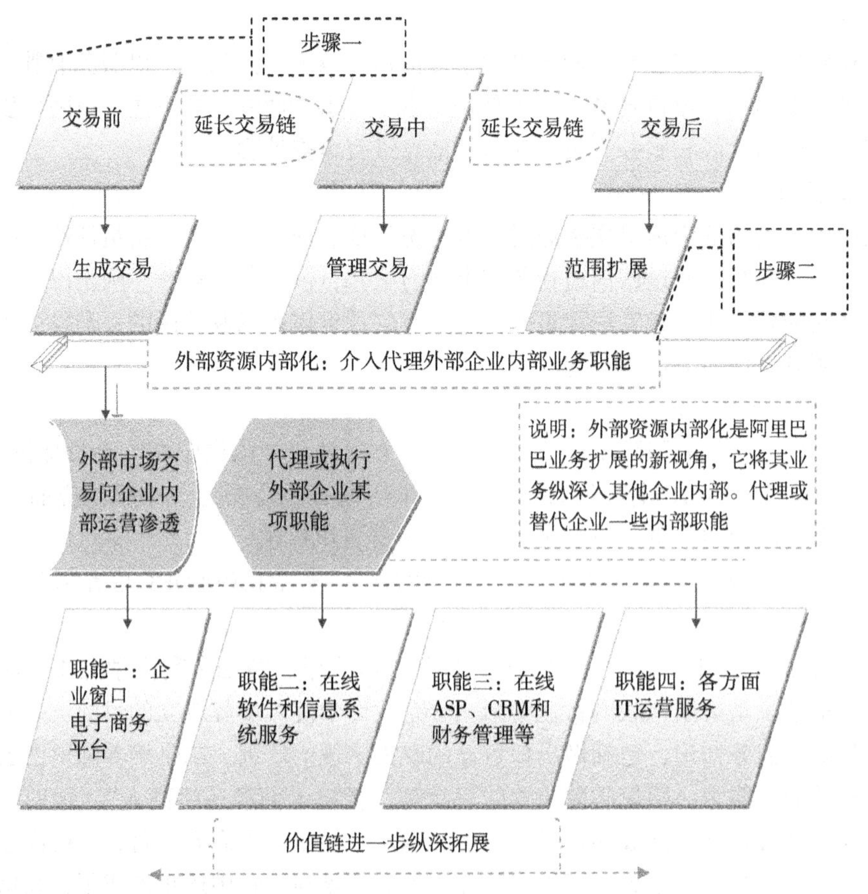

图 9-11 阿里巴巴业务链市场扩展序列流程

2. 分析与说明

第一，电子商务交易服务的服务环节将从交易前向交易中和交易后延伸。电子商务交易服务平台的服务环节几乎都集中在交易前的环节，即搜寻和发布商务信息以降低交易成本。未来几年，电子商务交易服务平台将有选择地针对一部分类型的企业、产品和服务，提供在线成交和交割服务。从“产生交易”转向“管理交易”，阿里巴巴平台正在引领国内电子商务进入一个新阶段，在交易环节和交易范围上实现跃迁。

第二，外部资源内部化是阿里巴巴业务扩展的新视角，它将其业务纵深入其他企业内部。代理或替代企业一些内部职能，主要是成本高、效率低及电子商务的服务范围将从外部市场交易向企业内部运营渗透。电子商务通过提供在线软件和信息系统服务——如在线 ASP、CRM 和财务管理等，为企业提供全面 IT 运营服务。

（二）衍生出新功能下的配套集成化服务扩展：辅助配套衍生新功能新业务链的扩展，前景广阔（如图 9–12 所示）

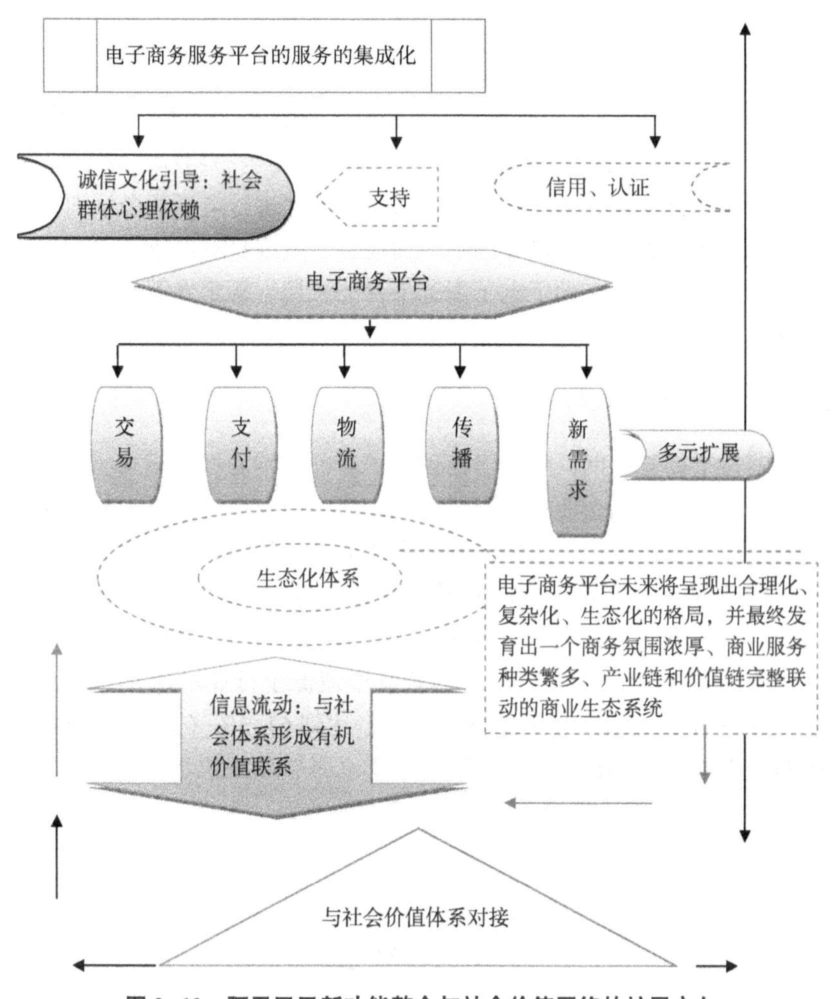

图 9–12　阿里巴巴新功能整合与社会价值网络的扩展方向

1. 电子商务服务平台的服务将实现集成化

电子商务服务平台拥有海量客户以及理解和服务客户的能力，为服务体系中的其他角色——如信用、认证、支付和现代物流等提供了良好的运营环境，未来将有越来越多的信用、认证、支付和现代物流等服务集成于电子商务服务平台上，从而进一步提高整个电子商务服务业的服务水平。

基于上述对未来发展趋势的认识，阿里巴巴 B2B 公司在未来将以创新姿态，努力提升和改进服务模式和服务深度、服务广度。同时，阿里巴巴 B2B 公司还将努力构建一个生态化的商业系统。阿里巴巴认为，电子商务平台未来将呈现出合理化、复杂化、生态化的格局，并最终发育出一个商务氛围浓厚、商业服务种类繁多、产业链和价值链完整联动的商业生态系统。大量增值服务商的出现、各地区的本地化商业服务平台的搭建、合作共建模式的成熟、网商之间在电子商务操作方面的外包互助……都是这一生态化趋势的应有之义。届时随着电子商务的进一步普及，网商世界的“物种生态”将越发丰富，价值循环也将更加完善。

2. 具体业务与社会经济体系对接

阿里巴巴 B2B 公司开始进一步与更广泛的社会经济系统对接，探索构建一个价值共享、协同发展的格局，如高校教育机构、环保机构和生态组织、落后地区和弱势人群，乃至 ISV 独立软件开发商等。如携手四川省商务厅进行电子商务培训，与浙江省教育厅签订实习基地协议等。这一格局的形成和完善，最终将有助于与原有社会经济系统实现良性互动和价值循环，有助于电子商务平台的长期、稳定发展，并进而使电子商务服务业成为国民经济的一个新的增长点。

（三）经济效益与价值增长

阿里巴巴通过借助互联网，阿里巴巴创立了自己独特的经营模式：一是向全球买家展示中国企业；二是向中国企业提供国际买家，将中国企业长期以来的商业习惯向更高一级的行为阶层推进，使他们迅速地向网络商务靠拢，从而为海外企业所熟悉。

阿里巴巴独特的 B2B 商业模式带来了丰厚的收益：2003 年，阿里巴巴实现了每天收入 100 万元；2004 年，实现每天利润 100 万元；2005 年，实现每天税收 100 万元。

阿里巴巴集团除了 2011 年第一季度的营收增速低于行业增速外，之后基本都在行业增速之上，2013 年更是遥遥领先于行业增速，达到 61.3%（如图 9-13 所示）。根据雅虎最新财报数据显示，2012 年 9 月至 2013 年 9 月，阿里巴巴集团营收 67.3 亿美元

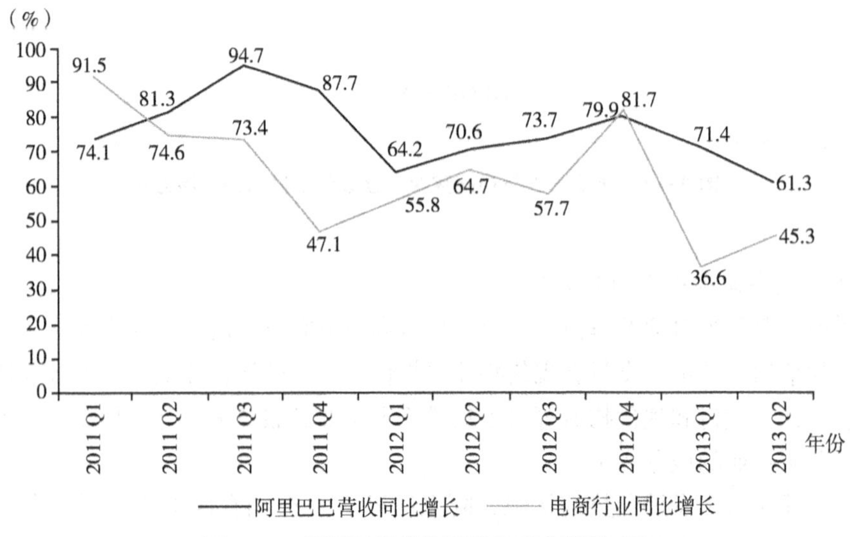

图 9-13 阿里巴巴营收增长与行业增长对比

资料来源：《雅虎年报》。

（如图 9-14 所示），同比 2012 财年的 40.8 亿美元增长 65.0%，2012 年同期增速为 74.1%。2013 年阿里巴巴集团全年营收达到 79.5 亿美元，（约合 493 亿元人民币），全年净利润总额为 35.62 亿美元（约合 221 亿元人民币）。

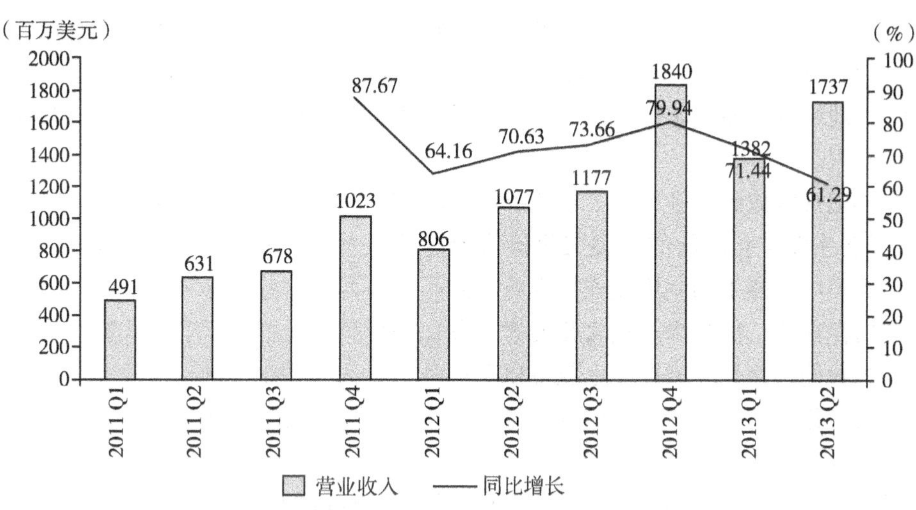

图 9-14　阿里巴巴季度营收情况

资料来源：《雅虎年报》。

过去几年阿里巴巴一直在调整自身业务模式，包括 B2B 私有化、成立七大事业群以及组织架构调整后成立的 25 个事业部等，目的是为打通集团内业务线，构建商业生态系统，为集团重新上市做准备。据悉，阿里巴巴将会以集团为主体上市，主要业务包括以淘宝、天猫为代表的电子商务、互联网广告交易平台——阿里妈妈、云计算及大数据业务，而包括阿里小贷在内的阿里小微金融服务业务并不在集团上市之列。①

六、总体评价：阿里巴巴商务平台成功解析

（一）突破市场狭隘视角束缚：深入人文社会群体中审视“大道”

从传统管理角度看，对于一个企业来说，最重要的是市场，是消费者。但市场是死的，消费者社会人文属性是狭隘的。如果企业活动把行动对象局限于狭隘的市场与市场中的消费者则会限制了很多活动。

正确的做法则是将视野投放到整个社会人文体系中。因为，社会人文体系是由世界不同区域不同文化价值模式拥有文化动机驱动的人文群体构成，并受到多种文化元素影响，所以，能从这个角度提炼文化元素，干预并激励人文群体，比作用于狭隘的市场从

① 艾瑞咨询：2013 年营收或达 75 亿美元，阿里借势重启 IPO 之旅。

范围与对象看都有血有肉多了，企业体则成功了一半。

（二）阿里巴巴商业模式设计在管理学上的突破：社会价值运行体系的有机性本质分析

众所周知，阿里巴巴建立伊始其文化理念围绕“诚信”文化展开。很多人认为文化理念是一种虚拟的东西，阿里巴巴的“诚信”文化或许也是一种噱头。但是，企业内部存在“正式组织”与“非正式组织”，而非正式组织则是由文化、信仰、道德、情感、亲缘、地缘等关系为基础构成的文化纽带关系，其对正式组织运行效率发挥起到至关重要的作用。

我们再把视野放到企业外部，社会人文体系中。社会人文体系布局中的各类群体（包括世界各主流文化圈层的各类文化价值观群体），他们在企业之外，是否能够接受正式组织的契约职能下的制度化安排呢？当然不会，因为这些社会人文群体是以非制度化形式布局存在的，但如果通过文化元素干预，同样具有企业内部非正式群体的文化纽带，那么，我们在文化元素提炼上就可以获得社会人文体系中不同价值模式群体特有的或者公共的文化元素。既然企业内部非正式组织可以被调动，那么，企业之外，亦可以通过文化元素对社会群体施加干预与影响。

基于这个理念，企业的文化治理体系作用于企业外部的人文社会体系，就具有实质性内涵了。但是，为何诸多设计了文化理念，甚至文化识别体系及文化体系的企业没有这个效果呢？这是因为，需要对其结构、组织、功能、流程等进行制度化安排，通过文化元素来激励或驱动社会中具有文化特质的“活”的人，以实现内在文化纽带下的行为的驱动，使社会价值链形成，并在这个制度化安排下稳定、扩张。

比如，阿里巴巴基于整个社会群体对于“诚信”缺失问题解决的需求，做出制度化安排的工作既简单又明了，即围绕“诚信”推出，系列的制度化安排，保证金、投诉迅捷处理及激励参与的每个人打造诚信品牌，包括具有诚信杀伤力的评价系统等，这些内容看似简单，但这是围绕“诚信”文化元素做出系列具有组织工作的制度安排。在社会诚信文化的缺失下，其做出设计的这个制度化治理体系难道不具有影响、干预效果吗？所以，企业围绕文化理念与文化元素的提炼，不仅仅是声音、视觉上摆出来看的内容，其遵循管理体系设计中所涉及的“结构、技术、组织、职能、业务、流程、营销、激励”等各个环节通过规划设计完成制度化安排来达成企业目标，作用于社会群体，起到干预行为的作用。从而在社会非制度化的人文布局中形成并扩展价值链或价值链网络。

在处理价值链的实现环节上阿里巴巴设计亦是较为到位。我们试想一下，如果平台上的一切订单形成，没有资金流交割与物流交割的对接，所有业务流程都是屏幕字幕而已。那么，支付宝对接了资金流，并试图扩展余额宝功能，而实体物流体系包括跟踪服务体系亦付出较多功夫，完成价值链现实对接亦处理得较为得力。几部分战略性职能、业务及流程重点在规划设计中都执行了其承担的功能，即在构建的价值循环体系中以制度化安排形式对接依托“诚信”文化所驱动的价值关联，并形成业务链，从而各个设计各司其职能与功能。

（三）一个社会有机体的设计：外部资源内化的过程

故此，平台经济中，成功的商业模式往往是通过文化元素的管理建立制度化安排体系，构建并夯实社会价值链网络。其要做的很简单，就是完成激发或驱动社会人文体系中群体形成虚拟松散的安排，从而使外部资源的治理内部化。其治理体系却比正式组织治理复杂与系统得多。

第二节　BAIDU 百度帝国的成功与发展的束缚：成功商业模式及远景评价

百度（NASDAQ，BIDU）是全球最大的中文搜索引擎，由李彦宏、徐勇两人于2000年1月1日在中关村创建了百度中国公司。百度的核心价值观是“简单可依赖”。致力于向人们提供“简单、可依赖”的信息获取方式。从创立之初，百度便将“让人们最便捷地获取信息、找到所求”作为自己的使命。百度不断地为网民提供基于搜索引擎的各种产品，其中包括：以网络搜索为主的功能性搜索，以贴吧为主的社区搜索，针对各区域、行业所需的垂直搜索，Mp3 搜索，以及门户频道、IM 等，全面覆盖了中文网络世界所有的搜索需求，根据第三方权威数据，目前，百度在中国的搜索份额超过70%。在刚刚揭晓的 BrandZ 全球最具价值品牌榜单中，百度（NASDAQ，BIDU）的品牌价值比 2011 年提升了 8%，一举成为亚洲排名第一的科技品牌。

一、百度商业模式运营体系：战略、结构、流程及效果

（一）百度基本情况：延续 GOOGLE 的传统商业模式

1. 百度商业模式来源

搜索引擎虽早已不是什么新鲜事物，20 世纪 90 年代中期崛起的网站基本上都是以搜索引擎为方向，例如 Yahoo、Infoseek 等，但这些公司都没有想过针对中文开发搜索引擎。

2000 年 5 月，NASDAQ 股市泡沫刚刚破裂，但没出半年（当年 9 月），成立才两年、目前全球最大的搜索引擎 Google 开始提供中文搜索门户服务。这对主要提供后台技术服务的百度来说，无疑是一个挑战。

因为在百度创建之初，盈利模式与 Google 并无二致，都是向门户网站提供后台网页搜索服务。

2. 商业模式及其地位确立

百度构建了“竞价排名”搜索引擎商业模式。什么是“竞价排名”模式？即搜索同一个关键词，哪家企业出钱多，这家企业的产品或品牌就可以排在搜索结果的前面。百度率先在国内推出竞价排名的广告方式，一下子把自己由搜索引擎技术提供商转变为

一家独立的网络搜索服务商，而盈利模式也由技术服务收费转变成了广告收入。

百度采用的竞价排名模式，虽然早在2002年就被美国搜索业彻底摒弃，而且一直受到消费者的诟病。但这并不代表在中国没有市场，因为中国还没有一家居于核心地位的企业运营搜索业务，市场极其需要这种网络服务。百度首先抓紧了市场的先机，获得了垄断地位。

3. 百度的商业模式持续有效性

百度2013年总营收为人民币319.44亿元（约合52.77亿美元），比2012年增长43.2%；运营利润为人民币111.92亿元（约合18.49亿美元），比2012年增长1.3%；净利润为人民币105.19亿元（约合17.38亿美元），比2012年增长0.6%；具体来说，2013年第四季度，百度网络营销收入达到94.62亿元人民币（约合15.63亿美元），同比增长50.5%；活跃网络营销客户数量约为45.1万个，比上一季度下降2.8%，比上年同期增长11.1%。2014财年百度未经审计财报显示，第一财季总营收为人民币94.97亿元（约合15.28亿美元），同比增长59.1%；净利润为人民币25.35亿元（约合4.078亿美元），同比增长24.1%。

李彦宏所创立的百度在线搜索引擎现在已经是中国最大的一家互联网公司，截至2014年5月，百度公司的市值达到了500亿美元。

（二）百度的高度扁平化组织氛围：强化无为而治，创新无极限

首先，百度的组织具有高度扁平化的组织形态，它可以使组织在最窄的管理幅度下高效运营；其次，百度采取高度扁平化的组织适合网络信息运营迅捷与综合方式的特点与需要；最后，扁平化组织高度适应了知识型与创新型企业运营的需要，它在高度综合化组织信息与知识创新上起到不可替代的作用。

但是，随着百度企业的不断壮大，其最终难以摆脱人员组织不断膨胀的命运。在百度不断扩展后，庞大的组织必然遇到组织运转与创新的障碍。事实上，企业规模越小，其创新的灵活性与经营转轨、战略调整及适应变革的能力越强。

1. 百度“无为而治”的创新管理模式与自我激励作用：创造高效率的价值生成机制

“无为而治”本是中国老子的道家哲学思想。但是，诚如西方管理所涉及管理情形一样，麦格雷戈的X理论适用于行政命令与纪律性强的行业，比如军队，行政机构及标准化工厂，而Y理论与超Y理论则更适用于知识创新型员工机构的管理。而这种特点在20世纪90年代后西方管理新思潮中得到发展，威廉·大内《日本的管理艺术——美国如何迎接日本的挑战》、《Z理论》及沙因《组织文化》都在力图调动这种员工的内在自我激励。事实上，中国老子的道家哲学管理思想比这早了2000多年。

2. 百度的无为而治：创造高效率的价值生成机制

百度组织激励模式的特点，在于发挥员工这种内在自我激励的能力，从而激发与创造出了高效率的价值生成机制。比如，百度的副总裁朱光开始就遭遇到这种“无为而治”的管理方式。一次，临近中午，他的团队还没有人来上班，他打电话问员工在干什么。“快到春节了，一个员工理直气壮地说她得去办年货，我一时都不知道要说什

么。”朱光回忆，但就是这位员工几小时后交出一份让他惊喜的策划方案，“类似的事情很多，给予自由的空间首先就是对员工的信任，信任能带来创新”。一直以来，百度的产品开发就以非常“自由”的状态进行。有了好的创意可以自由汇报给领导，如果得到同意，项目小组会立即成立，成员从各个部门抽调（如图 9-15 所示）。

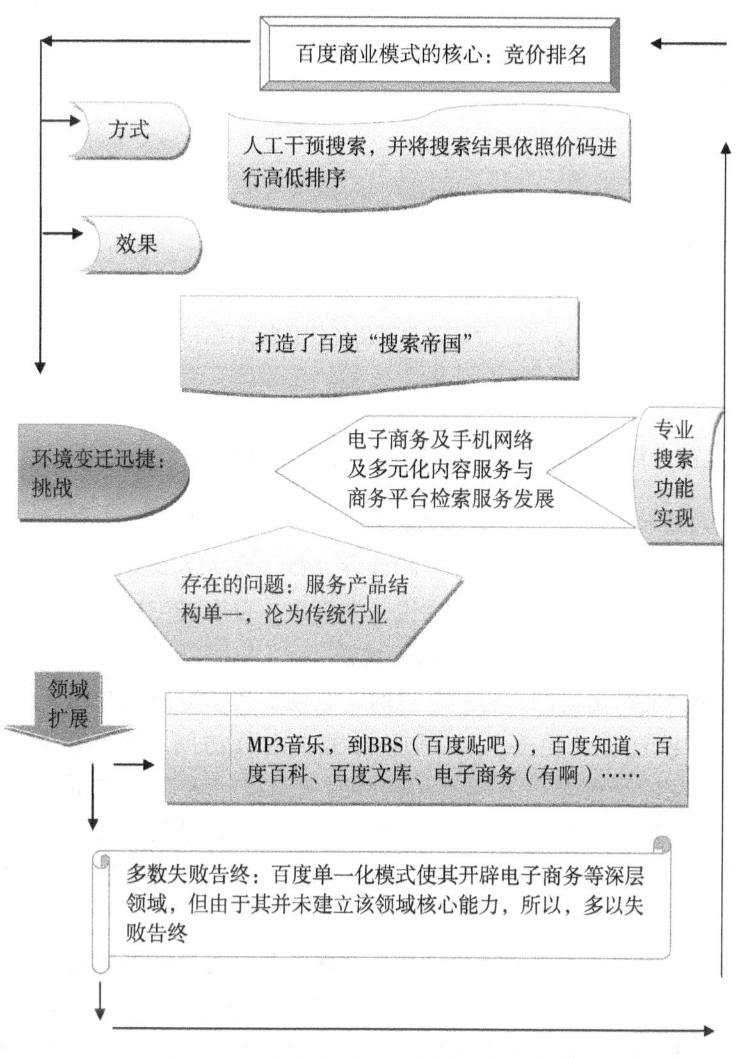

图 9-15 百度盈利模式及其存在的问题

3. 自由空间创造科学与创意平等：减少行政干扰与束缚

自由还能创造平等，即便来自百度创始人李彦宏本人的意见也未必被采纳。比如，在给“百度 Hi”取名时，他的意见并没有得到多数支持，之后他在博客里写道，“虽然百度小声是我喜欢的名字，但百度并非总是我说了算，所以就叫 Hi 吧”。

百度无为而治的技术创新组织效果（如图 9-16 所示）。

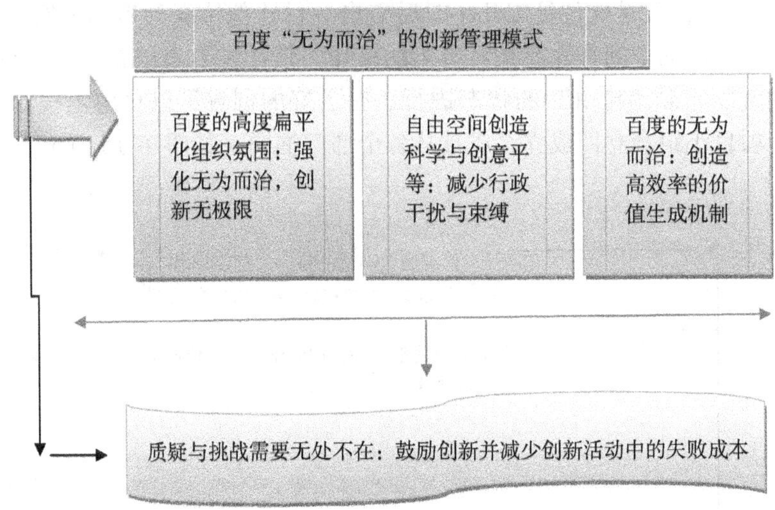

图 9-16　百度无为而治的技术创新组织效果

（三）百度商业经营模式存在的问题：未来发展的思考

1. 百度收入结构与经营范围单一的挑战

从百度的收入结构看，过于单一，2011 年 145.1 亿元人民币的营业收入中，99.8%来自搜索技术带来的网络广告。换句话说，搜索兴，百度兴；搜索亡，百度何去何从？

2. 环境变迁与两个趋势：百度帝国的前景

当前，互联网变革迅捷的大势所趋之时，百度如何顺势而为开拓新业务？一方面用户在向移动互联网迁徙，更多人通过应用而非网页访问互联网。随后，Facebook、Twitter 等社交属性的平台开始兴起，互联网的信息以“人”而非话题分类重新组织，搜索逻辑和社交逻辑似乎大相径庭。大公司们都在建造自己的开放平台，口味挑剔的用户更自由地挑选入口，他们的垂直需求，比如图片、应用、视频正在以不同的形式被满足——不一定要通过搜索。

另外，百度内部在人力资源上也经历了几场变革。几年间高管离任从未停止过。但是，要保持“小公司”一样的活力，它采用极为扁平的管理体系。腾讯、阿里巴巴都曾这样，它们后来遇到了雇用人数激增到 2 万人“诅咒”，在这道门槛之前，再天才的创始人、再优秀的团队，都难免徘徊与盘整。现在百度已有 17000 多名员工，按它以往的增速估算，突破 2 万人就在几个月后。

3. 百度帝国的前景

在如此多环境变迁下，百度帝国也经历了多样化尝试，最后扩张又回到原点“搜索”，一切以这个简单的，甚至还符合其文化理念的单一规则下的单一内容展开，不可否认，百度是成功的，甚至在“搜索”及搜索广告领域确实居于垄断地位。但在互联网手段、方式及内容的迅速更迭中，百度的进化曲线开始越发体现偏离这种未来发展的逻辑，到底这是征服新时代的捷径，还是百度被牢牢地束缚在“框”中？对比 Google，其早已脱离了对“搜索”的单一依赖——邮箱和安卓平台是其发力点。

二、百度商业模式的变迁：百度搜索广告模式的挑战

（一）企业业务链扩展之“痛”：价值链结构的纵深与变迁分析

1. 搜索广告价值链增长驱动力减弱：价值衰减威胁来源之一

威胁来自搜索所涉及的侵权问题，侵权对于百度来说确实是小风险，更大的危险在于搜索的广告价值的衰减。这家公司现在和未来最大的盈利来自竞价排名广告，在很长一段时间里，搜索结果所带来的广告价值优势明显，但随着趋势的发展，搜索的广告价值在未来可能出现下降。

广告价值衰减证实：Facebook 已经开始证明这一趋势。在美国，这家公司的广告额正在直线上升，而谷歌搜索广告的优势正在下降。相对于广告客户而言，在 Facebook、Twitter 这类社交网站上投放的广告离客户更近也更为精准。

2. 探寻纵深价值链结构变迁：经营模式单一威胁来源之二

百度公司的商业模式运作核心体现为“提供搜索，同时解决服务”。百度将未来的增长似乎也寄托于此。这点与谷歌不同，谷歌一直专注于所能到达覆盖的范围，而不是经营搜索结果。但是，目前，百度面临经营模式单一化的挑战。因为，电子商务等企业及经营模式的多元化发展，使很多电子商务企业本身可以提供更为深层次的检索服务，这必然替代了百度的部分业务。

百度因此探索多元化发展。开辟了 MP3 音乐，到 BBS（百度贴吧），百度知道、百度百科、百度文库、电子商务（有啊）等产品与服务。这些产品和服务都曾经是用户使用百度搜索寻找的对象，而现在，百度正在改变搜索引擎的本分，引导搜索用户进入到百度希望他们进入的网站。

（二）电子商务剥离搜索广告业务分析：百度改变策略，提升搜索流量

1. 电子商务企业的搜索广告价值：更为直接体现在业务上，剥离百度流量

搜索的价值也更多体现在了电子商务上。随着类似淘宝这样的公司规模的壮大，其广告的直接转换价值在升高，2010 年 10 月，淘宝推出了自己的搜索引擎—淘网，而早在 2008 年，淘宝就已经开始屏蔽百度公司的搜索爬虫百度蜘蛛抓取自己网页上的信息。

5 年前，淘宝给人更大的印象还是低端服装之类的小商品，用户还需要百度提供购物的各种链接，现在，随着淘宝商城的发展，大部分的商品都可以直接在淘宝上搜索出价格和销售渠道，这对于百度的广告价值从长期看是一个打击。尽管百度已经意识到这个问题，他们也推出“有啊”——一个商业模式类似淘宝的电子商务网站，但是并不成功（如图 9-17 所示）。

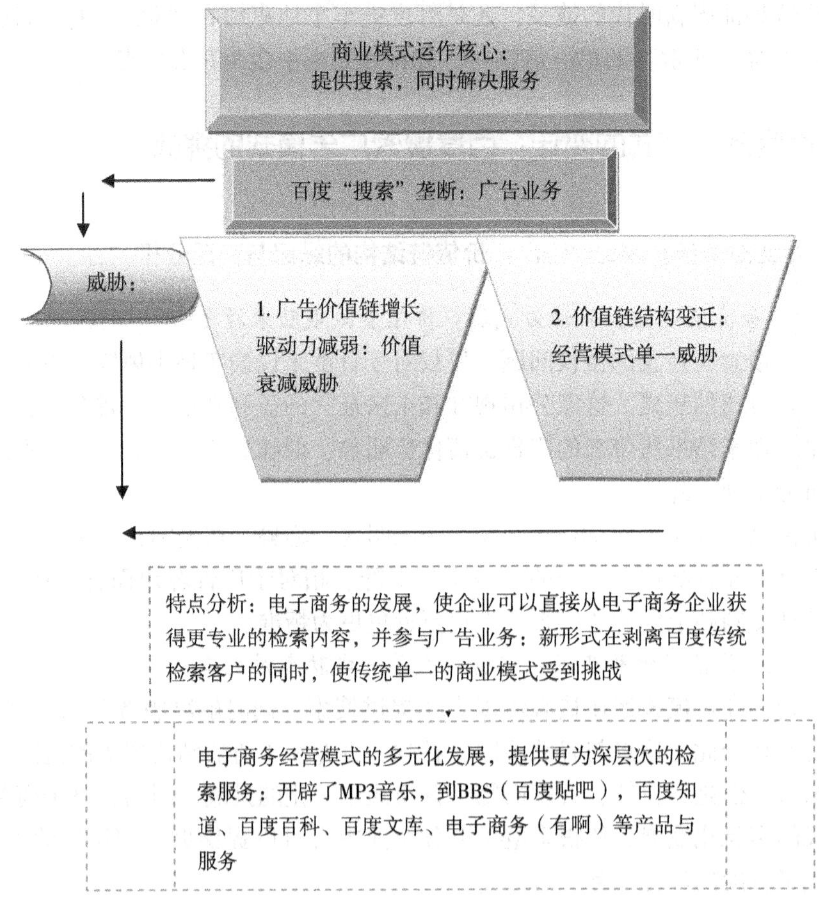

图 9-17 百度盈利模式的挑战与威胁来源与方式

2. 淘宝 B2B 的成功：百度纵深扩展价值链又起心机

2003 年，百度内部有员工提出要做 C2C 的电子商务平台，但被否决。到 2006 年百度看见淘宝的成功和威胁后，这个想法才重新被提起，并作为“百度有啊”这一项目开发。但与外界所看到“有啊”的风光相左，这一项目并没有得到足够的资源支持。这些资源既包括资金也包括人。一些批评者指责李彦宏在很多项目上挖来的项目领导者根本就不是那个领域中最优秀的人。

除此之外，不论什么部门在设计产品时都要为流量负责。这个考核指标为产品开发者增加了负累，并更愿意选择那些看起来灰色但能增加流量的手段。除了“百度文库”和“百度音乐”提供问题版权作品之外，“百度工具条”一度通过强制安装的方式占据用户的桌面，以增加搜索的流量。

李彦宏并不否认自己对流量和广告的追求。即使他在提及新的产品时，他的语境依然是围绕着流量和搜索以及从中获得的收益。李彦宏说过，做社交搜索产品的目的是加强或巩固百度在网络搜索领域的地位。我们正在为这些社交搜索服务开发相关的商业化产品或者添加商业化元素。将来我们期待能从这些流量中更好地获益。

3. 百度外部资源获取方式：百度以流量为中心——获取社会群体关注资源

事实上，剔除低效率高成本价值链是企业商业模式规划与运筹的原则。在百度内部，那些不能带来流量，看起来与搜索、广告无关的项目在未来会成为高成本低效率环节的价值链，很难得到支持。

百度文库孕育版权争端就是由百度的商业模式所决定的。一名之前在百度工作过多年的员工说，"归根结底是因为百度现在根本不需要冒险去做这些产品就能有很好的收益，它没有动力"。尽管百度说百度文库的流量没有给它带来商业回报，同时还惹怒了同样具有话语权的那些作家和出版人，但是，百度能否认它为自己带来了流量吗？这一点百度很清醒。

4. 社会群体资源获取：流量的巨大才是真正价值

无论是"百度文库"还是百度音乐，都会给百度带来巨大的流量，这正是百度所希望的。巨大的流量使得百度成为最好的展示平台。广告主通过竞价关键词在百度站点上发布广告，用户点击广告后百度获得广告费，这是百度赖以生存的"竞价排名"商业模式。

事实上，百度已经可以通过百度文库这个免费平台获利，因为在"百度文库"的页面上曾经出现过爱国者"多看电子书"的广告（如图 9-18 所示）。

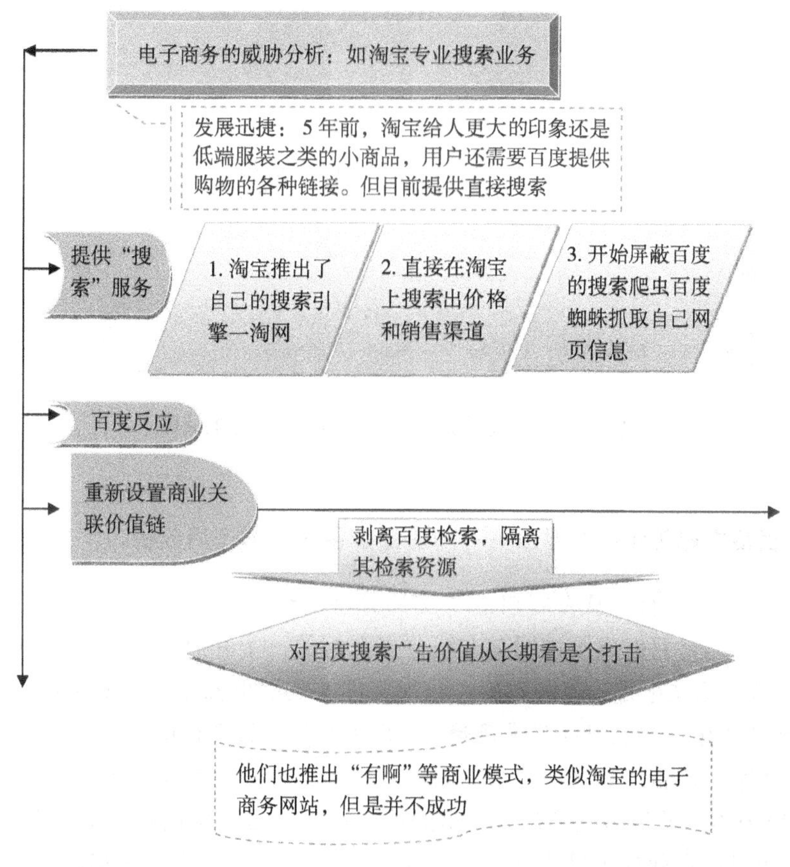

图 9-18　百度搜索的前景：专业搜索——不可逆转的发展轨迹

5. 启动培训：形成支撑

2009 年，百度、谷歌等均加强了培训工作的力度，同时，分别启动 1000 万元与 5000 万元的营销资源，给予新客户尝试搜索引擎营销的机会。另外，这种培训与激励工作的开展，也为其渠道代理商提供了强有力的销售支撑（如图 9-19 所示）。

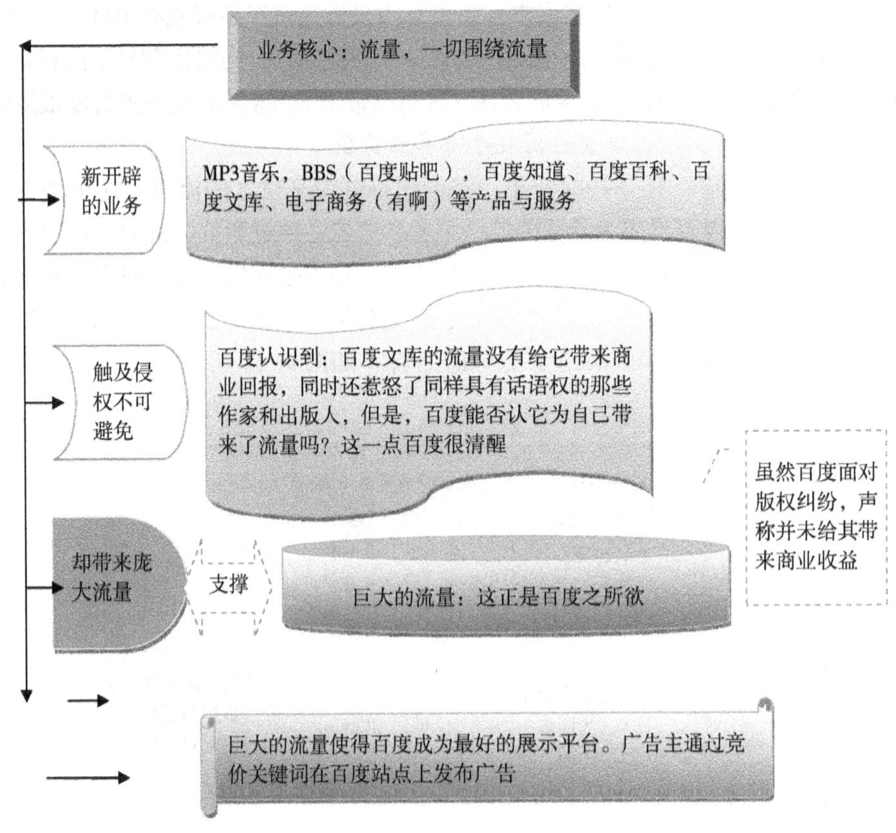

图 9-19　百度以流量支撑影响广告收益的战略

（三）百度文库等免费共享业务：对流量的巨大支撑作用分析

2010 年 11 月 25 日，从百度知道“文档分享平台”衍生而来的百度文库正式版上线。“百度文库”是百度旗下供网友在线分享文档的一个开放平台产品，用户可以在线阅读和下载涉及论文报告、专业资料、法律文件、文学小说等多个领域的资料。

1. “百度文库”这款产品发展迅速：“百度文库”的文档增长情况

“百度文库”这款产品发展之快令人惊讶。2010 年底，“百度文库”称自己的文档已超过 1000 万份，并以每天超过 6 万份的速度增长，占据国内在线文档分享市场 70% 的份额。3 个月后在版权事件之前，“百度文库”的文档又增长 1 倍多，达到 2053 万份，其中包括文学作品 278 万份。

"百度文库"上线没多久，百度就用包括物质奖励在内的激励方式鼓励用户上传文档。它提示用户不可上传任何涉及著作权侵权的文档，但并未像鼓励用户上传那样清楚明示如上传盗版书籍将会造成怎样的后果。

"百度文库"也是百度制造的一个流量黑洞。按照网站流量信息提供公司 Alexa 的数据，"百度文库"用户量已超过百度音乐。一些站长开始通过上传含有自己网站地址的热门资料来获得流量，当然，他们往往不具备这些资料的版权。

2. 价值链的延续与扩展规划：隐藏着的遗留问题

第一，纵深发展的价值链：隐藏的价值链的延续与扩展规划。2010 年 12 月，百度推出了"百度文库书店"，尝试与出版商合作销售电子书，同时它也声称在开发针对百度文库的广告收入分成模式。

这是百度纵深发展扩展价值链广度与深度的一个载体形式，从根本意义上说，是商业行为。

因为，搜索的基础是流量，而面对淘宝等电子商务企业内部检索功能的深入与完善，百度再抱残守缺，停留在传统模式，其大量流量将会被互联网新的趋势与内容所剥离。所以，百度希望通过纵深入"百度文库"、"MP3"等免费形式的共享资源，吸纳流量。虽然是免费的，但这无疑成为百度商业流量重要的支撑行为，并起到作用。但这种行为往往遭到版权所有者们对百度的控诉，形成了巨大的矛盾。

第二，致力扩大流量：在所有能够控制的领域，百度都希望自己成为唯一的赢家。百度希望把更多的用户吸引过来，在近乎垄断性的市场占有率前提下，它还在绞尽脑汁让现有的搜索用户在百度网页上停留更多时间。这是百度热衷于推出百度贴吧、百度知道以及包括百度文库在内很多创新产品的一个重要原因。

第三，遗留问题。有些人认为，百度提出的解决方案就是先侵权，再绑架权利人，推动其数字出版业务，进而在这个领域形成垄断，这是一条完整的商业链条。观点认为：百度涉嫌通过一些条款蒙蔽上传的用户。它在用户不会注意的地方申明，"一旦由于用户上传的文档发生权利纠纷或侵犯了任何第三方的合法权益，其责任由用户本人承担，因此给百度或任何第三方造成损失的，用户应负责全额赔偿"。

3. 效果

互联网用户人数还在不断增加，越来越多的中小企业也开始知道搜索营销的价值；百度稳定地拥有这一迅速增长市场高达 73%的份额；而最让百度感到放松的是，曾经一度带来威胁的谷歌已经退出中国，那些 Google 的簇拥者们在无法忍受时常无法显示的 Google 网站（无论是香港站点还是全球站点）后也不得不开始使用百度。

（四）百度迎接挑战：不断更新商业手段与战略举措——搜索引擎系统升级（如图 9-20 所示）

1. 推出搜索专业版：增加纵深专业化体验助力

第一，专业搜索系统：营销的专业推广意义重大。面对电子商务发展及其推出的专业搜索趋势，百度宣布正式推出搜索推广专业版，即此前受到业界广泛关注的"凤巢"

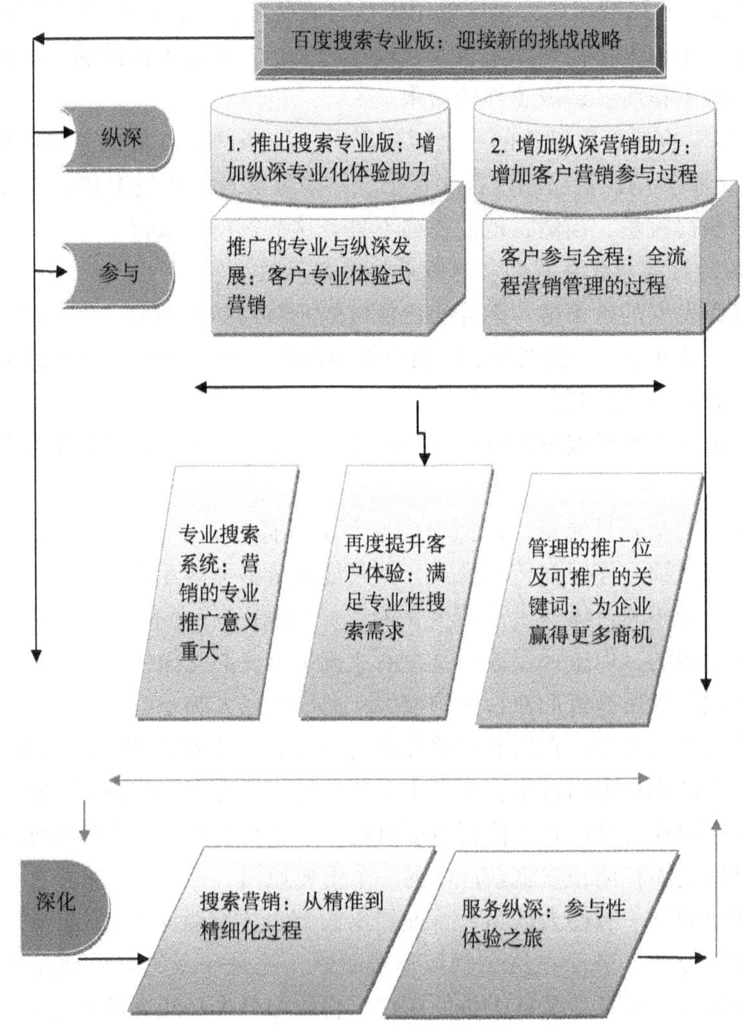

图 9-20　百度搜索专业版的尝试：迎接新的挑战战略

推广系统。百度方面表示，搜索营销专业版作为新一代搜索推广管理平台，能够帮助企业捕获更多商业机会，赢得更多客户，并有效提升推广效果。百度此举，无论对用户、企业还是对营销大环境及百度自身发展来讲，都意义非凡。

第二，再度提升用户体验：满足专业性与系统性搜索需求。作为全球最大的中文搜索引擎，百度目前已覆盖了95%以上的中国网民，每天响应数亿次搜索请求。百度“凤巢”的推出，具有百度搜索推广系统一直重视用户体验的功能，新一代搜索推广平台的推出，将令2亿多用户的搜索体验得到进一步提升。

随着市场搜索需求的专业性与系统性的要求提高，“搜索营销专业版会进一步强化对于搜索用户的需求分析”。百度搜索营销专业版相关负责人指出，根据用户使用搜索引擎的需求可以发现，有相当一部分人通过搜索引擎来寻找产品信息，对于这部分人群来讲，直接有效的搜索推广恰恰能够满足他们的搜索需求，内容既有针对性，用户又不用像大海捞针一样浪费时间。

所以，“搜索营销专业版的推广信息将因分析技术的加强而更具针对性，因此这些推广的信息不仅不会打扰用户，反而是对用户信息需求的一种有效补充”。

除上述人群外，百度此番推出的搜索营销专业版系统，也为寻找非产品信息的用户带来了搜索体验上的提升。记者发现，专业版推广系统更明晰地对推广信息与非推广信息做出了区分，从很大程度上提升了商业推广信息与用户体验间的一致性。

第三，百度提供了更多可管理的推广位及可推广的关键词：为企业赢得更多商机。百度系统专业版较此前做出了两大变化和十大升级。在新升级的系统中，百度为企业提供了更多可管理的推广位及更多可推广的关键词，协助企业轻松抓住目标用户的视线、覆盖更多的多元化潜在客户，即升级版系统的两大变化。此外，新系统也完善了管理体系，多方位的数据统计报告、账户分析工具等功能帮助企业随时监控推广效果，调整推广策略。与原有的系统相比从技术、安全、数据分析等各个方面都进行了巨大的改进。

“搜索推广采用的是最复杂的互联网技术”。百度商业运营副总裁沈皓瑜表示，为了使用户需求与企业推广信息间达到完美的匹配，百度先后为“凤巢”系统的研发投入了巨大的人力、物力和财力。作为百度 2008～2009 年最为重要的战略级部署之一，百度在“凤巢”项目上投入了很大一部分技术研发费用。

百度相关人士曾表示，新的搜索推广专业系统能够完全满足企业根据不同的业务策略和分受众、分地域、分时间进行差异化推广的需求。此外，通过提高搜索相关信息的能力，升级的推广系统还可以给企业提供更多的关键词选择和更广的匹配选择，同时通过预算控制工具和数据支持，帮助企业更科学地评估推广效果，进一步提高投入的回报。而这些强大的推广功能，对于企业获得商机尤为珍贵。

“搜索推广本就是投入小、见效快的推广方式，再加上搜索推广的效果可控，从而能够帮助企业灵活控制营销成本，它实质是中小企业在金融危机环境下最应选择的推广手段。”营销专家指出，“相信这一切都将能够为企业带去更多的商业线索，并更为有效地提升企业产品或者服务的销售，赢得现金流，辅助他们走出全球经济的寒冬”。

2. 增加纵深营销助力：增加客户营销参与过程

第一，助力搜索营销：搜索营销从精准到精细的进化过程。除为用户及企业客户带来了使用体验和推广效果上的提升外，随着搜索营销专业版的发布，客户可以更加自主、更加精细化地管理营销的过程，这标志着搜索营销已开始了从“精准”到“精细”的进化，搜索营销再次迎来了一次全新的变革。

百度对于搜索营销系统的升级展示了一个搜索营销从精准到精细的进化过程，即从第一阶段强调投放精准性、效果可统计的“精准”特点，演变为第二阶段强调推广的可管理、可优化的“精细”特点。

此外，百度对于搜索营销系统进行升级，并为企业客户提供了较以往更为精准细致的效果分析数据，这不仅再次彰显了搜索营销效果可控的特质，更使搜索营销进入了可评估、可衡量的时代。

第二，最大搜索引擎再度踏上“信心之旅”：服务的纵深与参与式体验之旅。百度能够打造出全新的搜索推广升级版优化推广系统，此举意义非凡。一边是保证搜索信息的公正性，另一边是通过企业的“付费搜索”盈利，搜索引擎如何在两者之间做出平衡？百度用技术给出了问题的答案。

百度“凤巢”系统优势还体现在“搜索推广专业版积淀了8年来百度在搜索推广方面的经验和总结，新推广平台必将能够让搜索营销的每一分投入发挥更大的作用，凸显搜索营销高效、低成本的优势”。

“凤巢”系统的上线，意义也绝不只停留在对于推广系统的一次简单升级，对于百度而言，更是一次用技术证明自己的绝佳机会，百度将自此再度踏上信心之旅，这仅仅是一个开始。

（五）百度面临新的挑战：同业争夺在未来于商业模式方向定位

中国搜索引擎行业的高速发展具备持续性：第一，中国互联网的进一步普及和效果营销意识的逐渐渗透；第二，电子商务的迅速发展构成搜索营销增长的刚性需求。市场竞争方面，2010年的谷歌事件催生了搜搜、搜狗、一淘、有道等运营商的发力，使得未来市场的多元化竞争成为可能，近3年内，基于流量方面的争夺和竞争将更加激烈。产品方面，第一，桌面软件（IM/词典/浏览器）和搜索服务的结合将更加普遍，并且成为新进入者迅速切入市场的突破点；第二，垂直领域的优秀厂商通过合作或自主研发进入搜索市场可以预见；第三，微博的高速发展，使得实时搜索的发展具备想象空间。

1. 百度涉足内容提供：模糊了搜索与内容提供界限

百度作为一个搜索引擎，百度应该扮演的是流量分发器，将进行搜索的人们引导向互联网的各个网站。但是，电子商务与互联网的深入发展，使诸多电子商务内容提供商开始提供更为专业的检索服务。

这样，百度要拉回这些检索流量，就开始思考也能够提供这些内容的深度检索。所以，现在百度正在做的是希望通过这些电子商务的业务内容使那些流量又回到百度来。

目前，它自己拥有的业务包括电子商务、社交网站、微博、BBS……与此同时，正是因为这些行为，使百度的经营内容越来越模糊搜索与内容提供之间的界限。

最突出的是在“百度新闻”这个聚合页面中，新闻并不像Google那样标出出处，感觉很“原创”——对于普通用户来说，这些也会被看作是百度的优势。这些“优势”最后转换成了流量，当然最终还有广告。由于百度在其搜索列表的最上端有广告位，因此百度可以将自己的广告放在第一个并获得大量流量，进而获取收益。

2. 百度业务链纵深覆盖内容提供：攫取内容提供商的流量

2010年秋天，百度开始推广“应用开放平台”产品。这个产品使得用户在进行相关搜索时，与百度合作的相关应用能直接在百度的搜索页面上使用。虽有开放之名，但实质的结果却在于，与百度有合作关系的企业可以不受机器计算的排序规则列在搜索结果的第一位；除此之外，这还意味着百度将本应该导向别的网站的流量留在了自己的网站上。

有些内容提供商担心：如果用户都停留在百度，开发者自己的网站失去流量怎么办？类似当当网与京东商城高管也对百度的关键字广告提出质疑：无论如何，“京东”和“当当”几个本属于自己品牌的关键词，“百度”不应该收取数百万元的年保护费！百度的搜索覆盖走向纵向内容覆盖之时，其他内容服务商表示了对百度的垄断与纵向扩展的担忧。

3. 百度提供“深度链接”：侵权与自己经营三方网站的“矛盾”

美国贸易代表处在2010年2月28日的一份报告中，将百度公司定性为涉及销售盗版或假冒商品的“恶名市场”，百度与淘宝公司、秀水街一起出现在了这份贸易黑名单上。美国贸易代表处指出，作为中国访问量最高的网站，百度提供“深度链接”，将用户引向出售侵权产品的第三方网站。

现在，运营了两年多的“有啊”在电子商务领域完全失去了竞争力，在多次改版之后，变成了一个完全复制淘宝商业模式的产品。当初干劲十足的一部分骨干已经辞职；另一些人被分流到了与日本电子商务公司乐天合资组建的“乐酷天”。有传言说，整个项目将面临转型或解散的命运。

这是百度很多新产品的命运。已鲜有人在用百度 Hi；百度贴吧的流量也在随着 SNS 和微博的兴起而减少，而百度视为微博产品的百度说吧却丝毫引不起人们的兴趣。

经过 11 年之后，百度成为中国市值最高的互联网公司，它把大量精力用在搜索之上，为此建立起庞大的导入信息的体系，继而又把这些信息把握在自己手中。百度无疑是一个“有争议”的成功者。但也因为如此，它另一方面的创新不足、搜索广告被质疑也为未来蒙上一层阴影。

三、总体评价：“百度”盈利模式“困境”解码：根源及破解之道

（一）百度“困境”总结：如何改变固有轨迹

正如我们前文中探讨的，百度主盈利模式与 Google 应该完全一致，都是向门户网站提供后台网页搜索服务。但是，随着其发展，“困境”亦来源于此。就其在当前网络搜索领域面临的困境可描述为：

虽然百度打造了自己的商业帝国，似乎亦成为搜索领域的王者。但是，随着信息化的普及，搜搜、搜狗、有道、爱问等搜索引擎越来越繁茂，同时，电子商务业务推出辅助性专业搜索亦称为模式必需的功能之一。比如，阿里、腾讯、京东、易趣等，乃至信息网站的专业化“搜索”大量剥离了“搜索”业务的市场空间，百度以“搜索”为核心的主盈利模式的流量与利润随着发展必然被潮流所稀释。百度盈利模式不进行变革或再造，所预示的失败，似乎已然成为百度的宿命。

百度亦不断增加研发投入，为网民提供基于搜索引擎的各种深化的产品，比如，以网络搜索为主的功能性搜索，以贴吧为主的社区搜索，针对各区域、行业所需的垂直搜索，MP3 搜索，以及门户频道、IM 等，全面覆盖了中文网络世界所有的搜索需求等；

同时，提供了百度文库、百度词条等知识性搜索工具服务。但是，除了侵权的威胁亦随之而来。亦未能改变主盈广告价值衰减的命运。那么，破解的路径在哪里？

（二）百度问题分析：基于阿里巴巴比较的创新模式解码

问题的根源在哪？我们对比一下阿里巴巴即可理解百度的业务与组织稳定性的根源。对于时下的阿里模式，在我看来阿里巴巴可能亦会遇到众多电商的挑战而陷落，但其业务结构及组织布局等的稳定性却远远高于百度，当然，这并不意味着其经营模式不会受挫。当然，亦不意味着百度不能通过调整，重新树立起核心能力及其综合性竞争能力而完成“困境”中的跨越。

那么我们分析一下当前如日中天的阿里巴巴。因为，阿里巴巴整合了更多的现实主体及其资源的参与，包括众多的个人、参与者、组织、企业、机构等共同参与打造了其电子商务业务体系，其扩展的社会价值网络与众多参与者参与其中的业务及经营活动密切相关。而壁垒的打造，亦由此产生。则由这些参与其中的经营者所付出的成本、组织与业务、消费者与产品布局、营销渠道及客户群体关系共同构成，这种打造壁垒并不容易拆除。

它如具体的投资或股权利益一般，使阿里平台与众人的根本利益密切相连。就是说，即使信息技术与商业模式易于低成本模仿，但是，阿里的壁垒则并非仅仅以信息技术与盈利模式设置下壁垒，不易以信息领域虚拟（如民间所称“空手套白狼形式”）形式模仿。新古典主义经济学创始人马歇尔曾以大企业所具有的组织要素加以评价，并以“马歇尔冲突”侧面揭示其秘密。信息服务领域，好的盈利模式往往会在好的组织与业务模式规划设计下，形成先入为主的优势，但是，这个先入为主的优势如何成为壁垒则需要在平台的组织结构、模式、业务流程、营销渠道以及合作利益、价值链与价值网络拓展方式等各方面寻找。

春秋战国时期道家学派代表人物尹喜在《关尹子》中言：“圣人不以一己治天下，而以天下治天下。”所以，任何事物，都需要集众人之利（而非“力”）才可获得长盛长青的基础。

任何信息技术领域以纯粹的虚拟经营形式寻求发展，一定阶段都会面临类似困境。比如 Facebook 已证明这一趋势，而谷歌搜索广告的优势也正在下降。即使在实业领域亦如英特尔的“摩尔定律”所证实的一样，企业 18 个月必须自主更新技术，而苹果、微软、IBM，以及爱立信、三星手机等都证实了这个规律。

那么，2000 年后，以理论转化应用更新周期为 1.5 年的时间看，信息技术的虚拟经营对于技术更新及盈利模式的模仿成本则会更低，盈利模式的作用效果周期则会更短。毕竟以信息化低成本技术在没有实业支撑的虚拟经营中看，网络所流传的以虚拟形式完成“空手套白狼”的盈利方式亦随之衰竭，虽然它已经完成了以财富非均衡成长的速度推动众多人网络财富打造的梦想。当然，不会永远以一种方式，或者某一简单易行方式获得长久性财富的轻易享有，因为那会受到竞争者财富的阻击！网络世界的经营，有的时候需要与大众的利益结合；有的时候需要能够永远提供给社会领先的知识产权；有的时候则需要在一定阶段与具体的、有形的资产对接，或者通过对接实业主体共同打造这个业务与市场壁垒。

（三）破解路径：百度的技术领先与商业模式变革

信息技术如果不能保持永远领先的脚步，保持知识产权持续生产，那么，在经营到一定阶段必须要通过商业模式的变革，来整合群体共同利益，它不仅包括参与者治理、投入，还包括传统企业模式中的组织、业务等活动。虚拟经济走向极限时，往往会受到整合形实业的召唤，虽然其体现的方式是多种多样的。

知识经济学家爱米顿在其《面向知识经济的创新战略——认识的觉醒》一书中，较为完整地阐述了她的现代企业盈利模式的创新战略：其一，整合合作利益，而不是竞争利益；其二，整合战略商业网络，而不是战略商业单位；其三，整合消费者的潜在需求，而不是当前需求；其四，创新价值体系，而不是价值链。这四个方面可为商业模式创新战略提供很好的借鉴。

第三节　戴尔直销—物流迅速反应优势打造商业模式竞争优势
——整合全球 IT 产业链的业务职能物流体系的战略设置

客观地说，对于不具有技术优势的戴尔电脑公司来说，想同 IBM、康柏、惠普、苹果等巨头们竞争，必须找到自己的核心竞争优势。迈克·戴尔曾回忆说："当我意识到自己突然在跟巨头们竞争的时候，我被吓得半死，觉得自己干不了。我并不认识我的模式——我是被推到它身边的。"

是因为同巨人们竞争，迈克·戴尔必须创造一种全新的、有魅力的商业模式，这就是以强大供应链管理能力支持的直销模式。1999 年，戴尔取代康柏电脑（Compaq）成为美国第二大个人电脑销售商，2001 年一举超越了 IBM 成为全球第一大 PC 厂商。2002 年戴尔的这一地位被刚刚收购了康柏的惠普公司取代。不过到了 2003 年第一季度，戴尔再次取得领先地位。

一、戴尔商业模式的核心竞争力：网络直销与供应链管理职能分析

（一）戴尔商业模式的本质：网络直销与供应链管理为核心一体化协同的制度化安排结构

1. 戴尔的网络直销模式内涵

众所周知，戴尔公司的一个特点是直销。这里所说的直销，与安利等企业所指的直销不同。戴尔的直销，可以说是直营模式。直销模式就是企业生产产品不通过各种商场、超市等传统的公众的销售渠道进行分销，而是直接由生产商或者经销商组织产品销售到终端

消费者的一种营销手段。而网络直销是指生产厂家借助联机网络、计算机通信和数字交互式媒体且不通过其他中间商，将网络技术的特点和直销的优势巧妙地结合起来，尽可能地直接销售给最终用户，以实现营销目标的一系列市场行为（如表 9-2 所示）。

表 9-2　戴尔成功历程与各阶段战略及业绩

年份	戴尔成功历程
1984	18 岁的迈克·戴尔以 1000 美元注册成立了戴尔公司，凭借先进并独特的直接模式，为用户提供电脑产品和服务
1985	戴尔公司的办公室从 93 平方米逐步扩大到了 2787 平方米，销售额达 6000 万美元
1987	戴尔公司在纳斯达克上市
1992	戴尔公司销售额超过 20 亿美元，成长率高达 127%
1996	建设 www. dell. com，直销网络系统，并进军服务器市场
1999	销售额突破 190 亿美元，每天通过 www. dell. com 销售出 1200 万美元的电脑系统。同年在服务器市场中全美排名第二，超越 IBM 和惠普，市场占有率达 19%
2004	戴尔公司成为全球最大的 IT 硬件厂商。在 2005 年《财富》杂志“全美最受赞赏公司”排名中位列第一并在“全球最受赞赏公司”排名中位列第三。全球现有员工总数近 55200 人，在过去的四个财季中，公司营业额达到了 511 亿美元，个人 PC、笔记本电脑和服务器市场全球销量均排名第一
1998	戴尔进入中国市场，起初中国区员工不足 30 人，销售额百万元人民币
2003	戴尔在中国区员工超过 2000 人，年销售额达 100 亿元人民币
2005	戴尔在中国区销售额达 180 亿元人民币
2008	2008 年戴尔公司在中国完成销售额 300 亿元人民币
2013	2013 财政年度，戴尔营收为 569. 40 亿美元，净利润为 23. 72 亿美元
截至目前	很多国际著名的制造商，如 EMC、Oracle、Brocade、Microsoft、Intel 等，均和戴尔公司保持着全球合作的关系，借助戴尔的销售渠道开拓自己的市场

2. 戴尔的供应链管理应用特点

众所周知，戴尔的商业模式是网络直销模式。事实上，在其开创初期，对于众人做出如此看法是可以理解的。但是，随着电子商务的深入发展以及供应链管理的进一步深化，我们不难发现，戴尔商业模式的本质则为“供应链管理”。因为，这时基于网络供应链的安排、调配与管理对于大众来说已经不再陌生，那么，我们会发现，戴尔不仅商务流程、业务流程、营销流程等企业外部市场方面创造性地利用了网络直销模式及供应链配套管理，即使它的生产业务流程、资源调配、配件整合流程、资源运筹流程等各个方面都在供应链的管理范畴之内（如图 9-21 所示）。

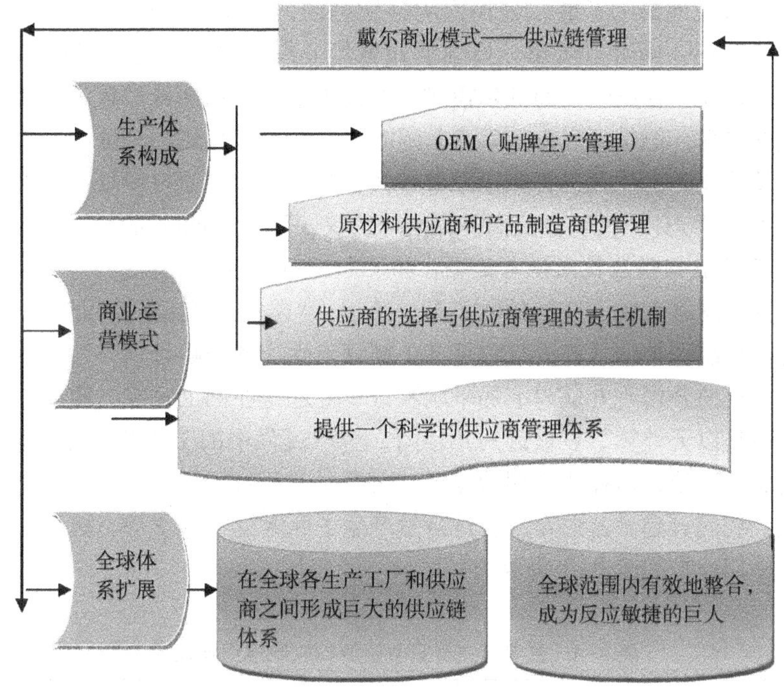

图 9-21 戴尔商业模式：网络直销供应链管理

3. 生产供应链：贴牌生产 OEM——大幅度减少庞大正式组织运营的成本

即使在生产环节，戴尔亦是采取贴牌生产的方式，通过供应链管理整合其他参与代工的企业，从配件、资源、资金、标准、运转周期等各个方面，通过供应链加以控制与调配，是戴尔的供应链管理模式，不仅覆盖了生产的全程，亦覆盖了商业活动的全程。

戴尔公司的成功与其良好的供应商的结构有着直接的关系，戴尔电脑是依靠 OEM（贴牌生产管理）模式来运营的企业，原材料供应商和产品制造商的管理都纳入戴尔公司供应链管理系统。同时其供应链管理体系还建立了供应商选择的管理体系与供应商管理的责任机制。

（二）戴尔直销模式供应链与传统供应链对比分析：各个环节的迅捷高效

1. 传统模式与戴尔模式的比较（如表 9-3 所示）

表 9-3 传统模式与戴尔模式的比较

比较	采购	订单价格	库存
传统生产模式（IBM/联想/惠普）	一次性采购大量原材料	单件原材料价格低	遇产品换代，尚有大量库存。降价处理
戴尔模式	按照订单采购，无备用物料	单件原材料价格略高，但随着订单增多，成本下降	零库存。马上推出新产品上市

表9-3很直观地揭示了戴尔公司供应链管理的两点精华：原材料采购的按需采购及零库存。从表9-3中可以看出，传统模式虽然一次性采购大量原材料，单价看似成本很低，但是存在库存风险。而戴尔模式采取按单采购，初期虽然戴尔营销模式分析与研究采购成本略高，但是可以没有库存，随时可以跟上市场更新进度，占领先机，利润率高。何况随着业务的扩大，订单量跟着扩大，按单采购的原材料量也越来越巨大，现在戴尔已经和全球PC原材料供应商签订全球协议，享受最低的价格。

2. 戴尔网络直销供应链组织与运筹：物流配送的网络管理体系

第一，戴尔网络直销供应链的物流配送流程："迅捷"规范的调配与服务体现其核心竞争能力。系统还根据目前的订单情况，制订出生产和采购计划，为戴尔的生产厂和供应商服务。目前公司有九成以上的采购和订单处理是在网上完成，零部件的库存时间是以小时而不是以天计算。在最近的几年间，生产流程中的工艺步骤已经削减了一半。高效率的物流配送使戴尔存货周期为4天，而主要竞争对手是30~45天，在PC配件价格变化剧烈、利润日趋微薄的今天，这自然产生了巨大的价格优势。戴尔与主要竞争企业物流配送周期比较如表9-4所示。

表9-4　戴尔与主要竞争企业物流配送周期比较

竞争企业比较	周期比较
戴尔物流配送效率	采购和订单处理存货周期为4天
其他同类企业物流配送效率	主要竞争对手是30~45天

在戴尔的直销网站上，提供了跟踪和查询消费者订货状况的接口，提供消费者查询自己已订购的商品从发出订单到送到手中全过程的情况。戴尔对待任何消费者（个人、公司或单位）都采用定制的方式销售，其物流服务也配合这一销售政策而实施。戴尔的电子商务销售有八个步骤：订单处理—预生产—配件准备—配置—测试—装箱—配送准备—发运（如图9-22所示）。

通过综合价值链的管理，戴尔公司对顾客的需求能够快速、及时、准确地做出反应，而且零库存管理使得戴尔将产品的成本降到最低，从而在PC市场上始终保持着领先的地位。根据IDC的统计显示，它在全球个人电脑市场上的市场份额疾风猛进。

第二，戴尔公司的配件分类及其服务配送响应率的要求规则。

① 戴尔公司备件分类方法：ABC法支撑商业模式优势。戴尔公司作为一家计算机及相关产品的生产厂家，随着产品生命周期日益缩短，其所用的服务备件数量持续增加，面对庞大、繁杂的服务备件库存，备件管理人员必须要分清主次，才能掌握管理的重点。所以合理地对备件进行分类是备件管理工作的基础。戴尔公司的备件分类方法是结合常用的ABC分类法，并且综合考虑服务水平。客户服务水平是指从客户报修到备件响应并解决故障的时限。根据服务水平对备件进行ABC分类，避免了传统方法只考虑备件库存价值的单一性而忽视了缺货成本，从而有效地达到根据需求来配置库存，达到服务备件的管理目标即保证客户的服务水平。

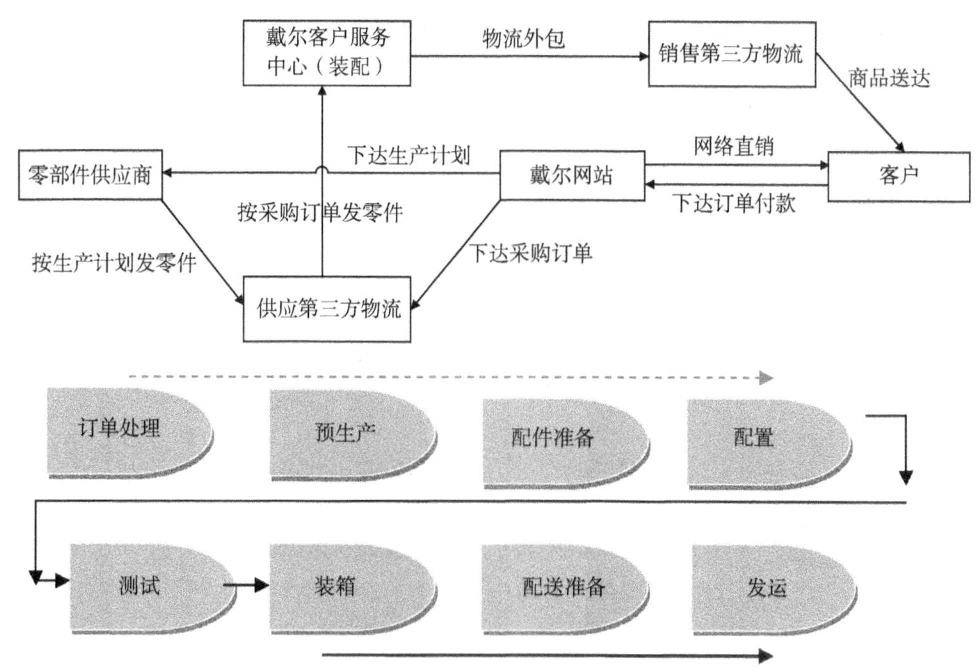

图 9–22 戴尔电子商务销售的八个步骤

② 配件配送服务及物流及时响应率 PAV（Part Response）。提供及时的服务必须是工程师和备件二者配合及时响应，备件及时响应是提供及时服务的基础之一，所以服务备件的及时响应率是衡量服务备件管理工作的首要指标。在服务行业，服务水平的目标高低不是由企业自身决定的，而是与竞争对手相关，当竞争对手已经做到 98%的备件响应率，那就意味着客户的期望值是 98%，公司必须以此为目标来衡量自身的服务备件管理水平。

第三，客户服务水平的划分：反应水平等级计算。在戴尔公司，对于消费者的需求采“迅捷效果”的评价，比如，对于客户故障的服务提供时间分为四个级别：

① 24×7，即不分节假日，从星期一到星期日，24 小时随时要有技术人员或备件响应（如有需要）。

② 12×7，即不分节假日，在星期一至星期日，从上午 8 点到下午 8 点，戴尔公司必须有技术人员支持或备件响应（如有需要）。

③ 8×7，即不分节假日，在星期一至星期日，从上午 9 点到下午 5 点必须有技术人员支持或备件响应（如有需要）。

④ 8×5，即星期一至星期五，从上午 9 点到下午 5 点，必须有技术人员支持或备件响应（如有需要）。

同时，对配件服务的响应时限也可做如下划分：

① 4HR，4 小时响应。

② 6HR，6 小时响应。

③ NBD（Next Business Day），第二个工作日响应。

④ SBD（Second Business Day），第三个工作日响应。

3. 戴尔供应链储备环节与日常经营调配环节：库存与调配规则与特征

第一，戴尔供应链环节与日常经营环节——库存与关联流程分布。戴尔公司公布的数据是，其所有供应链中的库存，包括物料和成品库存最多仅为 4 天。而其他竞争对手最低的为 16 天，大部分为数十天（如图 9-23 所示）。

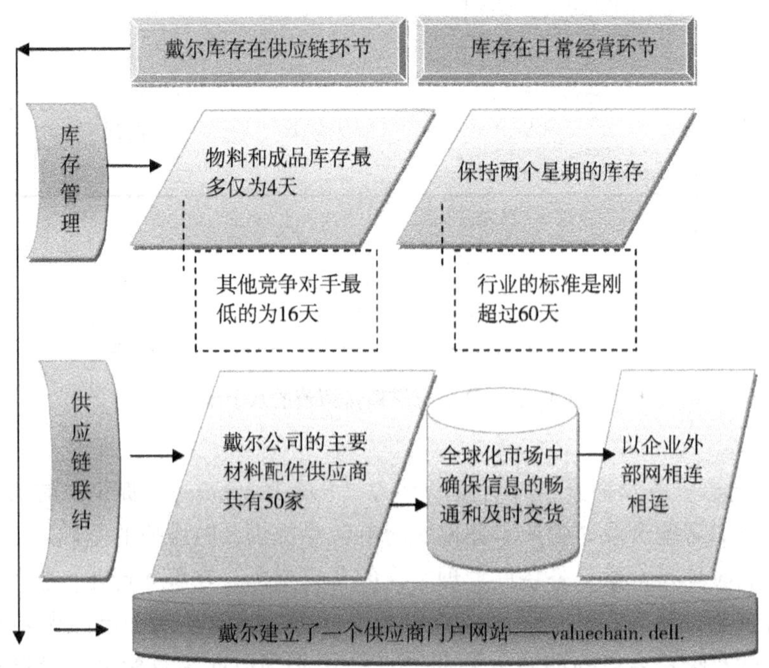

图 9-23 戴尔供应链环节与日常经营环节——库存与关联流程效率

戴尔公司的供应链管理业务流程非常细致，并拥有一个非常智能化的管理平台。戴尔公司从不轻易透露供应链管理的具体内容，只有在为了开拓一个市场，或为了争取一个极具价值的大客户及建立客户关系时，才会派一个主管供应链与采购的全球副总裁为客户提供 2 小时的供应链管理培训。然而在我国，很多大客户并没有意识到供应链管理的重要性，对此并不在意，也失去了很多同戴尔的交流机会。

在日常的经营中，戴尔公司仅保持两个星期的库存（行业的标准是刚超过 60 天），存货一年周转 30 次以上。戴尔公司的主要材料配件供应商共有 50 家，占总采购额的 95%以上。要在全球化市场中确保信息的畅通和及时交货，戴尔要求本地的主要供应商在戴尔生产厂附近设立零配件集散基地，方便产品的及时运抵。同时，公司和这些供应商之间以企业外部网相连，建立了一个供应商门户网站——valuechain. dell. com。客户的订单情况每两个小时更新一次，供应商可以通过定制的页面看到戴尔工厂的需求和库存信息，需要的话会立即供货。

第二，戴尔公司的配件仓库的物流调配：按不同功能区分三个级别备件库。

① 总配件调配中心。总备件中心是库存周转的枢纽，所有备件在总备件中心收货，然后分发储运到各地的备件库。

② 各地的4小时响应配件调配仓库。4小时响应备件仓库是支持4小时服务级别的客户需求，其备件配置比例较高。同时由于运输条件的限制，各个4小时响应备件仓库无法通过互享备件来满足客户需求，相应的库存周转速度较慢，库存水平较高。

③ 各地的非4小时响应配件储备仓库。非4小时响应备件仓库是支持非4小时服务级别的客户需求，例如第二个工作日响应或第三个工作日响应等。非4小时响应备件仓库有能力支持周边城市的服务，辐射范围较广，一般来说库存周转较快，与4小时备件仓库相比其库存水平较低。

第三，戴尔配件库存周转天数DSI（Days of Service Inventory）。戴尔配件库存周转天数（Days of Service Inventory，DSI）。在服务配件管理中，衡量库存管理的一个重要指标是库存周转天数。具体的计算公式如下：

DSI=库存量/最近90天的平均服务配件使用成本

说明：用某一天的库存量除以在此前90天内的平均服务备件使用成本总和所得的天数作为库存的衡量参数，简称DSI（Days of Service Inventory）。

DSI=A/B（天），其中，B=C/90天；

A为某一时刻的库存量（单位：美元）；

C为某一时刻前90天内服务备件使用的物料成本总和（单位：美元）。

由于服务备件的特殊性，其库存周转天数是较长的。在实际管理当中，避免呆滞料的产生以及及时处理呆滞料是服务备件库存管理的重点。一般来说，当备件的储存时间超过1.5年而且DSI大于3年时，就可视为呆滞或冗余备件。

4. 目前我国代表性网络直销企业列表（如表9-5所示）

表9-5　目前我国代表性网络直销企业列表

序号	网站名称	网址	类型
1	戴尔	www.dell.com.cn	主营网络直销
2	海尔	www.ehaier.com	辅营网络直销
3	联想	www.lenovo.com.cn	辅营网络直销
4	PPG	www.ppg.cn	单一网络直销
5	凡客诚品	www.vancl.com	单一网络直销

（三）戴尔直销供应链的制度化创新分析：东方管理的评价

1. 制度安排与标准及其在供应链管理中的实施：企业外部交易的治理模式创新

事实上，多数人可能认为，任何制度安排与标准的实施与考察，必须在一个制度化的正式的组织中进行才能得以实施。但是，戴尔打破了这个传统规则与惯例，它将制度化安排与标准的推行、考核、监督，以及资源物料调配的各个环节，都纳入供应链管理之中。

戴尔的贴牌生产实际上就是这种网络直销供应链的一部分。戴尔公司通过供应链管理将代工企业加以安排与整合，针对物料、物流及市场加以配套。戴尔在供应量管理的各个环节都有极其细致的制度化安排。

诚如我们所理解的一样，根据西方企业理论创始人科斯、阿尔钦、德姆塞茨等的交易成本、交易契约论，企业内部生产只能通过企业制度化安排替代市场，通过一揽子契约降低成本。所以，企业就存在了，就具有了盈利的能力。戴尔公司的“供应链管理”为核心的网络直销模式似乎在颠覆这个传统思维。

2. 东方管理思维评价：东方管理思维提供了合理的解释思维

事实上，戴尔为管理者提供一个科学的供应链管理体系。但是，这个供应链体系的管理应该是具备标准性与效率性的，否则将无法运作与执行。西方企业理论，谈到了企业的边界，就是企业的正式组织不可能扩展到整个社会，这个边界是由制度化安排的成本决定，其超过通过市场机制交易来组织生产的成本时，企业就不可能再继续扩大了。戴尔网络直销供应链管理似乎颠覆了这个传统概念。

东方管理思维并不将管理主体限定在一个正式组织、一个制度化体系之内，整个市场体系，甚至整个社会体系，不同的社会文化布局及其价值模式群体，都是其治理的目标客体。甚至，根据老子的话看，其具有善于在这种非制度化布局的社会体系中，进行自觉与自主的干预与管理。东方思维我们似乎可以给出其合理答案。

事实上，戴尔虽然并未全部走向无边界的自主自觉的干预与管理，但是，其已经突破了在一个统治体内部运筹资源组织生产的限制。它善于利用网络关系、网络工具及网络手段来进入各个参与主体的工作环节及业务环节，这个工作与业务环节已经超出了一个企业内部的事情，它包含了生产、市场以及各类企业生产外部资源。

首先，戴尔公司的产品能做到价廉物美，其真正的原因，一是大幅度降低庞大的正式组织运作成本的网络供应链管理做到的；二是其建立了卓有成效的资源、物料、配件及市场服务的网络资源管理模式，并实行了零库存的经营模式使成本降低。

其次，戴尔在其供应链中需要建立责任机制的管理。这种责任与标准可以保证生产经营的正常进行。但是，在供应链管理体系中，有众多环节并非其制度化的内部体系的正式组织可以通过内部职能组织加以控制的。但是，戴尔做到了，它通过企业外部交易，外部招标及储备合格的客户，以及合理的市场预测决定配件的保有及配套，使得很多重要环节在供应链管理中获得高效率的执行。同时其省去了建立生产经营诸多环节与庞大组织运营的成本。

最后，戴尔正在以各工厂为基础实施供应链管理系统的基础上，逐步转向全球范围的综合供应链管理。这样一来，各生产工厂和供应商之间就形成了巨大的供应链体系，在全球范围内有效地整合，资源配置将更趋合理和高效，成为反应敏捷的巨人。

二、戴尔网络直销供应链模式竞争优势分析：商业模式运作的几个显著特点

（一）戴尔商业模式的服务客体：特点与收入结构

1. 戴尔商业模式的特点

第一，除去中间环节，直接向客户销售。戴尔的直接商业模式，即去除中间人直接向客户销售产品，使得公司能够以更低廉的价格为客户提供各种产品，并保证送货上门。此外戴尔公司也确保戴尔的产品还未生产出来就已经售出。

第二，降低成本，简化信息化技术应用。戴尔通过降低成本和复杂度，为客户简化信息技术的应用，从而使他们能够部署更简便易行、卓有成效的解决方案，享受到更卓越的价值。

2. 目标群体：收入结构来源（如图 9-24 所示）

目标用户：为企业客户（大型及中型公司）、政府及有关机构、家庭及小型企业。
收入来源结构：戴尔公司90%的销售收入来自企业，10%来自普通客户。但在线销售量90%的销售收入来自中小企业和普通个人用户

图 9-24　戴尔的目标用户分类

（二）战略扩展：业务结构增长情况

1. 战略扩展

从战略进展来看，2012 年戴尔服务业务收入增长 12%，达 22 亿美元，占戴尔业务的 14%。交易服务业务增长 14%，其中戴尔的高级技术服务及外包业务配售率增长强劲，达到 8%。累积的服务合同总价值增长了 11%，达 155 亿美元。

戴尔自身的存储业务增长 33%，达到 4.63 亿美元，这主要得益于包括 Compellent 在内的戴尔自主知识产权。Compellent 存储业务实现了超过 60%的连续增长。服务器和网络运营收入增长 6%。

2. 业务结构增长结构

第一，大型企业业务。2012 年，戴尔的大型企业业务运营收入为 49 亿美元，增长为 5%，得益于客户端和企业解决方案及服务业务的广泛基础增长。服务业务运营收入增长 18%。全年运营收入为 185 亿美元，较 2011 年增长 4%。

第二，公共事业业务。2012 年公共事业业务运营收入下降 1%。公共事业业务受持续走低的美国及西欧经济影响。

第三，服务业务。服务业务运营收入增长 7%，戴尔 IP 存储运营收入增长 32%。

第四，中小企业业务。中小企业业务运营收入增长 6%，达到 40 亿美元。企业解决方案和服务业务运营收入本季度增长 18%，创下 12 亿美元的新高。服务业务本季度增长 28%。在利润率较高的企业解决方案和服务组合的带动下，中小企业业务运营收益为 4.12 亿美元，占运营收入的 10.3%。

第五，消费业务。2012 年消费业务运营收入下降 2%。收入下降主要发生在美国市场，非美国市场的运营收入增长了 10%。亚太区及日本市场运营收入增长 10%，其中中国增长 15%，欧洲、中东和非洲本季度增长 8%，美国下降 3%。

（三）戴尔公司商业模式的几个方面：价值链基础上的盈利模式、技术模式及核心能力及治理

1. 戴尔网络直销价值链：价值流程、盈利模式与核心能力配置

第一，盈利模式分类：不同网络经营盈利模式特征。一个成功的商业盈利模式往往需要能提供独特价值。有时候这个独特的价值可能是新的思想；而更多的时候，它往往是产品和服务独特性的组合。这种组合要么可以向客户提供额外的价值，要么提供物超所值的服务，要么使得客户能用更低的价格获得同样的利益，或者用同样的价格获得更多的利益。例如，美国的大型连锁家用器具商场 Home Depot，就是将低价格、齐全的品种以及只有在高价专业商店才能得到的专业咨询服务结合起来，作为企业的盈利模式。

在互联网领域，到目前为止，我们所熟知的互联网公司（或者依托互联网平台）进行营销的盈利模式，不外乎下面几种：一类是广告模式，包括类似新浪、搜狐等的广告收益模式；网络搜索排名的竞价模式。如 Google、百度，还有就是类似 QQ 购买道具、交费会员等的缴费模式。另一类主要体现为电子商务。比如，EC（即 E-Commerce）通过电子商务取得收入的方法，如淘宝网、ebay、万网等网站，无论是 B2B 还是 B2C 抑或 C2C，或者提供网络服务，收费方法多种多样，我们把这些都归纳为 EC。

还有就是网络游戏等。在线游戏（盛大、网易）推出的游戏产品是典型的案例，还有很多免费的在线游戏也很流行，虽然对于玩家不收费，但是其中的特殊道具购买、晋级均可进行收费；其中的场景还可以卖给相关企业取得收入。

第二，戴尔公司商业模式价值链盈利的核心：盈利模式与核心能力。通过网络直销供应链整合生产、销售以及服务各个渠道的网络盈利模式，戴尔是首创。其运营结构与流程特征如图 9-25 所示。

2. 技术模式凸显的竞争优势：敏捷物流，迅速反应

第一，戴尔采取敏捷物流：具有快速反应特点。

戴尔敏捷物流有如下几个特点：①戴尔的供应物流采用第三方物流模式，其实施关键是供应商管理库存（VMI）和信息共享。②戴尔的客户订单确立后，系统在传递物料采购信息的同时，迅速将顾客订单安排到具体的生产线上。③戴尔的销售物流采用外包形式。

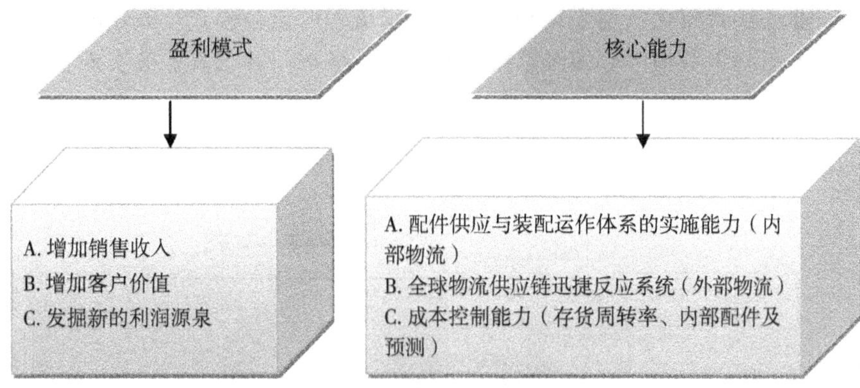

图 9-25　戴尔公司的盈利模式及核心能力

第二，技术模式：敏捷物流的核心。戴尔的技术模式特征如图 9-26 所示，技术模式是其敏捷物流的依托平台。

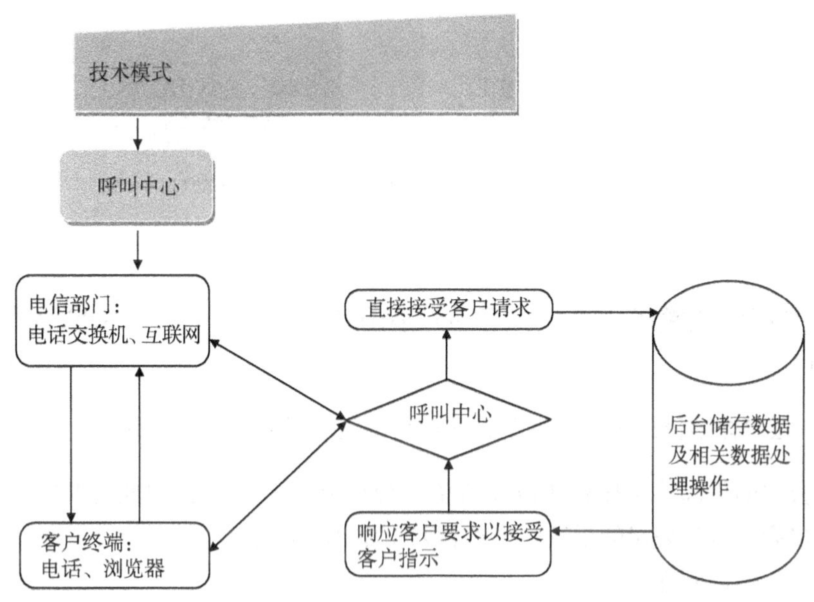

图 9-26　戴尔呼叫中心系统结构

第三，总结：成功原因评价。①快速反应，按需生产，戴尔公司总部强大的订单处理系统和生产体系；②强大的数据处理能力和先进的信息化管理技术；③优秀的客户服务，强大的呼叫中心服务；④强大而高效的供应链系统；⑤低成本和价格。

3. 管理及经营模式及支撑结构特点：职能治理与业务流程关系

第一，管理模式特点。戴尔公司的职能管理及部门设置主要体现在四个方面：①客户管理；②供应链管理；③人力资源管理；④数字化管理。

如果职能管理幅度臃长及机构设置过多，则会造成机构臃肿与效率下降。

第二，业务经营模式：扁平化与一体化需求流程的整合模式。戴尔的经营模式布局的特征是以产品与服务为中心多维直接关联其他业务部门并与其业务实现直接对接。如图 9-27 所示。

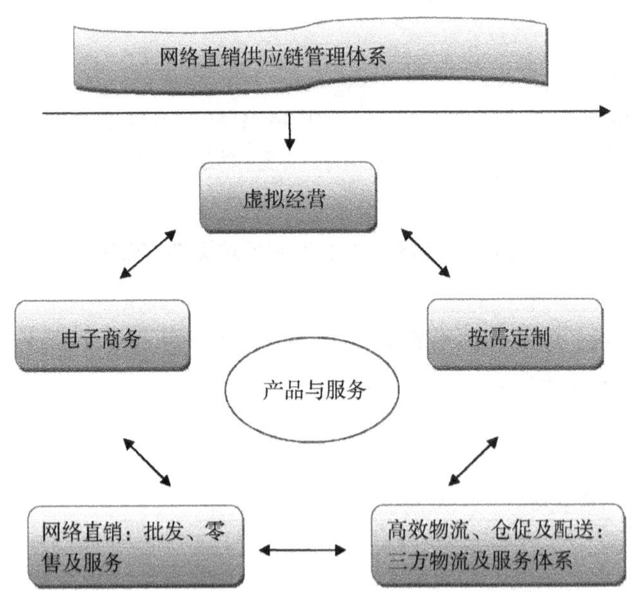

图 9-27　戴尔网络直销供应链管理的业务整合

三、戴尔商业模式从生产到市场关系布局整体分析：客户价值链细分管理

（一）戴尔营销模式布局：戴尔公司的价值链管理和信息化策略

戴尔公司的零部件大都靠外包（价值链分解外包）完成，因此这些零部件供应的敏捷性直接影响戴尔公司的后续生产运营乃至整体生产运营。

供应商价值链管理。

第一，戴尔公司寻找供应商有几个关键要素：戴尔公司减少了供应商的数量。快速把顾客的反映提供给供应商，供应商尽快调整产品和服务，改善自己库存的效率和周转速度（如表 9-6 所示）。

表 9-6　戴尔公司寻找供应商注意的几个关键要素

八项注意：
1. 追求共同品质；2. 弹性可成长；3. 利用供应商记分卡；4. 查核供应商的表现；5. 评估供应商的成本、运送、科技含量、库存周转速度；6. 考察其对戴尔公司全球营运的支援度；7. 通过网络做生意，打造与供应商的强势结盟；8. 把供应商导入自己的业务体系，为双方共同的成功投资。

第二，戴尔公司的物料采购采用第三方物流模式。其实施关键是供应商管理库存（VMI）和信息共享。在中国，戴尔公司的第三方供应物流企业是伯灵顿全球有限公司。戴尔公司先与供应商签订合同，要求每个供应商都必须按照它的生产计划将物料放在由伯灵顿管理的仓库里。

戴尔公司确认客户订单后，系统会自动生成一个采购订单给伯灵顿，伯灵顿在90分钟内迅速将零部件运送到戴尔公司的装配厂（客户服务中心），最后，由供应商根据伯灵顿提供的送货单与戴尔公司结账（如图9-28所示）。

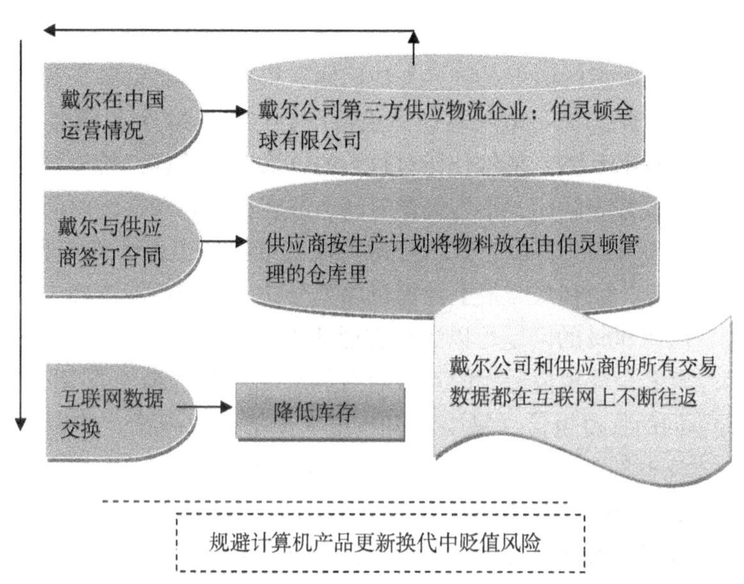

图9-28 戴尔公司的物料采购采用第三方物流模式

由于自营销售具有分散资源、送货不经济、物流成本增加等缺点，戴尔公司的销售也采用外包形式。目前，在全球承担戴尔公司销售物流的有联邦快递、伯灵顿等企业。

第三方物流企业早在戴尔公司的客户订单确立时，就已被告知货物物流要求。提前制订配送计划、运输路线、车辆调度及人员配备等，使戴尔公司产品直接从客户服务中心运送到客户手中，省掉了中转环节，极大地缩短了产品送达的时间，降低了成本。

同时，戴尔公司可以通过第三方物流企业的信息管理系统实施跟踪，监控销售物流的质量和效率。戴尔公司在全球各个客户中心都建立了一个服务电话网络。

第三，数据管理与配件周转周期控制。为了使自己和供应商的库存都尽可能地降到最低，戴尔公司和供应商的所有交易数据都在互联网上不断往返，实现以信息代替库存人力管理，使其降低到零。通过敏捷的供应物流，戴尔公司的零部件库存周期一直维持在4天以内，远低于该行业30~40天的平均水平。零部件库存的减少使戴尔公司增加了利润，也规避了因IT行业零部件和产成品更新加快而导致的贬值风险。

（二）客户价值链管理：比顾客更了解顾客

1. 客户价值链管理使戴尔公司做到了比顾客更了解顾客

第一，戴尔公司市场细分：客户服务分类及流程。戴尔公司以顾客为导向，利用互联网、邮购目录和电话与顾客进行虚拟整合，准确预测顾客日后的需求与其需求的时机，采用 1 对 10 的直接销售方式，把顾客当成生产线上的一环，使客户价值链和公司价值链成为一个整体。

戴尔公司会把市场细分，把顾客细分为大型企业、中型企业、教育机构、政府组织、小型企业以及一般消费者。

第二，数字化的顾客的服务系统：九成问题获得数据库自动解决。在我国厦门，戴尔公司建立了一个 CTI 系统（电脑电话集成系统），共有 94 个免费电话供客户可以直接打入。通过 CTI 数字系统，戴尔公司对打入的电话进行整理，检查顾客等候时间，并向公司提供每天的顾客等候比、平均等候时间、顾客在线率和在线时间等信息。

根据 CTI 系统报告的顾客量，戴尔公司确保有足够的工程师来接听顾客服务电话，配合顾客信息数据库，顾客只需报上计算机序列号，工程师便能准确查出顾客所购计算机的所有配置，从而 90%的问题可以当场在通话中解决。

戴尔公司经营着全球规模最大的互联网商务网站，覆盖 80 个国家，提供 27 种语言或方言、40 种不同的货币报价，每季度有超过 9.2 亿人次浏览。戴尔公司每个月接到 40 万个寻求技术支援的电话，技术支援网页的阅览数高达 250 万次，而顾客每周上网查询订购的次数多达 10 万次，顾客可以在这些网页上找到个人电脑规格与报价，并在线订购，同时还可以进入戴尔公司的技术支援资料库下载资讯（如图 9-29 所示）。

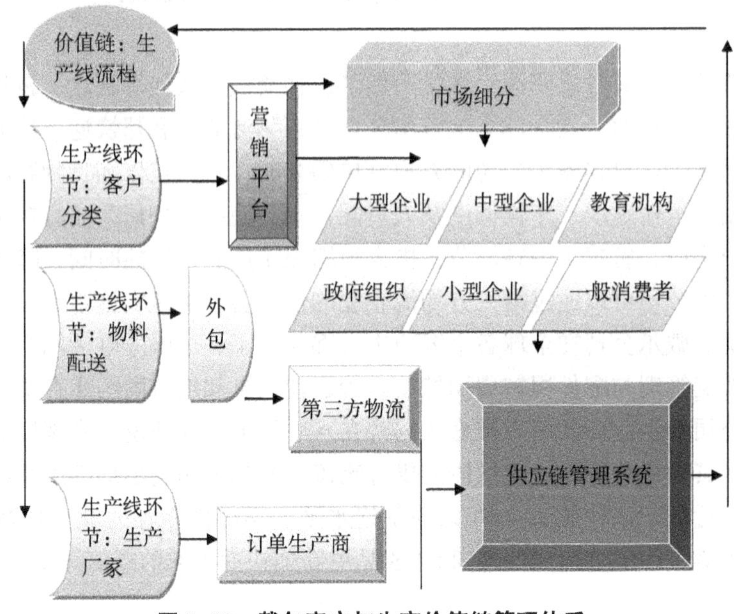

图 9-29 戴尔客户与生产价值链管理体系

2. 目标客户细分战略：价值链关系进一步实现细分管理

第一，戴尔的交易型客户与关系型客户管理。

交易型顾客：是那些需要不断做出购买决策的个人或者企业。这些顾客关注的是购买的经济性，盯着诸如性能、规格、特征、折扣等因素，他们从不同的戴尔营销模式分析与研究厂商那里购买产品，并且在做出购买决策时，使用评测、评论、广告和口碑各种信息渠道。

关系型顾客：关注的是交易的总成本，价格只是其中一部分。这类顾客大多数包括中型以上的商务、政府或者教育部门。这些顾客关注的是服务、可信度、厂商声誉和产品标准等特征。

第二，客户至上，比客户更了解客户。戴尔的这些“比顾客更了解顾客”的市场细分，使戴尔在逐渐扩大的同时，仍然维持了稳定而持续的成长。戴尔（Dell）公司的成功，引发了对其奥秘的探讨。虽然人们认为使戴尔成功的因素在于戴尔独特的网络直销模式上，但实际上戴尔模式真正的亮点在于其背后所蕴含的“顾客至上、让顾客满意”的核心战略思想及支持这个战略的其他细节性模式（如表 9-7 所示）。

表 9-7　戴尔的客户战略发展完善历程

时间	客户类型
1994 年	顾客只有两类：大型顾客和包括一些商业组织、消费者在内的小型顾客，当年公司的资产为 35 亿美元
1996 年	从大型顾客市场中细分出大型公司、中型公司、政府与教育机构三块市场，同年公司资产升至 78 亿美元
1997 年	戴尔又进一步把大型公司细分为全球性企业客户和大型公司两块市场，政府与教育机构市场则分为联邦政府、州政府和地方政府、教育机构三块不同的市场，小型顾客则进一步分解为小型公司和一般消费者两块业务，当年公司资产攀升到了 120 亿美元
2000 年后	戴尔又将顾客细分为“交易型”和“关系型”两种。其中 40%的顾客（大部分是大企业）被纳入到关系型中；30%的顾客（大部分是小企业）被划分到交易型中；剩下的 30%作为二者的混合

3. 客户体验与客户量身定做方案的深化：产品不断改进，客户计划不断完善

第一，为顾客量身定做产品。戴尔在创立之始就明确规定：要敏察顾客的意见与需求，以此来设计产品和服务顾客。因此它创建了“按需配置、按单生产”的直销模式。在这种方式下，戴尔的每件产品都是按照每个用户的个别需求定做而成。这不仅充分满足了顾客个性化的需求，而且还使顾客产生了“拥有量身定做的独一无二的产品”的超值满意感。

第二，客户体验计划。根据顾客的直接反馈改进产品。戴尔在按照客户的要求设计生产并交付产品后，还想方设法地了解顾客使用产品的体验以获得修改设计或改变制造程序的灵感。公司技术支持工程师通过拜访重要客户、接听顾客打入的免费技术咨询电

话获得相关信息，经过归纳整理后交给公司研发部门进行进一步的分析和研究。

第三，产品不断改进。戴尔的主导产品始终能够围绕顾客的使用体验不断改进。新产品开发也始终适应了顾客需求的发展趋势。当竞争对手仍在为预测顾客需求变化举棋不定时，戴尔已经掌握了清晰的顾客订单。

（三）戴尔商业模式的客户满意（CS）战略分析：基于客户细分与产品属性之间的需求统计

戴尔的客户细分工作，基于一个叫作客户满意度的战略。顾客满意战略（Customer Satisfaction，简称 CS 战略）根植于一个浅显的道理：让顾客满意的企业是不可战胜的。

戴尔之所以短短十几年间就发展成为个人电脑市场的领导者，正是由于它成功地运用 CS 战略，逐步形成了较为完善的产品满意、服务满意、生产满意和组织结构满意系统，从而在竞争中尽显优势。

现在人们常常讨论的各种戴尔模式，大多局限在模式层面，每一种模式都有其明确的目标和适用范围，正是 CS 战略将所有的这些模式都纳入进来，无论是直销、流程改进等广为人知的大问题，还是后面要介绍的建立 GE 小组等小问题，都是为这个战略服务的。

1. 戴尔商业模式的客户满意 CS：不同性质消费客体满意度分类

第一，基于不同需求客体的满意度分析：戴尔的分类。为了全面了解顾客的满意程度，戴尔公司还成立了“CE”（Customer Experience）小组，由销售部、技术服务部、顾客服务部、生产部、质量部等部门的代表组成，每周一次的例会将影响顾客体验的各因素进行详细分析，并各就各位地予以解决。

实际不同需求主体对产品的性能、功能、属性及其品牌等服务的满意度是非常有差异的。Fournier 曾对消费者的满意倾向做出了分类研究。很多学者也进行了类似关系研究。比如，从消费对象上看，有研究妇女（Olsen，1999）和儿童（Ji，2002）的；从产品属性与品牌对象上看，也有扩展到服务领域（Sweeney and Chew，2000），以及在线世界（Thorbjornsen et al.，2002）。除个体品牌关系研究之外，还有机构、团体或集体性（Collective）消费者—产品属性关系的研究。

很多研究都表明，消费者—产品属性关系形式，可以用来描述和区分消费者的不同产品满意态度，弥补传统主导概念（如品牌忠诚）的不足（Fouriner and Yao，1997）。

还有些研究直接使用社会心理学研究的经典成果，企图用有限的维度界定品牌关系类型，在此基础上证实消费者与品牌的不同关系可能影响消费者对特定品牌行为的态度和行为（Aggarwal，2004）。如 Aggarwal（2002，2004）使用“关系规范”（交换关系和共有关系）的构念，Thomson 和 Johnson（2002）使用“依恋风格”的构念，Kaltchewa 和 Weitz（1999）使用人际关系图式（调解和互惠）的构念。

第二，客户分类及满意度评价顺序。戴尔公司将业务流程细分为四个系统：①产品满意系统；②产品质量与价格满意系统；③服务/生产与组织结构满意；④全球大客户产品质量满意与价格满意。戴尔正是因为从四个系统将 CS 系统落实到了实处，并且将人们称道的一些实用模式通过这个整体战略联系起来，从而取得了令世人瞩目的成就。这对于企业如何将战略规划和现实的经营业绩结合起来，提供了一个有价值的借鉴（如表 9-8 所示）。

表 9-8　大客户与家庭及中小客户的细分区别

家庭及中小客户部	大客户部
中小型企业	大客户 A. 大型公司；B. 跨国企业；C. 政府、教育
消费者	购买力强
购买力小	数以百万计
数以百计	面对面
电话、互联网、展示厅	以电话互联网辅助

2. 以中国区为例：戴尔将市场按不同方式作了非常细致的划分

第一，按客户的市场群体类型细分：客体性质、产品属性及其分类管理。20 世纪 90 年代以来，营销概念得到了长足的发展（eg. and Grönroos，1991；Sawhney，2002）。作为当今营销的新范式（Grönroos，1994），近些年来，消费者理论也被研究者们用于不同群体消费者与品牌的关系问题研究上（eg. and Fournier，1998；Muniz and O' Guinn，2001；Aggarwal，2004）。

在产品属性与品牌的层面上发展了相关性理论，为消费者行为研究提供了新的启发，提高了对不同性质消费群体对产品属性及其品牌关系相互作用的认识（Fournier，1995），扩展了传统理论对消费客体需求概念的理解（Fournier，1994，1998），也提供了在日益强调基于顾客中心（Customer-focused）的营销方法下，比如，戴尔对于不同类型客户市场及产品需要给予极其细致的分类，从而提炼与观测不同客体需求特点及其稳定性（如表 9-9、表 9-10 所示）。

表 9-9　按客户市场类型细分

客户划分	细分标准	营销策略	价格支持
政府	国家行政单位	政府采购模式	价格公开，利润高，订单稳定
教育行业	教育部门下属的院校等	低价竞争，因为教育领域预算有限。但教育界影响力大，有利于品牌效应	靠公司特别财政支持，申请低价
全球客户（外企）	与戴尔产品不构成竞争的跨国企业	此类客户基本采用租赁模式	价格高，利润高，是公司的稳定收入来源
大客户	员工在 5000 人以上，年采购量 3000 万元以上	安排高级销售专人负责，直销与渠道双路发展	根据每次采购或招标的不同形式，给以不同价格。价格差距大

续表

客户划分	细分标准	营销策略	价格支持
中小客户	员工 500~5000 人，年采购量 50 万~1000 万元	靠电话销售，降低销售成本，主推直销	价格按照正常报价和折扣报，保证稳定利润
家庭用户	个人用户	靠网络促销和宣传品促销开拓市场。主推低端或家用系列产品，注重娱乐性	价格非常公开且固定，没有折扣，采取薄利多销的模式

表 9-10　戴尔客户细分——按产品需求细分

产品划分	营销策略	价格支持
商用 PC 笔记本	主推客户群为政府、大客户等实力客户	价格略高，品质好，利润高
家用 PC 笔记本	主推客户群为家庭拥护，个人用户，小客户，或部分项目低价竞争时选用	价格低透明，且固定，但利润不高
企业级产品（服务器，存储器等）	主推客户为高端客户，如电信、银行等	性价比高，具有特殊支持价格
服务类产品	主推客户为已经同戴尔有过直销的客户，此类客户已经认可戴尔的模式，且成为长期客户。可卖些除硬件以外的服务类产品，如系统集成、软件开发等	服务类产品利润率非常高，且有利于品牌发展。所以，会获得非常有力度的价格支持
第三方产品	对有的客户不认可戴尔的产品后暂时对戴尔产品无需求时，推动第三方产品	同一些优秀的第三方厂商谈合作，获得很好的价格支持

第二，戴尔目标客户细分的 4P 结构分析。戴尔将目标客户进一步细分为政府、教育行业、全球客户或外企、超过 5000 人的大客户群体、中小客户、超过 3 亿采购量的企业以及家庭用户。通过这种细分，戴尔从 4P 角度分析与评价需求特征，即：产品（PRODUCT）、价格（PRICE）、地点（PLACE）、促销（PROMOTION）。

第三，东方管理评价的探索。在中国文化中，往往社会群体行为最有力的决定因素并不在于个体本身，而整个群体的价值需求模式及其团体性为特征，或者个体之外的关系背景（何友晖等，1991）。往往这些因素具有的压倒性影响力（即支配性）反映了儒家文化中的社会行为模式，它与西方个人主义的行为模式构成对照（何友晖、彭泗清，1998）。

这些反映在消费者—需求关系的问题上，Hamilton 和 Lai（1989）、Tse（1996）、Eckhardt 和 Houston（2001）等指出，中国消费者需求往往受到习俗、关系，或者行为价值模式，抑或是追求时尚的群体将“时尚排名的品牌”等作为需求导向的因素。另外，从东方社会社会关系看，社会网络关系亦成为供需稳定关系的一个重要因素。

因此，这些对于中国消费者的根本意义，在于折射人与人之间相互作用的方式以及他们看待社会的方式。可见，这些基本取向，已自然而然地成为影响了消费者与需求关系的重要动机。

（四）戴尔内部价值链管理：业务流程与信息化管理体系

由于戴尔公司在生产安排上通过供应链管理协同建立代工企业的定制管理、代工企业的储备与招标管理，并通过标准与成本等管理使其能够快速地达到戴尔公司目标客户的要求。

这样一来，戴尔公司进行了全球代工企业的组织与生产，这个过程是依靠市场需求的地理位置、成本及迅捷的物流条件进行的。所以，戴尔在确定定制产品时，不仅需要做到每一台计算机可能就是一种规格要求，同时要求不同的零部件和组装方式。戴尔公司根据客户订单要求，在供应链管理系统中进行物料、配件的采购、配送，以及生产、经营中的前期、中期及后期的管理工作。

一方面保证传递物料配件及采购信息与代工生产线相协同；另一方面需要保证产品的调配、物流、运输以及仓储等各个环节中，能够迅速将顾客订单安排到具体的生产线上，并在完工后迅捷地传递给消费者。

1. 具体步骤：做最优的时间安排支撑供应链优势

第一，配件。通过直销供应链管理选择供应商，将配料调配信息及订单标准提供给生产企业，然后送往具体的生产线。

第二，组装生产。戴尔根据客户订单要求，对代工企业进行选拔，标准比选，然后提供代工企业标准，企业对每个生产线上的组装工人根据规格要求，然后完成整机的装配工作。

第三，对整机进行硬件和软件配置的测试。通过专有软件进行 2~10 小时的自动测试，如果发现问题，返回到组装生产线上进行修正。

第四，包装。包装好的机器从生产线下来后，运送到特定区域分区配送。从整个流程来看，零部件从送进戴尔公司的客户服务中心到产成品运出，通常只需要 4~6 小时。

2. 信息系统的支持：内部价值链信息化管理流程

戴尔公司通过一个适合自身需求的、高效的、稳定的基于 Internet 网络技术平台的 ERP 信息系统把内外价值链的各个环节整合到一起。

在信息系统的支持下，戴尔公司可以通过企业门户网站全天候为客户提供丰富的产品信息和最新技术应用的信息，供用户选择；戴尔公司在全球所有的客户服务中心销售办事处都开通了免费服务电话，用户可以通过电话或网络下订单，提出所需的配置，并同时将订单发送到戴尔公司；用户也可以通过信息系统进行网上支付和查询订单的受理状态；戴尔公司在内部的 ERP 系统中，对从信息系统中获得的订单进行高效分解，产生产品制造物料清单，并根据清单上的内容通过内联网联系最适合当前订单的原材料供应商；供应商通过第三方物流企业在 1 小时内将配件运送到装配车间；36 小时后根据客户订单装配的产品装配完成；最后，戴尔公司不经过任何中间渠道通过第三方物流企业直接发货到消费者手中。戴尔公司 7 天内可完成这一周期。戴尔公司成功的重要保障是戴尔公司与供应商、顾客和第三方物流企业间信息的高度共享。客户与戴尔公司门户网站的交互省略了中间商环节，供应商根据戴尔公司的要求通过第三方物流企业迅速提供原材料充分实现了适时生产（JIT），从而使戴尔公司在整个价值链管理上赢得了时间和成本上的竞争优势。

四、戴尔对市场的预测与执行制度的创新：迅捷与高效的特点

（一）戴尔商务模式推崇的创新文化：影响企业组织、业务流程及产品的创新

1. 戴尔的创新文化：围绕核心能力展开

戴尔需要技术与产品不停地更新换代。它有一个全球性的新产品战略，由其全球的六大生产厂商向相应的市场不断地推出新产品，无论是PC机、服务器、网络设备、存储设备，还是软件产品都会在这个战略部署下不断地推陈出新。

一家企业如果没有新产品，在激烈的市场竞争中终将丧失其原有的优势而被淘汰。戴尔公司深谙此道，所以，在旧的产品尚处于成熟期，其替代产品的推出已在酝酿之中。

位于美国的产品研发中心会将新产品的性能、测试要求、涉及的物料等信息通过相应协调人员发往六大生产厂。各生产厂的市场部门根据其相应市场的需求预测决定是否要在其目标市场推出这种新产品。综合各方面信息，一经检测将会制订新产品推向市场的时间计划（如图9-30所示）。

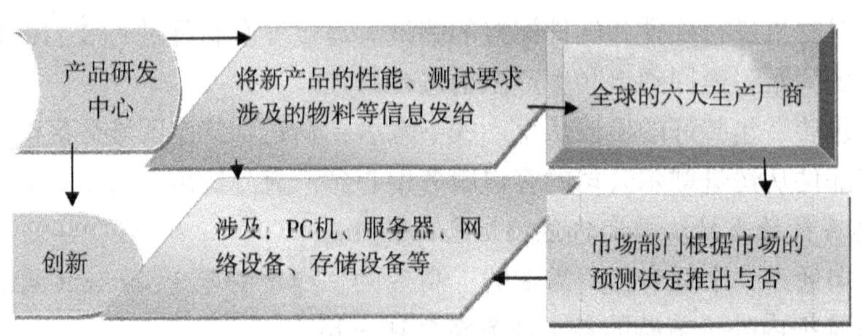

图9-30 戴尔围绕核心业务的创新战略展开

2. 戴尔网络直销供应链管理实现了价值链的革命：重建了价值体系

1997年，爱米顿在其专著《面向知识经济的创新战略——认识的觉醒》中较为完整地阐述了她的现代企业管理新思想——知识创新战略。（AMIDON D M，Innovation Stategy for the Knowledge Economy-The Ken Awakening，Butterworth-Heinemann，1997）。人类社会正是在知识更新与创新中实现社会的发展与社会经济的增长。

爱米顿认为，与其他创新行为相比，知识创新的特征表现为以下几个方面：首先，创新价值体系，而不是价值链；其次，战略商业网络，而不是战略商业单位；再次，合作利益，而不是竞争利益；最后，消费者的潜在需求，而不是当前需求。

（二）戴尔商业模式的“未雨绸缪”：强化市场“迅捷反应”的预测体系

1. 戴尔公司市场迅捷反应的运筹方式：为世界众多企业学习

戴尔公司的市场反应计划：扩大市场，打造其核心竞争力的基础。随着市场竞争的焦点从产品本身转移至支持产品的售后服务，对于市场做出迅捷反应的预测管理越来越受到重视，它成为强化及扩展消费者忠诚度群体的重要内容。

正因为如此，配件的市场反应与服务受到各个跨国公司的重视，全球物流公司DHL，UPS纷纷进驻中国来分享这一新兴的市场。如何根据市场需求的有效计划、管理，促进和维护客户的忠诚度与满意度，同时保证最优化的企业物流与仓储及调配成本，戴尔公司给予了相当的重视，并做出战略性的规划与设计。

戴尔作为PC行业中全球销量名列前三强之一的公司，已经在这方面走得很远，具有借鉴意义。

戴尔公司的直接销售模式及快速供应链管理一直是其核心竞争力所在，为竞争对手纷纷效仿和学习。戴尔公司在市场细分的基础上，建立一套与客户联系的渠道，简化和消除中间商，直接面向客户，既降低了库存所占用的空间和资金成本，同时能更快、更多地接收到客户对产品和服务真实需求的反馈，在市场竞争中掌握主动。

对于生产制造端的供应链管理，准时化生产和零库存管理是直接销售模式成功的重要因素，而对于服务端的供应链管理，及时有效的库存配置及简易便捷的服务方式也是直接商业模式的衍生。戴尔首创技术支持热线，并使之成为业内标准。

2. 戴尔市场反应与配件物流运筹与需求预测方法：事无巨细

由于市场需求的不确定性，市场反应的预测往往存在不尽准确的特点。不过，基于大量历史数据与庞大的市场统计系统，戴尔将市场的整机及配件的预测做了极其系统的规划、设计与监控。

通常来说，预测方法很多。简单地，比如，又有加权移动平均法、线性回归预测方法和贝叶斯方法等；复杂的，比如，灰色预测、神经网络分析及遗传算法分析等。

加权移动平均法具有连续优越性，线性回归预测方法适用于具有显著增加或减少特性的需求预测。末次订货管理是服务备件管理特有的形式，预测跨度较长，存在着更多的不确定性和复杂性，是服务备件需求预测中难点的集中体现。

第一，戴尔公司的配件储备及物流配送分析方法：基于故障率的需求预测。售后服务是产品质量的观测点。质量好坏直接影响到售后服务的所有内容。在多数情况下，具有金属疲劳和机械耗损的部件，其故障率的发生情况符合“浴盆曲线”，故障发生率的分布可分为三个阶段：早期故障期、偶发故障期和耗损故障期。具体如下：故障率一般在早期故障期比较高，随着故障的排除，故障率也就下降了。在偶发故障期，故障不可预测，不受运转时间的影响而随机发生。这个时期的故障大体以一定比率发生，故障率基本保持不变，且服从指数分布，这一时期是设备的最佳工作时间。耗损故障期的故障率主要是由于设备的大部分零件集中耗损而产生，其表现形式是随着运转时间的增加，故障率逐渐升高。

在戴尔公司可根据监控的统计数据获知在0.5年、1年及每半年往后类推的期限内每种备件的故障率，在备件需求量的预测中便以此故障发生率来分析。

基于故障率的备件需求预测的计算方式较为简单，具体如下：

备件需求量=备件总量×故障率

备件总量不仅包括已经发生的销售数量，在预测中对于未来趋势的判断也很关键。所以在预测备件需求量时还必须考虑生产部门的计划，这样才能使服务备件根据提前期的要求及时到位，保证及时响应客户的需求。这点对于新推出的产品尤其重要。

第二，戴尔市场反应与物流配送需求预测：利用统计函数的预测。实际上，在跨国公司市场预测中，加权移动平均与线性回归预测是常用的方法。

线性回归方法是相对较复杂的预测技术，对于有显著增减趋势的需求来说，其预测结果比较符合实际情况。其预测的模式可以通过计算斜率和Y轴截距来得出一元线性函数Y=MX+B。

亦可建立一个多元影响因素，或者随着时间序列或者事件影响下变化的多元回归方程展开预测。因为，计算机配件并不同于受到季节等因素周期变化的条件影响，但是，其受到存量客户需求时间与故障率影响的比重较大，对于经济周期性变化亦有较为强烈的反应。这样，统计数据的积累对于预测具有重要作用。

（三）价值非均衡增长的戴尔传奇终极解码：它创造了一个有机的价值大循环

戴尔破解了生产企业不断扩大的成本边界问题。西方企业理论关于企业的边界是指，因为企业的生产与经营的制度化安排组织与活动有成本，所以是有边界的。因为通过制度安排与组织生产经营的成本随着企业的无限扩大，超过这个边界时，就没必要在企业内部生产，该企业就不能存在。所以，企业的成本边界不能扩展到整个社会。

虽然说戴尔的边界扩大，不可能姑妄无限扩展到整个社会，但是，其模式设计却跨越了两点内容：其一，跨越了企业间的各自独立的生产、产品、组件、备件等诸多环节的安排的边界；其二，摆脱了电子商务的中介模式而在自有的治理体系下在全世界范围调配、生产、安排、配送产品、组件及备件资源，并短时间内流通周转并与生产安排对接。

有的说是代工，有的说是贴牌生产，还有的说是网络直销，实际都不对。原因也很简单，如按代工、贴牌生产或者网络直销模式去做，肯定是完全不同，会难以做到。

可能会有疑问：电子商务不也是如此吗？实际不同。戴尔的业务介入了世界范围其他各类产业相关企业的生产环节，从标准及安排再到配送仓储，并实时承担了厂商筛选到配件、产品的流通的整个售后服务流程。因为，耐用的电子产品的生产厂商的属性与中介经营成品销售及吃面包不同，其只是执行一个环节。戴尔设计的平台则完整地覆盖了从消费者，到生产、组件、组配、售后、调配、仓储、配送及预备件等各个流程的治理，并在全世界不同区域的厂商之间、厂商与消费者之间高速周转。一个完整的循环则代表一个价值运转体系运转的完成。现实中，我们绝大多数企业只是在执行这个循环中某一环节中的一项或多项功能而已。戴尔却设计了一个大循环。

可以说它是从一个社会价值需求生成到调配消费的整体生态链角度规划设计这个体系。在执行这个价值链生态体系的各功能时，缺一不可，供应链断了，会“谬以千里”，败绩在握。

戴尔怎么做的？准确地说，其设计了网络直销的供应链平台，严格地说，可称为“网络生产资源标准化定制及直销供应链”。其设计原则很简单，就是我们通常所说的扁平化。但是，如何扁平化？经常有学生问我：很多图书把供应链各个环节分得细致入微而做精细化管理，以减少差错出现比率，那么，是否越细分越好？我说，假设每个环节都拥有精细化治理部门或组织付出成本，分别根据产品或服务差异做出管理的话，比较只有一个部门管理情形，谁成本更低，更高效？如果在流程无限分割下，其治理成本（制度安排）增加下去，会否超过了其企业存在的成本边界与条件？最终被迫退出竞争？

针对从生产、组件、调配及备件等的一系列活动，戴尔设计的网络直销供应链平台一次完成。难道这样大大缩减流程的扁平化，不会产生问题吗？例如，如果一项产品或设备的购买需要几个流程，即看货、协议、签约、复审，付款、提交单据、会计、审计、出票、复核、付款签单，完成付款的一系列程序后，才完成交易。那么，从管理流程则煞是臃赘，既涉及职能部门，亦有业务部门，还有营销市场部门等，似乎涉及企业必不可少的职能、功能等诸多“五脏俱全”环节，不好处理。难道不好缩减？那么，试想一下，如果我们只认为“付款”就视为成交割的话，是否就代表了职能部门、业务部门等各个环节功能与流程一次性可以完成交易？代表了会签的效果。事实也是如此，就一个职能综合点支付即等于交易交割完契。

戴尔基于该问题在网络平台做出的处理包括：首先，生产环节，通过网络平台，在全球范围不同区域比选代工厂商，标准化代工各项技术标准及成本，并做出备用积累分类。就近调配产品、组件，配送至该区域消费者。即通过比选代工，实现了内部生产成本外部化转移，在比选中获得并积累最好的技术与最低成本厂商。其次，流通环节，通过网络平台，根据世界各区域的市场消费数据，以及产品、组件的维修调换所需配件备件数据做出系统监控评估分析，对全球产品需求及备件周转进行就近厂商的必选，对于供货区域做出备货预期调配及仓储，通过回归与指数平滑等手段提前预测中长期及短期世界不同区域市场需求量。将生产与消费两个市场对接后，布局面向消费者对接的厂商与仓储的分布，并对调配周转的产品、组件、备件等预期保有量，出库周转时间进行严格控制，保证速度并使出错率限制在最低的水平内。使其迅捷性及出错率必须保证在全球第一。全球笔记本厂商平均产品、组件及备件全球调配周转速度 10 天左右，而戴尔则控制在 3~4 天完成。

戴尔或许承认其技术及研发上与苹果、IBM、英特尔等稍有差距，但这差异足够被忽视。重要的是，其平台体系依托其设计安排的产业链整合、产业上下游关联、产品技术关联，以及消费者产品与配件的价值链关联，完成覆盖世界众多地区的厂商、组件商，以及配件组件仓储等调配到消费者环节，为平台体系设计所慎重考虑的对接型交易设计安排完成。所拯救出的时间，打造的速度，及低差错率的质量保障，是世界诸多电脑生产巨头以自有资本去构建所做不到的。由于网络渠道的创新性规划与利用，使其短短几年以非均衡增长的速度，比肩 IBM、微软、苹果等世界巨头。

网络平台经济的利用所打造的财富巨头很多，绝大多数局限于流通商务环节，但是，整合产业与流通环节，集产业与商业流通为一体的，至今还屈指可数。或许这亦是今后网络空间资源利用与深入扩展的另一大趋势。

第四篇　东方管理商业模式未来发展

——大数据时代的社会关系、市场主客体及创新特征

从东方管理哲学的角度来看，东方管理学派将东方管理要素概括为“道、变、人、威、实、和、器、法、信、筹、谋、术、效、勤、圆”十五个方面。企业商务模式的发展也涵盖了各个要素及其之间关系的变革与发展。

其中十五要素中的“道”尤为重要，为“规律”。东方管理主张一切管理工作都要“顺道”。所谓“顺道”也就是指管理者顺应客观事物的发展规律，因势利导，与时俱进，把握事物规律，塑造并完善企业发展模式，建立组织与社会环境之间的功能关系，形成企业与社会价值体系的功能性有机联系。孔子曰：“治大国，如烹小鲜”，达到老子的“无为而治”的境界，就是此理也！

第十章　信息网络环境下商务活动的本质与战略定位

——社会、市场关系新变化与东方管理商业模式的机遇与未来前景

以人为本的管理历来是东方管理哲学的核心主张。综观西方管理理论的发展，特别是随着知识经济的到来，从以物为主的管理，转变为以人为主的管理；从硬性管理，转变为柔性管理，在21世纪经历了几次重大的转变后才实现的。

人性化的管理，要求在企业中用富有号召力的企业价值理念，来包容员工的个人需要，创立一种人人认同并遵守的企业文化，并使员工以此为目标，自觉、主动、创造性地开展工作。从某种程度上，这正是体现了东方管理的精髓之一。

21世纪后的企业将更加关注其各个环节上人本化的主客体行为特征，人本化的主客体创新与需求特征，以及人本化的知识创新及创新主体客体的作用文化环境，特别是人性化经济活动主体对创新管理与需求管理提出的更加人性化的、人本化的要求。

第一节　信息网络商务空间的经济活动定位：企业管理的核心问题

一、信息网络中信息经济的特征：本质、特性及存在形式

（一）信息经济的本质："以人为本"的"创新"经济形态

1. 信息经济的本质：提炼于文化，可译码知识的创新

"信息经济"实际上不是一种单独的经济形态，它是一种特定的"产业经济阶段"演变过程，同时它也是经济阶段梯度递进过程中的必然战略性阶段。"信息经济"的支柱产业是信息产业，它提供了信息传输手段的变革，它使网络空间进入日常生活，使商务及企业行为在虚拟化的网络空间条件下得以完成成为可能。这样，企业虚拟网络空间活动的组织模式的变革面临着挑战。

2. 信息化商务活动的问题：虚拟化信息空间的管理变革

什么是信息商务活动的本质呢？我们认为应该是对现实社会体系中商务活动的“变革”与“创新”。而作为信息经济核心内容之一的网络化虚拟经济活动的本质也体现为“变革”与“创新”。它表现为传统社会体系中的人文活动布局、结构、组织、流程及行为的创新与再造。所以，在这里“创新”的概念主要指的是“以人为本”经济活动的创新，其核心也是知识创新范畴的管理思维模式的创新。它同样也包含如下含义：虚拟网络空间下，新的思想不断产生、演化、交流，并不断应用到网络化组织运行流程中，同时融合于产品（服务）中去。

3. 信息化商务空间的管理模式：企业商务活动管理的挑战

只有接受这种变革的才能够与时俱进。在虚拟信息化空间进行日常业务活动的企业只有不断地进行管理思维及其模式创新，才能在市场竞争中获得成功。同样，一个城市、一个区域、一个国家只有通过建立管理创新、知识创新的环境与体制才能激发经济体系的活力。

信息经济中网络空间的商务活动，表现为：知识与信息共享化、技术商品化、商品知识化和市场网络化，这些通过网络组织协同化完成虚拟空间业务活动的整合。信息化虚拟空间的商务活动于传统社会人文布局体系下存在并产生诸多的互相影响及互相依存关系。

（二）信息经济的特征：信息化虚拟空间的商务活动特点——“以人为本”的管理体系

信息经济是以人本经济为基础的经济形态。它形成了“以人为本”的网络化商务空间。在以人为本的理念下，信息化虚拟空间的业务经营内容进一步与现实社会体系中诸多要素进行整合。它的扩展直接影响了企业管理模式的变革，它要求企业进行新型经营管理模式的创新及再造。

1. “以人为本”的管理思想：信息化经济阶段管理的核心内容

全球的网络化经济提供了现实经济体系各类业务活动的土壤。由于网络虚拟空间的终端活动主体地位的等同性，人本管理理念是虚拟化网络空间业务经营与管理的精髓。可以看出网络经济是进入真正意义上全球一体化经济的大前提，它的内涵充分体现了整合现实社会体系管理系统的所有本质“内容”。

2. 信息化网络空间的管理作用机制：社会体系中各要素之间的互动关系

信息经济是一种“资源”经济形态。“资源”经济形态的本质是人本经济，它的传导机制环境是网络空间，而“资源”的内容是知识、智力、科学技术、信息等资源。但是，除了这些资源外，知识、信息等要素的生产、转让、分配的运行过程是在一定的管理体系中进行的。所以，管理体系要完成这些过程，必须纳入“以人为本”的社会体系中的诸多人文要素，以驱动虚拟空间业务经营过程中的管理体系的运行。

3. 信息化网络空间商务活动中的要素流动：通过管理模式对其进行整合

信息化要素的流动过程是“知识”、“智力”译码转换手的程式化、序列化、生活化及快速整合化。"知识"与"智力"的译码转换是依靠一定的管理体系顺畅运行下完成的。当信息化商务活动发展到一定阶段后，管理模式就具有了一定的标准化；而进入成熟阶段，管理模式就具有了核心竞争能力的地位。信息化商务活动发展到这一时期，人文社会体系的诸多要素在管理体系的构建中将不能再被忽视。

（三）信息化商务活动的管理的战略地位："以人为本"的创新管理

1. 信息化网络空间商务活动管理：技术创新与制度创新两种管理系统的整合

信息经济是知识经济的核心内容，而知识经济的特点表现为信息经济、网络经济与速度经济的总和。这三者之间是紧密联系，互为因果的。对于联系如上三者的"创新"管理来说，我们应该采取交叉方式对管理模式的创新做出理解，主要包括技术创新与制度创新两种类型，而制度创新又包含着管理经营模式的创新。

2. 信息化网络空间商务活动管理：提升核心竞争力对管理创新与再造的挑战

信息化虚拟商务空间的管理活动与人文社会中管理体系的内涵是紧密相关的。信息化虚拟空间业务活动的管理尤其应该建立在管理"创新"与"再造"的基础之上。

二、信息经济阶段商务活动的新特征：信息空间商务活动面临的几个新现象的思考

（一）信息化虚拟空间下企业交易边界逐渐消除①：企业规模扩大无限

信息产业的核心技术是信息技术。它的特点就是对信息的产生、检测、变换、存储、传递、处理、显示、识别、提取、控制和利用的过程，而我们所说的信息产业主要包括计算机技术、微电子技术、软件技术、通信技术、图像语言处理技术、光电技术以及信息技术设施等。信息产业的完善的结果会进一步促进信息资源利用的生活化与经济生活的国际化。它为世界范围的知识创新提供了空间与产品市场。

1. 世界虚拟化商务活动企业间要素流动低成本②：要素流动无障碍的利用方式

由于知识经济阶段"智力"与"知识"要素流动的无障碍性与低成本性，使得知识创新加速进行打破了以往垄断企业长期存在的垄断优势，甚至可以走向家庭，在家庭与社会个体中进行，从而为"知识"与"智力"资源世界范围的自由流动创造了前提条件。在这种情况下，企业应该如何利用信息化商务空间从事业务经营活动面临着挑战。

2. 信息化虚拟空间下企业交易边界逐渐消除：企业如何把握竞争格局的变化趋势

企业与社会之间边界的形成主要是由于交易中存在着交易成本，以及垄断壁垒在企业中的存在。信息经济阶段最显著的特征就是这种以"知识"与"智力"为代表性的生产要素，从而使竞争市场处于知识创新力量的推动。任何企业与个人都不可能长时间

①② 崔日明、赵渤：《知识经济与我国对外经济贸易发展研究》，经济日报出版社2002年版。

地掌握任何具有垄断性的技术与知识，它的快速更新性将会创造一个与历史上经典经济学说中所描述的完全竞争市场性质相同，但形成机制与构成结构则是完全不同的新型的竞争市场模式。

（二）信息化商务活动的扩展形态：管理平台战略构造中的人文因素

1. 信息化商务活动的扩展形态：人文软资源成为驱动商务活动的重要要素

软资源主要指信息资源、智力资源、科学技术资源，而它的扩展形态则存在于现实人文社会体系中，需要将这些社会人文要素在网络化虚拟空间获得实现。它包含一切方式、手段及其模式。这一过程中从事商务活动的各类主客体进一步将社会形态中的各类人文要素整合进网络商务活动中。这些资源是形成网络商务空间进一步扩展的必然要求，它逐渐成为现实生产力构成要素中的首要推动要素。

2. 信息化虚拟空间下管理模式制胜之道：管理平台战略构造中的人文因素

在信息化网络系统中，各类要素的流动是无障碍的，这种情况下，纳入社会体系中的各类人文因素实现管理模式的构建将成为信息化虚拟空间下的管理制胜之道。在这种情况下，技术创新、制度创新将更多地纳入人文社会因素于管理模式中，管理模式创新与再造将成为信息化商务时代的主要内容。

第二节　信息化网络商务活动的主客体关系新定位：网络商务活动面临市场环境的新变化

一、信息经济阶段商务活动的主体形式：网络交易的范畴及业务覆盖范围

电子商务的国际贸易方式是当前、未来国际经贸发展的主流。所谓电子商务，是指运用电子设备和技术在双方或多方间进行货物或服务交易的方式。具体地说，通过国际互联网（INTERNET）环球网（WWW）任何一个潜在的顾客，只要拥有一台可上网的电脑或者手机等工具，就可以通过互联网入口而加入国际网络，进行国际范围的商务活动。

（一）电子商务活动范畴

我们从广义上理解当前的电子商务，“泛指一切与数字化处理有关的商务活动”。“它不仅仅是通过网络进行的商品或劳务的买卖活动，还涉及传统市场的方方面面。除了在网络上寻求消费者，企业还通过计算机网络与供应商、财会人员、结算服务机构、政府机构建立业务联系。这样，电子商务使整个商务活动，从产品生产、产品促销、交易磋商、合同订立、产品分拨、货款结算、售后服务等产生划时代意义的变化”。①

① 刘永伟：“论电子商务的关税问题”，《国际贸易问题》2000 年 3 月。

“电子商务不仅仅应该被看作是一种互联网的在线销售模式，更重要的是它标志着企业与企业之间、企业与消费者之间、企业与政府行政管理部门之间的信息交流实现了数字化的过程，而且它们会相互影响、相互促进”。[①]

（二）电子商务的交易形式

电子商务可分为两种交易方式，即直接购买与间接购买。在直接购买方式下，购买者只需把他的信用卡信息告诉销售商，就可以购得所需产品与服务，这种交易方式下的整个交易都是在网上进行的，因此称为在线（ON-LINE）交易。而在间接购买方式下，购买者在网上挑选、订购并付费，卖方采用传统的运送方式把货物交给买方。这种方式又称为离线（OFF-LINE）交易。在线交易方式下，销售商可以销售产品，如图书、计算机软盘、图片资料、电影音乐等，也可以提供服务，如健康咨询、法律服务、股票交易等。[②]

（三）电子商务覆盖的业务范围

电子商务不仅促进了资源与生产要素的国际流动与配置与组合，而且进一步推动了国际有形贸易与无形贸易的发展。电子商务不仅可以实现网上无形商品的商务活动，而且能够对国际商贸往来所占用经营者的80%的烦琐过程迎刃而解。其主要的活动过程如网上促销、网上谈判、网上报关、商检、保险、运输预约、纳税、结汇等环节在网络中可以快速完成。同时，网络咨询、市场分析、新闻媒体都会很好地影响国际贸易往来流向趋于均衡，配合贸易交易程序的简化，结合交通运输布局、方式、工具等，在计算机网络系统的衔接下形成了世界范围的四通八达的现代综合物流。[③]

二、网络商务活动整合入社会要素：电子商务活动人性化及边界向社会扩展趋势

信息经济的大发展使经济全球化成为可能，经济全球化为知识经济阶段提供了发展空间。信息化的深度发展进一步促进各类要素全球之间的自由流动与共享。居民间、企业间、地域与国家间的空间壁垒得以消除，建立了从日常工作、生活到国际市场联系与沟通的纽带与稳定渠道，经济生活日益国际化。一方面打破了经济单元之间的技术的壁垒，还打破了某些大型跨国公司对市场供需信息渠道的限制与垄断；另一方面，冲破了国家、地区、行业由于市场传播受到的限制，信息与竞争均衡化，流通高速化。信息的公开、平等性对世界各国、各地区的市场主体提供了一种绝对平等的“非歧视性”、“国民待遇”原则。

（一）信息化虚拟空间的业务活动的主体：家庭为主体商务单位的市场

阿尔温·托夫勒在《第三次浪潮》中认为：由于科学技术的发展，信息产业与通

①②③　王健：“电子商务的概念与产生的背景”，《国际贸易问题》1999年1月。

信工具逐渐普及，电脑步入家庭，这样中小企业将逐步得到大发展，以家庭为生产单位的经济形态也即将出现。其中隐含的意思就是，信息化经济发展以后，知识经济形态即将来临。由于中小企业将得到大发展，家庭生产单位成为可能，满足了完全竞争市场的另外的一个因素，即拥有众多的竞争者的要求。“知识经济”将使资源要素配置进一步优化。我们认为产业组织经济学说中施蒂格勒与贝恩的垄断与竞争及有效竞争的矛盾由此便可以解决。

（二）信息化虚拟空间的业务活动的管理凸显重要地位：以家庭单位为主的管理协同平台①

在信息经济阶段，全球的有形、无形商品贸易瞬间进行，将世界各国、各地区的商品市场联结为一体，缩短了时间距离，并使全球市场充分一体化，全球商品流动顺畅、国际资本流动加速，各种金融衍生工具快速地通过网络在居民、企业与团体、国家与地区间组织、调动、分拨资金，传播事实跟踪各个程序、环节的进展情况。

这种情况下，任何商业主体在网络商务活动中，如果没有科学的管理模式想获得迅速发展将是极其困难的，特别是在面向世界广大的市场，而市场又是以家庭单位为主要客体及使用对象。这样，企业、城市、区域，乃至国家规划信息化组织管理协同的战略地位尤其重要。

（三）信息化虚拟空间的业务整合模式：人文理念引导的符合市场机制的管理模式

在信息经济大发展背景下，虚拟化网络空间的业务活动同样受到市场机制的作用，企业、机构及区域的网络化信息平台的管理模式对其业务的战略地位居于核心位置。

信息经济时代，标志一个商业主体地位的不仅体现为知识总量、人才素质和科技实力，同时体现在信息化网络平台的协同与整合能力。可以看到，信息化社会的经济活动创造出来的是一个以知识资源为主导的、以信息化虚拟管理模式为主体形式、以人文理念为引导的市场活动。

三、几种效应的理论分析：信息化商务竞争活动市场环境的解释

（一）企业家决策才能的贯彻方式：如何构建一个科学的管理体系至关重要

正是因为信息经济的大发展，企业信息化商务活动所存在的市场中，竞争使主体更具平等性。资本主义经济学家与社会学家在研究工业经济时代的资本积累时认为：资本家的利润应归结为企业家的才能。事实上，信息化阶段这一论断重新体现出其深刻含义。

这种情况下，企业家才能在管理上的发挥在面临的市场环境中机遇与风险是等同

① 崔日明、赵渤：《知识经济与我国对外经济贸易发展研究》，经济日报出版社 2002 年版。

的，每个决策中都存在着一种“机会成本”或“选择成本”，也就是说企业家的任何决策都处于一种风险概率之中，但是，如何贯彻企业家的决策，学科的管理体系与行为将发挥至关重要的作用。

（二）企业家决策的“机会成本”与“风险概率”降低：管理体系发挥核心竞争力作用

在“信息经济”时代，信息网络日益生活化，大大削弱了信息在传递过程中的非均衡性。而市场信息传递的均衡与充分是构成完全竞争市场的重要前提条件之一，这样一来，企业家才能在市场决策中的“机会成本”与“风险概率”大大降低。如果假设在这种情况下，市场的买卖双方都是完全信息的获得者，那么企业与企业的竞争唯一可以指向的就是产品的技术及其性能的竞争，而这些是掌握在专业人员与科学家的手中。无怪乎美国哈佛大学社会学教授丹尼尔·贝尔在其《后工业社会的到来：社会预测初探》一书中提到，商人与资本家是工业社会的主宰者，而后工业社会是科学家与研究人员来掌管，权利中心将由公司转向大学与研究机构。

（三）技术与产品迅速更迭竞争态势：大数据的管理模式构建战略意义重大

“信息经济”阶段，“知识”与“专有技术”等都难以长期垄断，信息工具为其进入微小社会经济单位家庭提供了可能。“知识经济”的背景是信息产业的大发展，“知识”与“智力”资源在生产、分配、传播、使用等方面满足了“知识”资源在比较优势与竞争优势两个方面的要求。信息产业的发展是知识经济形成的前提经济条件，它提供了两种可能：一方面使完全市场竞争成为可能，包括两方面：一是信息流动充分完全；二是众多分散的竞争者（智力资本）在应用与开发中逃避了烦琐的程序，电脑进入家庭。另一方面，知识与信息高速流转为知识创新提供了前提经济条件，缩短了产品差异性的停留时间，包括两方面内容：一是缩短了时间差距（即缩短了知识、智力、技术在生产与创新中的时间）；二是缩短了空间距离（包括在居民、企业、国家与地区之间沟通的距离，消除之间的边界），从而满足了完全竞争市场对第三个要素的要求，即产品无差别性。

四、传统的管理模式面临挑战：国内外学者的预言评价及当前的新动态

（一）信息经济与企业社会边界：科斯的边界削弱

信息经济阶段，以家庭为单位的生产主体将会形成一种态势，就是要打破传统工业经济模式中必须要通过企业与社会进行交易，从而在企业内部组织必要的生产活动的固有模式，从而会使企业与社会的边界趋于模糊。这就是知识经济阶段交易形式的改变如何促使科斯关于企业与社会之间交易原理发生变形的事实。实际上不仅仅企业与家庭之间、企业与社会之间的界限面临着削弱，而且家庭与国际，企业与国际的界限也在面临

着消除，也就是我们所说的经济生活国际化与社会化共存。

（二）托夫勒曾经预言：回归家庭商务单位时代

早在1980年出版的《第三次浪潮》中，未来学家阿尔温·托夫勒就曾经预言过，我们将“回到新的更先进的以电子科学为基础的家庭工业时代，从而重新突出家庭作为社会的中心的作用”。另据美国《基督教科学箴言报》1997年3月17日的报道，服务业的产值现在占美国国内生产总值的3/4。据美国纽约一家研究与咨询机构的统计，1995年美国已经有约2430万人从事全日或部分时间的家庭企业活动，1994年增加了200多万人。而这一年美国每天就有8000人开始从事家庭企业活动。而且，1993~1995年，家庭企业的生存率高达85%，远远超出普通小企业仅20%的成功比例。①

（三）信息经济走向家庭商务的背景分析：20世纪90年代家用电脑时代即已显现端倪

20世纪80年代是美国小企业迅猛发展的10年，在这10年中美国每年新创办的企业在60万家以上。进入90年代，在以家用电脑（美国称为个人计算机PC）为代表的信息技术革命的推动下这种倾向表现得愈来愈明显。以信息技术为特征的知识经济时代，大量事实显示，拥有富裕的人财物资源的大企业不一定会在技术创新中获得对生产力发展极具重要地位的信息资源的垄断优势（知识经济阶段以信息化为标志，信息资源成为构成推动生产力发展的重要组成要素）。经济信息化的发展，它使市场交易更多地集中于如何使信息资源在获取成本上实现最低，甚至在于如何使信息在无障碍与低成本的情况下进行自由和快速流动来实现加速市场交易的全过程，从而打破了传统工业化模式中，知识与信息在企业内部进行交易过程中的成本优势与所具有的垄断优势。

（四）家庭商务单位存在的依据：创新能力摆脱了垄断而获得提高

据研究表明，由于信息化的发展，信息传导速度加快，其结果使个人与小企业在社会经济技术创新中占有极为重要的地位，比如早在20世纪70年代美国小企业在技术创新中所占的比重就已经达到55%，而小企业中的雇员并未较多地受到信息垄断因素的限制，其创新程度要比垄断性的大企业高出1.38倍。从而可以说信息化的发展会削弱企业技术垄断上的差别，以及国别与地区间技术与信息垄断上的差别，降低交易成本促进技术创新②。

由于成本的降低削弱了工业经济框架下企业与社会边界，所以，它也进一步打破了工业经济阶段有关发展中国家与发达国家存在的发展中逐渐“加大”的错误观点。

①② 崔日明、赵渤：《知识经济与我国对外经济贸易发展研究》，经济日报出版社2002年版。

五、信息化商务空间的扩展趋势：世界网络商务活动空间巨大及其管理模式新动态

（一）信息化网络空间的商务活动：业务空间、商务活动及趋势

信息化网络空间的商务额：业务空间不断扩张。在网络贸易中，1996 年网上交易额只有 23 亿美元，1997 年上升为 50 亿美元，1998 年达 500 亿美元，其中美国占了 170 亿美元。至 2010 年全球网络购物交易额超过 8000 亿美元，预计 2014 年底全球网络购物交易额将超过 10000 亿美元。电子商务正如火如荼地发展中，市场研究机构 Mintel 预估，2018 年时欧洲网络零售销售将成长一倍至 3230 亿欧元。OC&C 合伙人 Anita Balchandani 在一份声明稿中指出，“未来 10 年，网路零售销售将变得越来越国际化。这对于零售商而言是一大商机，可以利用较低的资金开拓新的通路以实现迅速成长”。英国是全球最为发达的电子商务市场，OC&C 估计其 2013 年网路贸易盈余超 10 亿美元居各国之冠，美国则以 1.80 亿美元的网路贸易盈余居次，之后是德国的盈余 3500 万美元。根据中国互联网协会报告显示，2013 年我国全年网络零售交易额达到 1.8 万亿元人民币，占社会消费品零售总额的 10%以上，逐步进入成熟平稳增长期。

（二）信息化网络空间的商务活动：全球上网人数不断膨胀

根据国际电信联盟（International Telecommunication Union，ITU）2013 年公布的全球信息社会年度评测报告，到 2013 年底，全球上网人数达 27 亿人，占全球人口数的 38%。比 1999 年 2.59 亿人增长了 10 倍多。2014 年第 33 次中国互联网络发展状况统计报告（网民篇），截至 2013 年 12 月，中国大陆网民规模达 6.18 亿人，全年共计新增网民 5358 万人。互联网普及率为 45.8%，较 2012 年底提升 3.7 个百分点。比 1999 年的 6308 万人，增加近 10 倍。近年来，中国网民规模增长主要源于以下四个方面：第一，中国政府在信息化领域制定了一系列政策方针并持续加强基础网络设施建设，为互联网接入提供较好的网络基础条件；第二，运营商和各大厂商积极推动互联网应用发展，加快网络应用对社会生活的渗透，如打车、支付等应用与线下结合紧密，吸引更多人使用互联网；第三，传统媒体和新媒体的联动加强，提升整体社会对互联网的认知，促使更多人使用互联网；第四，网络应用的社交性和即时沟通的便捷性，在增加网民使用黏性的同时加大了网民对非网民同伴的连带影响，促进非网民向网民转化。这一系列因素共同推动互联网用户规模的增长，尤其推动了手机网民规模的持续增加。2013 年中国新增网民中使用手机上网的比例高达 73.3%，高于其他设备的使用比例，这意味着手机依然是中国网民增长的主要驱动力①（如图 10-1 所示）。

---

① 2014 年第 33 次中国互联网络发展状况统计报告，2014 年 1 月。

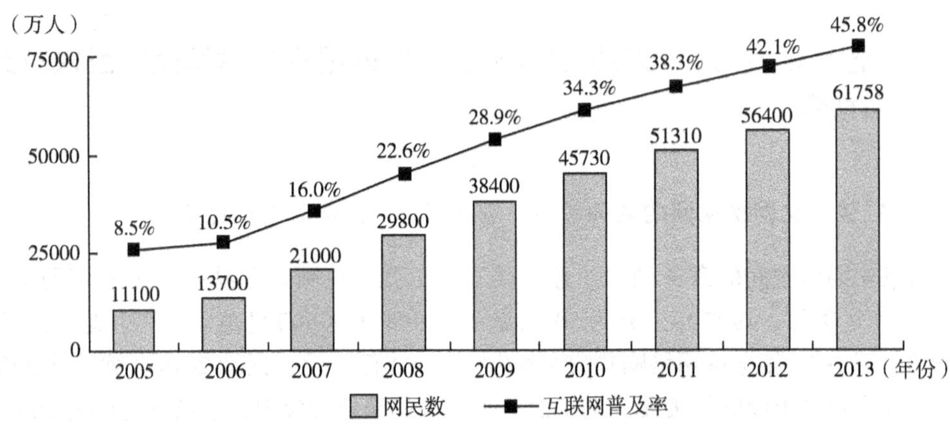

图 10-1 中国网民规模和互联网普及率

资料来源：中国互联网络发展状况统计调查。

（三）我国信息化网络业务的利用方式：电子商务走向标准化

从 1993 年起，中国逐步实施国民经济和社会发展信息化的“金桥”、“金关”和“金卡”的“三金”工程。并大力推动各级政府上网。这些为中国电子商务的发展奠定了坚实的基础。目前，商务部已初步建立了中国外经贸行业信息标准化体系，组织制定了进出口企业代码规范，开发了国家商业电子信息安全认证系统。中国国际电子商务与电子政务推进计划也正在制定中，2005 年中国 70%以上从事进出口的企业有能力运用电子商务手段进行国际贸易。而电子政务的政府推进程序也开始纳入政府工作视野。

（四）信息化网络虚拟空间的业务趋势：个体、家庭单位成为网络商务的构成主体

随着全球上网人数的增长。全球经济生活必将日益国际化，而以家庭为生产单位的经济增长方式，将会以另外一种形式展现知识经济阶段所具有的独特特征，这时候，全球经济一体化将会在家庭经济生活中体现出来。

第三节　信息经济环境下的价值链主客体特征分析："人为为人"核心的商业模式

一、网络财富打造背后的暗示：未来网络商务需要文化融合与人文秩序重构

（一）网络商务活动的工具化的文化秩序缺失：未来网络文化融合与秩序重构趋势

1. 商业企业职责并非仅遵循市场自发的秩序：社会人文秩序包含了社会进步的所有内容

哈耶克在《致命的自负》（1988）一书中表述他的观点：市场秩序又称为经济秩序，以相互性与互相收益为基础，它与国民经济、社会经济与世界经济概念又不同。市场自发的秩序以相互性或相互受益为基础，又被称为经济秩序。从广义上说，大社会是由所谓经济力量整合在一起的，但是，当我们把这种秩序称为经济，例如我们所说的国民经济、社会经济或世界经济时，却会造成严重的误导。因为社会经济与市场经济是完全不同的！社会经济秩序包括社会因素在内的所有影响经济运行的因素，而不仅仅是市场经济及其秩序所能够涵盖的。

所以，当代社会中我们必须清醒认识到，商业企业职责并非仅遵循市场自发的秩序。企业是人文社会的有机构成，所以，企业的大人文视野应该吻合社会人文秩序的要求，它应该包含社会进步的所有内容。

2. 网络化商务活动管理背后的暗示：未来的文化融合与人文秩序的重构趋势

哈耶克传统自由主义认为："通过利用形成秩序的力量（协调其成员行为的常规），我们可以达到一种秩序。"① 我们应该注意到这种协调成员行为的秩序，并非是完全由个人主义的经济行为引导的。其中所包含的事实，要比我们刻意安排所能取得的情况不知复杂多少。但是如果我们想对这种诱发秩序的可能性善加利用，使其达到换了别的方式便无法达到的程度，我们就要在限制自己对该秩序的细节上施加力量。"应当说，在采用前一条原理时，我们只应对该秩序的抽象特征而不是其具体细节施加力量"。②

在这个问题上，微软的经营理念与体系是富有大人文观的。企业的大人文观是需要考虑社会大系统的，特别是需要考虑企业在社会的生存与发展中的地位及相关关系如何？企业的人文、公益与商业活动如何协同，什么是社会发展中的根本，什么又是你们企业的根本？这是当今企业必须正视的一个大是大非问题，一个原则性问题，以及一个核心问题。

---

①②　［英］哈耶克：《哈耶克论文演讲集》，江苏人民出版社 2003 年版。

没有人文责任与企业核心精神，企业是无法长久生存并作用于人文社会发展，并成为人文社会的有机体的一部分，成为人文社会的有机构成的。

微软虚拟网络世界新财富的打造显示出更具深层意味的意义。新财富的背后暗示出一种企业新使命的内涵：企业的人文价值行为不仅要吻合社会这个大系统，同时，在我们推动人类世界技术进步，并使社会大系统的基本要素、基本生活方式发生改变的时候，商品经济必然导致工具人性对财富追求的猖獗。由于技术科学与人文科学发展的不平衡性，必然产生财富创造中的人文空白，所以，我们的企业还需要履行由于技术进步所改变的生活方式中人文内涵的平衡发展的责任。

（二）政府对网络化商务活动的管理责任——构建企业人文管理的新的挑战

中国古人有言，“守国之度，在饬四维”①。“凡牧民者，欲民之有礼也。欲民之有礼，则小礼不可不谨也”。“仓廪实则知礼节，衣食足则知荣辱”等人文思想，都强调了人文精神在社会发展进程中的重要性。

比尔·盖茨财富模式背后的暗示：未来网络世界与现实世界共生的新的人文秩序的打造责任也是共生的，而且是永恒的！它是未来企业在社会进步与发展中，能够共生、共存，并与社会共同发展的人文责任，它是企业在信息经济时代，在新的社会价值体系条件下的新的挑战！

世界经济的变革，经济生活国际化程度进一步深化，人们传统的生活价值观、生活理念、生活方式面临着挑战。自世界商品经济历史进入空前发展以来，人类社会往往为自己所制造的灾难所困。

1. 商品经济下的工具人性猖獗：以人文管理协同社会体系，规避工具化活动的危机

“饮食男女，人之大欲存焉”，物质利益的需要，是最基本的需求。随着商品经济的深入发展，人类工具理性的操作活动愈演愈烈。进入20世纪90年代，工具人性基于财富的追求已经到相当猖獗的阶段。拿每个人所熟知的证券金融领域来说，近二十年来人类自己为自己所制造的灾难危机多达二十几起，大小案件难以数计。人类利用工具理性发展了市场体系与商品经济，带来了科学技术的日新月异，带给人类物质文明的同时，也给人类生存环境带来了一种时刻伴随着的风险，并蕴含着危机。

2. 政府对网络商务活动的管理使命：网络化商务竞争中核心竞争力的打造

我国古代人文哲学认识社会人文秩序的重要性时就有了深刻的理解。我们可以简单地从“三事”之说的视角获得理解，即：“正德、利用、厚生，谓之三事。”

任何人文社会秩序的构建中，科技进步、物质发展与人文意识形态的发展都是不平衡的。随着商品经济深入发展，工具性打造新财富成为社会发展中伴随着改变人文秩序与生活方式的人性异化的主要内容。世界上任何科技的突飞猛进与人类社会生活方式的改变是息息相关的，往往也伴随着新财富的增长。这种情况下，科技进步的背后、新财富的背后，重新构建人文新秩序使命将是永远伴随的永恒话题，有战略意义。

---

① 《管子》：礼、义、廉、耻谓“国之四维”。

我们期望推广以政府为核心，在扶持网络化商务活动的协同组织管理模式建设中切实发挥其战略作用。通过它可以引导一个人、一家企业；众多的人、众多的企业；协同一个城市、一个区域、一个社会中的所有人、所有企业，在网络化商务活动中发挥我们优秀的民族文化精神，传播我们优秀的历史文化，在国际网络商务活动中融合更多的世界优秀文化，并以我们的优秀的文化理念为核心打造出我们的企业品牌、城市品牌与区域品牌。

二、商务经营活动暴露出的管理问题评价：社会人文要素在网络商务管理战略中如何整合

众所周知，任何企业人本化的经营模式主要体现的是“以人为本”的经营理念。它是一种企业的管理文化，企业文化是企业在经营管理中所创造和形成的具有本企业特色的精神观念，并把这种精神物化在企业经营管理行为的各个层面。为什么在信息经济中企业必须遵循这一人本化经营管理的理念呢？

信息经济的核心特征体现为商业主体商务活动的网络化特征。网络环境下全球经济一体化的迅速融合，同时，网络经济环境使竞争环境具有平等性，家庭、个体在网络空间的商务活动与大企业一样成为网络化商务活动的主要客体。它使整个世界经济网络空间体现出人性化经济活动的特征。信息经济大发展的过程，使社会基于网络空间的商务活动发生根本性变革，也使企业于信息化虚拟空间开展经营活动发生了变化，企业经营理念随之发生本质性变革，体现以下几方面的内涵：

（一）企业网络化商务活动中需纳入经营理念：人本理念基础上的文化价值输出

网络化商务活动具有人性化理念输出特点。网络联系的社会与市场体系是人性化的市场。企业经营活动应该具有社会人的文化道德规范。以人为本的社会具有人的文化道德规范，而网络化经营主体表现给客体人背后的因素更多地体现为人文因素，也就是说任何网络商务活动都是由人性化的主体驱动进行的，展示与传播所留下的印象也是人性化的内容。所以，网络化商务活动具有人性化理念输出特点，更具影响性与现实性。企业进行网络化业务经营时，人性化的经营体现为经济活动中的文化理念传播、行为规范及伦理道德的约束等特点。

（二）网络经营活动需整合企业社会经营活动的人文内容：体现为合作利益共同体

网络经济条件下，企业经营活动应该发展网络关系中的经营原则。合作整合实现共赢是其本质内涵之一。网络经济的发展使社会网络化关系涵盖了市场关系本身，而社会关系本身是合作利益共同体的关系，所以网络经济活动的全胜也应该体现这一特征。知识经济是成熟的网络市场经济，市场中任何人的营销活动都是建立在人性化经济特点上的利他与利己的互动关系。企业人本化经营的前奏是合作共赢的营销活动。

（三）网络化商务活动制度化机制约束缺位：文化机制成为凝聚商务活动核心内容

网络化商务活动的经营规则应该是高度的责任感和强烈的竞争意识的统一，这是网络经济中必须具备的以文化为核心基本理念之一。其根本原因在于：在网络商务空间中，特别是网络商务空间的组织活动中缺少管理与制约交易主客体的制度化规范体系，这样，整个网络化商务活动就要求应该在很大程度上具有人文引导的特点与制约性。所以，它就体现为人文品牌好的企业在网络化商务活动中往往获得较高的市场份额。由此产生了对市场经营主体经营活动应该具有与传播何种基本行为规范与道德品质的要求，它为企业价值传播中的品牌塑造与建设做出铺垫。从微观角度理解，网络经济活动的经营者的经营活动需要体现出信用的内容，它还要求市场经济中的经营主体必须传播这种具有契约神圣、信誉第一和真诚合作的精神。

（四）建立网络化商务活动中文化战略的规范体系：制度化机制约束缺位的弥补

网络经济中的竞争制胜之道，更多地体现为成功传播企业文化基础下所建立的某种规范化竞争的特点。经营主体需要于网络化商务经营中建立服务他人的文化理念。经营主体行为的健康性直接影响到商业伙伴的价值认知态度，从而也就直接影响到企业商业经营的效果。好的经营活动总是同其健康经营行为与服务他人的经营目的联系在一起的。网络化商务空间中，由于缺乏制度化体系的约束，那种侵害其他经济主体，或损害社会及消费者利益的不良经营活动将迅速为市场所淘汰。人性化的经营道德是维护市场公平竞争，推动企业成长的重要力量。

（五）网络化经营战略需要融合大文化的经营思维：网络营销中各民族文化联系的求同存异

网络经济活动进一步融合各种人文因素于企业的经营活动中。它纳入了诸多社会人文要素于网络经济活动中，增加了社会各个群体之间的联系。它是联系世界各个民族、各个国家、各种宗教信仰的人群的，是名副其实的人本经济。世界三大教系（以伊斯兰教、基督教与佛教为代表）文化圈的人都有共同的道德观念，对人性的理解与要求都有很多共同的认识（例如，对“诚信”思想的理解各个民族都有类似的解释，诚信思想也为华商海外经营的成功提供了文化依托）。这些文化特征是建立世界范围内网络营销思维活动的基础。网络经济的营销建立了与世界各个民族文化的沟通，网络营销思维应该建立在人文化的思维基础上。

第十一章　东方管理商业模式及社会价值关系构建流程分析

——基于人本化商业网络协同基础的激励方式探讨

知识经济阶段本质上具有人本创新的内涵，这个阶段的企业是以顾客价值为中心和全面社会责任管理为核心导向。一方面，网络使主客体的人性化地位更为明确，知识创新不再局限于一个组织中，流通更为顺畅，推动了人本创新的发展；另一方面，网络信息化深入社会工作与日常生活，社会价值观的评价更为主动与透明，不同区域的文化特色亦更加显著。

新的经济发展阶段，东方管理商业模式与社会价值体系之间的关系体现出其东方管理主张的本质内涵。东方管理的应用迎来了新的机遇。

第一节　文化主导的商业模式构建条件：社会网络环境与新模式应用前景

一、人本创新环境与商业模式应用前景分析：网络商务平台系统及其应用价值

（一）人类90%的知识思想可对接现实人类活动空间：通过译码来实现技术创新的转化

改革开放以来，我国的网络需求以中小企业、家庭及个人为主体的市场已经开始起步，经过十几年的完善逐渐开始与国际接轨。我国企业网络化结构开始走向成熟化、专业化、规模化，电子商务网站已经为市场所接受。企业、家庭个人越来越大范围地建立了更为直接的联系，企业的创新组织活动更多地受到人文社会中人性化需求与人性化创新动机的影响。

“而人类的知识思想都可以通过译码来实现技术创新的转化。”美国著名的信息市场研究公司国际数据公司的调查报告指出，“未来几年内，世界上出现的最大产业是‘电子商务和电子金钱’，而电子商务将迅速成为整合生产、配置流通、影响创新、承载营销传播的重要手段。全球B2B电子商务重点将从注重服务向注重产品转变，不同

地区的文化将决定不同地区的网络营销模式，从而影响企业人本化的管理及在此基础上的人本化创新机制的运行效率"①。

（二）传统商业模式面临再造：人本创新商业模式应用前景分析

信息经济、网络经济及速度经济三位一体的知识经济所具有的人本化创新本质是我们设计组织人本化创新商业模式的客观环境。它是现代企业激发创新，创造供给与需求，实现核心竞争优势的经营管理体系的重要战略部分，也是开放型组织在创新管理能够结合现代信息通信技术、计算机网络技术、人力资源的知识整合及人文社会的需求实现互动并走向相结合的客观产物。

在买方市场下，市场竞争日益激烈。依靠封闭系统与制度化手段激发创新，完成创造供给与需求，以满足社会千变万化的客观需求已经成为一种幻想。在知识经济环境下社会人本化网络使人本化创新商业模式相比传统的商业模式，从客观环境到理论及方法上都有了很大的变革。如何处理好社会人本化网络与组织管理之间的整合，以刺激组织能否在开放体系中以人本化学习为核心激发文化创新能力成为一个企业商业模式能否成功，决定一个企业能否生存的重点，也成为组织能否比竞争对手更有效地唤起顾客对产品的注意并创造需要的核心问题。

（三）社会人本化网络商业模式治理体现东方管理"三为"的人文化实质内涵

信息网络经济环境下，企业组织能否建立有效的开放型组织模式以唤起组织创新机制的运行成为当前企业以人为本实现组织创新的核心问题。所以，东方管理商业模式强调"以人为本"的创新发展理念、"以德为先"的组织价值观、"人为为人"的经营管理规则；在企业实践中，形成了企业"以人为本的发展观、以德为先的价值观、人为为人的经营观"的管理实践体系。企业要谋求持续发展就需要有自身的价值观、发展观及经营观的形成、制定和实施。

1. "以人为本"发展观是一个企业能力的发展、制度的发展和精神文化的发展

"以人为本"发展观即企业人本发展观（如图 11-1 所示），其内涵体现在企业管理中，尊重人的本性和人的需求，关注人的全面发展，以员工和客户为本，充分发挥员工的积极性和创新性，满足客户的需求；以个人自我管理为基础，以企业的共同愿景为导向，将员工个人的愿景融入到企业的愿景中，让员工与企业共同成长，使员工能够分享企业的经营成果，真正形成命运共同体。强调企业人本化经营和发展，其主体不仅包括企业管理者和员工，也包括企业的利益相关者，是激励社会整体正向的价值体系建设，促进经济和社会协调发展的长远的、可持续的发展观。

① 崔日明、赵渤：《知识经济与我国对外经济贸易发展研究》，经济日报出版社 2002 年版。

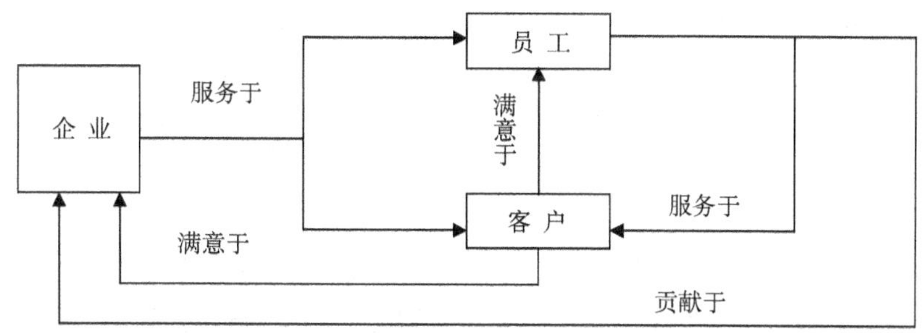

图 11-1　“企业人本发展观”互动模型

2. “以德为先”价值观是企业领导者对企业经营理念、经营目标、经营方式的取向做出的选择

“以德为先”价值观即企业人德价值观（如图 11-2 所示），其内涵体现在企业以“信”、“仁”、“和”为特征，通过“以高质量取胜”、“合法良性竞争”、“科学经营管理”的途径而得以实现。提倡重诚信、重品质、重规则的企业经营道德、质量道德和竞争道德；强化内在素质培养，形成良好的企业精神与文化氛围，它在企业管理理念中处于核心地位；对外要树立良好的商业信誉和道德形象。只有具备诚实守信的企业才有可能得到持久的发展。特别是在金融危机后，更加体现了企业实行“以德为先”价值观的重要意义和价值。促进企业向正确经营方向发展，是企业发展动力的源泉和企业社会责任感的体现载体。

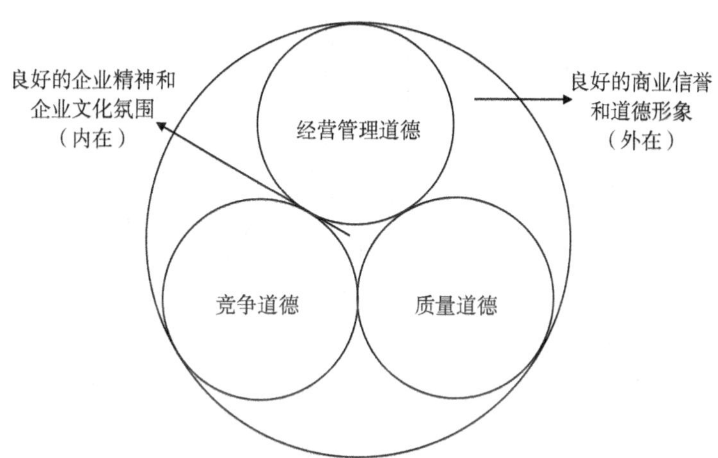

图 11-2　“企业人德价值观”结构模型

3. “人为为人”经营观就是表明企业在未来发展中经营战略、经营思路、业务模式的方向

“人为为人”经营观即企业人为经营观，其内涵体现在“利己”与“利他”、“经济性和道德性”、“激励与服务”的平衡与统一，是自我导向和他人导向的有机融合。

其体现了通过利他从而利己，双方获利带来的企业发展和业绩增长及带来的社会财富的共享。在企业经营管理中，管理者既要有自身的价值判断和按照自身价值准则行事，不为外力所左右，还要能迅速适应环境的变化，对所在群体或组织的要求做出迅速响应，从而使个体心理行为的塑造能够在正确价值观指导下与外界环境发生良性互动，实现服务他人和社会的目的。

企业人为经营观主要表现为以下三个层次：一是在经营管理活动中注重以义取利、以义制利；二是在经营管理的利他活动中实现利己；三是通过对员工、客户、利益相关者的服务实现激励达到企业经营目标。

从“企业人为经营观”概念模型图（如图 11-3 所示）中可以看出，企业与员工之间、企业与客户之间、员工与客户之间以生产和服务为中心的互动和共赢。“企业人本发展观、人德价值观、人为经营观”三者不是相互割裂的，而是相互联系、相互运动、相互依存、相互促进的，既是递进关系，又是一条完整的闭合链。企业人德价值观决定了企业人本发展观，即决定了企业在经营管理过程中对企业发展目标、战略和发展方向的根本看法；企业人本发展观决定了企业人为经营观，即决定了企业为谁发展、发展什么、如何发展。企业人德价值观是企业发展和经营的核心，而企业人为经营观和企业人本发展观又是实现企业人德价值观的具体体现。通过科学、正确、合理的经营观的塑造，进而实现价值观，求得企业良性、健康及可持续的发展（如图 11-4 所示）。①

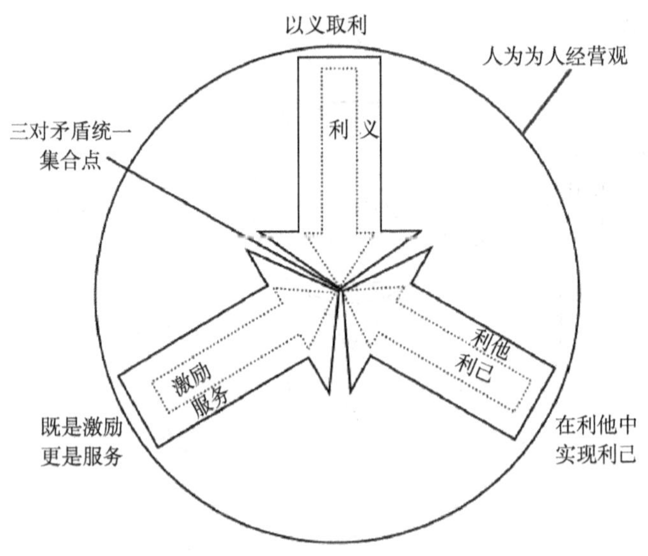

图 11-3 “企业人为经营观”概念模型

注：内箭头为“自我导向”，外箭头为“他人导向”。

① 苏宗伟、楼江江：《“三为”实践理论与中国企业海外经营管理研究》，《上海管理科学》，2012 年 12 月。

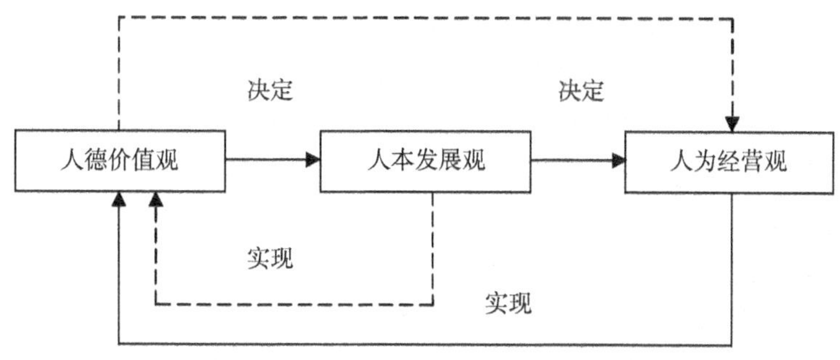

图 11-4　企业“三观”互动模型

二、企业人本创新中的价值导向：企业人本创新中的文化创新、供需及组织与战略

（一）实现知识经济中技术与产品概念的整合：文化的治理内容及要点

1. 创新产品要引起注意：文化具有激发作用

经济学中将产品解释为能够满足某种需求的东西，并认为完整的产品是由核心产品、形式产品和附加产品构成，即整体的产品概念。企业在创新行为管理中一方面继承了上述整体产品的概念；另一方面比以前任何时候更加注重和依赖于人文社会信息对消费者行为的引导，因而将产品的定义扩大了：即产品是提供到市场上引起注意、需要和消费的东西。人本化的创新管理应该具有文化行为管理的特征。文化行为管理主张以更加细腻的、更加周全的方式为顾客提供更完美的服务和满足。

2. 整体产品的构成：五个层次的描述

文化行为管理在扩大产品定义的同时，还进一步细化了整体产品的构成。它用五个层次来描述整体产品的构成：核心产品、一般产品、期望产品、扩大产品和潜在产品。在这里，核心产品与原来的意义相同。扩大产品与原来的附加产品相同，但还包括区别于其他竞争产品的附加利益和服务。一般产品和期望产品由原来的形式产品细化而来。一般产品指同种产品通常具备的具体形式和特征。期望产品是指符合目标顾客一定期望和偏好的某些特征和属性。潜在产品是指顾客购买产品后可能享受到的超乎顾客现有期望、具有崭新的价值的利益或服务，但在购买后的使用过程中，顾客会发现这些利益和服务中总会有一些内容对顾客有较大的吸引力，从而有选择地去享受其中的利益或服务。可见，潜在产品是一种完全意义上的服务创新。

（二）企业人本化创新管理与文化的关系：管理战略中文化概念的战略整合

企业人本化创新管理过程中文化概念因产品性质不同而不同。对于知识产品，或多或少地包含文化引导的生活方式的因素，所以企业在完成其经营销售过程，文化含量的概念极其显著。在这种情况下，企业文化管理行为发生了很大的变化。

1. 摆脱传统营销组合的4P概念：文化视角的创新理念的介入

传统营销组合的4P中的三个——产品、渠道、促销，由于摆脱了对传统物质载体的依赖，已经完全电子化或非物质化了。因此，就文化知识创新及其融入产品的特点而言，社会需求中的产品、渠道和促销本身纯粹就是一种促销或传播更为准确，传播文化信息，产品与文化观念之间的分界线已变得相对模糊，以至于三者不可分。

2. 文化创新引导的一种新型的社会价值判断

文化引导的创新产品的价格确定往往不以生产成本为基础，而是以具有文化观念的顾客所意识到的产品价值来计算。这种情况往往表现在文化品牌的产品交易上。顾客对产品的选择和对价值的估计很大程度上受企业文化行为产生的感染力的影响，因而企业文化建设与文化行为管理的作用备受重视。

3. 人本化创新的价值观基础：不断提高的社会文化水平的推动

由于当代具有文化价值观念的顾客普遍具有高知识、高素质、高收入等特点。因此，文化行为管理中的知识、信息含量比传统管理的文化含量大大提高。

（三）企业人本化创新的终极来源：实现网络营销对企业组织的整合

1. 企业通过文化激励促进组织创新：以人本化创新管理为核心进行组织再造工程

知识经济的来临促进了网络社会的发展，带动了企业人本化创新管理理念的变革，也相继带动了企业内部的文化建设，从而形成了企业内外部沟通与经营管理均离不开的网络联系。这种情况下，创新组织层级的减少和扁平化，创新组织以文化联结为纽带形成虚拟部门等内外组织的联系，成为促使企业通过文化激励促进组织人本化创新管理再造工程建设的核心内容。

2. 人本化创新的管理组织：人本化营销与创新组织实现协调

在企业组织进行文化管理的再造过程中，在销售部门和管理部门中将衍生出一个负责人本化营销及与公司其他部门协调的人本化创新管理部门。它区别于传统的创新管理，主要负责解决社会人本化需求问题，解答新产品开发以及顾客服务等事宜。同时，企业内部网的兴起，将改变企业内部运作方式以及员工的素质。在网络营销时代到来之际，形成与之相适应的企业组织形态显得十分重要。

三、企业人本化创新的真谛：文化价值模式引导的人本化需求为创新的文化价值导向

它使企业经营管理活动的营销本身及其环境发生了根本的变革，以Internet为核心支撑的网络营销正在发展成为现代市场营销的主流，它深刻地影响企业组织“以人为本”的创新活动。企业在组织创新管理中必须很好地适应人文社会的需要，必须处理好网络营销与人本创新的整合。只有这样，企业才能真正掌握组织创新中通过支配人的文化心理行为影响人本化需求为价值导向的创新活动，通过社会文化影响人对产品需求

的真谛，只有这样才能利用知识经济产生的各类人本化效应为企业赢得竞争优势，扩大市场，取得利润。

第二节　文化引导的商业模式在电子商务平台的应用：构建价值网络的设计方案

一、东方管理电子商务平台的网络化协同体系：对接社会体系的商业模式——以心造体

（一）社会消费群体文化模式分析与反馈：管理信息系统

目前企业建立系统很多，主要是以业务为切入点建立的，完全客户化管理信息系统尚未完全建立起来，给市场细分、实行差异化战略、客户流失管理带来很大的困难。因此，建立客户化的管理信息系统迫在眉睫。客户管理系统完全以客户为切入点，建立客户关系信息系统，并有效地运用所储存的资料，对客户进行科学化、系统化管理，通过这个系统可以了解、把握客户的消费特征和变化趋势，这对企业制定可行的经营策略、提高顾客满意度具有重要意义。客户管理信息系统的内容主要包括客户的基本情况，如姓名、年龄、家庭收入、住房情况、教育程度、职业、社团活动、行业性质等静态资料；以及客户消费情况、消费及波动等动态情况。企业通过对每一位现实顾客和潜在客户的信息资料予以搜集、筛选、整理与加工，建立顾客管理信息系统。

建立客户管理信息系统注意避免下列问题：一是要规划与现有系统接口，整合企业各业务管理系统，确保数据准确；二是确保客户管理信息系统运营安全；三是增加客户管理信息系统的功能，特别要增加客户消费行为、市场细分、经营分析等功能，以为营销决策服务；四是对客户数据要深度挖掘分析，不要只重收集而忽视了分析与运用；五是对系统进行动态维护，确保数据具有时效性、准确性和完整性。

（二）社会消费群体文化模式偏好于定向分析与监测服务：文化品牌打造系统

客户服务系统是企业连接社会的桥梁，企业通过企业文化体现企业的形象，它是企业的“脸”，在网络经济发展迅猛的今天，客户服务系统是拓展业务、服务客户的重要手段。因此，建立客户服务系统、完善客户服务前台和后台建设关系到企业形象①。

在当前激烈的市场竞争条件下，提高客户服务系统质量，树立文化企业形象，提高企业反应能力十分重要。客户服务系统是一支随时准备奔赴顾客服务第一线的快速反应部队，对顾客的意见、投诉、不满做出快速反应，并且予以妥善解决。客户服务系统包

---

① ［美］史蒂文·霍华德：《公司形象管理——21世纪的营销制胜之路》，中信出版社2000年版。

括业务受理、客户服务和咨询、留住顾客三大服务体系。完善的客户服务和咨询体系，为客户解答在生活、工作中遇到的问题，通过对客户消费和使用的跟踪，及时发现使用中存在的问题，并采取相应措施妥善处理。业务受理体系能为客户提供全业务的受理窗口，方便客户；留住顾客体系，是变事后的被动服务为事前的主动服务。如对客户服务系统受理的用户保证在承诺的时间内为用户提供满意的服务；为节省客户消费成本，定期或不定期邀请客户共同探讨，为客户提供经济、高效的集成服务，使客户感受到企业是在设身处地为顾客着想，从而真正留住顾客的心。

（三）社会消费群体的价值观及满意度反馈：忠诚度群体的发展与监测系统

实施文化关系管理与营销，留住客户，不断提高客户满意度至关重要。因此，我们要不断进行调查分析，把握客户满意度，要全面把握客户对企业产品和服务的态度、看法、批评和建议，以此作为调整和改进电信市场营销决策的重要依据。客户满意度监测可通过社会调查等方式进行，同时我们要及时对顾客的投诉、使用电信中存在的问题和建议加以整理分析，目的是不断提高顾客满意度。

（四）企业创新盈利能力评估：价值网络及实现能力分析系统①

随着企业的发展，追求利润最大化成为企业发展的重要目标。企业要提高客户满意度、维持和提高市场占有率，就必须增加企业投入。不能不顾市场搞盲目经营，一方面建立盈利价值链环节，并扩展为价值网络的稳定布局；另一方面要在投入与产出之间做出平衡。而这些价值主体的根本就是人。

客户盈利能力系统建立在客户市场细分的基础上，这对企业来说是一个严峻的挑战，其主要任务就是对不同客户或不同的目标市场的价值和维系客户所花费的成本进行比较评估，使客户给企业带来的收入要大于成本，从而为企业选择最佳的营销管理方案提供依据。客户成本主要包括促销费、广告费、运营成本等。对于信息技术企业来说，要强调的是，争取和留住一个客户，就可以为企业产生永远的收入，一个客户的流失使企业永远失去不止一个客户的收入，因此必须强调长期的收入与成本流。

二、打造成功商业模式的规划分析：价值链网络构建方法、流程及测度方式

1. 文化驱动的经营与管理②

管理行为首先是对社会人的分析活动，文化因素具有重要的作用。将文化应用于市场策略的过程中，对社会价值观的判定是至关重要的。因为对不同产品市场的消费人群，价值观念与生活方式都是不同的，个性也有区别。对营销人员来说，市场分析的重

① 吕发珙：《网络价值评估与上市》，经济科学出版社 2000 年版。

② 赵渤：《人为价值论纲——价值运行原理与企业价值增长机制》，辽宁人民出版社 2005 年版。

点是消费者，消费者两个最基本、最重要的特点就是其生活方式与个性。生活方式是一个人用来定义其日常生活的活动、利益的观点。个性特点则是长期的和深层次的，它显示了消费者自儿童时期就形成的一种固定反映。生活方式与个性特点形成了一套比人口学更为丰富的指标，因为它们代表了消费者的心理特点。

文化与产品。文化意义上的产品和服务常常表示为象征的形式。消费者经常是因为产品的象征而不是用途来购买。营销人员应建立标志象征，使产品等价于积极的文化价值观念，麦当劳的金黄色拱形象征着乐趣与家庭的重要性。标志有时候会超越与之相联系的产品而成为自身意义的代表，并且由此象征整个文化。①

文化不仅影响消费者的行为，而且还反映消费者的行为。文化是社会成员的价值观和拥有品的一面镜子。

市场策略很少试图去改变文化价值观念，因为很简单，无论是广告宣传、特价销售、推销人员还是精美的包装，都不是能影响消费者核心价值观念的强大力量。

虽然市场策略无法改变文化价值观，但当从大众传播的角度来看时，市场营销确实在受到文化影响的同时又影响了文化。从更广泛的角度说，市场营销与文化是互相影响的。

跨文化与亚文化影响。20 世纪 90 年代日益重要的国际贸易使营销人员认识到，了解其他文化的价值体系已经变得与了解自己文化的价值一样至关重要。跨文化影响形成了市场决策的基础。②

在国际贸易中，并不是在一个特定的国家中的每一个人都怀有同样程度的文化价值观。虽然舒适和社会认可的价值被美国社会普遍认可，但这些价值在群体中是有差异的。这便给营销人员在国内或国外建立发展不同的战略提供了一个基础。而战略往往是针对某一个亚文化群的，这种亚文化群具有区别于整个社会的相近价值。

2. 文化价值链规划方法③

文化价值观和消费者行为的分析方法手段—目标链具有战略性应用价值。文化价值观影响消费者的行为的作用已被 Gutman 形容为一条手段—目标链，因为手段（产品属性）是获得文化价值观（目标）的方式，而消费者目标是联系这二者的中间环节，表示为：产品属性—消费者辅助目标—文化终极价值观。因此，产品属性是文化价值观念的反映。

Gutman 的概念来源于两个理论。第一是 Rokeach 的文化（终极）价值观和消费者（辅助）目标之间的区别，也就是消费者所具有的价值观念，反映到他的消费行为中。这样，消费者不自觉地受文化价值观的指引选择消费行为。文化营销方式的利用就是使企业生产的商品的某些属性能与消费者的价值观相互融合与适应，这样才会使消费者纳入他的注意力，并纳入他的工作、生活与学习的计划中。Gutman 通过增加了另一个因

①② ［美］亨利·阿塞尔：《消费者行为和营销策略》，机械工业出版社 2000 年版。

③ 赵渤：《人为价值论纲——价值运行原理与企业价值增长机制》，辽宁人民出版社 2005 年版。

素——产品属性作为实现达到消费目标的手段，使 Rokeach 的概念对市场营销学更加实用。①

3. 创造文化价值群体的规划流程（如图 11-5 所示）

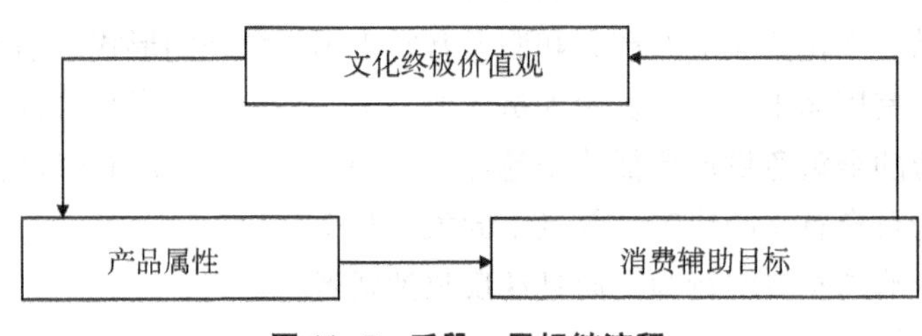

图 11-5 手段—目标链流程

图中手段—目标连锁②的第二个基本理论是 Rosenberg 的预期价值理论。Rosenberg 假定消费者会对商品在多大程度上对实现文化价值观起辅助作用进行评价。消费者对他们预期行为的结果进行评价，并将购买那些能获得达到想要结果的产品。比如，一个期望美好的世界（终极价值观）的消费者偏爱那些具有诸如可生物分解属性的产品，因此购买一个可生物分解的产品消费的结构有助于保护环境。应用 Rosenberg 的理论，导致购买该商品的手段—目标链是：产品属性：可生物分解性，即企业可以清楚地描述与体现产品具有的属性与内涵的生活方式。消费结果：有助于满足生活方式的行为要求与有助于环境保护。文化（终极）价值观：美好的生活、美好的世界。

三、文化品牌传播流程：激发群体创造技术、供给与需求

（一）阶梯联系：文化元素提炼与市场细分

Reynolds 和 Johnson 通过他们称为阶梯联系（Laddering）的过程，将手段—目标链应用于制订营销战略规划。阶梯联系过程包括一系列对消费者的访问，以此确定产品属性，消费者目标和文化价值观之间的联系。从具体的产品特征开始进行的一系列调查，揭示了较为抽象的消费目标和文化价值观的内涵，从而帮助消费者建立了节点联系。营销人员可以利用阶梯联系中手段—目标链中以下三点来发展市场策略，它的作用机理的元素包括③：

（1）信息元素：即广告中所表明的产品属性。

（2）消费者利益：即使用产品后消费者获得的好处（比如使用后控制体重）。

（3）杠杆作用：即广告试图将产品属性与帮助实现和激活终极价值观而联系在一起的方式。

（4）生活方式的特征在营销策略中的应用是很重要的。生活方式在营销策略中最

①②③ ［美］亨利·阿塞尔：《消费者行为和营销策略》，机械工业出版社 2000 年版。

直接的应用就显示在 VALS 图中，营销人员将 VALS（生活方式、价值观与营销规划）用于确定的细分市场、选择宣传媒体和制定广告策略，步骤为：①细分市场；②媒体选择；③广告宣传。

（二）文化传播流程：激发群体创造技术、供给与需求

文化传播流程图示：激发群体创造技术、供给与需求（如图 11-6 所示）。

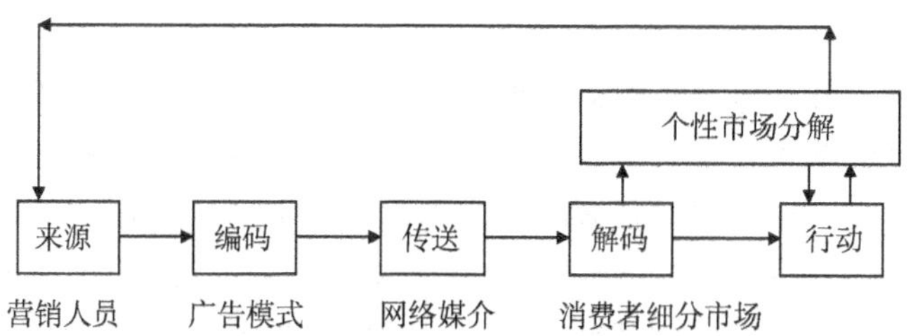

图 11-6　文化信息营销的传播流程分解

消费者评价信息来源的可信度直接影响到营销效果。来源的可信程度越高，广告受众越有可能接受，文化元素信息越符合其价值观，效果越好。由于广告可信度不高是影响营销效果的一个主要因素，所以广告人员应该考虑如何增加广告的可信任度。通常技术性的新产品专家型代言人的作用较大，效果较好。对于证券行业与教育行业尤其如此。同时该行业对严肃性、正规性的媒体、杂志、网络、电视、报纸的宣传的认知度也较高。①

文化广告传播文化元素信息的作用是要告知与劝导消费者购买与使用该产品。所以营销人员要清楚地知道哪些市场是他们的目标市场。对这些目标市场的人群的细分是非常有必要的。广告的目的一定要使不同细分市场的消费者清楚地知道该产品与他们需要的关系。并且产品的特征越符合这些人群的生活方式，引起关注的可能性就越大。

四、消费者测度方式：价值观与价值模式的测试

（一）AIO 测度方式：价值观与价值模式的测试

对于企业的营销管理人员应该对目标消费群做一个清单进行分析。测度生活方式最常用的一种方法就是将活动、利益和观点列成一个清单（Activitiies，Interests，Opinions，AIO②清单）。营销人员一般编制两种类型的 AIO 清单。一种是综合的 AIO 清单，可以被用于各个产品类别以及区分广义的细分市场，如从事家务的消费者、热衷于

①② ［美］亨利·阿塞尔：《消费者行为和营销策略》，机械工业出版社 2000 年版。

体育的消费者以及具有时尚意识的消费者。另一种是针对特定产品类别的清单，例如，一种用于描述互联网用户、新的个人护理产品的购买者，或者更为一般化地提高技术产品拥护的生活方式清单。①

在以上两个例子中，往往需要营销人员设计大量关于消费者活动、利益和观点的问题，并从中挑选出一部分适用于定义消费者细分市场的问题，以此来编制这些清单。

利用与人口学研究相似的办法对消费者进行描述和区分。我们必须认识到，生活方式是不断变化的。通常具有价格意识的细分市场更大，此外新的生活方式还会继续发展。

测度生活方式的另一种方法是对消费者进行调查以确定消费者活动、利益和观点，然后以此为基础对生活方式进行分类。标准研究协会（STANDARD RESEARCH INSTITUTE，SRI）1978 年提出的对消费者的价值观与生活方式进行调查（VALS）就反映了这种方法。VALS 体系被称为 VALS2，它是在原来使用的 VALS1 的生活方式分组法基础上进行的修改。这些群体被分配在两个方向。纵向代表消费者拥有的资源——不仅包括钱，而且包括教育、自信与精力。现实主义者拥有的资源最多，而拼搏者拥有的资源最少。横向代表了消费者看待世界的不同方式（如图 11-7 所示）②。

图 11-7　AIO 清单测试

不同的价值观的层次拥有不同资源的人群，不同资源的人群数量就决定了不同需求市场的资源（货币）的多少，从而也就指导营销人员采取什么样的文化营销来征服不同文化价值观的人群。

企业可以利用这种方法每年对 2500 名消费者进行调查，并且根据共同的生活方式与价值观将消费者分成不同的群体。例如对承认教育的群体，通常是便携式计算机与方便地使用设备与软件。面向他们宣传最好的方式是通过高层次的杂志而不是电视。这种

①② ［美］亨利·阿塞尔：《消费者行为和营销策略》，机械工业出版社 2000 年版。

生活方式的描绘能帮助营销人员将产品针对特定的消费者群体进行宣传。这有助于公司利用 VALS 系统挖掘应用范围最广泛群体，通过评估文化和生活方式的价值的方法确定营销的战略规划。这种新的方法当前已经有超过 150 家公司进行运用，并因有最新发现而获得成功。①

（二）技术扩散研究与文化传播规划的重点：技术创新不同阶段激发的需求群体规模分析

企业的发展重点是依靠自身人才优势，发展符合大多数人群与现有信息化网络生活的技术与产品。建立符合该类文化价值观的新技术与产品开发模式。对新技术与新产品的市场营销工作应该建立以技术扩散研究与营销策略研究为重点的营销分析模式。

扩散研究要追踪产品在其生命周期中被接受的扩散程度②。图 11-8 表示了产品从导入到衰退的生命周期的各个阶段，以及随着产品使用时间推移而与之相连的产品使用者的类型。扩散过程将导入期的消费者称为革新者，成长期的称为早期采用者，成熟期的称为多数使用者，成熟和衰退期的称为落伍者（后期使用者）。这些采用者之所以重要是因为他们联系着产品的生命周期中不同的营销及营销导向的新产品的开发与研制（如图 11-8 所示）。

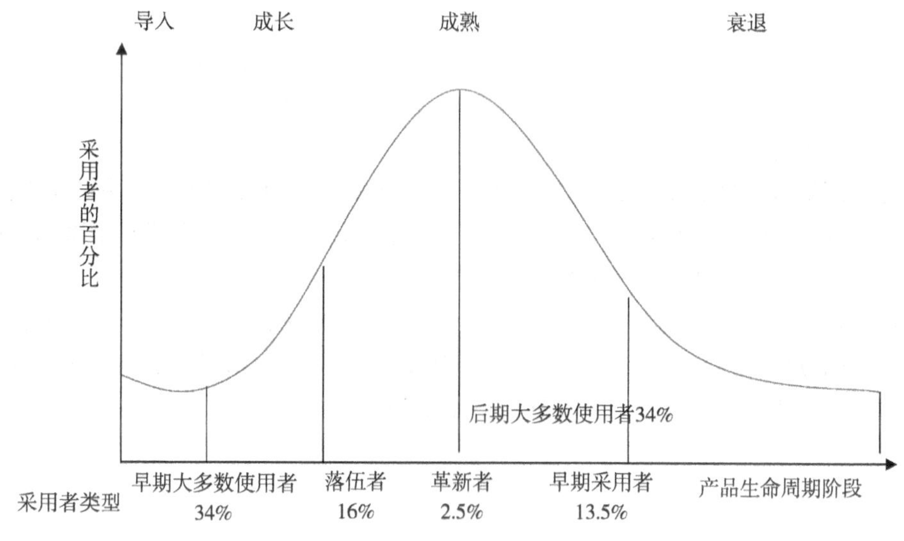

图 11-8　技术创新不同阶段的市场份额扩散与收敛模型

在产品市场应用的成长过程中每个阶段使用的人数在目标市场的比重通常为：革新者使用占 2.5%；早期采用者使用占 13.5%；早期大多数使用者占 34%；后期大多数使用者占 34%；落伍者使用占 16%。

①②　[美] 亨利·阿塞尔：《消费者行为和营销策略》，机械工业出版社 2000 年版。

对于社会需求扩散的时间因素一方面是企业营销工作掌握的重点，另一方面也是新产品市场导向研制中必须依赖的问题。对于消费者采用的时间要注意消费者是较早采用的消费者还是较迟采用的消费者。同时也要注意发生在不同使用群体间产品的扩散速度。通常具有以下特点：

第一，革新者平均代表了所有采用者的2.5%。他们渴望尝试新的思想和新产品，属于迷恋新生事物的群体。他们有较高的收入，受过更多的教育，更加见多识广。所以他们较少地依赖群体的规范。属于比较自信的个体。他们较为信赖从科学来源和专家那里获取他们想要得到的信息。

第二，早期采用者平均代表了紧接着革新者采用的13.5%。他们是采用新产品的早期人群。他们比大多数革新者更依赖于群体的规范和价值观，也更加局限于本地的社会团体，而不像革新者那样对外界新事物的广闻博识。早期采用者通常会成为意见领袖，因为他们与群体的交往比较密切。由于他们与群体较为紧密的接触与交流，所以他们对于决定新产品能否成功可能成为最重要的群体。

第三，早期大多数使用者紧接着采用了34%。在采用一项新产品之前特别谨慎。他们可能会比早期的采用者收集更多的信息和评价更多的品牌，因此采用的过程更长。由于他们位置处于较早和较迟的采用者之间，所以对新产品、新思维的扩散及品牌的创造起到了重要联结的作用。

第四，后期大多数使用者紧接着采用了34%。他们采用新产品的原因是因为他们的大多数朋友都已经这么做了。由于他们也与团体具有较强的依赖性，并且受到团体规范的制约，所以他们采用是大多数人的压力的结果。这个群体一般年龄较大，而且收入和教育一般在平均水平以上。

第五，落伍者是最后采用的16%。他们在不依赖群体的规范上与革新者相同。他们因为不受传统的束缚而显得独立，并按照过去的经验决策。等落伍者开始采用新产品的时候，新产品已经可能开始被其他东西代替了。

企业以技术与产品创新为立业的根本需要，建立一套完整系统的新产品、新技术扩散分析与时间分析的测度与反馈机制。及时掌握新产品从进入市场、成长、成熟等一系列的扩散过程，为营销工作的顺利开展打下了基础。

第三节　东方管理创新集群商业模式战略实施模式：协调于人本化经济体系的商业模式实施形式

一、协同 PEST 结构分析：人本化创新管理模式战略定位①

（一）PEST 分析与营销价值链的确定（如图 11-9 所示）

政治上优劣势比较（POLITICAL）：建立政治价值链关系；
经济上优劣势比较（ECONOMICS）：建立经济价值链关系；
社会上优劣势比较（SOCIAL）：建立社会文化价值体系价值链关系；
技术上优劣势比较（TECHNOLOGICAL）：建立技术经济联系价值链关系。

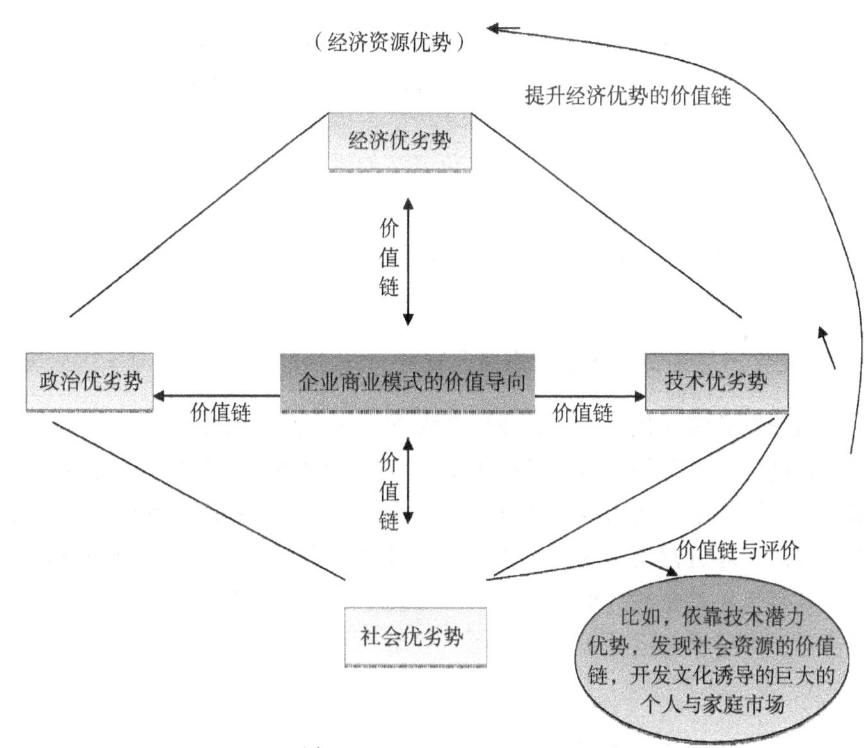

图 11-9　企业市场竞争 PEST 优劣势示意

① 王璞：《战略管理咨询实物——北大纵横管理咨询丛书》，机械工业出版社 2003 年版。

（二）企业设计开放型组织管理模式的战略定位：协同 PEST 结构的多元化人本创新价值链

在知识经济阶段，在对企业组织管理的 PEST 分析上，企业人本化的创新经营管理应该拥有巨大的人本化经济阶段所提供的可利用的政治、经济、社会及技术资源。可以开拓并激励人本创新适应于社会所拥有的各类资源，并确立自己的优势，从而使自身进行具有竞争优势的垄断性结构。依托熟悉的社会文化网络，依靠四种资源潜力（政治、经济、社会及技术）优势，发现社会资源的价值链，迅速增长市场份额。

二、企业组织在创新开发中的市场渗透战略组合：技术创新开拓的多元化价值链

（一）企业创新产品的市场属性分析

第一，现有产品市场（属性：传统市场需求）。

第二，现有产品进入新的市场（原有产品开拓新市场；属性：传统市场需求）。

第三，为现有产品提供新的市场（新产品开发；属性：面向人本化经济的市场需求）。

第四，新产品、新市场（属性：人本化经济的需求市场）。

因为传统产品有广大用户，所以这是一个不可忽视的市场渠道，也是展示新技术产品的战略环节，有比较有更新，可以激发潜在需求，替代性与潜在需求往往建立在传统市场基础上进行多元化渗透、替代及扩展。

（二）多元化产品创新与市场营销多元化①

人本创新开发的多元化模式。企业经营管理中在产品与市场的开发上应该更多地避免以规模经营同国外具有强大资本及技术上具有规模优势的对手竞争。在保护已有市场份额的基础上，开拓多元化市场，特别是适应网络化社会经济的发展的要求，面向国内外不同文化群体，通过营销市场多元化模式获得社会消费者。企业组织研究人员适应性地通过开发具有文化共享性、低成本的知识与技术产品的研发与产品服务上，推行多元化的营销模式，稳步增加市场份额（如图 11-10 所示）。

① 王璞：《战略管理咨询实物——北大纵横管理咨询丛书》，机械工业出版社 2003 年版。

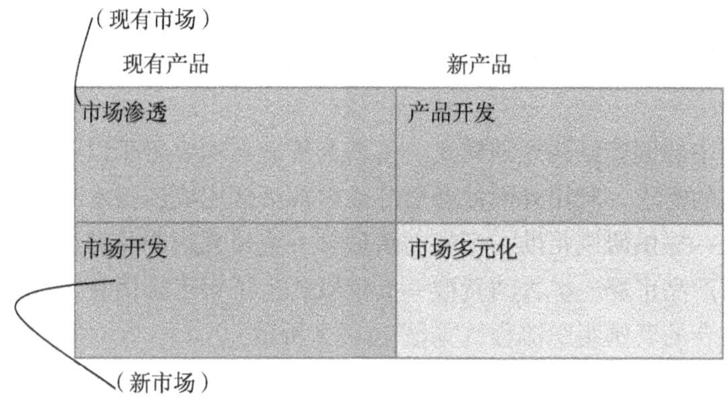

图 11-10 创新产品的市场多元化矩阵

三、建立人本化创新的有效性模式：构建人本化需求导向的创新机制

（一）人本化创新有效性运行机制（如图 11-11 所示）

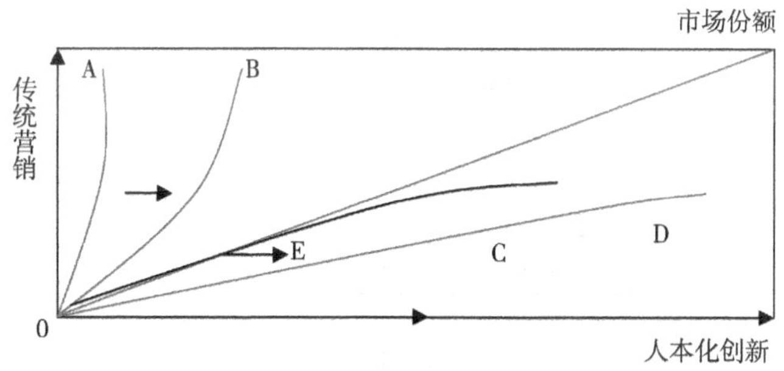

图 11-11 传统营销与人本化创新的绩效坐标

注：由于市场需求由机构需求转向社会个体需求，产品需求结构转变，使人本营销方式呈现增加趋势，所以曲线 A、B、C、D 是向右方移动的轨迹。

（二）人本化创新运行机制：组织开发的有效管理模式分析

由于企业组织在高新技术产品经营上与国内外竞争对手比较，不具备传统产品规模化经营的明显优势。知识经济所带来的机遇，使市场空间扩大，同时使文化主导的行为的直接驱动体现得更为直接，使企业直接面向具有网络化社会中的消费者。所以，企业的人本化文化经营管理模式是立足本国市场，开拓新市场、扩大市场份额的必然选择，也是公司经营的发展趋势。

四、企业创新管理的结构规划：人本化创新的战略结构设定

企业经营管理中的创新结构规划模式。创新的管理结构要善于以开放的体系，率先创新并引领市场新的需求，利用外部社会资源或内部资源完成新技术与新产品。即以人为本获取需求信息—提供研制帮助—产品创新理念—宣传创新产品淘汰旧产品—占领旧产品市场—扩大新产品市场—扩大消费群—提供服务，了解市场信息，改进新产品—创造品牌的一系列整合的营销组织流程（如图 11-12 所示）。

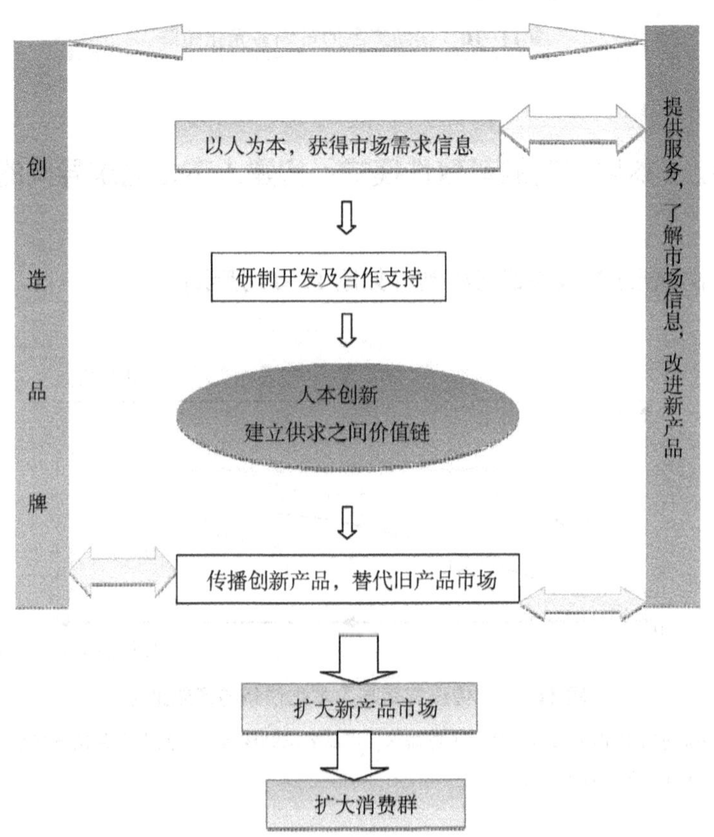

图 11-12 人本化创新战略流程

图 11-12 着重体现以产品创新为核心击败竞争对手，占领某一行业市场，通常积极扩大创新产品的市场占有率，并在整个营销过程中创造品牌，人本化创新的重点是以人为本服务大众，及时了解市场信息，将新产品推向市场。

五、人本化创新组织中的虚拟化团队：文化引导的虚拟联系与人性化组织模式的设计

（一）规模优势—低成本领先产品营销的战略转换

知识经济体现的是小吃大，快吃慢，虚拟吃规模这一趋势。即使不具备优势，也有可能利用虚拟化团队及组织，整合企业外部社会资源，来实现跨越。所以，这一战略应该体现为“虚拟化—分散化—整合化—低成本领先”。

（二）虚拟团队与营销结构

建立在网络经济基础上，以营销文化传播激发社会群体，吻合社会文化价值模式，以文化影响社会群体行为，形成虚拟化营销群体与组织。以文化激发并服务社会个体与群体、家庭消费者，为中小企业提供产品与服务。即人本营销文化—虚拟团队—影响并传递人本化创新信息—提供人本化创新产品—人为为人的服务—整合创新流程（如图11-13所示）。

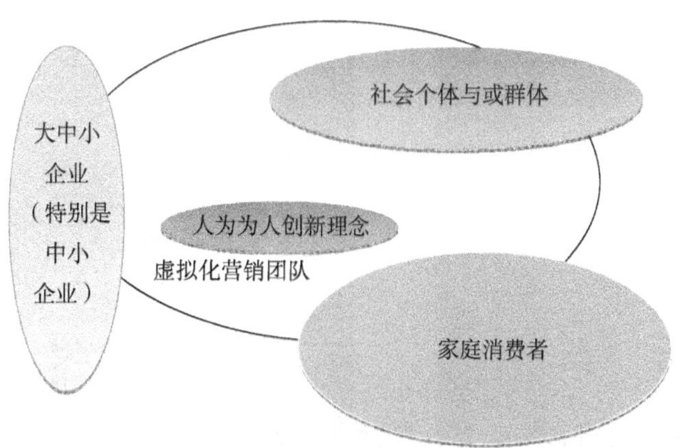

图 11-13　虚拟团队：以需求为导向的创新结构

图 11-13 表示：在虚拟化营销的结构布局中，虚拟化营销团队以三个分散的主要市场为实现创新的来源，并将其作为人性化营销的目标群体，在以“人为为人”的创新理念下服务消费者，实行以人为本的虚拟组织下的关系结构进行网络化分散营销，扩大主体市场。“人为为人”的创新理念是虚拟团队的核心文化。

六、企业新的创新管理模式运行：人本化创新的战略流程[①]

（一）多元化市场营销战略

知识经济技术领域倾向于多元化、应用性强等特点。由于营利行业产品研制的成本巨大、竞争性强，所以在提供技术领先产品的研制的基础上，为大众性消费者提供文化品质不同的应用技术，实行扩大低成本的产品与服务的内涵与效益，创造品牌效应。应提倡“技术领先—应用性研究—多元化市场—品牌性效应”的战略。

（二）网络化营销模式

领先技术产品推出的同时，研制适应社会广大消费者对该领域有需求的、低成本的、应用性技术产品与服务，并开拓该技术可能涉及的领域的产品与市场。即领先技术—行业应用性产品—低成本面向大众消费者—网络营销实现多元化市场—创造品牌（如图 11-14 所示）。

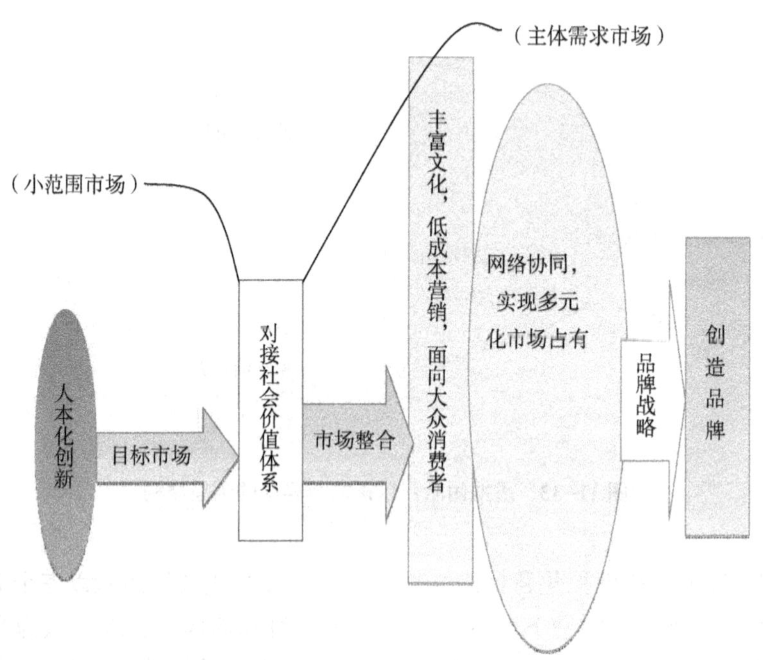

图 11-14 人本化创新的市场扩张方式

① ［美］彼得·基恩：《E 流程优势——创造互联网时代的客户价值与商业财富》，机械工业出版社 2003 年版。

（三）人本化创新的战略流程

网络化市场营销结构中，企业为各行业开发技术领先的应用技术产品，但这一传统销售方式不是市场的主体，而是市场的极小部分的消费者，并且竞争这一市场的还有众多的企业。企业在推出行业应用技术的同时，利用虚拟组织向三大消费群体推出低成本应用技术与产品，实现网络营销，创造大众品牌。①

①［美］史蒂文·霍华德：《管理——21世纪的营销制胜之路》，中信出版社2000年版。

第十二章 东方管理商业模式的未来发展

——沪江网的人本化、平台化及共赢化的价值链机制

东方管理学根植于东方管理文化，并从东方社会和管理文化的角度创造性地吸收了西方管理科学。它具有开放性、人性化、包容性及规律性等特点。其造就了东方管理商业模式未来发展的趋势，是基于用户为导向的以人本化为特征，集上下游产业链的创新集群平台化的战略模式，实现价值链共享的共赢化运行机制。作为一家互联网创业企业，沪江网结合中国国情，创造了“网店+网校+广告”“三位一体”的互联网商业模式，并致力打造旨在整合更广泛用户资源的“网上学习产业链共享平台”；作为一家从事网上学习的高新技术企业，沪江网没有完全遵循西方公司的治理模式，而是从中国的传统文化中吸取精髓，构建了一套基于东方管理思想的“以人为本、以德为先、人为为人”的“三为”网上学习商业模式，更引领了网上学习的革命。

第一节 沪江网：三位一体的价值链商业模式打造

商业模式是互联网公司最纠结的问题。很多互联网公司在“烧”掉大笔投资，获得庞大的注册用户和巨大流量后，却找不到合适的盈利模式来支撑业务的持续发展。而沪江网在其发展的 11 年中，却没有“烧”过一分钱。从最初单纯的广告到现在的网校、网店和广告“三分天下”以及正在打造的“网上学习产业链”，沪江网的业务系统稳健而清晰（如图 12-1 所示）。

北大魏炜教授和清华朱武祥教授认为，商业模式有六大要素，包括定位、业务系统、关键资源能力、盈利模式、自由现金流结构和企业价值。其中，定位、关键资源能力、业务系统及盈利模式是商业模式的核心。

一、定位于“互联网教育和学习”行业

沪江网定位于“互联网教育和学习”，以大学生和白领为主要目标客户群，通过互联网提供互动学习课程和学习资讯服务，通过网校的课程提供、沪江网店的线上教材订购和广告制作与投放形成沪江网的业务体系；利用社区和论坛中的网站用户资源，以及对培训机构、出版社、门户网站及教师的关键资源整合，构成了整体盈利模式，形成了

网校课程收费、网上广告及网上书店图书销售为可持续的现金流收入结构，实现了企业价值的不断提升。

二、构建广告、网店与网校互动价值链业务系统

业务系统是商业模式的核心，高效营运的业务系统不仅是赢得企业竞争优势的必要条件，也是企业形成一个与内外部各方利益相关者相互合作的价值网络，这个价值网络明确了客户、供应商和其他合作伙伴在影响企业通过商业模式而获得价值的过程中所扮演的角色。沪江网的业务系统包括广告、网校和网店三个部分。

沪江网在创业初期，只能通过帮助线下培训机构打广告，赚取广告费；后来，随着用户的增加，沪江网又增设了“沪江网店”；接着，沪江网自己开发课程在网上销售，“沪江网校”由此诞生。目前，沪江网的这三块业务构成了其独特的业务体系（如图 12-1 所示）。

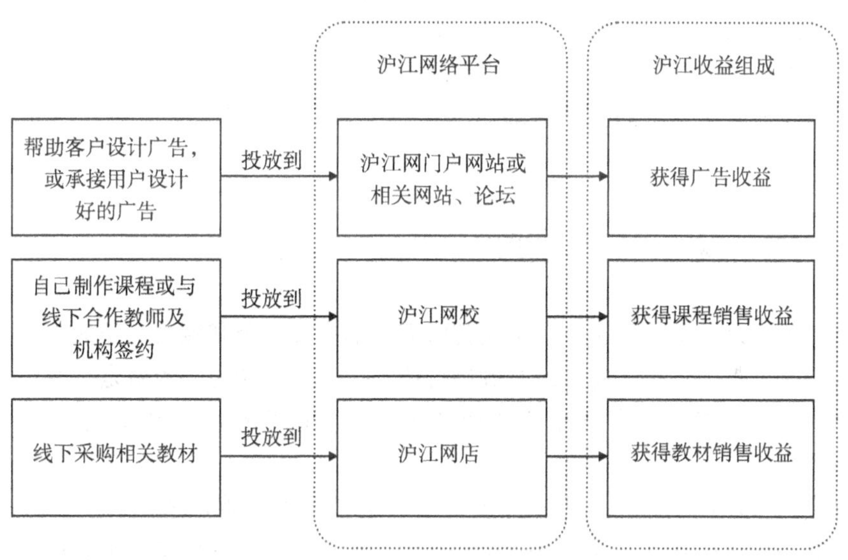

图 12-1　沪江网的业务体系

广告。沪江网 3/4 的用户是在校大学生和白领。这个群体具有较强的上进心，他们愿意通过学习来不断提高自己，是事业上成功率较高的一批人，也是购买欲和购买力较强的一批人。2001 年至今，沪江网积累了 2000 多万的忠实会员，近 100 万的付费学员，每天独立 IP 访问量达到 100 多万次。正是看中了沪江网庞大、高质量的用户群和巨大的日访问量，各大培训机构都先后找到沪江网投放广告。

沪江网店。访问流量是电子商务网站的“命脉”，谁拥有了巨大的流量，谁就蕴含着无限商机。在积累了大量的忠实会员后，“沪江网店”顺其自然地诞生了。沪江网店的目标在于一站式满足学习用户的需求，主要经营的各类课程的参考书和周边产品。不

久前，网店又开发了“沪江团购”。

沪江网校。2009年春，“沪江网校”正式诞生。沪江网校以语言课程为主，这些课程不仅包含英语，还有日语、法语、韩语、西班牙语、德语、泰语、俄语等语种，后来，还陆续开发了上海话、广东话等方言以及中小学辅导课程。近两年来，为了顺应移动发展的潮流，沪江网开发了针对苹果和安卓的移动APP，让“随时随地、想学就学”成为现实。①

线上学习与线下学习虽然途径不同，但原理是一样的，需要学习氛围和学习伙伴。因此，沪江网校将实体课堂中互动的概念复制到线上，在沪江网校中设置班级、班主任、助教、同学等角色，营造真实课堂的学习氛围。这种做法不但改善了用户的学习体验，也让在线学习平台具备了一定的社交网络的功能。同时它不受时间和地域的限制，更为学习者提供了质高价低的网上外语学习课程。

沪江网校利用互联网覆盖广、全天候的优势，帮助人们摆脱了地域和时间的限制，学员可以在任何时间和任何地点登录网校进行学习；沪江网校遵循“长尾理论”，降低了学费门槛，将大部分课程价格定在几十元到几百元之间，使经济并不富裕的学员也能享受高质量的基础教育。因此，沪江网校的注册会员分布在全国乃至全球各地，而不仅限于一线城市。沪江网校通过互联网，将高质量的学习产品铺到中国的每一个角落，包括缺乏优秀线下教学资源的二三线城市，这对于整个国家的教育发展具有非常重要的意义。

三、打造“网上学习产业链共享平台”的关键资源能力

关键资源能力是企业使业务系统运转所需要的重要资源和能力。任何一种商业模式构建的重点就是明确企业商业模式有效运行所需要的资源能力，也就是企业已掌握了哪些资源？这些资源能否整合到企业的业务体系中？这些资源与整个商业模式是否相匹配？

2013年，互联网学习产业进入爆发式增长期，竞争也越发激烈，沪江网进行了一次大胆的资源整合和业务重组，将公司现有的签约教师、培训机构、出版社、门户网站以及用户等关键资源进行合理组织，重新规划各块业务的战略定位，打造业界第一条“网上学习产业链共享平台”，该产业链如图12-2所示。

沪江网以学习和广告类资讯作为用户入口；通过开发多种语言及非语言类学习产品来增加用户的学习内容；通过跟踪、分析用户需求并不断改进产品来改善用户的学习体验；通过开设网店，并提供安全、完善的交易系统来解决用户后端的学习需求；同时，用社区、论坛来巩固并加强用户黏性。

在这条产业链中，学习产品的质量是关键资源。为了保证质量，沪江网整合了线下最优秀的师资和教学机构，通过严格的质量审核机制、科学的用户行为分析和用户数据

① 苏宗伟、赵衍：《阿诺的抉择》，中国管理案例共享中心（cmcc），2013年1月。

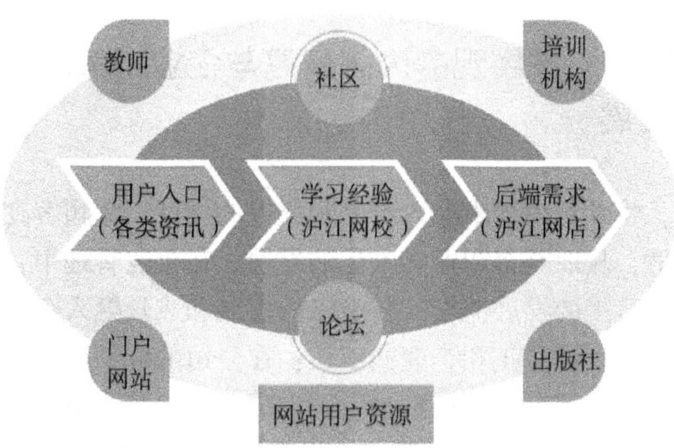

图 12-2 沪江网“网上学习产业链共享平台”

挖掘，不断改进产品设计，改善用户体验，为 2000 多万注册会员和 100 多万付费学员提供高质量的产品和服务。

四、建立稳定共赢的盈利模式

盈利模式是指企业如何获得收入、分配成本和赚取利润。良好的盈利模式不仅能为企业带来利益，更能为企业形成一张稳定共赢的价值网。沪江网通过网校的课程提供、网店的线上教材订购以及广告制作与发布，形成较为科学的盈利模式。其中，沪江网校营收呈不断增长的趋势，由原来占其营收的 40%上升至 70%；网店为沪江网贡献了 30%的营收，广告为沪江网贡献了 10%的营收。

第二节 沪江网创业基础：“以人为本”的发展观

沪江初始创业团队中没有一个“海归”，却获得了市场的认可和巨大成功；作为一家从事网上学习的高新技术企业，沪江网没有完全遵循西方公司的治理模式，而是从中国的传统文化中吸取精髓，构建了一套别具特色的管理体系。

综览沪江网的管理，每个环节都与“人”密切相关：公司的业务——互联网学习——是为了帮助别人更好地学习、更好地发展；公司的管理结构是以人为核心的“洋葱圈”；公司的文化将“人”的健康发展作为首要考虑；就连公司的党支部也是以“服务员工、服务社会”为目标来构建的。可以说，沪江网的管理，就是对“人”的管理，沪江网的成功，就是与其相关的“人”的成功。

一、“以人为本”发展观的内涵就是与企业相关的“人”——顾客、员工和管理者的发展

在企业经营中，将顾客的需求融入产品和服务的设计，让顾客在消费公司的产品和服务中获得最大价值，从而获得职业和人生的发展；在企业管理中，关心员工、帮助员工、尊重员工，满足员工的发展需求，将员工的发展和成长融入企业的发展之中，让员工分享企业的经营成果，让员工和企业共成长；在公司的成长过程中，管理者将面临各种挑战，需要做出各种决策，需要处理越发庞大的公司规模和越发复杂的公司业务，解决这些问题的过程中，管理者自己的管理能力和决策能力也一步步得到了发展（如图12-3 所示）。

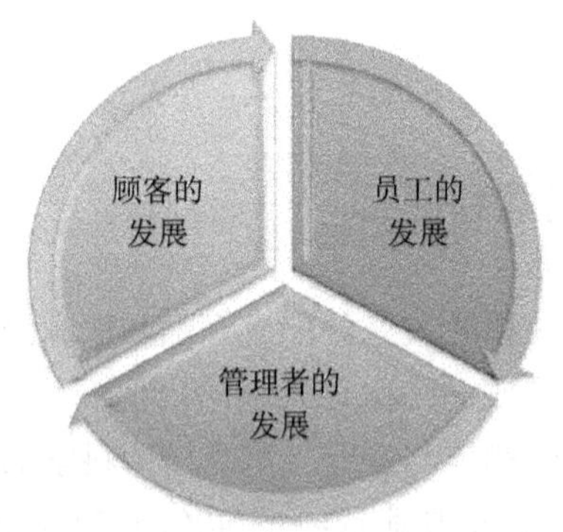

图 12-3 “以人为本”发展观的内涵

（一）沪江“以人为本”的发展观体现在对公司的客户学习需求的满足和对产品与服务的精心设计上

沪江网的客户主要有两大类：在校大学生和公司白领，他们上沪江网的目的是相同的：学习、充电、进步，获得更好的发展。所以，沪江网深入研究学习的规律，用心设计每一件学习产品，创造性地将“班主任、同桌”等角色融入网络课程，给学习者提供真实而愉快的学习体验，从而获得更好的学习效果。围绕网校，沪江还提供免费资讯和学习周边产品的销售，一站式满足用户所需，让网络学习变得简单便捷。此外，沪江网的网络课程价格远远低于线下课程，使得绝大部分学习者都有能力负担，让大部分人能通过网络获得教育的公平。

（二）沪江“以人为本”的发展观还体现在对员工的关系、关怀和尊重上

在异常艰难的创业过程中，创始人阿诺及其创业团队虽然经历了种种困难和诱惑，但是，大家都坚持了下来，并且发展到今天的规模，因此，整个创业团队对“人”的

认识是异常深刻的，这也验证了中国的一句古话“留得青山在，不愁没柴烧”。公司的创业团队将这种对“人”的认识融入到对公司员工管理的每一个细节中。对于每一个进沪江网工作的员工，从其入职、住宿、工作指导、日常生活、结婚生子，甚至到住房的解决，公司都为其进行了周到的考虑：新员工入职有免费宿舍住；工作上有师傅指导；公司每天提供免费牛奶和水果；转正时有隆重的转正仪式；公司给单身员工提供交友机会；员工有孩子后可以带小孩来上班；员工持股计划……公司一系列的“人本”管理措施，让员工切身体会到自己在公司中是一个重要的角色，自觉地将个人的发展与公司的发展紧密地联系在一起，这对于增强公司凝聚力有着非常重要的作用。

在沪江网创业伊始，8 个创始人都是初出茅庐的大学毕业生，毫无社会经验，更不要说是管理经验了。随着公司规模的逐步扩大，他们从事必躬亲的创业者慢慢转变为管理者，手下的员工人数从 1 位数增长到 2 位数然后再到 3 位数，他们的管理能力、沟通能力也随着公司的发展而得到发展，并最终成长为优秀的管理者。

而顾客的发展、员工的发展和管理者的发展与公司的发展又是统一的：当顾客得到发展了以后，他们会更加认同沪江网，不但自己会成为沪江网的忠实用户，也会为沪江网进行义务宣传；员工得到发展后，他们会成为公司的忠实员工，以更大的热情和责任心参与到公司的建设和发展中来，这股热情甚至会感染周围的员工；管理者的能力得到发展后，一方面，更能增强管理者对企业的归属感；另一方面，也提升了企业管理的水平和决策的正确性。这些，都直接推动了公司的发展。

二、“以人为本”的发展观的外延就是员工和企业的能力发展、制度发展和精神发展（如图 12-4 所示）

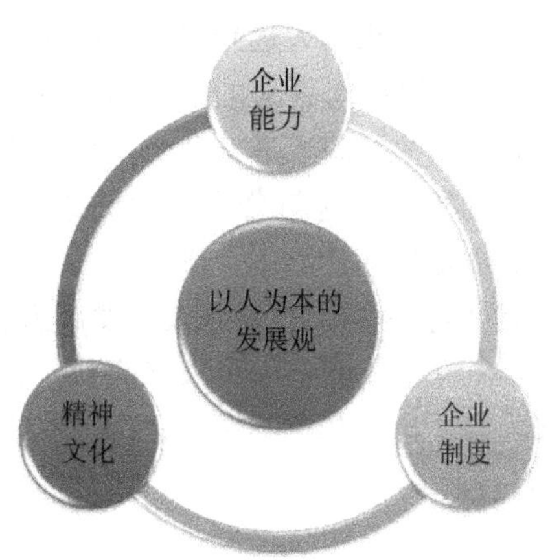

图 12-4　“以人为本”发展观体系

作为知识密集型企业，沪江网将员工能力的提升和企业能力的提升视为统一体。在员工入职后，公司即会给新员工安排一位“师傅”，在业务上提供指导，以期快速提升其业务能力；对于在业务上和管理技能上表现突出的员工，公司让其进入“管理委员会”，参与公司重大决策，给予其展示能力、提高能力的机会。员工能力的快速增长，推动了企业能力的快速发展。当企业的能力得到发展后，就越发能够吸引优秀人才的加入。从2012年开始，多位其他公司的高管带人、带钱争相“投江（沪江）”，这些优秀人才的加入，进一步增强了沪江网的能力，为沪江网的长远发展提供了更为强劲的动力。

（1）围绕“以人为本”，沪江网建立、健全了民主管理制度。首先，沪江网在公司内部推崇“民主”治理原则。沪江人认为，公司决策是关系到所有人的重大事件，不能以某个人的话为准，也不能以某个团队的话为准；当大家还没找到正确点的时候，一切都是可疑的，就算最权威的人说了，大家也要质疑；但是，一旦找到正确的点后，大家就要坚信不疑地走下去。其次，沪江网建立了“民主集中”式的治理结构。为了更有利于民主决策，沪江网的重大战略决策由公司董事会决定，此外所有的重要经营决策都由公司的“管理委员会”商定。“管理委员会”可以说是沪江网的一个创举，该委员会是一个“洋葱圈”式的三层结构：最核心圈是由CEO、CFO和CTO组成；中间圈是由各部门总监组成，共9人，沪江人戏称为“9大常委”；外圈则是从各个部门挑选出来的比较突出、有见解的核心员工和业务骨干，一共有20多人。难能可贵的是，这20多名员工并非只是参与讨论，他们也实实在在地参与公司决策，沪江网这么做的目的是要让公司决策能代表更多公司员工的利益。

（2）作为一家从事互联网教育的公司，沪江网将积极、健康、真诚作为公司文化的核心。沪江网将真诚与合作作为工作信条。真诚，也就是阿诺所称的“Getting Real”，只有真诚，才能良好沟通，才能把精力花在工作而非人事关系的处理上，也只有真诚，才能统一思想和步调，才能做到“上下同欲者胜”。沪江网不但要求员工之间互相真诚，对合作伙伴的要求也如此。合作，就是有团队精神。阿诺把公司比喻为一艘大船，有船长，有大副，有船员，只有大家各司其职，通力合作，这艘船才能乘风破浪，驶向目标。因此，在沪江网，如果有人遇到了不懂的问题请教另一个人的时候，没有人会对提问者说“不知道”，即使被问者真的不知道，甚至这根本就不是他的职责，但他也会告诉你这个问题该找谁解决比较合适。此外，在沪江网，没有一个人抽烟，因为沪江人认为，抽烟是不健康的行为，这与公司的“健康文化”是相悖的，因此，就连沪江的部分创始人也要彻底戒烟后才能继续上班。

沪江人认为，公司的发展就是一场以“服务人、发展人、完善人”为起点和终点的“长跑”，在此过程中，所有的环节都必须由人来完成，在完成这些工作的过程中，完成者自身也获得了发展和提高。连续几年的调查显示，沪江网的员工满意度始终保持在90%以上，员工流失率不超过5%。

第三节 沪江网文化本质：“以德为先”的价值观

“以德为先”价值观是企业领导者对企业经营理念、经营目标、经营方式的取向做出的选择。其内涵体现在企业以“信”、“仁”、“和”为特征，提倡重诚信、重品质、重规则的企业经营道德、质量道德和管理道德三方面的融合；强化内在素质培养，形成良好的企业精神与文化氛围，对外要树立良好的商业信誉和道德形象。

中国有句古语，叫“先成人，再成才”，这是我国传统教育思想对“育才”和“育德”主次轻重的基本判断，即“育德”，而后“育才”。作为从事教育产业的互联网公司，沪江网将“德”放在企业经营管理的首位，将“德”作为考察管理者和员工的首要标准。沪江网对“德”的要求主要体现在两个层次：行动和思想，行动层面主要考察管理人员和员工的日常生活和工作习惯、有无不良嗜好、待人接物是否恰当等；思想层面主要考察管理人员和员工的价值观（如图 12-5 所示）。

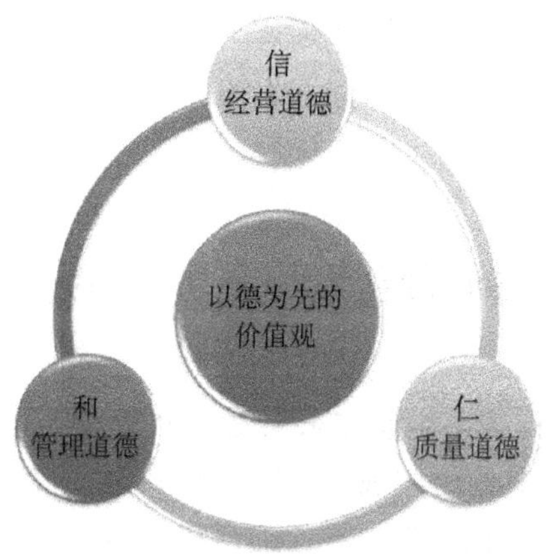

图 12-5　“以德为先”的价值观体系

一、信德，诚实守信——经营道德

沪江网对“德”的重视首先体现在招聘环节。很多公司招聘员工时，首要的考量因素就是能力，先看看员工的毕业学校、学历、工作经历、技能证书以及主要工作业绩等，而沪江网的招聘首先考察应聘者是否认同沪江网的“诚信”价值观。诚如阿诺所说：“创业是长跑，不是短跑，如果价值观不同，就是紧绷着神经在跑，是跑不了多远的”，只有持相同的价值观，才是真实的状态，“只有真实才能放松”。

二、仁德，仁者爱人——产品和服务的质量道德

沪江网的“以德为先”也体现在产品的设计和服务的提供上。在 2007~2008 年沪江网最困难的时候，曾有人提出在网站上增加广告位，并提供拉屏广告、弹出式广告等广告样式，以增加收入，但这个提案很快就被阿诺否决了。包括在后来沪江网发展壮大了以后，有游戏公司开高价希望和沪江合作，也被阿诺断然拒绝了。阿诺认为，沪江网的目标就是要给学习者提供一个良好的网上学习环境和氛围，这也是沪江网对用户的一

种承诺，如果为了利益而打广告、做游戏，就意味着沪江网放弃了这个承诺，不仅失信于用户，最终被伤害的也是自己——因为公司会因此“失德”，失去社会的信任。

三、和德，以和为贵——管理道德

沪江网对管理层有比对员工更高的“德”的要求。公司尚处于创业期，虽然公司为员工提供了大量的福利，但是公司的管理层却没有为自己设计任何独特的福利。在公司内部，管理层和员工之间关系融洽，洋溢着“友好、友善、互助”的人文氛围。

“以德为先”的价值观感染的是整个企业，“尚德、行德”成为一种公司文化。在沪江网，每当有员工转正或获得晋升时，都会主动给其他员工准备小礼物——可能是一盒自己烤的鲜肉月饼，也可能是自己编织的手套——礼物虽小，但表达的是沪江网员工一种感恩的心态和对团队的认同。

第四节　沪江网平台化发展：“人为为人”的经营观

“人为为人”经营观就是表明企业在未来发展中经营战略、经营思路、业务模式的方向。即企业人为经营观，其内涵体现在“利己与利他”、“激励与服务”、“人为与为人”的平衡与统一，是自我导向和他人导向的有机融合。其体现了通过利他从而利己，双方的获利带来了企业的发展和业绩的增长，进而带来了社会财富的共享。

一、在线教育产业“利己”与“利他”高度统一的体现

在线教育产业，教育产业本身就是一个帮助别人提高、发展的“利他”产业，但在帮助别人的过程中，提供教育的人和组织也能得到提高，并获得其收益，从而达到了“利己”。其实，阿诺创建“沪江语林”的初衷也就是为了帮助同学们更好地学习外语，是为了“利他”，而在创办论坛以及后来的逐步发展中，阿诺及其创业伙伴们的事业也得到了发展，实现了“利己”。因此，沪江网是一个“利他”和“利己”高度统一的企业，在线教育产业也是一个“利他”和“利己”高度统一的产业。此外，沪江网“利他”与“利己”的高度统一还体现在沪江网对企业社会责任的积极履行上。无论是沪江网主办“沪江公益”网站，为边远贫困地区的小学捐款捐物，免费为他们提供课程，还是资助上海大学贫困生、为上海老年大学提供学习卡，以及在社区和公共场所开办免费的“爱知书店”，抑或是建立“民工子弟助学基金”及“青海格桑花教育基金平台”，都是一种“利他”行为。但这种行为在影响着沪江的员工和整个社会，受到帮助的人会对沪江网产生认同感，并会主动宣传沪江网，媒体的报道也会增加沪江网的美誉度，这些都会对沪江网的发展起到很好的推动作用。沪江网还举办“互联网教育创业者大会”，为互联网教育机构的创业者与创投公司搭建投资平台，提供相互交流的机会。

二、沪江网对员工激励和服务的体现——沪江独具特色的“党支部”

在很多公司乃至政府和事业单位的党支部活动都流于形式的时候，沪江网却把党支部办得有声有色，其秘诀就在于沪江网找准了党支部的定位，把沪江党支部定位为“先进员工的群体和服务性组织”，让公司的每一位党员都以先进分子的身份进行自我激励，同时也激励一般员工向党支部靠拢。此外，党支部还是一个服务性组织，将公司服务员工、支持员工发展落实到具体工作上。在沪江网党支部倡导下，沪江网发起了“一杯牛奶早餐计划”、“办公室虚拟运动会”、“绿色阅读”等项目为员工提供了贴心的服务。

三、沪江网与签约教师的“人为”与“为人”愉快合作的体现

为了引进优质的课程资源，从 2011 年开始，沪江网开始了签约教师计划，即将一些高校教师的优质课件和课程放到沪江网的平台上进行售卖，卖出去后进行利润分成。但沪江网在这个业务中所做的工作并非简单地把老师的课程放到网上，在放到网上之前，沪江网的专业团队会对课程进行严格的审核，详细地提出改进意见，帮助老师改进课程设计；在课程放到网上后，沪江网的专业团队还会通过收集用户反馈、进行用户行为挖掘等方式，收集、分析用户对该课程的意见和建议，并反馈给教师，以帮助其进一步改善其课程。这样的一种负责任的合作方式，不仅帮助老师不断改进课程，提高销售量，沪江网自己也从不断提升的销售量中获得了更多的收益。

“三为管理”强调“三为”一体、阴阳调和、内外协调。虽然只是一家创业 10 年的公司，但是，在管理实践中，沪江网遵循“三为”管理思想处理各方关系（如图 12-6 所示）。

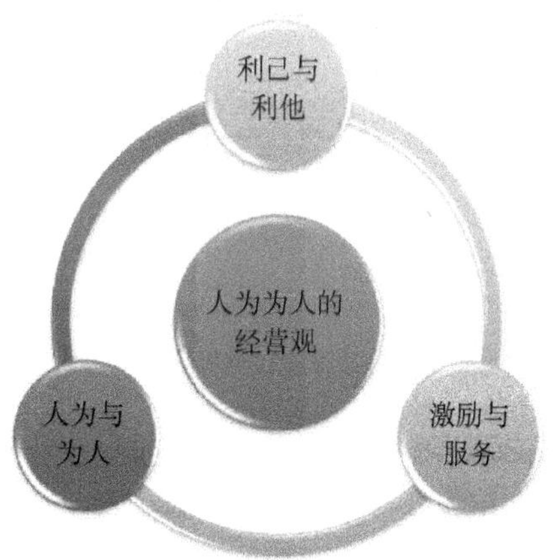

图 12-6 “人为为人”的经营观体系

对内建立了以“仁、德、和”为核心的企业文化；对外树立了“善、合、信”的企业形象。经过10年的发展，公司员工从8人增长到如今的近2000人，网站会员从30万人增长到如今的2000万人，公司营业收入从10万元增长到如今的近亿元，公司市场估值近10亿元。虽然发展迅速，但沪江网的员工满意度始终维持在90%以上，而员工流失率不超5%。①

我们可以看到，沪江网通过对员工的关爱、尊重和信任，使员工积极主动地投入到工作中，为顾客提供了优质的服务，促进了顾客对企业的回馈，使企业业绩增长，提升了企业的效益。在这个“人为为人”的管理过程中，无形中提升了三方面的价值：员工价值、顾客价值、企业价值。即“为顾客创造价值，为员工创造机会，为企业创造效益”；这个过程是一个呈循环递增性的过程，最终促进了企业经营的可持续发展。可以说，沪江网的成功，就是中国传统管理思想，特别是“三为”管理思想在现代高新技术企业管理实践中的成功。沪江网围绕“三为管理”模式所建立起来的独具中国特色的互联网企业管理模式已经成为其获得市场竞争优势的一种核心能力。这种管理模式从根本上有别于西方互联网公司的管理模式，它根植于中国传统文化，接中国的“地气”，成为中国互联网企业乃至所有高新技术企业管理模式创新的一种成功尝试（如图12-7所示）。

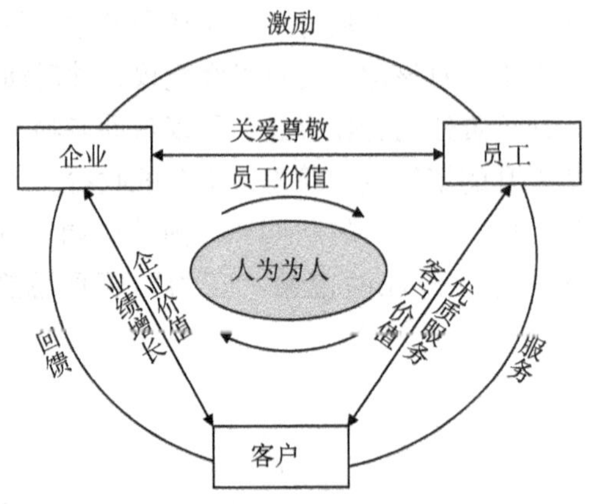

图12-7　沪江网“三为”互动模型

① 苏宗伟、赵衍：《沪江网：做互联网学习的开拓者》，《北大商业评论》，2012年12月。

参考文献

[1] 熊十力：《论六经·中国历史讲话》，中国人民大学出版社 2006 年版。

[2] 陈鼓应：《老子注译及评介》，中华书局 1984 年版。

[3] 陈鼓应：《易传与道家思想》，生活·读书·新知三联书店 1996 年版。

[4] 徐梵澄：《老子臆解》，中华书局 1988 年版。

[5] 萧兵、叶舒宪：《老子的文化解读》，湖北人民出版社 1994 年版。

[6] 葛荣晋：《道家文化与现代文明》，中国人民大学出版社 1991 年版。

[7] 马恒君：《周易正宗》，华夏出版社 2004 年版。

[8] 陆毅：《学易明道》，黄山书社 2011 年版。

[9] 庞钰龙：《周易式管理》，中国国际广播出版社 2006 年版。

[10] 汪忠长：《易与道》，当代世界出版社 2005 年版。

[11] 穆晓军：《学易经 通管理》，北京大学出版社 2008 年版。

[12] 艾兰：《水之道与德之端——中国早期哲学思想的本喻》，商务印书馆 2010 年版。

[13] 王锦民：《古学经子》，华夏出版社 2008 年版。

[14] 李文庠等：《道载商经》，河南人民出版社 2001 年版。

[15] 刘必和：《佛祖的经营智慧》，民主与建设出版社 2004 年版。

[16] 池田大作等：《畅谈东方智慧》，四川人民出版社 2004 年版。

[17] 庞朴：《中国文化十一讲》，中华书局 2008 年版。

[18] 卞华舵等：《中国企业向谁学习》，华夏出版社 2006 年版。

[19] 陈国贵：《华商：族裔资源与商业谋略》，中华书局（香港）2010 年版。

[20] 宫瑞萍：《了解中西方文化差异——建立跨文化管理模式》，《特区经济》，2002 年第 10 期。

[21] 周钟：《合资企业的文化整合》，《国际市场》，2001 年第 7 期。

[22] 林新奇：《国际人力资源管理》，复旦大学出版社 2004 年版。

[23] 朱筠笙：《跨文化管理：碰撞中的协同》，广州经济出版社 2000 年版。

[24] 曾仕强：《中国式的管理》，中国社会科学出版社 2005 年版。

[25] 陈晓萍：《跨文化管理》，新华书店总店北京发行所 2005 年版。

[26] 郑建祥：《论跨国公司的跨文化管理》，《企业经济》，2004 年第 7 期。

[27] 张索峰：《国际化经营与跨文化管理》，《长江论坛》，2003 年第 4 期。

[28] 何志毅：《跨文化管理的制衡与融合》，《北大商业评论》，2005 年 11 月。

[29] 方琢：《文化差异与跨文化管理》，《经济与管理》，2001 年 10 月。

[30] 苏东水：《东方管理学》，复旦大学出版社 2005 年版。

[31] 托马斯 · 弗里德曼：《世界是平的》（第 2 版），何帆等译，湖南科学技术出版社 2006 年版。

[32] 罗兰贝格管理咨询公司：《中国企业全球化白皮书》，2012 年版。

[33] 李维安、牛建波等：《CEO 公司治理》，北京大学出版社 2011 年版。

[34] 孙选中：《现代企业导论》，中国政法大学出版社 2006 年版。

[35] 孙选中：《生命意识渗入管理思维》，《光明日报》，1999 年 5 月 25 日。

[36] 罗伯特 · C. 克拉克：《公司法则》，工商出版社 1999 年版。

[37] T. S. 库恩：《科学革命的结构》，李宝恒、纪树立译，上海科学技术出版社 1980 年版。

[38] 曹意强：《观念史的历史、意义与方法》，《新美术》，2006 年第 6 期。

[39] 常建华：《明清社会文化的新视野》，《中国史研究动态》，1999 年第 3 期。

[40] 陈宏辉、王夏阳：《泛家族主义文化与浙江省家族制企业模式的演进》，《浙江社会科学》，2002 年第 6 期。

[41] 陈宏辉：《民营企业经营中的泛家族主义文化情结》，《商业经济与管理》，2005 年第 9 期。

[42] 陈至发：《我国民营企业泛家族化管理模式探讨》，《商业时代》，2011 年第 26 期。

[43] 储小平：《社会信用与家族企业向经理式企业的演变》，《中国软科学》，2001 年第 12 期。

[44] 储小平：《职业经理与家族企业的成长》，《管理世界》，2002 年第 4 期。

[45] 储小平：《中国“家文化”泛化的机制与文化资本》，《学术研究》，2003 年第 11 期。

[46] 樊江春：《中国微观组织中的“家族主义”》，《新华文摘》，1992 年第 5 期。

[47] 高瑞泉：《观念史为何？》，《华东师范大学学报（哲学社会科学版）》，2011 年第 2 期。

[48] 管健：《家族模式的文化探源》，《人民论坛》，2010 年第 4 期。

[49] 何轩、陈文婷、李新春：《赋予股权还是泛家族化——家族企业职业经理人治理的实证研究》，《中国工业经济》，2008 年第 5 期。

[50] 金观涛：《兴盛与危机——论中国社会超稳定结构》，《贵阳师范学院学报》，1979 年。

[51] 金观涛、刘青峰：《中国近现代观念起源研究和数据库方法》，《史学月刊》，2005 年第 5 期。

[52] 李林艳：《弱关系的弱势及其转换——“关系”的一种文化阐释路径》，《社会》，2007 年第 4 期。

［53］李伟民：《中国大陆、香港、台湾中小型工业组织家族化的比较研究》，《中山大学学报（社会科学版）》，1994 年第 1 期。

［54］李新春、陈灿：《家族企业的关系治理：一个探索性研究》，《中山大学学报（社会科学版）》，2005 年第 6 期。

［55］令狐兆鹏：《为思想史研究寻找基点》，《山西师大学报（社会科学版）》，2012 年第 1 期。

［56］田永峰：《企业治理与信用环境——企业治理“泛家族化”现象的新经济社会学分析》，《中国地质大学学报（社会科学版）》，2005 年第 5 期。

［57］王春和、郭笑欣：《中国传统“和谐文化”与家族企业和谐治理》，《管理世界》，2012 年第 7 期。

［58］徐茂名：《传统家族组织中的伦理精神》，《上海师范大学学报（哲学社会科学版）》，2006 年第 2 期。

［59］许晓明：《华夏传统文化与华人企业成长——兼析华人企业“法制化”途径》，《学术研究》，2000 年第 3 期。

［60］杨国枢、余安邦：《中国人的心理与行为——观念与方法篇》，桂冠图书公司 1993 年版。

［61］张宏军：《华人家族企业行为特征及其文化基础》，《江苏商论》，2009 年第 3 期。

［62］张华志：《家族企业的人类学研究：视角和方法》，《西南民族大学学报（人文社科版）》，2006 年第 3 期。

［63］张建华：《生存：20 家有影响力的企业 25 年生存发展历程》，海南出版社 2006 年版。

［64］苏东水：《东方管理学》，复旦大学出版社 2005 年版。

［65］赵渤：《人为价值论纲：价值运行原理与企业价值增长机制》，辽宁人民出版社 2005 年版。

［66］王力、赵渤：《管理学流派思想评注图鉴：历史、方法、趋势》，社会科学文献出版社 2011 年版。

［67］亨利·阿塞尔：《消费者行为和营销策略》，韩德昌等译，机械工业出版社 2000 年版。

［68］袁闯：《论儒家组织人本主义的管理哲学》，《复旦大学学报》，1996 年第 2 期。

［69］（清）阮元校刻：《十三经注疏》，中华书局（北京）1980 年版。

［70］袁闯：《管理哲学》，复旦大学出版社 2005 年版。

［71］芮明杰、李想：《网络状产业链构造与运行：基于模块化分和知识创新的研究》，上海人民出版社 2009 年版。

［72］李海舰、聂辉华：《论企业与市场的相互融合》，《中国工业经济》，2004 年第 8 期。

[73] 胡晓鹏：《从分工到模块化：经济系统演进的思考》，《中国工业经济》，2004年第9期。

[74] 吴照云、余长春：《用服务科学解析价值链》，《中国工业经济》，2011年第4期。

[75] 青木昌彦：《模块化时代——新产业结构的本质》，远东出版社2003年版。

[76] 余东华、芮明杰：《基于模块化网络组织的价值流动与创新》，《中国工业经济》，2008年第12期。

[77] 黄鲁成、陈曦：《国外研发产业主体运行机制分析——以MR&D公司为例》，《科学学与科学技术管理》，2006年第5期。

[78] 金碚：《中国工业的转型升级》，《中国工业经济》，2011年第7期。

[79] 李海舰：《企业无边界发展研究》，《中国工业经济》，2011年第2期。

[80] 陈曦、谢晓非：《关注员工的满意感》，《中国人力资源开发》，2003年第3期。

[81] 丹尼斯·J. 克希尔：《内部营销》，机械工业出版社2000年版。

[82] 赫克塞特、萨塞·施莱辛格：《服务利润链》，华夏出版社1998年版。

[83] 黄焕山：《员工报酬满意度论》，《武汉市经济管理干部学院学报》，2000年第4期。

[84] 黄静：《内部营销与以人为本的企业文化》，《经济管理》，2002年第10期。

[85] 刘帆、黄蕾：《岗位满意度论》，《武汉交通管理干部学院学报》，2000年第3期。

[86] 卢嘉：《如何调查员工满意度》，《中国人力资源开发》，2000年第6期。

[87] 克里斯蒂·格鲁诺斯：《服务市场营销管理》，复旦大学出版社1998年版。

[88] 马庆国：《管理统计》，科学出版社2002年版。

[89] 谢永珍、赵京玲：《企业员工满意度指标体系的建立与评价模型》，《技术经济与管理研究》，2001年第5期。

[90] 杨乃定：《员工满意度模型及其管理》，《中国管理科学》，2000年第1期。

[91] 俞仁龙：《论现代商场的内部营销管理》，《商业企业管理》，2001年第5期。

[92] 袁声莉：《员工满意度实证研究》，《技术经济与管理研究》，2002年第3期。

[93] 赵西萍、刘玲、张长征：《员工离职倾向影响因素的多变量分析》，《中国软科学》，2003年第3期。

[94] 周嵩、喻祥：《如何留住你的销售人员》，《中国商贸》，2002年第3期。

[95] 拉里·C. 斯皮尔斯和米歇尔·劳伦斯、高愉：《服务型领导：卓有成效的管理模式》，孙道银译，人民邮电大学出版社2006年版。

[96] 凌茜、刘芳：《正面领导理论研究述评》，《科学与管理》，2011年第2期。

[97] 凌茜：《公仆型领导的塑造与培养》，《中国人力资源开发》，2007年第6期。

[98] 张秀娟：《公仆型领导对服务氛围与服务质量的影响》，中山大学出版社2009年版。

[99] 艾森哈特:《案例研究方法:理论与范例——凯瑟琳·艾森哈特论文集》,北京大学出版社 2012 年版。

[100] 邓明艳:《饭店服务创新》,《中国市场》,2005 年第 40 期。

[101] 金岩、金燕:《餐饮服务创新研究》,《饭店现代化》,2007 年第 10 期。

[102] 李飞、陈浩、曹鸿星等:《中国百货商店如何进行服务创新——基于北京当代商城的案例研究》,《管理世界》,2010 年第 2 期。

[103] 李应军:《体验经济时代饭店服务创新探讨》,《商场现代化》,2006 年第 20 期。

[104] 刘太萍、赵丹、孙飞:《餐饮服务创新之五大攻略》,《管理科学文摘》2007 年第 7 期。

[105] 刘艳:《谈我国餐饮业的服务营销与服务创新》,《市场周刊:理论研究》,2010 年第 11 期。

[106] 杨敏:《餐饮业的服务创新》,《经营与管理》,2010 年第 4 期。

[107] 张心悦:《餐饮业服务创新实例分析》,《商业时代》,2010 年第 21 期。

[108] 张艳征、盛红:《现代饭店服务创新探讨》,《现代商业》,2011 年第 6 期。

[109] [美] 阿奇·B. 卡罗尔:《企业与社会:伦理与利益相关者管理》,机械工业出版社 2004 年版。

[110] [美] 菲利普·科特勒、南希·李:《企业的社会责任》,机械工业出版社 2006 年版。

[111] [美] 乔·马尔科尼:《公益营销》,机械工业出版社 2005 年版。

[112] [英] 约翰·埃尔金顿:《茧经济——通向"企业公民"模式的企业转型》,上海人民出版社 2005 年版。

[113] 马伊里、杨团:《公司与社会公益》,华夏出版社 2002 年版。

[114] 杨团、葛道顺:《公司与社会公益Ⅱ》,社会科学文献出版社 2003 年版。

[115] 王粤、黄浩明:《跨国公司与公益事业》,社会科学文献出版社 2005 年版 。

[116] 刘连煜:《公司治理与公司社会责任》,中国政法大学出版社 2001 年版 。

[117] 谭深、刘开明:《跨国公司的社会责任与中国社会》,社会科学文献出版社 2003 年版。

[118] 林钦荣:《人力资源管理》(初版),扬智文化事业出版社 1999 年版。

[119] 文崇一:《中国人的价值观》,东大图书公司 1989 年版。

[120] 翁淑缘:《台湾北部地区大学生的价值观与生活型态之研究》,《教育与心理研究》,1995 年第 7 期。

[121] 林善浪、张禹东、伍华佳:《华商管理学》,复旦大学出版社 2006 年版。

[122] 李弘晖:《知识经济下领导新思维》,《联经》,2003 年。

[123] 樊景立、郑伯埙:《华人组织的家长式领导:一项文化观点的分析》,《本土心理学研究》,2000 年第 13 期。

[124] 中国民(私)营经济研究会家族企业研究课题组:《中国家族企业发展报

告》，中信出版社 2012 年版。

[125] 陈凌、李新春、储小平：《中国家族企业的社会角色——过去、现在和未来》，浙江大学出版社 2011 年版。

[126] 范博宏：《关键世代——走出华人家族企业传承之困》，东方出版社 2012 年版。

[127] 陈淑娟：《东方管理视角下中国家族企业接班传承研究》，复旦大学，2011 年。

[128] 苏东水：《管理心理学（第五版）》，复旦大学出版社 2013 年版。

[129] 苏东水、彭贺：《中国管理学》，复旦大学，2006 年。

[130] 朱华友：《我国产业集群研究现状及理论述评》，《资源开发与市场》，2004 年第 20 卷第 2 期。

[131] 王缉慈：《创新的空间——企业集群与区域发展》，北京大学出版社 2003 年版。

[132] 仇保兴：《小企业集群研究》，复旦大学出版社 1999 年版。

[133] 保罗·克鲁格曼：《地理和贸易》，张兆杰译，北京大学出版社 2002 年版。

[134] 克鲁格曼：《发展、地理学与经济理论》，蔡运龙等译，北京大学出版社、中国人民大学出版社 2000 年版。

[135] 苏东水：《产业经济学》，高等教育出版社 2002 年版。

[136] 苏东水：《东方管理》，山西人民出版社 2003 年版。

[137] 杜玉敏、苏慧文：《论网络信息环境下的顾客能力管理》，《外国经济与管理》，2001 年第 11 期。

[138] 菲利普·科特勒：《科特勒新思维：持续营销模型》，中国人民大学出版社 2004 年版。

[139] 胡左浩、郑兆红：《顾客生涯价值概念及其对 CRM 的启示》，《外国经济与管理》，2001 年第 4 期。

[140] 金亮：《顾客资产驱动因素、顾客忠诚与顾客资产之机理研究》，吉林大学博士学位论文，2010 年。

[141] 陆红伟、贾丹华：《App Store 模式——运营商转型的必争之地》，《通信企业管理》，2009 年第 8 期。

[142] 李耀、王新新：《价值的共同创造与单独创造及顾客主导逻辑下的价值创造研究评介》，《外国经济与管理》，2011 年第 9 期。

[143] 倪自银、张思强、韩玉启：《基于产品创新的顾客能力管理及其竞争优势》，《科学学与科学技术管理》，2005 年第 10 期。

[144] 唐跃军、袁斌：《顾客能力及顾客能力导向的竞争》，《经济科学》，2003 年第 4 期。

[145] 武文珍、陈启杰：《价值共创理论形成路径探析与未来研究展望》，《外国经济与管理》，2012 年第 6 期。

[146] 徐薇、岳文锋：《市场份额和顾客份额的演化与兼容》，《科技与管理》，2004 年第 23 卷。

［147］薛海波、王新新：《创建品牌社群的四要素——以哈雷车主俱乐部为例》，《市场营销》，2008 年第 3 期。

［148］成中英：《C 理论：中国管理哲学》，中国人民大学出版社 2006 年版。

［149］徐淑英、刘忠明：《中国企业管理的前沿研究》，北京大学出版社 2004 年版。

［150］曾仕强：《中国式管理》，中国社会科学出版社 2005 年版。

［151］张玉利：《管理学术界与实践界脱节的问题分析》，《管理学报》，2008 年第 5 期。

［152］田广林：《中国传统文化概论（高教版）》，高等教育出版社 1999 年版。

［153］王新婷等：《中国传统文化概论（第二版）》，中国林业出版社 2004 年版。

［154］林之满：《皇家读本资治通鉴》，中国戏剧出版社 2002 年版。

［155］苗东升：《系统科学辩证法》，山东教育出版社 1998 年版。

［156］［美］孙隆基：《中国文化的深层结构》，广西师范大学出版社 2004 年版。

［157］［美］拉里 · A. 萨默瓦等著：《跨文化传播》，闵惠泉等译，中国人民大学出版社 2004 年版。

［158］刘光明：《企业文化（第三版）》，经济管理出版社 2002 年版。

［159］孟建、裴增雨：《网络舆情的收集研判与有效沟通》，五洲传播出版社 2013 年版。

［160］苏东水：《管理学》，东方出版中心 2001 年版。

［161］黄科：《国有企业人本管理研究》，华东师范大学出版社 2006 年版。

［162］许丽平：《国有企业实行人本管理的若干理论思考》，《福建论坛（人文社会科学版）》，2005 年第 11 期。

［163］张少华：《我国国有企业收入分配制度改革历程》，《经营管理者》，2010 年第 22 期。

［164］杨生文、何磊：《限制国企经营者职位消费》，《中国青年报》，2001 年。

［165］童卫华：《我国国有企业高管人员报酬：控制权激励观》，《经济学家》，2005 年第 6 期。

［166］卫超超：《垄断行业收入分配体制改革研究——基于与一般国有行业的比较分析》，《商业时代》，2012 年。

［167］刘建利：《中国国有企业人本管理》，中国经济出版社 2008 年版。

［168］亓永静：《国有上市公司高管薪酬调控机制研究》，西南大学，2010 年。

［169］王倩：《对我国国有垄断企业高薪酬问题的探究》，《价格理论与实践》，2012 年第 12 期。

［170］杜运周、任兵、陈忠卫、张玉利：《先动性，合法化与中小企业成长——一个中介模型及其启示》，《管理世界》，2008 年第 12 期。

［171］李雪灵、马文杰、于晓宇、董保宝：《中国新企业社会关系的特征与演化：情感性关系和工具性关系》，《吉林大学社会科学学报》，2013 年第 1 期。

［172］苏宗伟、苏东水：《“五缘”理论在海西发展中的地位与作用》，《福建师范

大学学报（哲学社会科学版）》，2011 年第 1 期。

［173］彼得·F. 德鲁克：《知识管理》，杨开峰译，中国人民大学出版社 1999 年版。

［174］陈傲、柳卸林、吕萍：《创新系统各主体间的分工与协同机制研究》，《管理学报》，2010 年第 10 期。

［175］陈建安、王建彤、徐刚：《专业镇协同创新公共服务平台的转型升级——以中山市为例》，《科技进步与对策》，2012 年第 22 期。

［176］董保宝、葛宝山、王侃：《资源整合过程、动态能力与竞争优势：机理与路径》，《管理世界》，2011 年第 3 期。

［177］何似龙、施祖留：《转型时代管理学导论》，河海大学出版社 2001 年版。

［178］何郁冰：《产学研协同创新的理论模式》，《科学学研究》，2012 年第 2 期。

［179］赫尔曼·哈肯：《高等协同学》，郭治安译，科学出版社 1989 年版。

［180］黄速建、黄群慧：《现代企业管理：变革的观点》，经济管理出版社 2007 年版。

［181］吉国秀、王伟光：《产业集群与区域竞争合作机制：一种基于社会网络的分析》，《中国科技论坛》，2006 年第 3 期。

［182］李嘉明、甘慧：《基于协同学理论的产学研联盟演化机制研究》，《科研管理》，2009 年第 3 期。

［183］刘明宇：《产业创新模式升级与创新竞争》，《社会科学》，2009 年第 4 期。

［184］彭纪生：《论技术协同创新模式及建构》，《 研究与发展管理》，2000 年第 5 期。

［185］秦志华、刘艳萍：《商业创意与创业者资源整合能力拓展——白手起家的创业案例分析及理论启发》，《管理世界》，2009 年第 2 期。

［186］王毅、袁宇航：《新产品开发中的平台战略研究》，《中国软科学》，2003 年第 4 期。

［187］乌兰图雅：《日本筑波研究学园城市模式的构建及启示》，《天津大学学报（社会科学版）》，2007 年第 5 期。

［188］吴悦、顾新：《产学研协同创新的知识协同过程研究》，《中国科技论坛》，2012 年第 10 期。

［189］易经章、胡振华、朱豫玉：《基于企业竞争合作行为的产业集群创新机制模型构建》，《统计与决策》，2010 年第 3 期。

［190］余雅风、郑晓齐：《大学—企业协同技术创新的资源标准》，《科学管理研究》，2002 年第 1 期。

［191］约翰 ·P. 科特、詹姆斯 ·L. 赫斯科特：《企业文化与经营业绩》，李晓涛译，中国人民大学出版社 2004 年版。

［192］张力：《协同创新意义深远》，《光明日报》，2011 年 5 月 6 日。

［193］张阳、黄放、唐震：《多边市场的平台战略：基本结构及发展对策》，《管理

创新、智能科技与经济发展研讨会论文集》，南昌，2012 年。

［194］郑刚、朱凌、金珺：《全面协同创新：一个五阶段全面协同过程模型》，《管理工程学报》，2008 年第 2 期。

［195］周三多、邹统钎：《战略思想管理史》，复旦大学出版社 2005 年版。

［196］埃德加 · H. 沙因：《企业文化与领导》，朱明伟等译，中国友谊出版社 1989 年版。

［197］丁越兰、骆娜：《组织文化认同内在层次与情绪工作的关联性分析》，《上海管理科学》，2012 年第 4 期。

［198］郭珍：《论情感管理》，《企业活力》，2005 年第 4 期。

［199］纪晓丽、曾艳、凌玲：《组织支持感与工作绩效关系的实证研究》，《工业工程》，2008 年第 4 期。

［200］李珺平：《抒情学本体论追问——中西情绪情感理论综合研究》，《湛江师范学院学报（哲学社会科学版）》，1999 年第 3 期。

［201］刘毅：《饭店企业一线员工情绪特质、情绪劳动策略与服务绩效关系的实证研究》，东北财经大学，2012 年。

［202］刘劭、李贺（译）：《鉴人智源》，企业管理出版社 2003 年版。

［203］刘建、马虹：《组织情绪文化作用研究》，《山东纺织经济》，2009 年第 2 期。

［204］M. 艾森克：《心理学——一条整合的途径》，华东师范大学出版社 2000 年版。

［205］孟绍兰：《情绪心理学》，北京大学出版社 2005 年版。

［206］马向真、王章莹：《论情绪管理的概念界定》，《东南大学学报（哲学社会科学版）》，2012 年第 4 期。

［207］尼尔 · 戈尔曼：《情绪智商》，上海科学技术出版社 1997 年版。

［208］潘晓云：《基于个体、团队视角冲突与情绪的研究》，复旦大学，2008 年。

［209］粟科华：《怎样控制和消除消极情绪》，《施工企业管理》，2009 年第 7 期。

［210］王丽霞：《“情绪管理”内涵的探讨》，《社会心理科学》，2010 年第 6 期。

［211］燕国才：《〈尚书〉〈左传〉〈国语〉的心理学思想研究》，《心理科学》，1994 年第 4 期。

［212］闫维波：《企业组织的人格化思考》，《中外企业家》，2010 年第 4 期。

［213］赵俐丽：《情绪资本管理在企业管理中的应用》，《决策与信息（下旬刊）》，2011 年第 2 期。

［214］赵富强、李海婴：《论知识经济下企业组织情商构建的路径依赖》，《管理研究》，2003 年第 4 期。

［215］张剑：《员工情绪与管理》，清华大学出版社、北京交通大学出版社 2009 年版。

［216］张德、余玲艳、杨旸：《中国企业员工情绪管理实践与思考》，《中国人

才》，2008 年第 5 期。

[217] 曾智、申俊龙：《组织中情绪管理研究的发展与现状》，《社会科学管理与评论》，2013 年第 2 期。

[218] 张景元、高珊：《我国网络文化产业监管方面存在的问题剖析》，《吉林艺术学院学报》，文化艺术产业研究，2010 年。

[219] 丁烈云、赵刚：《网络文化安全及其监管关键技术研究》，《信息网络安全》，2007 年第 10 期。

[220] 郑永晓、汤俏：《"网络暴力"喧嚣背后的政治与文化——兼论近年来网络文化的监管与疏导》，《西北师大学报（社会科学版）》，2009 年第 6 期。

[221] 冯骅、黄禄梁、杨怡洋：《网络文化市场的管理行为研究——基于政府对网络监管的研究》，《中国报业》，2012 年第 4 期。

[222] 李中华：《文化产业管理模式探析》，《商场现代化》，2005 年第 9 期。

[223] 季峰：《文化市场监管宜和谐执法》，《新疆大学学报（哲学 · 人文社会科学版）》，2007 年第 3 期。

[224] 仇小敏、高剑平：《发展文化产业与文化体制创新论略》，《学术论坛》，2005 年第 5 期。

[225] 姬汝茂：《我国文化产业的管理体制改革研究》，《商场现代化》，2008 年第 6 期。

[226] 傅真鹏、余姚：《探索农村文化市场监管新方法》，《宁波经济》，2012 年第 2 期。

[227] 李宁：《"自由市场"还是"文化例外"——美国与法—加文化产业政策比较及其对中国的启示》，《世界经济与政治论坛》，2006 年第 5 期。

[228] 房国良：《一种文化市场行政执法监管指挥系统的设计》，《计算机与现代化》，2012 年第 8 期。

[229] 解学芳：《科技发展与文化产业管理制度建构的逻辑演进》，《科学学研究》，2010 年第 12 期。

[230] 彼得 · 圣吉著：《第五项修炼》，郭进隆译，中国台北天下文化出版社 1994 年版。

[231]（宋）徐子平：《渊海子平》，海南出版社 2002 年版。

[232] 万民英、陈明点：《三命通会》，中国广播电视出版社 2006 年版。

[233] 苏勇：《东方管理评论》，复旦大学出版社 2001 年版。

[234] 苏勇：《东方管理案例精选》，复旦大学出版社 2008 年版。

[235] 张力文：《中国哲学范畴发展史（天道篇）》，中国人民大学出版社 1988 年版。

[236] 葛晋荣：《中国哲学智慧与现代企业管理》，中国人民大学出版社 2006 年版。

[237] 李雪峰：《中国管理学——融通古今的管理智慧》，中国人民大学出版社 2005 年版。

［238］成中英：《面对文明社会：伦理、管理和治理》，《西安交通大学学报》，2007 年第 4 期。

［239］成中英：《文化、伦理与管理》，贵州人民出版社 1991 年版。

［240］戴木才：《管理的伦理法则》，江西人民出版社 2001 年版。

［241］方宝璋：《宋代管理思想——基于政策工具视角的研究》，经济管理出版社 2011 年版。

［242］方金：《企业伦理管理理论与我国民营企业的伦理管理实践研究》，山东农业大学，2002 年。

［243］弗兰克·K. 索能伯格：《凭良心管理》，游自珍译，中国经济出版社 1997 年版。

［244］龚贤：《秦汉管理思想》，经济管理出版社 2011 年版。

［245］龚贤：《隋唐管理思想》，经济管理出版社 2012 年版。

［246］胡宁：《伦理管理：概念特性与界定》，《长沙理工大学学报》，2011 年第 4 期。

［247］胡宁：《伦理管理研究》，中南大学，2010 年。

［248］胡燕祥：《论中国儒家传统管理思想对现代企业管理的负面影响》，《经济师》，1999 年第 5 期。

［249］黄如金：《和合管理》，经济管理出版社 2006 年版。

［250］霍金森：《领导哲学》，云南人民出版社 1987 年版。

［251］克劳德·小乔治：《管理思想史》，孙耀君译，商务印书馆 1985 年版。

［252］雷恩：《管理思想的演变》，孙耀君等译，中国社会科学出版社 1986 年版。

［253］林俊俊：《〈荀子〉管理哲学思想研究》，华东师范大学，2012 年。

［254］刘刚：《传统管理思想在现代企业中运用的逻辑框架与制度建设——基于利益相关者理论的视角》，《中国软科学》，2009 年第 12 期。

［255］刘小芳：《试论中国传统管理思想对当代企业管理思想的影响》，《西藏民族学院学报》，2004 年第 4 期。

［256］涩泽荣一：《论语与算盘》，台湾允晨文化事业公司，1987 年。

［257］汤正华：《中西管理伦理融合的逻辑分析与模型构建》，《中国软科学》，2005 年第 2 期。

［258］唐玛丽·德里斯科尔、迈克·霍夫曼：《价值观驱动管理》，徐大建译，上海人民出版社 2005 年版。

［259］吴金瓯：《〈管子〉的管理伦理观及其现代转化》，湖南师范大学，2002 年。

［260］吴照云：《管理学》，中国社会科学出版社 2011 年版。

［261］吴照云：《中国管理思想史》，经济管理出版社 2012 年版。

［262］伊藤肇：《东方人的经营智慧》，琪辉编译，光明日报出版社 2003 年版。

［263］余焕新：《儒家行为管理》，经济管理出版社 2012 年版。

［264］钟尉：《兵家战略管理》，经济管理出版社 2011 年版。

［265］钟尉：《先秦兵家思想战略管理特质研究》，经济管理出版社 2012 年版。

［266］周书俊：《先秦管理思想中的人性假设》，经济管理出版社 2011 年版。

［267］周祖城：《管理与伦理结合：管理思想的深刻变革》，《南开学报》，1999 年第 3 期。

［268］周元林：《中国奶业路在何方——基于对三鹿婴幼儿奶粉事件的思考》，《中国奶牛》，2009 年第 2 期。

［269］王莹：《完善产业链条才能重建双汇品牌》，《新京报》，2011 年 4 月 1 日。

［270］康微：《品牌与诚信》，《中国青年政治学院学报》，2002 年第 6 期。

［271］林开勇：《诚信危机：中国企业品牌战略面临的突出问题》，《黑河学刊》，2005 年第 4 期。

［272］张淑云：《塑造企业诚信的品牌形象》，《大众科技》，2005 年第 11 期。

［273］冯军：《关于品牌诚信的思考》，《特区经济》，2006 年第 1 期。

［274］高薇：《品牌——诚信积淀的结晶》，《山西高等学校社会科学学报》，2008 年第 7 期。

［275］朱玉珍、周柏春：《论基于诚信文化的品牌驰名》，《生产力研究》，2010 年第 12 期。

［276］张中：《诚信是企业品牌建设的基石》，《中国品牌与防伪》，2012 年第 8 期。

［277］张雁白、梁馨月、赵金峰：《从“欧典事件”谈企业品牌诚信机制的构建》，《中国市场》，2006 年第 41 期。

［278］李静：《中国食品安全监管制度有效性分析——基于对中国奶业监管的考察》，《武汉大学学报》（哲学社会科学版），2011 年第 2 期。

［279］张孝若：《民国丛书》第 3 编，上海书店出版社 1991 年版。

［280］陆费逵：《实业家之修养》，中华书局出版社 1929 年版。

［281］赵靖：《中国近代民族实业家经营管理思想》，云南人民出版社 1988 年版。

［282］薛明剑：《工场设计及管理》，华新书局 1927 年版。

［283］理查德·坎蒂隆：《商业性质概论》，商务印书馆 1986 年版。

［284］萨伊：《政治经济学概论》，陈福生等译，商务印书馆 1997 年版。

［285］马歇尔：《经济学原理》（下卷），商务印书馆 1991 年版。

［286］李泽厚：《中国古代思想史论》，人民出版社 1985 年版。

［287］A. J. M. 米尔恩：《人的权利和人的多样性——人权哲学》，夏勇译，中国大百科全书出版社 1997 年版。

［288］威尔·金里卡：《当代政治哲学》，刘莘译，上海三联书店 2004 年版。

［289］丁学良：《辩论“中国模式”》，社会科学文献出版社 2011 年版。

［290］姚中秋：《中国变革之道：当代中国的治理秩序及其变革方略》，法律出版社 2011 年版。

［291］梁晓声：《中国社会各阶层社会分析》，北京文化艺术出版社 2011 年版。

［292］余涌：《道德权利研究》，中央编译出版社 2001 年版。

[293] 黄政、任荣明：《日本企业社会责任及其给我国的启示》，《上海管理科学》，2008年第6期。

[294] 刘敏：《我国中小企业人力资源管理问题及对策分析——基于SA8000》，《现代商贸工业》，2011年第23期。

[295] 翟冠慧：《谢尔顿与公司社会责任起源有关问题研究》，《前沿》，2011年第2期。

[296] 孙会、徐永其：《企业社会责任前移视角下小微企业人力资源管理对策》，《企业经济》，2012年第9期。

[297] 徐尚昆、杨汝岱：《企业社会责任概念范畴的归纳性分析》，《中国工业经济》，2007年第5期。

[298] 喻剑利、曲波：《社会责任标准体系下的我国中小企业人力资源管理策略》，《科技进步与对策》，2000年第9期。

[299] 郑启福：《推行社会责任标准SA8000构建和谐劳动关系》，《北京邮电大学学报（社会科学版）》，2006年第8期。

[300] 佐藤孝弘：《社会责任对公司治理的影响——美国、日本、德国的比较》，《东北大学学报（社会科学版）》，2009年第11期。

[301] 张雨明：《日本企业社会责任对我国的启示》，《中小企业管理与科技》，2009年第9期。

[302] 毛蕴诗：《全社会要围绕绿色全产业链，践行低碳环保运作》，《国际商报》，2013年3月14日。

[303] 毛蕴诗：《乔布斯：苹果命题——苹果是什么企业》，《清华管理评论》，2012年10月。

[304] 李维安、王世权：《利益相关者治理理论研究脉络及其进展探析》，《外国经济与管理》，2007年第4期。

[305] 汪大海、张建伟：《在华跨国公司企业社会责任评价体系构建——基于慈善公益的视角》，《北京工业大学学报（社会科学版）》，2012年第6期。

[306] 徐二明、郑平：《中国转型经济背景下的跨国公司在华企业社会责任研究》，《经济界》，2007年第3期。

[307] 单娟：《析跨国公司弱化在华企业社会责任问题》，《经济研究导刊》，2008年第19期。

[308] 杨丹辉：《跨国公司的社会责任及其制度约束》，《经济管理》，2004年第3期。

[309] 谭深、刘开明：《跨国公司的社会责任与中国社会》，社会科学文献出版社2003年版。

[310] 包亚明：《文化资本与社会炼金术——布尔迪厄访谈录》，上海人民出版社1997年版。

[311] 单士兵：《警惕“家庭资本”影响社会公平》，《中国经济时报》，2008年第

9 期。

[312] 戴维·斯活茨:《文化与权力:布尔迪厄的社会学》,陶东风译,上海译文出版社 2006 年版。

[313] 皮埃尔·布尔迪厄、华康德:《实践与反思——反思社会学导引》,李猛、李康译,中央编译出版社 1998 年版。

[314] 川岛武宜:《现代化与法》,申政武译,中国政法大学出版社 2004 年版。

[315] G. A. 科亨、阿拉托:《社会理论与市民社会》,李强译,载邓正来、亚历山大:《国家与市民社会——一种社会理论的研究路径》,中央编译出版社 1999 年版。

[316] Sturgeon T. J., 2004, "Modularity Production Networks: A New American Model of Industrial Organization", Journal of Industrial and Corporate Change, Vol. 14, pp. 412-451.

[317] Chesbrough, H. Open, 2003, Innovation: The New Imperative For Creating and Profiting from Technology, Harvard Business School Press.

[318] Bernard, B., 1985, Leadership and Performance beyond Expectations, Free Press.

[319] Barbuto, J. E. D. W. and Wheeler, 2006, "Scale Development and Construct Clarification of Servant Leadership", Group & Organization Management, Vol. 31, pp. 300-326.

[320] Ehrhart, M. G., 2004, "Leadership and Procedural Justice Climate as Antecedents of Unit-level Organizational Citizenship Behavior", Personnel Psychology, Vol. 57, pp. 61-94.

[321] House, R. J. and R. N. Aditya, 1997, "The Social Scientific Study of Leadership: Quo Vadis?" Journal of Management, Vol. 23, pp. 409-473.

[322] Laub, J. A., 1999, Assessing the Servant Organization: Development of the Servant Organizational Leadership Assessment (OLA) Instrument (Ph. D. Dissertation), FL: Florida Atlantic University.

[323] Luthans, F., 2002, "Positive Organizational Behavior: Developing and Managing Psychological Strength", Academy of Management Executive, Vol. 16, pp. 57-72.

[324] Robert, K. G. 1973, The Servant As Leader, Center for Applied Studies Press.

[325] Sendjaya, S. and J. C. Sarros, 2002, "Servant Leader-ship: Its Origin, Development and Application in Organizations", Journal of Leadership and Organization Studies, Vol. 9, pp. 57-64.

[326] Sendjaya, S., J. C. Sarros and J. C. Santora, 2008, "Defining and Measuring Servant Leadership Behaviour in Organizations", Journal of Management Studies, Vol. 45, pp. 402-424.

[327] Jones, 1996, "Managing Hospitality Innovation", Cornell Hotel and Restaurant Administration Quarterly, Vol. 27 (3), pp. 86-95.

[328] Ottenbacher M., Gnoth J., 2005, "How to Develop Successful Hospitality Innovation", Cornell Hotel and Restaurant Administration Quarterly, Vol. 46 (2), pp. 205-222.

[329] Boyacigiller, N. and Adler, N. J., 1991, "The Parochial Dinosaur: The Organizational Sciences in a Global Context", Academy of Management, Vol. 16, pp. 1-32.

[330] Meade, R. D., 1970, "Leadership Studies of Chinese and Chinese-American", Journal of Cross-Cultural Psychology, Vol. 1, pp. 325-332.

[331] Redding, S. G., 1983, "Management Style: East and West", Orient Airlines Association Manila Conference.

[332] Bennis, W. G., 1984, "The Four Competencies of Leader-ship", Training and Development Journal, pp. 15-19.

[333] Richards, D. and Engle, S., 1986, "After the Vision: Suggestions to corporate Visionaries and Vision Champions", Transforming Leadership, Alexandria, VA: Miles River Press.

[334] House, R. J., Hanges, P. J., Ruiz-Quintanilla, S. A., Dor-fman, P. W., Javidan, M., Dickson, M., 1999, "Cultural Influences on Leadership and Organization: Project GLOBE", Advances in Global Leadership, Stamford, CT: JAI Press.

[335] Stogdill, R. M., 1974, Handbook of Leadership: A Survey of Theory and Research, New York: Free Press.

[336] Goleman, D. Mckee, A., Boyatzis, R., 2002, Primal Leadership, Boston: Harvard Business School Press.

[337] Rue, L. W. and Byars, L. L., 1997, Management: Skill and Application (8th Ed), London: McGraw Hill Company.

[338] Lewin, K., White, R. K. and Lippitt, R., 1953, "Leader Behavior and Member Reaction in Three Social Climates", Group Dynamics: Research and Theory, Vol. 14, pp. 385-611.

[339] Hersey, P. and Blanchard, K. H., 1977, Management of Organizational Behavior (3rd Ed.), Englewood Cliffs, NJ: Prentice Hall.

[340] Porter, M. E. 1998, The Adam Smith Address: Location, Clusters, and the "New" Microeconomics of Competition. The National Association of Business Economists, 33 (1): 7-17.

[341] Porter, M. E. 2000, Locations, Clusters, and Company Strategy. In: Clark, G. L., Feldman, M. P. and Gertler, M. S. (Eds.): The Oxford Handbook of Economic Geography. 253-274. Oxford: Oxford University Press.

[342] Berger, P. D. and Nasr, N. I., 1998, "Customer Lifetime Value: Marketing Models and Applications", Journal of Interactive Marketing, Vol. 12, pp. 17-30.

[343] Cova B. and Cova V., 2002, "Tribal Marketing: The Tribalisation of Society and Its Impact on the Conduct of Marketing", European Journal of Marketing, Vol. 36 (5/6),

pp. 595-620.

[344] Cova B. and Salle R. , 2008, "Co-creating Value with Customer Network Actors", Industrial Marketing Management, Vol. 37 (3), pp. 270-277.

[345] Cova B. and Dalli D. , 2009, "Working Consumers: The Next Step in Marketing Theory? " Marketing Theory, Vol. 9 (3), pp. 315-339.

[346] Jackson D. R. , 1994, "Strategic Application of Customer Lifetime Value in the Direct Marketing Environment", Journal of Targeting, Measurement and Analysis for Marketing, Vol. 3 (1), pp. 9-17.

[347] Jill Griffin, 2002, Customer Loyalty: How to Earn It How to Keep It, Jossey Bass Press.

[348] Prahalad C. K. and Ramaswamy V. , 2000, "Co-opting Customer Competence", Harvard Business Review, Vol. 78 (1-2), pp. 79-91.

[349] Prahalad C. K. and Ramaswamy V. , 2004, "Co-creation Experiences: The Next Practice in Value Creation", Journal of Interactive Marketing, Vol. 3 (1), pp. 5-14.

[350] Stephen L. Vargo and Robert F. Lusch, 2004, "Evolving to a New Dominant Logic for Marketing", Journal of Marketing, Vol. 68 (1), pp. 1-17.

[351] Grönroos C, 2008, "Service Logic Revisited: Who Creates Value? and Who Co-creates? " European Business Review, Vol. 20 (4), pp. 298-314.

[352] Bo Pang and Lillian Lee, 2008, "Opinion Mining and Sentiment Analysis", Foundations and Trends in Information Retrieval, Vol. 2, pp. 1-135.

[353] Arnould, E. J. and Wallendorf, M. , 1994, "Market-oriented Ethnography: Interpretation Building and Marketing Strategy Formulation", Journal of Marketing Research, Vol. 31.

[354] Atuahene-Gima, K. & Li, H. , 2000, "Marketing' s Influence Tactics in New Product Development: A Study of High Technology Firms in China", Journal of Product Innovation Management, Vol. 17, pp. 451-470.

[355] Berger, P. and Luckman, T. L. , 1966, The Social Construction of Knowledge: A Treatise on the Sociology of Knowledge, Garden City, NY: Doubleday.

[356] Cotte, J. and Kistruck, G. , 2006, "Discerning Marketers' Meanings: Depth Interviews with Sales Executives", Handbook of Qualitative Marketing Research, Northampton, MA: Edward Elgar Publishing.

[357] Denzin, N. K. , 1989, "Interpretive Interactionism", Applied Social Research Method Series, Newbury Park, CA: Sage Publications, Vol. 16.

[358] Gergen, K. , 1999, An Invitation to Social Construction, London: Sage.

[359] Kotler, P. , 2003, Marketing Management (ed.), Upper Saddle River, NJ: Prentice Hall.

[360] LeCompte, M. D. and Schensul, J. J. , 1999, Designing & Conducting Ethno-

graphic Research, London: Sage Publications.

[361] LeCompte, M. D. and Preissle, J. P., 1993, Ethnography and Qualitative Design in Educational Research (2nd ed.), San Diego, CA: Academic Press.

[362] Schouten, J. W. and McAlexander, J. H., 1995, "Subcultures of Consumption: An Ethnography of the New Bikers", Journal of Consumer Research, Vol. 22, pp. 43-61.

[363] Workman, J. P. Jr., 1993, "Marketing's Limited Role in New Product Development in One Com.

[364] Chen C. C., Chen Y., Xin K., 2004, "Guanxi Practices and Trust in Management: A Procedural Justice Perspective", Organization Science, Vol. 15, No. 2, pp. 200-209.

[365] Cohen J., Cohen P., 1975, Applied Multiple Regression/correlation Analysis for the Behavioral Sciences, Lawrence Erlbaum.

[366] Faccio M., 2006, "Politically Connected Firms", The American Economic Review, Vol. 96, No. 1, pp. 369-386.

[367] Gu F. F., Hung K., Tse D. K., 2008, "When Does Guanxi Matter? Issues of Capitalization and Its Dark Sides", Journal of Marketing, Vol. 72. No. 4, pp. 12-28.

[368] Hwang K., 1987, "Face and Favor: The Chinese Power Game", American Journal of Sociology, Vol. 92, No. 4, pp. 944-974.

[369] Li J. J., Zhou K. Z., Shao A. T., 2008, "Competitive Position, Managerial Ties and Profitability of Foreign Firms in China: An Interactive Perspective", Journal of International Business Studies, Vol. 40, No. 2, pp. 339-352.

[370] Luo X., Chung C., 2005, "Keeping it All in the Family: The Role of Particularistic Relationships in Business Group Performance During Institutional Transition", Administrative Science Quarterly, Vol. 50, No. 3, pp. 404-439.

[371] Luo Y., 2006, "Political Behavior, Social Responsibility and Perceived Corruption: A Structuration Perspective", Journal of International Business Studies, Vol. 37, No. 6, pp. 747-766.

[372] Luo Y., Huang Y., Wang S. L., 2012, "Guanxi and Organizational Performance: A Meta - Analysis", Management and Organization Review, Vol. 8, No. 1, pp. 139-172.

[373] Peng M. W., Luo Y., 2000, "Managerial Ties and Firm Performance in a Transition Economy: The Nature of a Micro-macro Link", Academy of Management Journal, Vol. 43, No. 3, pp. 486-501.

[374] Schuler D. A., Rehbein K., Cramer R. D., 2002, "Pursuing Strategic Advantage through Political Means: A Multivariate Approach", Academy of Management Journal, Vol. 45, No. 4, pp. 659-672.

[375] "Contingent Political Capital and International Alliances: Evidence from South Korea", Administrative Science Quarterly, Vol. 52, No. 4, pp. 621-666.

[376] Suchman M. C., 1995, "Managing Legitimacy: Strategic and Institutional Approaches", Academy of Management Review, Vol. 20, No. 3, pp. 571-610.

[377] Triandis H. C., 1995, Individualism & Collectivism, Westview Press.

[378] Uzzi B., 1997, "Social Structure and Competition in Interfirm Networks: The Paradox of Embeddedness", Administrative Science Quarterly, Vol. 42, No. 1, pp. 35-67.

[379] Adams J. D., Chiang E P, Starkey K., 2001, "Industry - University Cooperative Research Centers", Journal of Technology Transfer, Vol. 26, pp. 73-86.

[380] Anklam P., 2002, "Knowledge Management: the Collaboration Thread", Bulletin of the American Society for Information Science and Technology, Vol. 28, pp. 8-11.

[381] Ansoff H., 1987, Corporate Strategy, Revised Edition, New York: McGraw Hill Company, pp. 35-83.

[382] Chen M. J., Su K. H., Tsai W., 2007, "Competitive Tension: The Awareness - Motivation - Capability Perspective", Academy of Management Journal, Vol. 50, pp. 101-118.

[383] Collis D. J., Montgomery C. A., 1995, "Competing on Resources: Strategy in 1990s", Harvard Business Review, Vol. 7-8, pp. 118-128.

[384] Eisenmann T., Parker G., Van Alstyne M. W., 2006, "Strategies for Two-Sided Markets", Harvard Business Review, Vol. 10, pp. 92-101.

[385] Floresa M., Boer C., Huber C., Pluss A., Schoch R., Pouly M., 2009, "Universities as Key Enablers to Develop New Collaborative Environments for Innovation: Successful Experiences from Switzerland and India", International Journal of Production.

[386] Freeman C., 1991, "Networks of Innovators: a Synthesis of Research Issues", Research Policy, Vol. 20, pp. 499-514.

[387] Freeman C., 1987, Technology Policy and Economic Performance: Lessons from Japan, London: Pinter.

[388] Gawer A., Henderson R., 2007, "Platform Owner Entry and Innovation in Complementary Markets: Evidence from Intel", Journal of Economics & Management Strategy, Vol. 16, pp. 4.

[389] Gloor P. A. Swarm, 2006, Creativity: Competitive Advantage through Collaborative Innovation Networks, Oxford University Press.

[390] Karandikar H., Nidamarthi S., 2007, "Implementing a Latform Strategy for a Systems Business via Standardization", Journal of Anufacturing Technology Management, Vol. 18, pp. 267-280.

[391] Kareborn B. B., Stahlbrost A., 2009, "Living Lab: an Open and Citizen-centric Approach for Innovation", Innovation and Regional Development, Vol. 1, pp. 357.

[392] Muffatto M., Roveda M., 2000, "Developing Product Platforms: Analysis of the Development Process", Technovation, Vol. 20, pp. 617-630.

[393] Nelson R. R., 1993, National Systems of Innovation: A Comparative Study, Oxford: Oxford University Press.

[394] Parker G., Alstyne M. V., 2012, "A Digital Postal Platform: Definitions and a Roadmap", The MIT Center for Digital Business, Vol. 1, pp. 1-31.

[395] Polley T. R., Clegg S. R., 1999, "Managing Collaborative Quality: A Challenging Innovation", Creativity and Innovation Management, Vol. 8, pp. 37-47.

[396] Poppo L., Zinger T., 2002, "Do Formal Contracts and Elational Overnance Unction As Ubstitutes romplements?" Strategic Management Journal, Vol. 23, pp. 707-725.

[397] Teece D. J., Pisano G., Schuen A., 1997, "Dynamic Capabilities and Strategic Management", Strategic Management Journal, Vol. 18, pp. 509-533.

[398] Tsai C. L., 2013, "The Role of Dynamic Platform Strategy in Achieving Competitive Advantage", Barcelona: The35th RUID Celebration Conference, June 17-19.

[399] Armeli S., Eisenberger R., Fasolo P., et al., 1998, "Perceived Organizational Support and Police Performance: The Moderating Influence of Socioemotional Needs", Journal of Applied Psychology, pp. 288-297.

[400] Campos, J. J., Campos, R. G. and Barrat, K. G., 1989, "Emergent Themes in the Study of Emotional Development and Emotion Regulation", Development Psychology, Vol. 25, pp. 394-402.

[401] Campbell, J. P. & Scarpello, V., 1983, "Job Satisfaction: Are all the Parts There", Personnel Psychology, Vol. 36, pp. 577-600.

[402] Denzin, N. K., 1984, On Understanding Human Emotion, San Francisco:: Jossey-Bass.

[403] Damasio, A., 2001, "Fundamental Feelings", Nature, 413, 781.

[404] Druskat V. U., Wolff S. B., 2001, "Building the Emotional Intelligence of Groups", Harvard Business Review, Vol. 3, pp. 81-89.

[405] Frijda, N. H., 1986, The Emotions, Cambridge: Cambridge University Press.

[406] George J. M. & Brief A. P., 1992, "Feeling Good-doing Good: A Conceptual Analysis of the Mood at Work - organizational Spontaneity Relationship", Psychological Bulletin, Vol. 112.

[407] Hochschild, A., 1979, "Emotion Work, Feeling Rules and Social Structure", American Journal of Sociology, Vol. 85 (3), pp. 551-575.

[408] Izard, C. E., 1991, The Psychology of Emotions, New York: Plenum Press.

[409] James, W., 1884, "What is an Emotion?" Mind, Vol. 9, pp. 188-205.

[410] Linda Rhoades, Robert Eisenberger, 2002, "Perceived Organizational Support:

A Review of the Literature", Journal of Applied Psychology, Vol. 4.

[411] Mayer, J. D., Caruso, D. R., Salovey, P., 2003, "Measuring Emotional Intelligence with the MSCEIT V2. 0", Emotion, Vol. 3 (1), pp. 97-105.

[412] McMillian R., 1997, Customer Satisfaction and Organizational Support for Service Providers, Doctoral Dissertation, USA: University of Florida.

[413] Scherer, K., 1993, "Neuroscience Projections to Current Debates in Emotion Psychology", Cognition and Emotion, Vol. 7 (1), pp. 1-41.

[414] S. Bolton, C. Boyd, 2003, "Trolley Dolly or Skilled Emotion Manager? Moving on from Hochschild's Managed Heart", Work, Employment and Society, Vol. 17 (2), pp. 289-308.

[415] Terence E. Deal, Allan A. Kennedy, Corporate Cultures: The Rites and Rituals of Corporate Life, Addison-Wesley, pp. 82-85.

[416] Young, P. T., 1975, Understanding Your Feelings and Emotions, Englewood Cliffs, NJ: Prentice Hall.

[417] Zajonc, R. B., 2000, "Closing the Debate on the Primacy of Affect", in J. P. Forgas (Ed.), Feeling and Thinking: The Role of Affect in Social Cognition, New York: Cambridge Univ. Press.

[418] Vanessa Urch Druskat, Steven B. Wolff. Building Emotional Intelligence of Groups. Harvard Business Review, 2001.

[419] Connie Zheng and David Almond, 2009, "A Chinese Style of HRM: Exploring the Ancient Texts", Chinese Management Studies, Vol. 3.

[420] Luk Bouckaert, 2006, "Ethical Management Paradox", Interdisciplinary Yearbook of Business Ethics. Vol. 1.

[421] Kenneth Blanchard and Norman Vincent Peale, 1988, The Power of Ethical Management, New York: Fawcett Crest.

[422] Viscusi W. K., John M. Veron, Joseph E. Harrington, Jr., 2003, Economies of Regulation and Antitrust, the MIT Press.

[423] William H. Sperber, 2005, "HACCP Does Not Work from Farm Totable", Food Control, Vol. 16, pp. 511-514.

[424] Stringer M. F., Hall M. N., 2007, "A Generic Model of the Integrated Food Supply Chain to Aid the Investigation of Food Safety Break-downs", Food Control, Vol. 18, pp. 755-765.

[425] Furey T. R., 1993, "A Six-Step Guide to Process Reengineering", Planning Review, Vol. 5, pp. 20-23.

[426] Carroll A. B., 1979, "A Three Dimensional Conceptual Model of Corporate Performance", Academy of Management Review, Vol. 4, pp. 497-505.

[427] Oliver Sheldon, 1924, "The Social Responsibility of Management (Excepts from

ChapterⅢ) ", The Philosophy of Management, London: Sir lsaac Pitman and Sons Ltd, reprinted 1965.

[428] Aviva Geva, 2008, "Three Models of Corporate Social Responsibility: Interrelationships between Theory, Research and Practice", Business and Society Review, Vol. 113, pp. 1-41.

[429] Wheeler D. and Maria S., 1998, "Including the Stake-holders: The Business Cade", Long Range Planning, Vol. 31, pp. 201-210.

[430] Max E. Clarkson, 1994, "A Stakeholder Framework for Analyzing and Evaluating Corporate Social Performance", Academy of Management Review, Vol. 20, pp. 92-117.

[431] Miles, M. B., and Huberman, A. M., 1994, Qualitative Data Analysis: An Expanded Sourcebook, 2nd ed, Thousand Oaks, CA: Sage.

[432] Porter, M. E. and Kramer, M. R., 2006, "Strategy and Society: The Link Between Competitive Advantage and Corporate Social Responsibility", Harvard Business Review, Vol. 84, pp. 78-80.

后 记

《东方管理商业模式理论与应用》是一个新课题。该著作最初取材于本人与赵渤所负责的复旦大学“985”整体推进三期项目“中国管理模式研究——东方管理思想的创新”系列子课题：东方管理的“三为”原理研究。结合我们所承担的课题“东方管理创新商业模式研究”以及上海外国语大学工商管理专业综合改革试点项目，通过企业的访谈及调研，使课题内容得到了进一步充实。

随着时代的发展与管理学的进一步完善，东方管理焕发出新的生命力。它对管理学在科技与经济变革中面临的“窘境”，以及在中国改革开放的实践中面临的问题，提供了全新的解决构思与路径。在苏东水先生的带领下，东方管理的思想体系不断完善。如何通过大量的案例研究来使其指导现实的经济发展，该研究还有大量的工作需要去做。

历史上，西方管理一直居于主流地位，20 世纪末以来，包括中国学者在内的越来越多的东方学者基于对西方管理思想及其方法的反思，探讨管理学指导实践发展的新的视角。

《东方管理商业模式理论与应用》的探索只是一个尝试，其中，必然会有不足之处，希望获得各界学者与从业者的指正。我们希望中国的文化哲学与人文管理思想能够在时代的变革中对社会经济变革与发展提供现实的理论与实践指导。

本研究能得以顺利完稿，得到了许多人的帮助和指导。首先要感谢源恺集团董事长李从恺先生在项目调研上的大力支持，同时感谢上海理工大学的顾宝炎教授、同济大学的林善浪教授及东华大学的赵晓康教授等专家为本选题的研究提出了许多宝贵意见，我们谨此向他们致以最诚挚的谢意。

苏宗伟

2014 年 11 月 19 日